# 大清十二帝

三

最新整理珍藏版　本书编委会主编

【学术顾问】汤一介　文怀沙

中国书店

## 清宫密档全揭秘　大清皇帝全纪实

皇帝是封建王朝政权和神权的象征，有着至高无上的权力。清朝作为专制主义中央集权发展的顶峰时期，其在位的十二位帝王上演了中国封建社会最后一幕历史大剧。

# 第 五 卷

## 治理天下，严谨名世
——清世宗雍正皇帝爱新觉罗·胤禛

# 雍正一生大事记

公元1678年，雍正帝胤禛出生。生母为德嫔乌雅氏（即后孝恭仁皇后）。雍正出生后，由贵妃佟佳氏（即孝懿仁皇后）代养。

公元1683年，胤禛师从顾八代、张英、徐元梦等人学习多年。

公元1686年，胤禛与胤禔、胤礽、胤祉随驾巡行塞外。

公元1691年，胤禛奉父命与内大臣费扬古女乌拉那拉氏成婚。

公元1696年，康熙亲征葛尔丹。胤禛与胤祺、胤佑、胤禩分掌八旗十营。

公元1698年，胤禛受封多罗贝勒。

公元1699年，康熙为成婚皇子建府第分居，胤禛的府第初为四贝勒府，后扩大为雍亲王府，雍正年间改为雍和宫。

公元1702年，胤禛与胤礽、胤祥随驾巡行五台山并南行。

公元1708年，康熙废太子胤礽，胤禛与胤禔、胤礽、胤祺、胤祥一起被拘禁。

公元1709年，胤禛被封雍亲王。

公元1711年，钮钴禄氏生乾隆皇帝弘历。

公元1718年，康熙命胤禛与胤祉率文武百官在德胜门送"大将军王"胤禵。

公元1721年，康熙六十大庆。胤禛被特意派往盛京祭祖。

公元1722年，十月，胤禛前往通州查勘粮仓发放屯结情况，共28天。

十一月九日，康熙招胤禛前往畅春园。

十一月初十，胤禛代康熙前去天坛祭天。

十一月十三，康熙驾崩。胤禛凭借《康熙遗诏》，登上帝位。

公元1723年，四月，胤禛送先帝往遵化东陵，事毕将十四阿哥胤禵囚之汤山。

五月，太后猝死。

八月，秘密立储弘历。

公元1724年，十月，十阿哥胤䄉被革职圈禁。

十二月，废太子胤礽病故，追为理密亲王。

公元1725年，四月，胤禛将年羹尧发往杭州，降为杭州将军。

十二月，胤禛以92条罪名令年羹尧自裁。

公元1726年，正月，八阿哥胤禩、九阿哥胤禟被除宗籍。

三月，将胤禩改名阿其那。五月，胤禛将胤禵囚于景山观德殿。

六月，胤禛定胤禩罪状40条，胤禟罪28条，胤禵罪14条。

八月，赛思黑死于保定禁所。

九月，阿其那死于禁所。

公元1727年，隆科多与沙俄谈判边境问题，在即将成功之时，但由于结党营私，并私藏玉牒，故胤禛不顾失去隆科多将给大清此次谈判带来多少损失，抓到罪证后立即谴其回京将其逮捕并抄家；

十月，胤禛给隆科多定下41条大罪。

公元1728年，六月，岳钟琪举奏曾静案，株连吕留良，吕留良被鞭尸、满门抄斩。同月，隆科多死于禁所。

公元1729年，十月，曾静被免死，颁《大义觉迷录》。

公元 1730 年，五月，胤祥病逝，雍正亲临丧所。以三哥胤祉并不哀痛为由，将其削爵并圈禁景山。

公元 1733 年，二月，封弘历为宝亲王、弘昼为和亲王。

公元 1735 年，八月二十三日，雍正驾崩。

# 家庭成员

## 后妃

孝敬宪皇后，乌喇那拉氏，满洲正黄旗人，内大臣费扬古之女。世宗为皇子时，圣祖册后为嫡福晋。雍正元年，册为皇后。九年九月己丑，谥孝敬皇后。及世宗崩，合葬泰陵。乾隆、嘉庆累加谥，曰孝敬恭和懿顺昭惠庄肃安康佐天翊圣宪皇后。

孝圣宪皇后，钮祜禄氏，满洲镶黄旗人，四品典仪凌柱之女。十三岁时事世宗潜邸，号格格。康熙五十年八月庚午，生高宗。雍正中，封熹妃，进熹贵妃。高宗即位，以世宗遗命，尊为皇太后，居慈宁宫。四十二年正月庚寅，崩，年八十六。葬泰陵东北，曰泰东陵。初尊太后，上徽号。国有庆，屡加上，曰崇德慈宣康惠敦和裕寿纯禧恭懿安祺宁豫皇太后。嘉庆中，再追加谥，曰孝圣慈宣康惠敦和诚徽仁穆敬天光圣宪皇后。有一个儿子，高宗弘历。

敦肃皇贵妃，年氏，汉军镶黄旗人，巡抚遐龄之女。事世宗潜邸，封为侧福晋。雍正元年，封贵妃。三年十一月，妃病笃，进皇贵妃。并下谕妃病如不起，礼仪视皇贵妃例行。贵妃去世数月后，其兄年羹尧得罪死。谥曰敦肃皇贵妃。乾隆初，从葬泰陵。有三个儿子：福宜、福惠、福沛，皆殇。一个女儿，亦殇。

纯悫皇贵妃，耿氏，名雯杨，满洲镶黄旗人。事世宗潜邸，为格格。雍正间，封裕嫔，进裕妃。高宗时，屡加尊为裕皇贵太妃。乾隆四十九年去世，年九十六。谥曰纯悫皇贵妃。葬妃园寝，位子在诸妃之上。有一个儿子，弘昼。

齐妃李氏，知府李文焯之女。初为世宗藩邸侧妃，康熙三十四年，生皇二女和硕怀恪公主。三十六年，生皇子弘盼。三十九年，生皇二子弘昀。四十三年，生皇三子弘时。世宗登极，雍正元年十二月，册封齐妃。乾隆二年丁巳四月初七日卒。

谦妃刘氏，管领刘满女。康熙五十三年甲午生，初入宫号贵人。雍正十一年六月，生皇六子果毅郡王弘瞻，册封谦嫔。乾隆二年九月，高宗晋尊为皇考谦妃。三十二年丁亥五月二十一日卒，年五十四。

宁妃武氏，知州武柱国女。雍正十二年甲寅五月二十四日卒，追封为宁妃。

懋嫔宋氏，主事金柱女。初入侍世宗藩邸，为格格。康熙三十三年，生皇长女。四十五年，生皇三女。世宗登极，雍正元年十二月，册封懋嫔。八年庚戌卒。

郭贵人，初封常在，雍正七年晋为贵人。乾隆五十一年正月卒。三月入葬地宫。

李贵人，雍正七年被封为贵人。乾隆二十五年四月二十八日卒，二十九日奉移泰陵妃园寝。

安贵人，乾隆十五年卒。暂安于殡宫。

海贵人，雍正三年为常在，十三年为晋为贵人。乾隆二十六年十二月卒，二十七年四月葬地宫。

张贵人，初为常在，十三年晋为贵人。雍正十三年四月二十一日卒。

老贵人，葬东陵苏麻喇姑园寝。

那常在，雍正十三年前卒，暂安于田村，后奉安泰陵妃园寝。

李常在，雍正八年为答应，十四年晋常在。乾隆五十年后卒。

马常在，雍正七年为答应，八年晋常在。乾隆三十三年卒。四十年十月葬地宫。

春常在，雍正十三年为常在。乾隆二十六年后卒。

高常在，雍正七年四月为答应，八年为常在。雍正十年卒，乾隆二年仍暂安于殡宫，后奉安泰陵妃园寝。

常常在，雍正七年初为常在。雍正十年卒，乾隆二年仍暂安于安于田村，后奉安泰陵妃园寝。

顾常在，雍正十三年前卒，暂安于田村，后奉安泰陵妃园寝。

# 子女

雍正皇帝先后得十子四女，皇长子和皇次子幼年去世。

## 皇子

爱新觉罗·弘晖，长子，端亲王，康熙三十六年三月生，康熙四十三年殇，8岁。

爱新觉罗·弘盼，康熙三十六年六月生，康熙三十八年二月殇，3岁。

爱新觉罗·弘昀，康熙三十九年八月生，康熙四十九年殇，11岁。

爱新觉罗·弘时，康熙四十三年二月生，雍正五年八月六日死，24岁。削宗籍。

爱新觉罗·弘历，康熙五十年八月生，嘉庆四年正月死，89岁。和硕宝亲王，清高宗，乾隆帝。

爱新觉罗·弘昼，康熙五十年十一月生，乾隆三十五年死，60岁。和硕和亲王。

爱新觉罗·福宜，康熙五十九年五月生，康熙六十年正月殇，2岁。

爱新觉罗·福惠，康熙六十年十月生，雍正六年九月殇，8岁，怀亲王。

爱新觉罗·福沛，雍正元年五月生，旋殇。

爱新觉罗·弘瞻，雍正十一年六月生，乾隆三十年三月死，33岁。果恭郡王，后为果毅亲王爱新觉罗·允礼之后。

## 公主

长女，康熙三十三年三月十六生，未逾月殇，母为懋嫔宋氏（时为雍亲王府格格）。封和硕怀恪公主。

次女，母为齐妃李氏（时为雍亲王侧妃）。

三女，康熙四十五年十二月初五生，未逾月殇，母为懋嫔宋氏（时为雍亲王府格格）。

四女，康熙五十四年三月十二生，五十六年五月殇，母敦肃皇贵妃年氏（时为雍亲王侧妃）。

养女和硕淑慎公主，理亲王胤礽第六女，母为侧福晋唐氏。

养女和硕和惠公主，怡亲王胤祥第四女，母为嫡福晋兆佳氏。

养女和硕端柔公主，庄亲王胤禄长女，母为嫡福晋郭络罗氏。

# 重要辅臣

## 年羹尧

### 介绍名片

年羹尧（1679—1726），字亮功，号双峰，汉军镶黄旗人，清代康熙、雍正年间人，进士出身，官至四川总督、川陕总督、抚远大将军，还被加封太保、一等公，高官显爵集於一身。他运筹帷幄，驰骋疆场，曾配合各军平定西藏乱事，率清军平息青海罗卜藏丹津，立下赫赫战功。雍正二年（1724）入京时，得到雍正帝特殊宠遇，真可谓位极人臣。但翌年（1725）十二月，风云骤变，他被雍正帝削官夺爵，列大罪九十二条，于雍正四年（1726）赐自尽。

### 一生简历

康熙三十九年（1700），年羹尧中进士，不久授职翰林院检讨。翰林院号称"玉堂清望之地"，庶吉士和院中各官一向由汉族士子中的佼佼者充任，年羹尧能够跻身其中，也算是非同凡响了。

康熙四十八年（1709），年羹尧迁内阁学士，不久升任四川巡抚，成为封疆大吏。据清人所著的《永宪录》记载，这时的年羹尧还不到30岁。对于康熙的格外赏识和破格提拔，年羹尧感激涕零，在奏折中表示自己"以一介庸愚，三世受恩"，一定要"竭力图报"。到任之后，年羹尧很快就熟悉了四川通省的大概情形，提出了很多兴利除弊的措施。而他自己也带头做出表率，拒收节礼，"甘心淡泊，以绝徇庇"。康熙对他寄于厚望，希望他"始终固守，做一好官"。

后来，年羹尧在击败准噶尔部首领策妄阿拉布坦入侵西藏的战争中，为保障清军的后勤供给，再次显示出卓越才干。

康熙五十七年（1718），康熙授年羹尧为四川总督，兼管巡抚事，统领军政和民事。

康熙六十年（1721），年羹尧进京入觐，康熙御赐弓矢，并升为川陕总督，成为西陲的重臣要员。这年九月，青海郭罗克地方叛乱，在正面进攻的同时，年羹尧又利用当地部落土司之间的矛盾，辅之以"以番攻番"之策，迅速平定了这场叛乱。

康熙六十一年（1722）十一月，抚远大将军、贝子胤禵被召回京，年羹尧受命与管理抚远大将军印务的延信共同执掌军务。

到了雍正即位之后，年羹尧更是备受倚重，和隆科多并称雍正的左膀右臂。隆科多是胤禛的亲娘舅，在胤禛继位前已为他效力多年，二人的亲密程度自不必多言。雍正元年（1723）五月，雍正发出上谕："若有调遣军兵、动用粮饷之处，著边防办饷大臣及川陕、云南督抚提镇等，俱照年羹尧办理。"这样，年羹尧遂总揽西部一切事务，实际上成为雍正在西陲前线的亲信代理人，权势地位实际上在抚远大将军延信和其他总督之上。雍正还告诫云、贵、川的地方官员要秉命于年羹尧。

同年十月，青海发生罗卜藏丹津叛乱。青海局势顿时大乱，西陲再起战火。雍正命年羹尧接任抚远大将军，驻西宁坐镇指挥平叛。

雍正二年（1724）初，战争的最后阶段到来，年羹尧下令诸将"分道深入，捣其巢穴"。各路兵马遂顶风冒雪、昼夜兼进，迅猛地横扫敌军残部。在这突如其来的猛攻面前，叛军土崩瓦解。罗卜藏丹津仅率200余人仓惶出逃，清军追击至乌兰伯克地方，擒获罗卜藏丹津之母和另一叛军头目吹拉克诺木齐，尽获其人畜部众。罗卜藏丹津本人因为化装成妇人而得逃脱，投奔策妄阿拉布坦。这次战役历时短短 15 天，大军纵横千里，以迅雷不及掩耳之势横扫敌营，犁庭扫穴，大获全胜。年羹尧"年大将军"的威名也从此震慑西陲，享誉朝野。

平定青海战事的成功，实在令雍正喜出望外，遂予以年羹尧破格恩赏：在此之前，年羹尧因为平定西藏和平定郭罗克之乱的军功，已经先后受封三等公和二等公。此次又以筹划周详、出奇制胜，晋升为一等公。此外，再赏给一子爵，由其子年斌承袭；其父年遐龄则被封为一等公，外加太傅衔。此时的年羹尧威镇西北，又可参与云南政务，成为雍正在外省的主要心腹大臣。

年羹尧不仅在涉及西部的一切问题上大权独揽，而且还一直奉命直接参与朝政。他有权向雍正打小报告，把诸如内外官员的优劣、有关国家吏治民生的利弊兴革等事，随时上奏。他还经常参与朝中大事的磋商定夺。比如耗羡归公政策的推行，最早在康熙末年就有官员上疏建议，年羹尧也曾提出，但为康熙所斥责而未果。到了雍正上台后，山西巡抚诺岷等人又奏请实行，朝野上下一时议论纷纭。在此情况下，雍正特地征询年羹尧的意见："此事朕不洞彻，难定是非，和你商量。你意如何？"律例馆修订律例，雍正阅后发给年羹尧看，要他提出修改意见。

雍正二年（1724）冬，年羹尧入京觐见之前，雍正因其要来，就命各省地方大员赴京集会，四川巡抚蔡珽以没有可以会商的事务提出不同看法，雍正又就此向年征询意见。以年的行止来定其他地方督抚的行动，可见雍正把年羹尧的地位置于其他督抚之上，以使其政见具有决定性的作用。

在有关重要官员的任免和人事安排上，雍正更是频频询问年羹尧的意见，并给予他很大的权力。在年羹尧管辖的区域内，大小文武官员一律听从年的意见来任用。元年四月，雍正命范时捷署理陕西巡抚，不久想要改为实授，把原任巡抚调为兵部侍郎，雍正特和年商讨这项任命。另一次雍正在安排武职官员时"二意不决"，就征询年羹尧的意见，问他如果将陕西官员调往他省升用"你舍得舍不得"，要他"据实情奏来，朕依尔所请敕行"。四川陕西以外官员的使用，雍正也经常征求年的意见。一次河南开归道一职缺出，雍正一时"再想不起个人来"可以任用，就与年羹尧商量其人选。还有一次，雍正听到对京口将军何天培的为人有不同意见，就问年羹尧是否也有所耳闻，并希望他据实上奏，以决定其去留。年羹尧密参署直隶巡抚赵之垣庸劣纨绔，不能担当巡抚重任，雍正遂将赵革职。江西南赣总兵缺出，朝廷拟用宋可进，年羹尧奏称他不能胜任，请以黄起宪补授，雍正便依从了年羹尧的意见。

青海平定之后，雍正在给年羹尧奏折的朱批中写道："尔之真情朕实鉴之，朕亦甚想你，亦有些朝事和你商量。"年羹尧进京期间，即与总理事务大臣马齐、隆科多一同处理军国大政。雍正还因为他"能宣朕言"，令其"传达旨意，书写上谕"。年羹尧俨然成了总理事务大臣。

雍正跟年羹尧的私交也非常好，并且给予特殊的荣宠。雍正认为有年羹尧这样的封疆大吏是自己的幸运，如果有十来个像他这样的人的话，国家就不愁治理不好了。平定青海的叛乱后，雍正极为兴奋，把年视为自己的"恩人"，他也知道这样说有失至尊的体统，但还是情不自禁地说了。

为了把年羹尧的评价传之久远，雍正还要求世世代代都要牢记年羹尧的丰功伟绩，否则便不是他的子孙臣民了：不但朕心倚眷嘉奖，朕世世子孙及天下臣民当共倾心感悦。若稍有负心，便非朕之子孙也；稍有异心，便非我朝臣民也。

至此，雍正对年羹尧的宠信到了无以复加的地步，年羹尧所受的恩遇之隆，也是古来人臣罕能相匹的。

在生活上，雍正对年羹尧及其家人也是关怀备至。年羹尧的手腕、臂膀有疾及妻子得病，雍正都再三垂询，赐送药品。对年父亲遐龄在京情况，年羹尧之妹年贵妃以及她所生的皇子福惠的身体状况，雍正也时常以手谕告知。至于奇宝珍玩、珍馐美味的赏赐更是时时而至。

雍正对年羹尧宠信优渥，并希望他们彼此做个千古君臣知遇榜样。他对年说："朕不为出色的皇帝，不能酬赏尔之待朕；尔不为超群之大臣，不能答应朕之知遇。……在念做千古榜样人物也。"此时的年羹尧，志得意满，完全处于一种被奉承被恩宠的自我陶醉中，进而做出了许多超越本分的事情，最终招致雍正的警觉和忌恨，以致家破人亡。

年羹尧自恃功高，骄横跋扈之风日甚一日。他在官场往来中趾高气扬、气势凌人：赠送给属下官员物件，"令北向叩头谢恩"；发给总督、将军的文书，本属平行公文，却擅称"令谕"，把同官视为下属；甚至蒙古扎萨克郡王额附阿宝见他，也要行跪拜礼。

对于朝廷派来的御前侍卫，理应优待，但年把他们留在身边当作"前后导引，执鞭坠镫"的奴仆使用。按照清代的制度，凡上谕到达地方，地方大员必须迎诏，行三跪九叩大礼，跪请圣安，但雍正的恩诏两次到西宁，年羹尧竟"不行宣读晓谕"。

更有甚者，他曾向雍正进呈其出资刻印的《陆宣公奏议》，雍正打算亲自撰写序言，尚未写出，年羹尧自己竟拟出一篇，并要雍正帝认可。年羹尧在雍正面前也行止失仪，"御前箕坐，无人臣礼"，雍正心中颇为不快。

他还排斥异己，任用私人，形成了一个以他为首，以陕甘四川官员为骨干，包括其他地区官员在内的小集团。小说《儿女英雄传》所写纪县唐实指年羹尧，说他是经略七省的大将军，"他那里雄兵十万，甲士千员，猛将如云，谋臣似雨"。这些都是艺术上的夸张，与实际情形有很大的出入，但也说明年羹尧的势力之大。

　　许多混迹官场的拍马钻营之辈眼见年羹尧势头正劲、权力日益膨胀，遂竞相奔走其门。而年羹尧也是个注重培植私人势力的人，每有肥缺美差必定安插其私人亲信，"异己者屏斥，趋赴者荐拔"。比如他弹劾直隶巡抚赵之垣"庸劣纨绔"、"断不可令为巡抚"，而举荐其私人李维钧。赵之垣因此而丢官，于是转而投靠年羹尧门下，先后送给他价值达20万两之巨的珠宝。年羹尧就借雍正二年进京之机，特地将赵带到北京，"再四恳求引见"，力保其人可用。遭年参劾降职的江苏按察使葛继孔也两次送上各种珍贵古玩，年羹尧于是答应日后对他"留心照看"。此外，年羹尧还借用兵之机，虚冒军功，使其未出籍的家奴桑成鼎、魏之耀分别当上了直隶道员和署理副将的官职。

　　年羹尧的失宠和继而被整是以雍正二年（1724）十月第二次进京陛见为导火线的。在赴京途中，他令都统范时捷、直隶总督李维钧等跪道迎送。到京时，黄缰紫骝，郊迎的王公以下官员跪接，年羹尧安然坐在马上行过，看都不看一眼。王公大臣下马向他问候，他也只是点点头而已。更有甚者，他在雍正面前，态度竟也十分骄横，"无人臣礼"。年进京不久，雍正奖赏军功，京中传言这是接受了年羹尧的请求。又说整治阿灵阿等人，也是听了年的话。这些话大大刺伤了雍正的自尊心。

　　年羹尧结束陛见回任后，接到了雍正的谕旨，上面有一段论述功臣保全名节的话："凡人臣图功易，成功难；成功易，守功难；守功易，终功难。……若倚功造过，必致反恩为仇，此从来人情常有者。"在这个朱谕中，雍正改变了过去嘉奖称赞的语调，警告年要慎重自持，此后年羹尧的处境便急转直下。

　　年羹尧贪赃受贿、侵蚀钱粮，累计达数百万两之多。雍正朝初年，整顿吏治、惩治贪赃枉法是一项重要改革措施。雍正以此为契机，分四步开始了对年羹尧的惩治。

第一步，在雍正二年十一月年羹尧陛见离京前后，此时雍正已作出决定，要打击年羹尧。年羹尧离京后接到的那份朱谕就是对他的暗示。

第二步，给有关官员打招呼。一是雍正的亲信，要求他们要与年羹尧划清界限，揭发年的劣迹，以争取保全自身；二是年羹尧不喜欢的人，使他们知道皇帝要整治年了，让他们站稳立场；三是与年关系一般的人，让他们提高警惕，疏远和摆脱年羹尧，不要站错了队。这就为公开处治年羹尧做好了准备。

第三步，把矛头直接指向年羹尧，将其调离西安老巢。到了雍正三年（1725）正月，雍正对年羹尧的不满开始公开化。年指使陕西巡抚胡期恒参奏陕西驿道金南瑛一事，雍正说这是年任用私人、乱结朋党的做法，不予准奏。

年羹尧曾经参劾四川巡抚蔡珽威逼所属知府蒋兴仁致死，蔡珽因此被罢官，经审讯后定为斩监候。而年羹尧的私人王景灏得以出任四川巡抚。这时雍正已经暗下决心要打击年羹尧，蔡珽被押到北京后，雍正不同意刑部把他监禁起来，反而特地召见他。蔡珽陈述了自己在任时因对抗年羹尧而遭诬陷的情况，又上奏了年羹尧"贪暴"的种种情形。雍正于是传谕说："蔡珽是年羹尧参奏的，若把他绳之以法，人们一定会认为是朕听了年羹尧的话才杀他的。这样就让年羹尧把持了朝廷威福之柄。"因此，雍正不仅没有给蔡珽治罪，而且升任他作了左都御史，成为对付年羹尧的得力工具。

雍正三年（1725）三月，天象出现了"日月合璧，五星联珠"的所谓"祥瑞"，群臣称贺，年羹尧也上贺表称颂雍正夙兴夜寐，励精图治。但表中字迹潦草，又一时疏忽把"朝乾夕惕"误写为"夕惕朝乾"。雍正抓住这个把柄借题发挥，说年羹尧本来不是一个办事粗心的人，这次是故意不把"朝乾夕惕"四个字"归之于朕耳"。并认为这是他"自恃己功，显露不敬之意"，所以对他在青海立的战功，"亦在朕许与不许之间"。接着雍正更换了四川和陕西的官员，先将年羹尧的亲信甘肃巡抚胡期恒革职，署理四川提督纳泰调回京，使其不能在任所作乱。四月，解除年羹尧川陕总督职，命他交出抚远大将军印，调任杭州将军。

最后一步，雍正勒令年羹尧自裁。年羹尧调职后，内外官员更加看清形势，纷纷揭发其罪状。雍正以俯从群臣所请为名，尽削年羹尧官职，并于当年九月下令捕拿年羹尧押送北京会审。

十二月，朝廷议政大臣向雍正提交审判结果，给年羹尧开列 92 款大罪，请求立正典刑。其罪状分别是：大逆罪 5 条，欺罔罪 9 条，僭越罪 16 条，狂悖罪 13 条，专擅罪 6 条，忌刻罪 6 条，残忍罪 4 条，贪婪罪 18 条，侵蚀罪 15 条。

雍正说，这 92 款大罪中应服极刑及立斩的就有 30 多条，但念及年羹尧功勋卓著、名噪一时，"年大将军"的威名举国皆知，如果对其加以刑诛，恐怕天下人心不服，自己也难免要背上心狠手辣、杀戮功臣的恶名，于是表示开恩，赐其狱中自裁。年羹尧父兄族中任官者俱革职，嫡亲子孙发遣边地充军，家产抄没入官。叱咤一时的年大将军以身败名裂、家破人亡而告终。

## 鄂尔泰

### 介绍名片

鄂尔泰（1677—1745），清满洲镶蓝旗人，西林觉罗氏，字毅庵。康熙时举人。任内务府员外郎。与田文镜、李卫并为雍亲王（即世宗）的心腹。雍正三年（1725）迁广西巡抚，次年调任云贵总督，兼辖广西。在滇实行改土归流，在西南各族地区设置州县，改土司为流官，加强中央对地方的统治。后任军机大臣。世宗死，受遗命与张廷玉等同辅政，总理事务，加至太保。乾隆十年（1745）以病解职。

**一生简历**

鄂尔泰六岁入学，攻读四书五经，八岁开始作文，练习书法，十六岁应童子试，次年中秀才，十九岁补廪膳生，二十岁中举，即进入仕途。二十一岁袭佐领世职，充任侍卫。

此后官场蹭顿，到康熙五十五年（1716）三十七岁时，才出任内务府员外郎。可是又淹滞不进，这时他很为自己的官场不利而烦恼。康熙六十年元旦，正值四十二岁，他作诗自叹："揽镜人将老，开门草未生。"又在《咏怀》诗中吟道："看来四十犹如此，便到百年已可知。"为此他对自己的前途充满了悲观的情绪，绝没有想到后来能出将入相。

雍正元年（1723）正月，他被任命为云南乡试副主考，五月，被越级提升为江苏布政使，成为地方大员。

雍正三年又晋升为广西巡抚。在赴任途中，雍正帝觉得他仍可大用，改封为云南巡抚，管理云贵总督事，而名义上的云贵总督杨名时却只管理云南巡抚事。所以，鄂尔奉在西南开始官职虽为巡抚，而实际上行使着总督的职权。就在此时，发生了关于"改土归流"的争议。

原来，云南、贵州、广西、四川及湖南，湖北等地，居住着苗、彝、壮、白、瑶等少数民族。这些地方交通闭塞、习俗固弊，经济、文化落后，直至清初仍实行着野蛮的土司统治制度。各处的大小土司如同部落主，广大土著居民皆是他们的奴隶和部卒，土地、山林、水源，包括土著居民人身全被土司占有，土司与土民成为世代不变的主仆关系。土司所到之处，土著居民都要跪在膜拜。土司有权对其"子民"任意处置，任意占有、转让、出卖；吃酒游乐时，常以射杀土著居民为戏；祭祖敬神，也把土著居民杀死作为牲祭。稍不如意，便用割耳、断指、抽筋、剥皮、宫阉等酷刑。至于夺其财物、勒交赋税更是随心所欲了。土司都拥有军队，林立的大小土司，如同大小王国，对中央形成威胁；临近的官兵略加过问，马上刀兵相见。土司制度妨碍国家统一，阻碍地方经济、文化的进步。数百年来，也曾有过治理行为，但没有一个成功。

雍正即位后，西南各省地方官纷纷上奏，要求解决这一重大问题。众臣认为，解决问题唯一办法是"改土归流"，即取消土司制度，改为一律由中央政府派官的流官制度。谁都知道这是好办法，但实行起来极难，因为土司们不会拱手让权。而要对他们用兵，官兵又难以与之抗衡。因此，也有的不主张改流。他们认为，雍正初政，若因改流引起西南各省战争，并非初政君王的"安边之道"。云贵总督高其倬等主张用兵改流。因为，在云贵地区政府的行政命令多受土司抵制，连官兵的营盘都不断被土司派兵袭击、焚毁、贵州巡抚何世基、副将木世杰则激烈反对，从"柔远"、"安边"角度，提出"三不可剿"，不同意改土归流。

恰在此时，雍正任命鄂尔泰为云贵总督，目的就是让他去解决土司之患。鄂尔泰所部军队刚刚扎营，便遭土司甲兵骚扰，营房亦被焚烧。经过调查研究，他感到发兵出击，只能解决暂时的问题，若从长远计议，必须彻底根除土司统治制度，坚决实施"改土归流"方针大计。他在奏折中阐述"改土归流"的原则：以用兵为前锋治其标，以根本改制治其本。对敢于反抗的土司，剿抚并用，顽抗到底者坚决剿灭；只要改悔，对抗过官兵的土司也一律宽免。重点策略是促土司投献，投献者给以安抚，表现好的可任其政府的流官，尽量减少敌对情绪，减轻"改土归流"的阻力。鄂尔泰的奏疏使雍正对实行"改土归流"下定了决心。他高兴地说："好啊！鄂尔泰真是上天赐给我的奇臣啊！"

雍正四年（1726），鄂尔泰对向官兵挑衅的广顺长寨土司用兵，土司负隅顽抗，遭到毁灭性的打击。长寨土司被摧毁，鄂尔泰奏准派流官治理，在此设长寨厅（即今长寨县）。这是鄂尔泰进行大规模"改土归流"的胜利开端。

长寨事定，雍正在批复派遣长寨厅的第一个流官的同时，破格升任鄂尔泰为云南、贵州、广西三省总督。因为这三省改流的任务最重，由鄂尔泰受命后，立即全面了解三省特点及三省土司情况，进一步制定了改流和用兵的计划。

他对土司用兵，政策性极强，轻重缓急，把握得当。长寨地区改土之时，各处土司态度都很凶横，官兵所到，土司皆挟众反抗。鄂尔泰命总兵挥师挺进，攻陷一个个寨垒，坚决镇压敢于反抗的大小土司，很快便征服了永宁、永安、安顺等1398寨，广顺、定番、镇宁等680余寨，战果辉煌。

镇沅地区土司刀瀚、沾益土司安于蕃，是前朝被任命的土知府和土知州，他们以朝廷命官身份招募军队，既扩充了他们的势力，又毁坏了官府的形象。鄂尔泰发兵进击，活捉了刀瀚、安于蕃。在其地分设镇沅州（今镇沅县）、沾益州（今沾益县），以流官取代了土司。

随后，鄂尔泰函劝乌蒙、镇雄二地土知府向官兵自动投献。两地土司禄万钟、陇庆侯不仅不降，反而联合对抗官兵，不待官兵行动即攻掠东川府清军营盘，气焰十分嚣张。鄂尔泰命游击哈元生率兵征讨，并咨文川军协助进剿，一举击败二土司联军，遂又对二地改流，设乌蒙府（后改称昭通府）和镇雄州（今镇雄县）。

广西泗城士知府岑映宸有兵四千余，武器精良，鄂尔泰决心对其实行招抚。岑映宸经多番招抚，终于解甲乞降，鄂尔泰给了他优待条件，遂在此地设泗城府制（今凌云县）。在鄂尔泰的努力下，"改土归流"得以大张旗鼓地展开，梧州，柳州、庆远等地的兄弟民族广大群众，积极拥护"改土归流"，主动向鄂尔泰献粮贡秣，组织自卫力量，配合官军打击劣司，有力地推动了广西地区"改土归流"的开展。

黔东苗岭山、清江、都江地区是贵州省著名的"苗疆"，周围三千余里，土寨1600余处，左有清江可达于楚，右有都江可达于粤，古州据中央群寨环于四周，地势险要。鄂尔泰深感对这一地区改流难度更大，便找熟悉此地地形的贵州安察使张广泗商量对策。张率兵击退前来抗击官兵的苗司军队，攻入古州城。

然而，"苗疆"的土司屡败屡起，尽管张广泗有勇有谋，也难以顺利进行"改土归流"。雍正派部员到此"宣谕化民"，仍无济于事。扰攘经年，终又发生反复，被赶走的土司和其武装蛊惑土著居民叛乱。叛民攻占已归流的古州、台拱、黄平，包围都匀府的丹江、凯里、雍正调遣广、四川军队配合鄂尔泰镇压叛军，又派"抚苗大臣"张照自京师前来"会剿"。结果，张照却密告鄂尔泰的"改土归流"方略根本错误，不仅未能平服叛乱，反又添内乱。鄂尔泰上疏，只承认没能彻底搞好"改土归流"，但坚不认为改流方针的错误。直到罢免张照，再令张广泗镇压叛乱，才使此地流官制度得以落实。

两湖地区在云贵改流进展之时也开始实行。这里虽有土司，但土著居民与汉民杂居，土司也熟悉流官制度。"改土归流"的大势威慑两湖土司多有主动要求改流者，但也有少数负隅顽抗。湖北容美土司田如不听改流，雍正命鄂尔泰派兵进剿，田众叛亲离，吓得自缢身亡，所属地区改为流官制。

总之，改土归流是中国历史上的一件大事，在这项边疆官制的改革中，鄂尔泰充当了主要角色，由关键之时的上书，到制定改流方针大计，再到具体实施，历时多年，付出了艰苦的努力。就此而言，鄂尔泰应该是值得称道的历史人物。

为了进一步巩固西南数省"改土归流"的成果，鄂尔泰还进行了一系列的开发工作。首先是处理善后。"改土归流"之后，许多矛盾若处理不好，仍会激发。云贵数省，地处边疆，各民族习俗差别极大，一下子改派满汉流官，难以适应这里的复杂局面，对土官打击面也太大。鄂尔泰始终坚持设置的流官中，能用土官的仍然用之。那些自动缴印，主动要求改流的，鄂尔泰奏保举他们任守备、千总、把总等流官，并让其世袭不替。表现突出的，还奏表褒奖。对那些不习惯做流官，态度又好的土司，则奏请发给国库银两，为之安排善后生活，拨给田产，建造房屋，彻底消除他们的反抗情绪。对那些罪大恶极、血债累累的土司，改流过程中又一直抵抗或反对者，则严厉打击，从重治罪。如平日罪行昭著、民愤极大的云南镇沅土知府刀瀚、贵州康佐长官司长薛世乾，改流后便把他们处死或终身监禁，当地居民无不称快。

对流官的派遣，鄂尔泰上奏必须派去有能力、肯吃苦、清正廉明者。他认真挑选州县长官，派去的第一批流官都很称职，对安定改流地区起到了积极作用。

鄂尔泰为让改流地区人民休养生息，一律实行地丁钱粮制度；困难多、收成少的地方，减轻、减免赋税或给予救济，使这些地区尽快地恢复生产。

鄂尔泰在改流地区还重新调配了土地，并实行鼓励垦荒政策。土司霸占的农民土地，按土地清单让原主认领；荒芜无主的土地，招农民耕种；未开垦的土地，号召农民开垦，官府发给农具、种子、对新垦的土地，水田6年后征税，旱地10年后起科。

鄂尔泰还号召官员、富户捐助困难土著居民，他本人带头捐银3000两、买牛100头、盖房600间，让十分困难的土著居民安居乐业。

同时，鄂尔泰在改流区大力兴修水利，仅云南昭通就兴修水利10项，可以灌溉土地两万多亩。云南全省改流后兴修水利工程70多项。为保护这些水利工程，鄂尔泰还奏设水利专官，专管这些水利项目，从而保证了水利事业的长久发展。

改流区的交通开发也是一项突出的事业。鄂尔泰修浚了1200里的清江，300余里的都江，使之浚后"邮递往返"，有"水道康庄"之美称。他还修筑了上起土黄，下至广西百色全长700余里的河道，使"两粤、楚湘为之沟通"。

鄂尔泰把内地的耕种、纺织、冶铁、烧窑、采矿等生产技术，命人在改流地区传播，使这些刀耕火种的穷山僻谷得到开发。

改流前少数民族没有读书的机会，更无权参加科举。改流后，鄂尔泰普遍开设学堂，设教官，让儿童免费入学。云南一省就开设义学463所，贵州开设义学24所。

鄂尔泰还在改流区推行革除陋习的活动，这里仇杀械斗严重，蓄奴延为通习，近亲通婚普遍。改流后，他严禁仇杀，发现挑斗者严惩不贷。鄂尔泰执行雍正的"割贱为良"政策，解放了奴隶。云贵地区的"骨种之习"，即姑之女必嫁舅之子，是典型的近亲通婚。鄂尔泰认识到这种陋习的弊害，令其改之。

在西南地区"改土归流"期间，鄂尔泰曾于雍正六年改任云贵广西三省总督，次年得少保加衔，十年内召至京，任保和殿大学士，居内阁首辅地位。后又以改土归流之功晋封伯爵。同年，因清政府在西北两路用兵，他出任三边经略，赴陕甘前线督师，数月后回京复命。

雍正八年，为纪念鄂尔泰"改土归流"的功绩，在云贵边界建桥一座，雍正命名该桥为"庚戌桥"。

雍正十年正月，雍正召鄂尔泰入京，封其为保和殿大学士，充经筵讲官和国史、实录、明史三馆总裁；二月封等伯爵，位居首辅。后又派督陕甘，经略西北军务。

雍正十三年，贵州改土归流地区土民叛乱，雍正帝以其对此经理不善，削伯爵，但对他信任如故。雍正帝死后，鄂尔泰出任总理事务大臣。乾隆间元年为钦点会试大总裁，除大学士职务以外，他又兼任军机大臣、领侍卫内大臣、议政大臣、经筵讲官，管翰林院掌院事，加衔太傅，国史馆、三礼馆、玉牒馆总裁，赐号襄勤伯。

乾隆十年（1745）鄂尔泰病逝，享年六十六岁。乾隆帝亲临丧所致祭，谥文端，配享太庙，入祀京师贤良祠。十一年之后，即乾隆二十年（1755），因其侄鄂昌与门生胡中藻之狱，被撤出贤良祠。鄂尔泰著有《西林遗稿》。雍正帝编著的《朱批谕旨》，收有《鄂尔泰奏折》，汇集了他在云贵广西总督任上的奏疏。

## 田文镜

### 介绍名片

田文镜，汉军正黄旗人，监生出身，康熙末年任侍讲学士，雍正朝授兵部尚书衔，兼河东（河南、山东）总督。康熙元年（1662）生，雍正十年（1732）十一月，以久病请解任，不久去世。历史上的田文镜是一个深受雍正皇帝器重的官员，他为官期间秉公办事，为百姓赈灾、解难，是个清官。

### 一生简历

监生出身的田文镜，曾任久淹州县官、福建长乐县丞、内阁侍读学士。雍正元年（1723）出任山西布政使，因他清理积压的案牍，使吏治为之一新，雍正遂评他"忠诚体国，公正廉明"。

康熙末年，黄河几次泛滥，大量农田被毁，加之不法官绅为害，盗贼猖獗，因而河南民不聊生，怨声载道，官府档案管理混乱，各种案件堆积如山。在这种情况下，田文镜于雍正二年（1724）调任河南布政使，旋升河南巡抚、总督。任内，以凡事"悉秉至公，无人不可以共事"为准则，大刀阔斧，"清理积牍，别除宿弊，吏治为之一新。"所谓积牍，即常年积压，得不到处理的文件、档案；所谓宿弊，即官员多年的陋规、科派亏空、州县的逃税、隐匿土地等。由于这两项工作干得出色，所以才出现了"吏治为之一新"的局面。《清史稿》（田文镜传）中将"清理积牍"放在首位，这就足以说明，田文镜极为重视档案，会管理档案，而且通过档案刷新吏治是他的主要政绩之一。

别看田文镜此人没有什么功名，但却极具政治头脑，当上巡抚后，他深知凭自己的资历和威望远不能服众，等着看他笑话和热闹的大有人在，因此，他急需一个即具备过人的政治谋略，又具有一定声望的人担任自己的"参谋长"。在这个情况下，他一眼看中了当时的天下名士邬思道，礼聘邬先生为他的首席幕僚，田文镜此举不但为他带来一帆风顺的政治前途，更被后世誉为"神来之笔"。

邬思道自幼家贫，科举不得意，游幕天下，寓居河南开封，这位邬先生可不像一般的落第穷酸，他不但学富五车，极具谋划之长，而且多年的幕僚生涯使他彻底看透了官场的是非恩怨和手段伎俩，性情耿直的田文镜聘他入幕，正好一拍即合。

田文镜从一末名小吏一跃成为一省的最高行政长官，当然是扬眉吐气，急欲做一个受雍正器重的"吐气督抚"。因此，在邬思道的策划下，田文镜采用了邬思道精心起草的一篇奏章，弹劾当时位高权重的上书房军机大臣隆科多。隆科多是雍正皇帝的亲娘舅，官居大学士、一等公、太子太保，身份何等尊崇！但隆科多却倚拥戴之功，常做越礼违法之事，雍正皇帝这时对他已是十分厌恶，正想清除他而苦于无从下手，因满朝文武虽知隆科多不法，但慑于其权势，无人敢揭发。邬思道揣摩透了雍正皇帝的心理，所以敢做这件人家不敢做的事。雍正皇帝看了奏章，正求之不得，立即将奏章发给六部核议，办了隆科多的罪。从此，雍正皇帝对田文镜宠遇日隆，田文镜政治生涯上的春天到来了！

雍正五年（1727）七月晋河南总督，雍正六年（1728）十月为河南山东总督，管两省之行政；政事干练，以习钻刻薄闻名，结合清官与酷吏于一身。治理地方期间，治盗极严，辖境几乎无盗贼，同时督责诸州县清理赋收，开辟荒田，限期极严。各州县稍有怠慢，会立刻遭到惩罚。

雍正十年（1732）十一月八日（12月24日），田文镜以病卒于河南。

雍正最欣赏李卫、鄂尔泰、田文镜三人，曾语两江总督尹继善，谓当学此三人。尹继善回答说："李卫，臣学其勇，不学其粗；田文镜，臣学其勤，不学其刻；鄂尔泰，宜学处多，然臣亦不学其愎。"

田文镜办事认真，铁面无私，事无巨细均亲力亲为，为官也很清廉，做了近十年的封疆大吏家境却还是极为贫寒，子女亲属也没有从他身上借到什么光，几乎清一色都是布衣。但即便如此，田文镜还是被朝野一致斥为"酷吏"，不论是官声还是民声都很糟糕，这又是为什么呢？

田文镜为政极其严苛，在推行雍正皇帝的新政时，为完成任务一味迎合上意，根本不管辖区内的实际情况，对下属和百姓残酷刻薄，下属呕心沥血推行新政但因未达到预期效果往往招来训斥和责打，百姓在丰年却因为田文镜全力推行垦荒、摊丁入亩、缴纳积欠而不得不拖儿带女地逃难，这就成天下奇谈了！对此世人也是不无非议。

此外雍正皇帝喜闻祥瑞，为官还算清正的田文镜对此等拍马屁的行为却颇为迎合。史书记载，田文镜多次上报朝廷，称河南境内天降祥瑞，一会儿天空出现祝圣上万寿无疆的火红赤字，一会儿稻谷一茎有十五穗，到雍正后期，田文镜更是多次瞒报河南灾情，最终为雍正帝所察觉，出于对这位对自己极其忠心的老臣的爱护，雍正不得不专门发了一道上谕，暗示田文镜称病辞官，此时田文镜其实没病，雍正皇帝实际上是劝他知难而退。田文镜还算知趣，不久奏请解任，值得回味的是田文镜解任没三个月就死了，显然是和失宠后思想落差太大有关。

田文镜在做官上是以铁面清廉著称，但为官上却严酷刻薄，只知迎上而不体恤下情，手段近乎毒辣，称之为"酷吏"毫不为过。

## 隆科多

### 介绍名片

隆科多（？—1728），清满洲镶黄旗人，佟佳氏，清圣祖孝懿仁皇后之弟，佟国维子，康熙理藩院尚书兼步军统领，雍正朝吏部尚书加太保衔。因曾经帮助雍正秘密登基，于雍正三年（1727）被处永远禁锢，次年死于禁所。

### 一生简历

隆科多的祖父佟图赖入关以后多次出征山东、山西、河南、湖广等地，军功卓著，历任定南将军、礼部侍郎，晋爵至三等子，死后又特赠为一等公，原因是"父以女贵"，是皇太后的父亲。

隆科多的叔父佟国维既是康熙的舅舅，也是康熙的岳父，地位自然尊崇。他又曾三次跟从康熙亲征葛尔丹，立功颇多。因此，佟国维也是仕途一路畅达，历任侍卫、内大臣、领侍卫内大臣，晋爵一等公。佟国维还有一个女儿做了康熙的贵妃。

隆科多姑姑、佟图赖的女儿，是顺治皇帝孝康章皇后。孝康章皇后为顺治皇帝生养的孩子便是日后的康熙皇帝。

隆科多还有一个姐姐和一个妹妹嫁给了康熙皇帝，分别成为康熙皇帝的皇后和贵妃。此外佟氏家族还有多人官至高位，当时有"佟半朝"之称。隆科多生在这样的家庭，注定了他一生位居极品，成为康熙、雍正两朝的关键性人物，自然受到重用。

康熙二十七年（1688），隆科多开始担任康熙皇帝的一等侍卫，之后不久就被提拔为銮仪使兼正蓝旗蒙古副都统。

1705 年，康熙皇帝"因所属人违法妄行，谕责隆科多不实心办事，革副都统、銮仪使，在一等侍卫行走"。但到了 1711 年，他又重新受到重用，得授步军统领的重要职位。步军统领，俗称九门提督，负责维持京城防卫和治安，并统帅八旗步军及巡捕营将弁，权责重大，由皇帝特简满洲亲信大臣兼任。由此可见康熙皇帝对其亲信程度。

隆科多出任步军统领后，康熙通过朱批，语重心长地告诫他："你只须行为端正，勤谨为之。此任得到好名声难，得坏名声易。（你的）兄弟子侄及家人之言，断不可取。这些人初次靠办一两件好事，换取（你的）信任，之后必定对你欺诈哄骗。先前（的步军统领）费扬古、凯音步、托和齐等，都曾为此所累，玷辱声名。须时刻防范。慎之！勉之！"字里行间中透漏出康熙对隆科多的关爱之情。但是康熙也同时指出，隆科多必须同自己的家人以及朋友保持距离，不参与结党才可以保住步军统领的位子。朱批中的告诫之语也让隆科多如头上高悬"达摩克利斯之剑"，作事时时谨慎。

隆科多的谨慎行事得到了回报。1720 年，康熙皇帝提拔隆科多"擢理藩院尚书，仍管步军统领事"。在步军统领的职责之外，康熙皇帝还交给他秘密的任务，不仅专门委派他秘密监视被圈禁的废太子和大阿哥，随时密奏二人的有关消息，还让他秘密监视京师内的宗室王公和部院重臣的动向。这个时候的隆科多尽职尽责，表现出色，康熙皇帝生前曾多加赞赏。正是由于康熙皇帝的信任以及自身的办事精明，在康熙皇帝驾崩之时，隆科多是除皇子外在康熙皇帝身边的惟一大臣，在皇位继承时起了关键性的作用。

但在康熙皇帝身后，就不一样了。隆科多正好在康熙皇帝逝世后才发挥步军统领的关键作用，没按康熙皇帝可能有的遗愿拥立新君，而是从自身的荣华富贵出发，当机立断，就近拥立皇四子胤禛，遂成为雍正初年政坛上风云显赫的人物。

隆科多为什么选择了胤禛？除了胤禛的竭力拉拢的因素之外，可能还有下面几点原因：

第一，跟胤禛幼年经历有关系。胤禛生母吴雅氏，起先只是宫人，后来才封了德嫔。胤禛的外祖父威武是护军参领。胤禛虽然生母和外祖父家世并不显赫，但他幼年时曾由孝懿仁皇后抚养。孝懿仁皇后恰恰是隆科多的姐姐。由于这层关系，隆科多很容易亲近胤禛。

第二，由于胤禩的支持者很多，其间权位在隆科多之上者大有人在。这样，即使他拥立胤禩即位，也很难因此取得首屈一指的地位。而拥立胤禛则大为不同。胤禛集团相对较弱，显赫官僚不多，一旦拥立成功，则隆科多必为"当代第一超群拔类之希有大臣"，所得恩宠必多。这种情形跟当年李斯协助赵高立秦二世而摒弃扶苏一样，正是因为扶苏那里有蒙恬在而不易居首功。

第三，他了解胤禵的劣势和胤禛的优势。胤禵虽然握有重兵，大有人望，但远在千里之外，不易顺利抵京。如果自己投向胤禛，则胤禛内有部队控制京城局势，外有川陕总督年羹尧截断胤禵与京城的联系，大有可成之机。年羹尧是胤禛藩邸旧人，自然替主子卖命。一旦胤禵挥兵东向，年羹尧定会拦截，使其无成。

第四，畅春园内人员杂多，既有大臣，也有宗室，还有嫔妃，人们都对康熙皇帝病况极为关心，不易保密。所以，隆科多就近不就远，顾不得康熙皇帝的心愿了，利用步军统领的关键地位，假传康熙皇帝遗旨，拥立皇四子胤禛即位。种种权衡考虑，关键时刻当机立断，隆科多不愧有果敢眼光，一跃而成为新朝宠臣。

隆科多成功了。雍正对他极为尊崇，亲口称呼他为"舅舅隆科多"，赞誉为"当代第一超群拔类之希有大臣"。雍正并非隆科多姐姐所生，仅仅有甥舅名份而已，皇帝承认不承认又是一回事。但雍正皇帝如此公开称呼隆科多，自然是一种极大的优待。雍正还给隆科多及其儿子加官晋爵。

然而，隆科多选择的新主子雍正皇帝是中国历史上最为猜忌多疑的皇帝之一。史家公认，雍正皇帝善于耍两面派，性格强硬，心胸狭隘，喜怒不定。在这样的主子下过活，廉洁慎重，自守尚且不易，何况居功自傲的步军统领隆科多？果然，不到两年时间，隆科多与胤禛的蜜月期就走到了头。那时，胤禛的皇位已经坐得相当稳当了。

雍正刚登基，对隆科多非常信任，在许多事情上都咨询他的意见，一派君臣和睦相协、同舟共济的景象。但到1725年下半年，雍正已经对他有所责难，并开始有步骤地打击隆科多。为什么在短短两年时间内，雍正的态度就转了一个大弯呢？

究其原因，主要在于隆科多居功自傲，擅权结党，已对雍正的皇权产生了不利的影响。比如，自比诸葛亮，奏称"白帝城受命之日，即是死期已至之时"一语，又称康熙死日他曾身带匕首以防不测。这虽是在他快倒台的时候说的，但难保在平日不会有此类话语流露。还有，隆科多曾自夸九门提督（步军统领）权力很大，一声令下就可以聚集两万兵马。这些话语多少暴露了隆科多拥立胤禛的真相，自然为雍正所忌讳。实际上，当日畅春园的气氛必然是非常紧张的，步军统领所统辖的兵力也确实约有两万名官兵，而隆科多说他带匕首防身也情有可原。但这些话语后来都成了隆科多的罪状。在罪状中，胤禛认为康熙去世当日隆科多并不在康熙身边，也没有派出近侍之人，隆科多此时重提这些话就是大不敬，就是欺罔，全然没有顾及此前不久他还因为隆科多的拥戴之功而感恩戴德。臣子有功，主上高兴的话可以恩赏，但不允许你自己表功，不然那就是要挟，就是说明主上无能或者无德，这就是大清皇帝雍正的逻辑。

还有就是，隆科多同年羹尧一样，都对其他官员的任命予以干涉，称"佟选"。虽然隆科多是正常的途径，他任吏部尚书，但选官这种事情一向是皇权所为，他一个臣子居然选起官来，不仅是擅权，而且有结党之罪。

1727年，诸王大臣会议定隆科多有四十一条大罪。以上这些都列入其中，还有一些奇怪的罪行。比如，交结、庇护年羹尧之罪。雍正为了避免给人滥杀功臣的讥刺，所以没有将隆科多处以死刑，而是在畅春园附近建房圈禁。

最终，"隆科多免其正法，于畅春园外造屋三间，永远禁锢"。圈禁隆科多的地点颇富意味：隆科多位极人臣以此始，身败名裂以此终。其赃款数十万两，于家产中追补。长子岳兴阿被革职，次子玉柱被发往黑龙江当差。1728年夏，隆科多于幽愤中死去。

# 历史评价

　　雍正帝名胤禛，生于康熙十七年（1678年），是康熙的第四子。康熙六十一年（1722年），45岁的胤禛继承帝位，在位13年，死于圆明园。庙号世宗。

　　雍正是在康熙末年社会出现停滞的形式下登上历史舞台的。复杂的社会矛盾，为雍正提供了施展抱负和才干的机会。他有步骤地推行了多项重大改革，高瞻远瞩，又惟日孜孜，励精图治，在位13年中取得了卓有成效的业绩，为后代的乾隆打下了扎实雄厚的基础，使"康乾盛世"在乾隆时期达到了顶峰。

　　雍正采取的重要改革措施有：

　　创立军机处，推广奏折制度。雍正为了加强皇权，创立军机处，作为皇帝的秘书班子，为皇帝出主意、写文件，理政务，"军国大计，罔不总揽"。其特点是处理政事迅速而机密。军机大臣直接与各地、各部打交道，了解地方情形，传达皇帝意旨。此机构存在200年，直至清末。与创立军机处伴随的是推广奏折制度。奏折直接呈送给皇帝，直达皇帝本人。雍正扩大了可向皇帝上奏折的人数，不同身份的官吏可以及时反映情况，报告政务，使皇帝洞察下情，以便制定政策；也使官员们相互监督，皇帝得以了解他们的贤愚、勤惰、政绩、操守。

　　摊丁入地。这是一项重大的赋税改革，将人丁税摊入地亩，按地亩之多少，定纳税之数目。地多者多纳，地少者少纳，无地者不纳，是谓"摊丁入地"，一举取消了人头税。这项有利于贫民而不利于地主的措施，是我国财政赋税史上的一项重大改革。

　　改土归流。雍正即位后，废除了云南、贵州、广西、四川、湖南各地的许多土司，改成和全国一致的州县制度。"改土归流"是一场严酷的斗争，许多土司武装反抗，雍正坚决派兵平定。在平叛战争中虽然也累及无辜，给少数民族造成了伤害，但从长远来说，"改土归流"是一项进步的措施，打击和限制了土司的割据和特权，有利于民族地区的经济文化发展。

尽管雍正猜忌多疑，刻薄寡恩，统治严酷，但比起他的业绩来，毕竟是次要的。雍正的刻薄寡恩恰恰是一剂根治国家贪风日盛的猛药，把自康熙晚年以来形成的朝野腐败之风整顿一新，为"康乾盛世"打下了坚实的基础。因此我们说，雍正的历史地位，同乃父康熙和乃子乾隆相比，毫不逊色。

# 雍正皇帝正传

# 第一章　巩固帝位

## 一

　　曾在十字路口上观望、徘徊、挣扎、进取的四皇子胤禛，终于随着康熙的去世，一步登天，如愿以偿地登上龙庭，做了清入关后的第三代真命天子。

　　令康熙含笑九泉的是，他死后没有重演历史上五子停尸争位的惨剧，顺利实现了权力的平稳过渡。新君雍正也按部就班地办理了国丧大礼，尽了一个嗣皇应尽的义务。

　　可是，雍正马上意识到，他这个争来的皇帝并没有压倒一切的权威，最大的障碍就来自那些惊破了黄粱梦的兄弟们。更令人气恼的是，一些宗室和臣僚也不买新君的帐，纷纷站在对立面一边，明里暗里拆他的台。国事易理，家事难为，以雍正的才干，清理父亲遗留下来的财政匮竭、吏治败坏等一大堆烂摊子，并非难事，但是，若摆平长期积累下来的兄弟们之间的关系，就不是一件容易的事了，难怪雍正上台不久就大喊"为君难"了。雍正不愧为一代雄主，他不仅在四五年内挫败了以允禩为首的兄弟加政敌，还解决了新贵转异己的年、隆势力。

　　雍正实在是康熙末年政坛的一匹黑马，有些人怎么也想象不到，那个昔日以淡泊自居、大做佛事的四皇子居然笑到了最后，做了天下共主！可事实是严酷的，谁想改变它，就必须冒着杀头的风险。

从康熙刚死时清皇子的反常举动中，雍正就感到自己已成众矢之的了。其中最痛心失望的莫过于允祉和允禵。当年，康熙对允祉和胤禛平等对待，一视同仁，其意思很明显，那就是不让人们觉察到对这两个能力各有千秋、年龄只差一岁的年长皇子的真实态度。这就造成一种必然的后果，允祉与胤禛互相竞争，各显神通，以取悦父皇。当然，这种竞争是暗自用心的，否则，就会使矛盾表面化，到头来搞得两败俱伤。有迹象表明，胤禛曾主动与允祉结好亲近，但允祉出于一种莫名的心态，婉言谢绝对方发出的到花园赏花的邀请。那么，雍正取胜后，允祉采取何种态度呢？据雍正自己说，当隆科多代宣遗诏后，允祉带头向新君即首，劝其节哀。这说明，允祉看大势已去，没有将怨气挂在脸上，表面上还让对手过得去。可是，允祉后来说话走了嘴，主动向雍正汇报，说当日皇上让他管理内事时，他私自出外，与管理丧期外事的允祀密语多时。雍正虽没有问出他二人到底密商何事，但是，从不久允祀就保荐允祉可以大用一事看，允祉、允祀在新形势下，很快一拍即合，雍正理解是允祀要引允祉为党助，"共图扰乱国政"。

在诸兄弟中，允禵对其同胞皇兄最不友好，愤怨之情溢于言表。康熙去世后，雍正含着泪对近侍大臣说：皇考不幸逝世，允禵没赶上在京，何以无福至此！应降旨宣召，使他来京以尽子臣之心。雍正后来讲，他召允禵来京并不是防范疑忌所致，允禵之庸劣狂愚，无才无识，威不足以服众，德不足以感人，在陕西地方，又有总督年羹尧等弹压，允禵所统之兵，不过数千人，这些人都是满洲世受国恩之辈，父母妻子俱在京师，岂肯听允禵指使而作乱？传言为防范允禵而召之京师，都是"奸党"高增允禵声价之论。其实，雍正当时未必就不怕允禵留在外地军前不会出事，他召允禵入京，最终的目的无非是想看一看允禵是否称臣于自己，若服，可以重用；不服，则绝不放虎归山，自有安排。

允禵是限期24日从西宁赴京的，可见雍正防人之深，心机之重。当时，被允禩、允禟等兄弟和朝野人士普遍看好的允禵，刹时皇帝美梦成空，其心情如何是可想而知的。本来，雍正是希望允禵接到诏书后即写奏折向自己请安，预表臣服。可是，不知出于何种心态，允禵并没有按雍正所想的那样做，相反，却在入京前先行文礼部，问是先谒父皇梓宫，还是贺新君登基？显然，他根本没把皇兄放在眼里，装出一副公事公办的傲慢姿态。雍正对此恼在心中，深觉允禵来头不善，但又难以挑对方的毛病，按礼制，只好叫允禵先谒梓宫。

允禵进京时，康熙遗体已安放在寿皇殿。这天，雍正在寿皇殿守灵，外地前来奔丧的官吏和蒙古王公等齐聚，纷纷靠近雍正，抱膝痛哭。允禵进来后，离着雍正很远处跪下，面无哀容，也不瞧新君一眼。倒是雍正表现出兄长的宽容大度，为打破尴尬的局面，他主动向允禵挪动几步，做出亲近的表示，可对方却不为所动。这时，御前侍卫拉锡看不下去了，令允禵近前，稍稍挽回些雍正的面子。但是，允禵却进而找到了出气筒，把拉锡痛骂一顿，然后，跑到雍正面前，"大肆咆哮"，带着情绪说："我本恭敬尽礼，拉锡将我扯拽。我是皇上亲弟，拉锡乃掳获下贱，若我有不是处，求皇上将我处分；若无不是之处，求皇上即将拉锡正法，以正国体。"明眼人一看便知，允禵是在向皇兄示威！据说，雍正事后很生气，降旨把允禵的王爵削去，只保留贝子封爵。

如果说，在康熙没去世时，允禩、允禟、允䄉、允禵等人彼此间为各自目的还心存隔阂的话，那么，雍正一登位，这四人原来若即若离的关系发生了急骤变化，共同的敌人使得他们暂时放下个人恩怨，团结起来一致对外。过去分别附庸他们的人，一时也难以转过弯来，有的在旁边观望，有的则公然渺视新皇帝。这种势态对雍正来说，不啻是个严峻的考验。

二

审时度势，神机妙算，采取灵魂折磨战术，逼异己兄弟就范，这是雍正打击政敌的惯用手段。

从继位那天起，雍正帝感到以允祀为首的异己兄弟不会善罢甘休，这些人会勾结在一起，与自己唱对台戏，不可须臾小视。怎么办？雍正采取的办法是拉打结合，离散其中的骨干分子。他明白：允祀精明强干，富有谋略，很多人都跟随了他；允禟才智平庸，"文武才略一无可取"，但此人野心很大，善于搜刮钱财，笼络人心，坚决与新君唱反调，特别是与允祀、允禵联合起来时，具有不可低估的能量；十阿哥允䄉在雍正眼里是一"无知无耻，昏庸贪劣"之辈，但素与允祀等交好，鄙视新君；允禵是康熙末年的政坛"黑马"，为人们普遍看好，又有允祀等人出谋划策，所以，骤然痛失储君希望，自然与同党一起变本加利地同素不亲近的皇兄作对。总之，允祀、允禟、允䄉、允禵四人同命相连，结成牢不可破的宗派势力，必须将他们离散各处，以便各个击破。

当然，在雍正眼里，允祀的能量最大，其他人都好处置。所以，康熙刚刚去世，雍正便以身系丧事为由，命允祀与允祥、马齐、隆科多同为总理事务大臣，不加抑制，反而表示大用之意。命下同日，又超封允祀为亲王（后封号为和硕廉亲王）。雍正此举，不排除暗藏杀机之意，但是，也有笼络允祀的诚意在内。据说，允祀及其福晋却不以为然，福晋向前来称贺的娘家人说："何喜之有？不知头落何日呢！"允祀也曾向朝臣们说："皇上今日加恩，焉知未伏明日诛戮之意！其目下施恩，皆不可信。"雍正的防人之心很重，广布心腹特务，允祀夫妻的怨愤之语，自然传到其耳中，但他仍不动声色，仍然对允祀抱有收为己用的一线希望。所以，不但对允祀本人加官晋爵，除吸收为位尊权重的总理事务大臣外，还命他兼管理藩院和上驷院以及工部事务；同时，对允祀的儿子、亲属、同党都屡施殊恩，做出宁愿人负我，不肯我负人的姿态。

允祀确实是个富有机权的人，有时，他对雍正交办的事，善则归己，恶则归君，从而博得宽大美名，故意让雍正承受苛刻恶名。有时，他故意把事办错，甚至写奏折时字迹草率，以激雍正之怒。雍正早已看透其意图，说允祀之所以这样做，无非是想触己之怒，怒必杀人，杀戮显著，则众心离散，"伊便可希图侥幸成事"。可以说，雍正对允祀是做到了先礼后兵的，他觉得此人实在难以对付，因为笼络一手不见效果，重惩又怕惹起乱子，软硬都不行。有一次，他斗气地对诸王文武大臣们说：你们中若有一人或明奏，或密奏，只要说允祀贤于我，为人足重，能有益于社稷国家，"朕即让以此位，不少迟疑"！这说明，雍正深感自己权威不振，甚至还不如允祀在朝野有市场！

要知道，雍正为人，抱定"忠我则臣，背我则敌"的原则。他对不肯服己的人，向来视为寇仇，反击起来从不手软，手段更加淫狠！在对付允祀时，雍正采取的是"灵魂折磨"战术，说起来比拿刀杀人更加可怕。一方面，他总在朝臣面前数落允祀不忠不孝的往事，以便使对方在众人面前难以抬头；另一方面，使允祀处在动辄得咎的境地，总允许宗人府参劾允祀，二三年下来，劾疏竟有上百件，但每次又坚决表示，对允祀断不罚俸，不革爵，不杀戮！其意无非是令允祀总在心惊胆战中度日，一步步搞臭他，使其无立足之地。同时，对允祀一再恫吓，对倾向允祀的人大打出手，或革或放或禁或杀，造成一种谁亲近允祀，谁就遭殃的气氛，从而大大地孤立了允祀。

三

雍正三年末至四年初时，政局基本稳定下来，尤其是国家财政摆脱了严重的危机窘境，西北边疆无大战事，这两大心腹之患的缓解，标志着雍正的皇位基本稳固；另一方面，多年来允祀一伙的敌对情绪有增无减，使雍正已无法容忍，于是，秋后算账已在所难免。

三年（1725 年）十二月初，雍正一改对允祀一伙不革不罪的做法，开始逐步深入地整治他们。十二月初一日，允禵因从前混用军饷的罪名被革去多罗郡王爵位，降为固山贝子。同月，追究本年十月份包衣下人哄闹允祀廉亲王府事——事情是这样的，允祀曾面请裁减包衣披甲食粮之人，建议每佐领只应留 24 人，雍正令其会同确议，可是，允祀在众人共议时，转而改口，建议每佐领下应增加 90 人，以收买人心，将刻薄之名归于君上。结果，包衣下人集聚允祀府上闹事，雍正认为虽事出有因，但允祀贵为亲王，包衣奴辈竟敢蔑视王法，有伤国体，遂下令追究闹事的首倡人，而允祀不把真犯查出奏上，却混行指出，其意无非是让雍正"枉杀无辜，快其私忿"。在究查过程中，允祀门下 96 人肯供出实情，结果，被立毙杖下；而王府亲信太监闫进有意隐瞒允祀的丑行，获赏银 200 两及衣物。总之，允祀变本加利地激怒雍正，雍正岂能再容忍下去！更令雍正恼羞成怒的是，当年允祀得罪康熙时，唯恐抄家，竟将包括皇父御札在内的所有信件统统焚毁；雍正即位后，让其上缴那些御札，允祀曾实话实说。而今，宗人府再次究问此事时，允祀只说当年抱病昏昧，误烧御札，而不是怕查出与同党兄弟秘密通信才误烧御札的，雍正又面质昔日之言，允祀不但不承认从前所说的话，反而当场发誓说"若有虚言，一家俱死"——雍正理解的"一家"一词，必是包括他本人在内的所有皇族人员，进而认为允祀是在诅咒自己，因而大为恼怒。

四年正月初，雍正连连降发谕旨，揭露允禵、允祀等人的往事、近事，发动了强大的舆论攻势。从前，康熙曾说过"朕与允祀父子之恩绝矣"的话，雍正一度想公开这道谕旨，以威胁允祀，允祀"痛苦叩首，再三恳求"，请求不要这样做，不然，将无脸见人。至此，有关允祀的康熙谕旨尽行发出。同时，于正月初五日下令将允祀、允禵及其宗室党羽的黄带子撤去，销除他们在玉牒上的名字。不久，遣官告祭奉先殿，正式将允祀、允禵削籍，不入宗室。臣下们看透了皇帝的意向，随即合词参奏允禵，请求严加治罪。雍正对此心中很畅快，但没有立即表态，反倒将处分允禵之事交于允祀、允䄉，让他俩"各出意见陈奏，毋得互相商酌"。这一招很阴毒，实际上是继续折磨允祀、允禵、允䄉。为了监视允祀，雍正以母妃在廉亲王府供养为名，增加王府护卫兵丁，轮班值勤，均听允祀指挥。其实，所增护军虽名义上听允祀安排，实际上却是监视允祀的。

在整治允祀、允禵时，雍正曾别出心裁，连出两个不容人谅解的损招。一个是迫使允祀之妻休回娘家；二是强令允祀、允禵改名。雍正指责允祀惧内怕妻，说其福晋"狐媚残刻"，继承了其父安郡王一家的恶乱之习，本人不能生育，也不许允祀纳妾，几乎使允祀断后，只是受到皇父的训戒后，允祀才得以收纳使女一二人，但也仅生一子一女。雍正说，他曾让皇后面加开导，劝允祀妻谏夫从善，"感激朕恩"，实心效力，但屡屡劝诫，都不能使其夫妻二人回心转意。于是，雍正下令革去允祀之妻福晋名份，逐回本家，严加看守，不许与原夫暗通信息，否则，定将通信之人正法，安郡王一家一人不赦。

允祀被逐出宗室后，仍保留亲王爵位。不久，雍正特降旨于宗人府，允祀既然已经离宗，就授为"民王"，凡一切朝会礼仪，均照民人公侯伯例，交旗令其稽查，各处俱书写"亲王允祀"字样。雍正认为，既然允祀、允禟已削除宗籍，就应与一般旗人一样，本人及家属都应归属某旗某佐领。为了彻底使允祀等脱离皇室关系，雍正又下令让他们各自改名，结果，允祀自改名为"阿其那"，其子弘旺改为"菩萨保"。允禟所改之名是通过监视人都统楚宗由西宁奏报给所在旗的，可是，王大臣们看过后，认为允禟自改名"存心奸巧，殊属不法"，故立即参奏，请皇上降旨另拟改。雍正则说，这等事在允禟还不算大罪，若令重改，他必然又耍手段，可令诚亲王允祉、恒亲王允祺（允禟的同胞哥哥）商酌改拟。最后，允禟改名为"塞思黑"。不管"阿其那"、"塞思黑"的确切含义如何，总之，二者都是不雅的名字。从此，允祀、允禟就分别以"阿其那"、"塞思黑"被人呼来唤去，赫然出现在清修官书上了。

允祀于四年二月被拘于宗人府看守，不久又被圈禁高墙，只有两名太监随侍在身边。同时，因王大臣们"异口同声"地奏请将允祀处死，雍正便召所有参奏人和允祀入勤政殿，责难诸王大臣妄行陈奏，使皇帝蒙受不义之名；转而又令所有人当面表态，结果，众人一致表示应将允祀明正典刑，雍正只是含糊其辞，不作明确答复。据雍正后来讲，他曾降旨询问各省督抚提镇等大员，允祀等人是否该杀？结果，凡回奏人都与在京朝臣意见一致，只因还有几个人的回奏未到，才没有最后下定决心，只将允祀等各自拘禁。

在拘禁允祀的两个月后，雍正于四月十八日下令，将允禩押回京师。五月十五日，允禩被押至保定，在雍正的授意下，他被安排在只有小房三间，四面高墙，前门加封，只能用"转桶"传递饮食的地方住下来。直隶总督李绂直接奉旨负责监视允禩，他揣摩皇帝的意图，对允禩备加虐待，一度将其身上铁锁，手足拘挛，像牢狱重囚一样对待。不仅如此，李绂曾扬言，允禩一到保定，我就便宜行事！对此，雍正再三嘱咐李绂：对允禩不过粗茶淡饭，不必加意供奉就是了；至于便宜行事，"万万使不得"，"但遵旨而行"，不可轻举妄动。本来，允禩从西北到保定的一路上，谈笑饮食如常，没有丝毫身体不适的迹象。可是，到了保定后，因受到非人虐待，房小墙高，暑气酷烈，一度中暑晕死，幸得家人用冷水喷渍，过了一个时辰才苏醒过来。雍正接到李绂报告后，却批示道："此即汝被愚处，未闻死而复活者。"七月中旬，允禩患腹泄，不久痊愈。八月初，饭量日见稀少，面容憔悴衰瘦，一天不如一天，终于在八月二十七日早晨气绝身死。

当雍正得到允禩病笃的信息后，似乎不觉突然。他没有做出任何抢救治疗的指示，而是让李绂预布多人，密查到允禩灵堂前哭泣或叹息者，一经发现，即究问来历奏闻，不可虚应故事。当李绂奏报允禩已死时，雍正指示李绂道："好好殡殓，移于体统些房舍，如何发送处候旨。"允禩已死七天多，李绂以不见有人前来哭泣、叹息等情奏报，雍正批示说："多访些时，尚未到亦未可知。"可见，允禩是在雍正精心布置下默默而凄惨地病死的。

且说允禟被囚禁前后，仍有抗愤不服表现。雍正强令其妻休回母家后，允禟的婢女白哥劝主子求求皇上，而允禟却愤然地说："我丈夫也，岂因妻室之故而求人乎？"白哥见允禟整日沉于醉乡，屡谏不听，遂愤恨自缢而死。在禁所，允禟曾对看守太监说："我向来在家，每餐止饭一碗，今饭加三碗，我断断不愿全尸以殁，必使见杀而后已。"在允祀屡屡激怒下，雍正镇定自若，按部就班地实施着他的反击计划，先是频频降旨暴扬允祀一伙的"罪行"，然后，在朝臣的合词声讨气氛中，于四年六月初宣示允祀40条大罪，允禟的28条罪状，允䄉之14款罪行，做出磨刀霍霍，就要动手的姿态，但仍然公开表示再加斟酌而定。恰巧，允禟"冥诛"了，雍正心中暗喜，嘴里却说："朕心恻然。"不仅如此，在宣布允禟死讯次日，他反倒表示欲宽免允祀，为此，面询诸王大臣该怎么办，并下令征求各省将军督抚提镇等人意见。可是，还没等各省大员回奏全部到齐，允祀便于本年九月初十日"伏冥诛"。

在整治允禟、允祀的同时，允䄉也险些命丧黄泉。允祀被拘禁后，允䄉也频频受到宗人府的参劾。据说，允䄉在门下太监刘玉逃走后，并不报告有关衙门，而私自遣人到丰润县缉捕，为此，宗人府请降允䄉为一等镇国公，雍正没有同意。不久，宗人府又参奏允䄉及其子白起、广善不遵礼法，没等孝庄文皇后梓宫入享殿就私自散回住所，请革固山贝子，撤出所属佐领，杖其两子各八十，雍正降旨："俱著宽免。"对于允䄉，雍正有定评：庸愚孟浪，不知好歹，秉性糊涂执着，其奸诡权术倒是学来的。允䄉一度表示悔过，雍正则认为他已经恶性生就，品行已失，"未必能翻然改悔，彻然醒悟也"。他一直在寻找降罪允䄉的重要借口，终于，四年三四月间蔡怀玺事件，既是雍正下定决心囚禁允䄉的导因，也是允䄉不守本分的新罪名。蔡怀玺是正黄旗人，他自言曾受庙神指授，说"十四爷的命大，将来要做皇帝"；梦中神人还说了两句儿歌："二七便为主，贵人守宗山"云云。马兰峪总兵官范时绎有监视允䄉之责，他对蔡怀玺私投允䄉事非常重视，飞报雍正后，得到皇上的直接指授，直到蔡怀玺把写有允䄉做皇帝，允䄉之母为太后之类字样的黄纸包隔墙抛入允䄉住所，也没有动手捕人。倒是允䄉精明，他先将所获纸条最关键两行字裁掉，然后交于范时绎，说，这是小事，尽量淡化事情的严重性。雍正得到奏报后，一面指示范时绎将蔡怀玺软禁，一面派钦差大臣马尔赛、阿克敦及与允禩党有嫌疑的贝勒满都护前去会同审讯。审讯对质间，允䄉对范时绎怒气冲天，"愤欲吞噬"；满都护只是对蔡怀玺厉声恶色，"一味恐吓，多不能详得其情"（此事成为雍正考验满都护忠心与否的直接手段）。五月初，众人请将允䄉正法，雍正说，允䄉只是赋性糊涂，行事狂妄，其奸诈阴险与允禩、允禟相去甚远，但因有蔡怀玺投书事，允䄉不宜住在马兰峪，应押回京师与其子白起于寿皇殿附近禁锢，以便就近瞻仰父母遗容。

说起来，雍正对异己兄弟确实够尖酸苛刻的了。允禟死后，他假惺惺地欲宽容允禩，可允禩随后也不明不白地死去。允禩死后，他遣人询问允䄉：当年允禩获罪时，允禔你俩挺身保奏，还私藏毒药，愿与同死，如今，允禩已身故，你要是想看他，或欲同死，"悉听尔意"。允䄉回话说不愿去看允禩尸体，有悔过表示，雍正才表示以观后效，并同时放过了允禔。后来，怡亲王逝世，雍正要委任允䄉，相传大学士马尔赛转达此意时，允䄉答以只有杀马尔赛才肯任事，遂作罢。雍正临死前，曾特旨召见允䄉，示以勉励和寄托之意，允䄉以病固辞。雍正死后，允䄉获释，累晋封为恂郡王，68岁而终；允禔也在雍正死后不久获释，封为辅国公，59岁时寿终正寝。允䄉、允禔幸存下来，算是雍正对异己兄弟的法外之仁了。

## 四

雍正执政期间，他的兄弟是影响他皇位稳固的主要因素。除首先遭到打击的允禩、允禟、允禔、允䄉外，十二弟允䄉采取消极抗上态度，屡受责难，爵位也从郡王降至镇国公；二十弟允祎一度渺视皇威，故爵位自贝勒降至辅国公；十七弟允礼曾受怀疑，后来日见宠信，超晋为亲王；五弟允祺因受同胞弟允禟和世子弘昇影响，颇受戒备；七弟允祐对雍正"无功无过"，小心度日。除此外，十三弟允祥被雍正视为"宇宙之全人"而大受宠信；最小弟允祕因性和心忠而超晋亲王；二十一弟允禧因"立志向上"而超封为贝勒；十六弟允禄受信用，袭裕亲王爵而改号庄亲王；其余几个弟弟与皇兄关系一般。从总体上看，雍正虽在弟弟中尽量发掘忠、能之才，但他还是比较孤立的，与他同心同德的，只有允祥等少数人。

在雍正心里，最难相处的是兄长，其中主要是诚亲王允祉。皇长子允禔、废太子允礽在雍正继位前已是两具政治僵尸了。雍正即位后，凭借着先皇"朕若不讳，二人断不留"的遗旨，对允禔、允礽仍加禁锢。允礽于二年十二月十四日（1725 年 1 月 27 日）死。据说，他死前很感激皇弟的关照，嘱其子弘晳报效皇帝。雍正同时也以追封亲王、厚葬及封弘晳为亲王等手段以示宽仁之政，广收人心。允禔于十二年（1734 年）死于禁所，他始终没对雍正构成威胁，人们几乎对允禔的存在很淡漠。允禔、允礽尚构不成雍正的政敌，那么，在兄长中，就只有三皇兄允祉是雍正潜在的假想敌了。鉴于二人从前争储时暗中较劲的宿怨，雍正一直对允祉怀有戒心。

有迹象表明，雍正即位后，允祉与允祀关系很密切，允祀推荐三兄可大用，这使雍正心中很不快。可以想象得出，允祉对比他小一岁的雍正是心怀不服的。有鉴于此，允祉很快被打发到景陵，守护皇父陵寝，许久才放回，但没有具体差事可做。元年正月，纂修《古今图书集成》总裁陈梦雷被流放到东北的卜魁（今黑龙江齐齐哈尔），陈氏以 73 岁高龄，携家迁往北寒极边之地，煞是凄惨。其实，这是雍正做给允祉看的，因为允祉从前承父命主持修书事，与大学问家陈梦雷交厚。同时，雍正另委人主持纂修《古今图书集成》，而允祉为此书耗费了十余年心血，到头来，却不能终其事，差点使允祉、陈梦雷与这部现存最大的一部古代类书无缘而名不后传。

二年十一月，雍正下令革去允祉子弘晟的世子，降为闲散宗室，交于父亲严加管束，其罪名是以前屡次有过犯，今又讹诈别人银两。说到底，罪弘晟，实际就是"杀鸡给猴看"，最受刺激的是允祉。

六年（1728年）六月，雍正终于向允祉直接问罪了。罪名是允祉曾勒索原山西巡抚苏克济贿银——实际上，苏克济案子早在六年前就结案了，可见，雍正此次实属故意找茬整人。据说，在王大臣审问允祉时，允祉当着雍正的面，自称是皇上之兄，怒斥众人。雍正觉得大失为君的脸面，暗示宗人府参奏，结果，允祉被"从宽"免削爵拘禁，只降亲王为郡王，撤掉所属的四个佐领；弘晟成了父亲的替罪羊，被锁锢于宗人府。雍正同时将允祉的参政权予以剥夺，告诉他：以后一切交于诸王大臣会议之事，就不必入班参加了。

其实，冰冻三尺，非一日之寒，允祉被降爵位，决非因这一次事。雍正为整顿国家财政，力追亏空之项，允祉也受到追论，他对四弟的做法很不满，常以数百、数千两的催追之项完纳奏报雍正，言语之间，常怀怨忿。雍正一方面对允祉的亏空穷追不舍；另一方面又分两次私下赐银共15万两，以示公私分明，用以笼络其心，但是，允祉似乎没领情。据雍正后来讲，允祉对皇帝信宠之人，颇不以为然。马尔赛被抬举为"国家柱石之臣"，允祉极力诬谤，并说：这些人都是欺罔之徒，没有一个可以信赖！雍正每每夸怡亲王允祥之善，希望允祉照学此人，而允祉则"置若罔闻，总未一答"。相反，对雍正罪怪之人，允祉则表露出同情之心来。据说，当日允祉与允禩仇怨最深，但允禩犯罪抄家时，允祉发现他与允禟通信中有"机会已失，悔之无及"的"逆语"，企图将信匿而不报，显有庇护允禩之意。允䄉再次被夺郡王爵位时，其子弘春也同时丧失贝子爵位，允祉则在乾清门众目睽睽之下，为允䄉父子"叹息流涕"。而在背地里，允祉则对雍正说：允禟等人能成何大事，若交于我，我就可以置之于死地——这本来是讨好的话，而雍正则认为，允祉的用意在于暗置允祀等人于死地，"使天下后世议朕之非"，其居心险恶残忍。

时至八年（1730年）二月，雍正借对五个幼弟加封爵位之机，降旨说：允祉年来自知从前错谬，深加愧悔，恢复其亲王爵位。可是，好景不长，刚好三个月后，允祉再次噩运来临。

八年五月五日，被誉为"宇宙之全人"、"擎天之柱石"的怡亲王病逝。雍正此时正患病，又值爱弟溘逝，心绪自然坏到了极点。允祉早就对允祥得宠十分妒嫉，所以对其死"深为庆幸"，对雍正大肆褒扬允祥，特意隆备丧事，更是不以为然，甚至表示出消极对抗的态度。当人们奉旨在诸王府宣读传示雍正褒扬允祥的谕旨之际，允祉不屑观览倾听，傲然离去；十七皇弟、果亲王允礼为了讨好皇上，不顾体弱怕暑，恳请穿丧服，而允祉既不照样做戏，又不躬请"圣安"，反倒在人们争先恐后地去怡亲王府齐集吊丧时，"每日迟至早散，当举哀时，全无伤悼之情，亦无悲泣之状"。对此，雍正衔恨在心，必欲重惩而后快。

五月十九日，雍正降发谕旨，历数允祉种种"罪行"，新账老账一起清算。不久，诸王大臣遵旨会议允祉之罪，其实，他们不过是鹦鹉学舌，将前旨整理一下，形成十大罪状，以《大清律》中"不孝者斩，大不敬者斩，紊乱朝政者斩，挟诈欺公妄生异议者斩"为根据，建议：允祉罪大恶极，应削其亲王爵，革退宗室，即行正法；允祉子弘晟也革其宗室，一同正法；另一子弘景应革去公爵，与其他诸子孙一样，交旗更名，披甲当差；其余家属及财产都做适当处理。雍正认为王大臣们议罪得当，但因允祉"心胆尚小"，未必敢为大奸大恶之事，加之若照议执行，"朕心有所不忍"，最后决定：允祉从宽夺爵，免死禁锢于景山永安亭，家属听其带领侍从；弘晟禁锢于宗人府，从严看管；弘景为人心性未定，不似乃父乃兄悖乱，仍保留公爵，以观后效。其他家人均编入指定旗内。

在牢狱中整整待了两年的允祉，于十年闰五月十九日（1732年7月10日）被宣布病死——同日，五御弟恒亲王也偏巧病逝。雍正说，允祉病时，他曾遣医官调治，怎奈病势沉重，医治无效，"朕心恻然"，一切殡葬之礼，就照郡王例办，另赏内库银5000两料理丧事。

说起来，纵然允祉有若干抗傲无礼之处，但在允祀集团已经瓦解的前提下，对皇位巩固已不构成威胁。所以，雍正重惩允祉父子，显然多是从维护自己皇威的狭隘政治目的出发，以怨报怨，意气用事，可以说是没有任何国家利益可言的骨肉相残。

# 第二章　挫败政敌

## 一

在雍正的属人中，年羹尧为主子的争位所做的贡献颇大。但是，年羹尧并不像野史小说所言的那样，为雍正"盗改遗诏"继位而得宠。雍正继位之前，年羹尧的功劳主要是为主子顺利继位而笼络人才，制造声势，出谋划策，同时就近牵制在西北主持军务的允禵；之后，他对失去争储机会的允禵进行控制，使其难以发动兵变，只得乖乖应诏回京，同时对那个待罪西北的允禩也起到了很大的监控作用。更重要的是，年羹尧及时率部镇压了元年八月青海蒙古罗卜藏丹津叛乱，为稳定政局和雍正初年极不稳固的皇位，具有深远的意义，此当为年羹尧宠极一时的主要原因。

可以说，雍正继位前后，直至二年（1724 年）十月份，他与年羹尧保持着一种蜜月般的君臣关系。这期间，雍正把年羹尧几乎抬上了天，赐爵、赐金、赐第、赐园、赐世职、赐佐领，甚至赐给连年羹尧都不敢用的四团龙补服。一年之内，年羹尧爵位实现了三级跳，终至一等公。家属均沾皇恩雨露，宠极一时，他人无法企及。当时，他手握西北兵权、财权、人权，身兼川陕总督和抚远大将军之任，名震天下，人臣之份已极，自称已经"愿足志满"。同时，雍正说给年羹尧的私房话，夸奖之语实在令人肉麻："朕不为出色的皇帝，不能酬赏尔之待朕。尔不为超群之大臣，不能答应朕之知遇"；"从来君臣之遇合，私意相得者有之，但未必得如我二人之人耳。尔之庆幸，固不必言矣，朕之欣喜，亦莫可比伦。总之，我二人做个千古君臣知遇榜样，令天下后世钦慕流涎就是矣"；"尔等此一番效力，是成全朕君父未了之事之功。具理而言，皆朕之功臣。拘情而言，自你一下以至兵将，凡实心用命效力者，皆朕之恩人也。言虽粗鄙失礼，尔等不敢听受，但朕实实居如此心，作如此想"，等等。这期间，雍正常作女儿态，常折批"朕亦甚想你"，甚至以"但愿人常好，千里共婵娟"之句寄意。更有甚者，竟对年羹尧说："朕此生若负了你，从开辟以来未有如朕之负心之人也；""朕一切赏罚，若有一点作用笼络，将人作犬马待的心，自己亦成犬马之主矣。"像这样对宠臣发誓的皇帝，恐怕古今难寻。

三年正月，雍正通过各种场合，开始公开指责年羹尧办事"甚属错误"。此后，年羹尧所荐所参的人，雍正故意逆意而行，再也不像以前那样言听计从，使年做顺水人情了。三月份，年羹尧在奏贺"日月合璧，五星联珠"嘉瑞时，竟将形容早晚勤奋谨慎、兢兢业业、不敢怠懈的"朝乾夕惕"一词，误写为词意大相径庭的"夕阳朝乾"，而且奏本内字画潦草不堪。雍正览后大怒，说年羹尧平日并非粗心办事之人，他是不想把"朝乾夕惕"四字归于主上，显露不敬之意。同时，年羹尧在进京期间，曾保举私人胡期恒为甘肃巡抚，雍正初不疑而听从，而今，发现胡期恒"甚属卑鄙下贱"，引见时所说的话，都是些荒唐悖谬之语，遂大发雷霆，责骂年羹尧实在昏聩了，让他时常将头抬一抬，将心抚一抚，何忍如此欺诳君上！年羹尧连连受到公开或私下指责，自知身将不免，自称心跳之病复发，饮食减少，睡眠不好，又连吐血数次，故请皇帝鉴宥其过。

可是，雍正听到年羹尧的事越来越多，使他异常气愤，终于四月十日下令将其"调升"为杭州将军，这是整治年羹尧的重要信号。不久，署山西巡抚伊都立首参年羹尧，从此一发不可收拾，直隶总督李维钧、镶白旗汉军都统范时捷等人，纷纷公开弹劾。特别是李维钧、范时捷被人们认为是"年党"，他们反戈一击，证明年羹尧已彻底失势了。

不过，在整治年羹尧的过程中，雍正采取的是循序渐进的策略。他首先运用权术，分化其朝野势力，能争取的争取，该降调罪革的就毫不犹豫，对不追随年羹尧的岳钟琪、高其倬、杨宗仁、孔毓珣、齐苏勒等地方大员，则公开予以奖赏，用以最大限度地孤立年羹尧。对年羹尧本人，一方面逐渐宣示其罪过，以搞臭其名誉，不遗人以诛戮功臣的口实；另一方面则步步为营，渐次削夺其职爵。六月末，将年羹尧太保衔削去。七月至九月，分数次降其一等公为庶民，降其职务由将军而闲散章京，直至职衔尽革，这一切都是按部就班而办的。这期间，廷臣屡请将年羹尧正法，雍正都表示不同意。其实，早在九月末十月初，当年羹尧的种种劣迹大部分败露时，雍正就暗示宠臣田文镜："朕意已决矣！"与此同时，下令将年羹尧逮拿至京，十一月初三日年被押至京师，圈禁于允禩空府。当时，年贵妃又悄然死去，不管她何故而死，都为诛杀年羹尧扫清了所有障碍，因为这之前，几乎所有的内外大臣都表态拥护皇帝，请杀年羹尧！

十二月十一日（1726 年 1 月 13 日），朝臣们将年羹尧的 92 大罪结案奏上。雍正明确表态，念年羹尧的青海之功，免其极刑而交步兵统领阿齐图，令其自裁；年遐龄及年羹尧兄年希尧，只革职而宽免正法；年羹尧众子唯年富最恶，即行正法，其余 15 岁以上者均发往广西、云贵极远之地充军；年羹尧之妻系宗室之女，发还母家；年羹尧及其诸子家产抄没入官，但父兄族人家产免其抄没；年家族人现任、候补文武官者，俱令革职。就这样，一度红得发紫的年羹尧，终于败运身死，而从前借势依附他的政客们，都纷纷受到牵连而倒霉，就连倒年有功的李维钧等人也先后受到追究。

毫无疑问，年羹尧是罪有应得。他凭借皇帝的宠信，不数年居然贪污侵蚀勒索赃银达 350 余万两，仅此一条，便是死有余辜的了。对于雍正而言，他要整顿吏治，要求所有宠臣必须做到为官清正，那么，年羹尧如此贪婪无厌，自然是不可宽恕的。不过，最令雍正不能容忍的不是这些，而是年羹尧功高震主，已经威胁到了皇权、皇威，使雍正感到留下此人必然后患无穷；其次是年羹尧知道的内情太多，竟敢阳奉阴违，甚至藐视和要挟君上，使雍正又气又恼；三是年羹尧一错再错，失势之后还敢胡为不法，终使雍正下定了决心。

## 二

雍正初年，隆科多与年羹尧，一内一外，可谓是势焰熏天、炙手可热的人物。刚满两年，年羹尧被雍正视为异己政敌，首先挨整；隆科多被怀疑在先，与年羹尧同时受到谴责，但后于年而遭处理。当时，年、隆往往被连在一起批判，而二者罪名却有轻有重，处理上也有缓有急，死的方式不同，但下场都一样。

　　比起年羹尧，隆科多有着更加复杂的背景，在雍正嗣立之际，他扮演的角色也很神秘，究竟起到了何种关键性作用，至今仍是一个谜。不管怎样，隆科多作为四个总理事务大臣之一，在雍正初年，红极一时，一度身兼吏部尚书、步军统领、理藩院尚书及几种重要官书的总裁官、监修总裁官，爵袭父亲佟国维的一等公，受赐太保宫衔，被雍正特别加称为"舅舅"。雍正在元年对年羹尧说：舅舅隆科多，朕与你先前不但不深知他，真正大错了！此人真可谓是圣祖皇考的忠臣，朕之功臣，国家良臣，"真正当代第一超群拔类之希有大臣也"。可见，对于隆科多，雍正可能原来真的摸不透，而在继立之际，才彻底了解到他是个"忠臣"、"功臣"、"良臣"三者合一的可以信赖的人。

　　问题在于，一度被雍正捧为"功臣"，红得发紫的隆科多，为何转眼间被视为十恶不赦的罪人而禁死呢？当我们仔细研究一下隆科多所谓的 41 条大罪，很容易发现这些众多的罪名有刻意拼凑之嫌，罪名形成得很牵强。其中，贪婪之罪共 16 条，涉及可以计量的赃款银共 49.98 万两，金 800 两，每项数目除一项 38 万两外，其余均不很大，甚至收贿银 500 两也单独成一条罪名。另外政治性罪名，也多是拼凑而成，并没有像年羹尧那样直接令雍正绝不能容忍的事例。但是，如果深入考察一下，雍正重惩隆科多至少有如下三点主要原因：

　　第一，隆科多很可能掌握雍正最机密的隐私。雍正非常重视隆科多私藏玉牒底册一事，此罪名列为 41 大罪之首，那么，除私藏玉牒显犯国法之正当开罪理由外，其中还隐藏着何种令雍正担心和痛恨的症结？此外，隆科多曾说，"白帝城受命之日，即是死期已至之时"，这话似乎雍正早就侦知，故一直怀恨在心头。那么，隆科多为什么担心受顾命而没有好下场呢？是他了解雍正的为人，还是根据历代顾命大臣的前车之鉴而做的想当然预测？这点很使人费解生疑。如果联系到康熙死时授受之际不明这一历史公案，很容易使人做出这样推测：当年隆科多为雍正不正当即位立有大功，而隆科多事后非常担心自己被"杀人灭口"，所以，一方面搜集对雍正不利的致命信息以作为保护伞，另一方面则时刻准备做人家的俎上肉，将家产分寄他处，以便给后人留一条生路。至少可以说，隆科多知道的事太多，雍正必欲去之而后安。

第二，隆科多权大震主，日益成为雍正独裁的绊脚石。雍正刚继位时，一时能够放手任事的重臣太少，于是，转弯很快的隆科多便成为守丧期不便过多出面的雍正的左右手，许多重大人事方面决策，都有隆科多的影子。作为满吏部尚书，隆科多在用人上有较大的发言权，以致围绕着他形成了一个小集团势力，很多人都买隆科多的账，而将皇帝冷落在一边，这是雍正绝难以容忍的事。隆科多身兼步兵统领这一拱卫京师和皇宫的重要职务，特别是他向皇帝夸口"提督之权甚大，一呼可聚二万兵"时，雍正听后当作何感想，不言自明。

第三，隆科多犯了雍正的君臣同好恶之大忌，与皇帝的政敌藕断丝连。隆科多及其家人曾是皇八子党的核心人物。雍正即位后，与允禩的关系越来越势不两立，自然，他就很重视隆科多倾心自己的纯度，是否已与允禩彻底脱离关系，就成为检验此人忠与不忠的一个标尺了。后来，雍正发现隆科多与允禩关系不明朗，疑心顿生，直到隆科多将相当数量的金银寄藏于允禩子弘旺家里事发，他才确认隆科多一准是个首鼠两端的异己分子，遂加快了对他的处置。但由于隆科多已不具备危及皇位稳固的能量和条件了，所以，雍正才没有必要盼其速死。总之，雍正打击隆科多，政治成份居多，经济成份居少，有别与除掉年羹尧的原因。

# 第三章　督治天下

## 一

由于康熙在位时间长达 61 年，作为一个老皇帝，康熙十分欣赏汉文帝施惠于民、尽量不扰民的统治方针。于是，像一般的老人一样，晚年的康熙不免要有利泽天下，以求博得为政宽仁美名的想法。

但社会的发展不容于个人的美好想法，一味地宽容，对社会并没有多大地好处，相反，在此指引下，康熙末年的社会积弊十分多：

社会吏治日益松弛，官吏贪污成风；在不借白不借的心理支配之下，政府高官们、皇子们大肆从国库中借支，造成国家钱粮空虚，国库告急；地方绅衿鱼肉百姓，贫者愈贫，富者愈富；从战略角度考虑，按照康熙末年的财政状况，如若国家再有大灾难，或者是边疆告急引发战争的话，那么国家财政必然捉襟见时肘，国库空虚到无银用兵赈灾的地步，用雍正的话就是"关系非浅"了，后果十分严重。

此外，地方绅衿势力的扩张，对欲集中皇权的雍正来说，无异是眼中之钉。

种种忧患，雍正都十分明白，他只是在等待机会。

雍正掌权后的一个月，就给户部下达了全面清查钱粮亏空的总动员令，并且不怕麻烦，具体部署了各地清查的方针，政策和注意事项：

"各省督抚将所属钱粮严行稽查，凡有亏空，无论已经参出及未参出者，三年之内务期如数补足，毋得苛派民间，毋得借端遮饰，如限期不完，定行从重治罪。三年补完之后，若再有亏空，决不宽贷……"

即是说：你们各省的总督、巡抚回去严格检查辖区内的钱粮亏空问题。如果发现亏空，不管是已经向中央报告过的还是没有报告的，都必须在三年之内，把亏空的数目补齐。

——在补亏过程中，不得以补亏为理由，再向民间增加苛捐杂税。比如山东省，以前查明亏空数十万两，虽然现在名义上使用官员的俸禄补足了，其实我已经知道这中间有不少巧取豪夺，乱收费乱摊派的事情。山东如此，其他省份可想而知。

——另外，也不得乘机掩饰亏空，或者寻找借口不全力执行。如果你们有谁在限定的时间之内，不补完亏空的，我一定会严加处罚。在三年补完亏空以后，如果再发生亏空的事，我也不会饶恕你们。

雍正还规定了如果地方官员贪污挪移钱粮，而督府为其包庇隐瞒，即将督抚一并治罪的"连坐"之法。

雍正说，假如有谁在清查中徇私舞弊，包庇纵容，万一被我查访到或被监察官员举报后证实的，将连同该省的总督，巡抚一起加重治罪。

雍正这狠招使诸官心惊肉跳，再也不敢怠慢。

雍正即位时已是 45 岁。面临着一个难以收拾的烂摊子局面：吏治腐败、税收短缺、国库空虚。

对这些，雍正是有着清醒认识的。在即位之后雍正说："历年户部库银亏空数百万两，朕在藩邸，知之甚悉。"

意思是说，当我还是皇子的时候，就知道到历年中央的户部银两亏空达到数百万之多，底下的府厅州县亏欠的数量就更不知有多少了。我对这些都已十分清楚，你们就别再想办法来骗我了。

这些亏空哪里去了？

雍正进行了分析——

各地出现亏空钱粮问题的，必然是受到上司勒索，不得不从国库中拿来上供，要不就是自己贪污侵渔、中饱私囊了。无论什么情况，都是非法的；

先前父皇康熙在位的时候，施政宽宏大量，对你们手下留情，没能将那些贪官污吏尽行革除。尽管后来严令限期把亏空的数目补齐，但也不过是光打雷不下雨。采取的一些追亏补空的办法，也都走了形式，你们也就对付过去了。亏空现象因此依然如故，甚至有增无减；

长此下去，国库越来越空虚。万一地方上出事，继续开支，拿什么去应付呢？此事非同小可，因此我决心彻底地清查！

长期当太子辅助执政的生活，使雍正积累了充分的行政经验。加上即位前就曾协助康熙在户部清理亏空，遭遇许多麻烦。因此对中央及地方的财政十分清楚；对下面官僚的种种贪污手法，心理状况也一清二楚。

正是因为对下情极为熟悉，所以，雍正诸项改革措施出台大都能一针见血，击到贪污官僚的痛处。

可谓对症下猛药！

看来，雍正早已经是居安思危，认识到亏空问题不仅是个经济问题，也是个关系到长治久安的吏治问题，是关乎根本的政治问题。于是他决心进行一个大手术。

"新官上任三把火"。雍正上台，第一着就向吏治开刀，实在是因为吏治腐败是康熙晚年最大的弊政之一。而清查亏空正是整顿吏治的最好突破口。

全国大小官吏那么多，对于新君还十分陌生。雍正除了隆科多、年羹尧等几个可信任的人外，无所依靠。正好可以通过清查亏空这个运动，撒下大网，借势观人，激浊扬清，杀一儆百。也就是说，通过这个运动，可以光明正大地打击异己势力、树立威权。正如前述，康熙末年的储位之争十分激烈，雍正的登基即位又是诡秘难辨，以致人心不服，基础不稳。雍正发动清查，正可以借机名正言顺地打击诸王的朋党势力，巩固自己的地位和权利。

清查亏空的第三个好处是有助于摸清家底，真正掌握财政状况。

雍正是励精图治之主，想干的事情十分多，青海正在打仗，异己还没有铲除，但干大事要花大钱，只有摸清家底，改善了财政，才能身上有钱，心里不慌。

雍正尽管未必懂得"从数目字上管理国家"的道理，但他知道"一旦地方有事，急需开支，拿什么去应付"的道理。

明主治吏不治民，从贪官污吏身上要钱，不但不会引起民怨，还能博得好名声。

这样来看，清查亏空这一着，真乃"一举三得"之策。

直接受命于最高决策者的特派员制度，往往是特别时期的特别手段，因为事关重大，又对现有的官僚体系不抱希望，不得已而为之。

雍正在清查亏空过程中，不时派遣特派员来解决一些棘手问题。

雍正四年，大规模清查江西省的钱粮亏空。当时的巡抚裴徕度明明知道各府州县仓谷亏空很多，但却隐瞒不报，对下面的贪污官员也是极力包庇。长期这样下去，亏空局面难以改变。雍正对此十分恼火。

雍正命把已调任的裴徕度留于任所，将前任布政使张楷、陈安策发往江西审讯。

雍正又觉得现任巡抚都立，无论做人还是当官都太软弱，只是喜欢沽名钓誉，不能完成清查亏空这么重大的任务。因此决定特派吏部侍郎迈柱到江西，真正检查全省钱粮多年的亏空问题。

与此同时，雍正命令从别的州县挑选出几十名官吏，火速奔赴江西。

发现有亏空问题的官员，立即查办，让候补官员作好顶替的准备。

迈柱到任后，积极认真清查，但是受到江西按察使积善的反对，雍正明确支持迈柱，称赞他"到任以来，不避嫌怨，为地方生民计，实心效力"。

清理的结果出来以后，雍正马上命令裴徕度及历任藩司补偿仓谷的亏空。

特派官员异地清查亏空情况，让他们互相监督，这是雍正惯于使用的一着狠招，十分灵验。

雍正五年，福建布政使沈延玉报告说，福建省的仓谷出现亏空。雍正认为一定是巡抚毛文铨瞒上欺下所导致。马上特派广东巡抚杨文乾和许容为钦差大臣前往清查。

上次清查江西钱粮，雍正调动了大批的候补官员，让他们时刻准备上岗。这次清查福建的仓谷亏空，与候补官员调动同时进行的，是舆论的准备。

雍正发布上谕告诫福建的老百姓：因为清查马上就要进行，有些贪官们可能已听到风声，会临时借调有钱人家的粮食来充实库存。如果你们有人把粮食出借给他们的话，那出借的粮食就成了官府所有的了，发觉后也不再归还。

上谕还说：我已经挑选了一批候补府州县官员随同钦差一起到福建，如果"现任府州县内之钱粮稍有不清者，即令更换"。

把候补官员摆在那里，查出问题马上换人，这破釜沉舟的姿态，表明了雍正彻底清查的决心。

地方的清查亏空责任到总督巡抚，时限三年，已如前述。中央北京乃盘根错节之地，清查工作就更难展开，因此更应注重清查技巧，加大清查力度。

这样，雍正元年（1723 年）年正月十四日，雍正下令设立了一个独立的清查机构——会考府，主要稽查核实中央各部、院的钱粮奏销（就是各省每年将钱粮征收解拨的实数报部奏闻）工作。

本来，各部院的收入支出、钱粮运用，都是由各部院自行奏销，因此账目混乱、官员营私舞弊的现象十分多。

为了从制度上堵塞这个漏洞，雍正规定会考府负责稽查审计各部的收支，凡是钱粮的奏销，不管出自那个部门，都应该由新设立的会考府清厘"出入之数"，这样就把奏销大权由原先的各部院收归中央。

这样一来，官员即使想做手脚也不容易了，政府也有希望能把奏销这个大窟窿补上。

雍正说，当日康熙也深知其中的弊端，只不过不欲深究罢了，"朕今不能如皇考宽容"——我决不会像父皇那样宽容——雍正总是不断强调这点。

雍正对下情显然十分了解，他说，钱粮奏销中弊病很大，主要是看有无"部费"（即所谓好处），假如没有，就是正常开支，计算也清楚，但户部也就不准奏销。但万一有浪费的话，即便是浪费百万的也可以奏销。

为了提高会考府的权力，雍正委任他的兄弟怡亲王允祥、舅舅隆科多、大学士白潢、尚书朱轼等四人共同负责，并谕令允祥说：你如果不能清查，我会再派大臣，大臣再不能干，我会亲自出马。可见雍正决心很大。

会考府成立了两年多，办理了各部院奏销事件550余件，其中被驳回的就有96件，成效显著。

清查中关系到贵族和高级官僚，也不宽贷。

其实，在这一次清查亏空的行动，一大批达官显贵，王公贵族被牵连进去。比如雍正的十二弟履郡王允掏因为曾主管过内务府事务，在追索亏空中被迫将家中的器物当街变卖。

雍正的十弟允䄉也因此赔银数万两，还不够数，最后被雍正抄家罚没。

其中户部库存白银查出亏空250万两，雍正责令户部历任的尚书、侍郎、郎中、主事等官吏均摊赔偿共150万两，另外100万两由户部逐年偿还。

让前任官僚们把口中的肉，包括已经是消化多年的肉重新吐出来，这在中国历史上恐怕少见！以往的此类情况往往发生在因为政治形势变化，处境发生重大改变的失宠官员身上。

古语云：水至清则无鱼。意思是说水太清了太纯了，鱼就没法活了。

官场从来就不是一潭清水。康熙皇帝恐怕也是知道官场这潭"混水"而不愿意深究吧！

雍正却大胆踩进了这潭"混水"，可是，他并不能从根本上革除腐败，但是会考府的工作成效还是值得肯定的，而这与他雷厉风行的作风是密不可分的。

# 二

挪移，是指公款因公挪用，因为常常有迫不得已的情况，比如紧急救灾、临时招待等等；侵欺则是贪污。两种情况，都可能造成亏空。

但是二者性质有所不同，所以处分上也会区别对待。一般来说，挪移是轻罪，侵欺是重罪。

按常理，清查亏空，应当先抓贪污腐败，然后解决挪移问题。而雍正帝却反其道而行之。他规定在清查中，无论是侵欺还是挪移都要据实清查，而在追补赔偿之中，则不管是侵欺发生在前，还是挪移发生在前，都将挪移的亏空先补足，再赔偿侵欺的部分。

雍正此计，看似不合情理，实则高明。

因为他早看到从前清查亏空的种种舞弊现象，他揭露这些贪官说：借挪移的名，来掩盖贪污的事实，这种把戏，我太清楚了。

——一是想图谋侥幸过关，二来想即使再也掩盖不了贪污罪时，也可巧立名目，把贪污进自己腰包的钱先说成是挪移暂用；或者贪污数额小的才承认贪污，贪污数额大的就千方百计说成挪移，以想拖延时间弥补亏空，为自己的重罪开脱。

——类似现象几十年来沿习成风，以至贪者无所畏惧，不知收敛，肆意搜刮。因为估计自己即便暴露，会被参劾时，也不过以挪移的名义结案了事，逃脱重罚，只要命在，接着再干，以至于亏空的事情一天比一天严重。

正因为雍正对这些把戏十分熟悉，所以挪移之罚，先于侵欺的办法一出，把许多贪官打了个措手不及。把贪官的后路一下子给堵死了。

中华藏书

大清十二帝·最新整理珍藏版

中国书店

这点更验证了雍正改革"取乎其上"的决心。

"上有政策，下有对策"。在这个例子里，贪官们的对策就是巧立名目、避重就轻，意图达到瞒天过海、浑水摸鱼的目的。

而雍正则是先研究对策，再制订政策，显然比贪官们更高一筹。

古语云："主贤明，则悉心以事之；不肖，则饰奸而试之。"

意思就是说，当部下的，上级贤明就会好好干、认认真真；上级糊里糊涂，就会玩忽偷懒，甚至假装表现、蒙混过关。

不能不承认，这也是人之常情，凭什么给一个混蛋卖命，死心塌地为他效劳呢？

所以，"明主者，不恃其不我欺也，恃我不可欺也！"

意思是讲，贤明的领导，不靠别人不欺骗他，而是靠他不可以被人欺骗。

而这就是靠领导的知人善任和驾驭权术。在这个例子中，贪官们不幸地遇上了一个更为老谋深算的对手——雍正。

雍正这一手反弹琵琶的成功，首先在于他知己知彼，充分地预测到了对手的意图和可能采取的对策。

他知道贪官们极有可能采取的手段是在亏空的账面上偷桃换李，变贪污为挪移，以达到避重就轻的目的。

因此，他一反常规，先论挪移之罪，后抓贪污重罪。本来，在清查工作中，贪污是主要打击对象，是主要矛盾，但是当贪官们做了手脚之后，挪移就成了事实上的贪污，反成了主要矛盾。

先抓挪移，看似在抓次要矛盾，实则是避实击虚的方法。

自然，这也是非常情况下的非常策略，事实上，在雍正后期打击贪官清查亏空的工作取得一定成效之后，就逐渐恢复了往日先查侵欺再追挪移的成法了。

可见，方法和策略都不是固定不变的，一定要结合具体情况、具体对手，灵活应用，才能收到好的效果。

亏空一旦被清查出来，赃官就被革职拘禁。雍正迫使他们吐出赃银，保证如数归还国库，通常的手段之一就是严厉抄家。

雍正元年八月，通政司右通政钱以錯提出一套查抄补追的方法，主要原则是：凡亏空官员被查验核实之后，一方面严格搜查原工作单位，一方面发文件到他原籍的地方官，命令当地查封其家产，控制其家人。而后再追索变卖财物，杜绝赃银有转移藏匿的可能。

此项建议马上得到了雍正的赞同，并明确表示：查没来的财产，将用于公事及查没中的有功人员。

重赏严罚，双管齐下。

雍正元年六月，山西潞州知府加璋揭发原山西巡抚苏克济，在任职期间敲诈各府州厅县银两，共计四百五十万两。

雍正查验核实之后，藉没苏的家产，并责令其家人赵七赔偿20万两。

本年，不断有官员下台，被抄家。如湖广布政使张圣弼，粮储道许大完，江苏巡抚吴存礼，布政使李世仁，江南粮道王舜，前江南粮道李玉堂，湖南按察使张安世，原直隶巡道宋师曾，广西按察使李继谟等等。

抄家之风使大小官员心惊肉跳，有人悄悄地送了雍正一个外号：抄家皇帝。

把贪官及其家属"捆绑"起来查没，用株连的办法来对付贪官，这正是雍正为贪官们十分憎恨的理由。也是雍正惩治贪污成果显著的重要原因。

历史传说中雍正狠毒的骂名，大多由此而来。

据说，当时官员们在一起打牌时，把其中的私牌也戏称为"抄家私"，可见雍正反腐败是雷厉风行的。

反贪难，因为这有损官僚集团整体的既得利益。经常是翻来覆去，可是腐败分子却越来越多，贪赃枉法之风愈演愈盛。

就其主要原因，高调唱得多，落到实处少。雍正这一手，不仅雷声大，雨点也大，不仅抄衙属，抄家，连老家和家属也不放过。

真是穷追猛打，一个不饶。

倒霉的赃官们是穷途末路了。即使如年羹尧之狡诈多端，见事不妙，开始向各地转移藏匿财物，也被雍正访了个清清楚楚，抄了个一干二净。

雍正大概是抄家上瘾了，对于那些畏罪自杀的官员也不放过。

雍正四年，广东巡抚杨文乾参劾本省一个道员李滨贪污受贿，亏空钱粮。李得知后，畏罪自杀。

闽浙总督高其倬，福建巡抚毛文铨参劾兴泉道道员陶范，撤了他的职。哪知道还没有来得及追查，陶也自杀了。

雍正对此说：这些贪官估计官职和家财都难保了，便想一死抵赖，妄想牺牲自己的性命保住财产，留给子孙后代们享用，哪里有这种如意的算盘？

他下令督抚，遇到这样的情况，一定要拘禁这些赃官的家属和亲信的家人，严加审讯，必须把赃款追回补偿。

常言道：杀人不过头点地。雍正这一手，狠得已经近乎绝情。

在封建时代，宽怀大量带给君主的也许是被人认为软弱、好欺；严刻则使人畏惧、顺从。马基雅维里在《君主论》中曾说：

对于君主，被人畏惧要比受人爱戴安全得多。所以一位明智的君主应当立足在自己的意志之上，而不是为他人意志或感情所左右，君主为了使自己的臣民团结一致履行他的意志，对于残酷这个恶名也就不必太介意。

雍正大约是深得其中的三昧：连死人也不放过。因为这可以使百官更加畏惧他。这样的"抄家皇帝"，确实让人有些害怕，也值得我们有些官学习学习。此外，雍正还三令五申，严禁下属和当地士民代替赃官赔偿或者垫付，把板子结结实实地打到了赃官身上。

雍正的理由是，如果允许代赔或垫付的话，可能会出现不法绅衿与贪官狼狈为奸，以求留任的情况。或者，地方的蛀虫又会趁机搜刮百姓。

雍正对官僚们的心理明明白白。

为了确保不出现贪官为弥补亏空把负担转嫁给老百姓的情况，雍正专门相应地变革了官吏任用制度——即实行大罢官。

看来单单抄家是不够的！

雍正注意到让官员留任以弥补亏空，最终受难的还是老百姓。

与其留下后患，不如干脆一不做，二不休：凡是贪官，一旦被人告发，就革职离任。

元年二月，雍正指示吏部：凡是官员在任内出现亏空钱粮的，都不可再留任；如果是亏空已经清还完毕，还可以继续为官的，一定由吏部再奏请，复任视情况而定。

此政策一出来，被罢官的人很多。

三年以后，湖南巡抚魏延珍上奏说，湖南省内的官员遭到弹劾的已经有一大半，并表示说，如果还有舞弊贪污的，还会继续参劾，毫不留情。

十年以后，当时的直隶总督李卫上奏说，通省府厅州县各级官僚，能够连续在任三年以上的没有几人。

由此可见，官员贪风难以根绝，但官是不那么好当了！

如此大规模频繁更换官员，原因在于大部分官吏被人告发而被撤职查办。从时间跨度上来看，罢官的政策是一直坚持下来的。

被雍正视为"模范督抚"的河南巡抚田文镜，在短短的一年之内，共参奏属员二十几人，雍正对田文镜毫不留情雷厉风行的作风十分欣赏、大加赞扬。

很难对雍正的这种大罢官作出道义上的评价。不过，从效果上来看，通过以罢官作处罚，迫使官员保持廉洁奉公，忠于职守的措施，取得了一定的效果。

这其中，主要在于雍正坚持不懈毫不手软的性格。改革者的性格因素相当程度上决定了改革政策最后能否坚持下去。

这也是中国历来改革的一个令人无奈的规律。

但是如果罢官仅仅是这么一种策略的话，那雍正就和以严刑酷罚出名的朱元璋没多大差别了。

在酷刑方面，朱元璋规定，官员凡是贪污六十两以上的，一律杀头。并且把贪官的皮给剥下来，填上草料，放在官员的办公地点旁边。

朱元璋是够酷的了，但取得的效果却不太好，舍命贪污的官僚总是前仆后继，大有人在，到最后他的子孙们也毫无办法。

雍正的聪明之处就在于，除了以抄家、罢官作威胁外，他还专门建立了耗羡归公和养廉银制度。

高薪来养廉的行政思想，对历来的低薪制是个突破。

作为制度化来尝试，雍正是第一人。

# 三

密折，即是臣对君的奏折，它是君臣间的私人联系方式，具有个人的高度私密性，故又称密折。它的特点是：臣子事无大小都可以风闻入告；上折子的臣子并不需要特殊的官衔，只要获得皇帝许可，即使是人微言轻的七品芝麻官也可以向天子递送折子。

中国王朝自古以来，臣工报告的名目繁多。

如有章、奏、表、议、疏、启、书、记、封事等等。

以奏折为正式公文的名称，始于清代的顺治年间。在康熙手里，密折作为一种实际的政治工具有了深层发展。不过，密折有了一套完整的制度运作，还得从雍正一朝开始算起。清代君臣之间的"言路系统"大致是这样的：臣子们上的主要是"题本"和"奏本"。后来才添上了"密折"。

题本：凡是弹劾、钱粮、兵马、捕盗、刑名之事，均用的是题本，要加盖上公印，才算有效力；

奏本：凡是到任、升转、代属官谢恩、讲述本身私事的，都用奏本，上面不用盖印。题本有两个阻碍君臣沟通的缺点：

第一，手续很繁琐。它规定用宋体字来工工整整地书写，应该备有摘要和附本，必须由内阁先审核。送皇帝看过后，又要用满汉两种文字来誊写清楚。如果有紧急的事情，很容易误事；

第二，题本要由通政司这个机构来转送内阁，最终才上呈天子，过目的人多，也容易泄密。明代的权相严嵩，让他的继子赵文华主管通政司，凡有对严氏集团不利的言论事情，他们都能先于皇帝了解，而后报复仇敌，陷害忠臣，销毁作恶证据，无所不用其极。题本的保密性差，并可能使权臣垄断朝政。

奏本比题本稍好些，不那么手续繁琐，不过，它也得过通政司浏览这一关，所以保密性还是不强。

密折就不一样了：它不拘格式，可以自由书写，也不用裱褙、提要、副本这些东西，当然快捷很多；而且它的"上达天听"，不用通过通政司、内阁，由皇帝亲自来拆阅，保密度十分高。这一条君臣互动的快速通道，对中国历代繁文缛节的文官政治，必然带来了巨大的冲击。

康熙处理密折的方式很小心，他曾经说：

"所批朱笔御旨，皆出朕手，无代书之人。此番出巡，朕以右手病不能写字，用左手执笔，断不假手于人。故凡所奏事件，惟朕及原奏人知之。"

不过康熙为人坦诚，他对于所批的的密折，批阅后就发还本人，因此官员们"皆有朕手书证据在彼处，不在朕所也"。

因此臣子不必担心写给皇帝的密折被曝光，或在某些时候变成挨整时的引用的材料。

但雍正的作风和他的父亲不同。

康熙驾崩第十四天，"初登大宝"的雍正就定下上缴朱批的规定。

谕文写得十分严厉："所有皇考朱批御旨，俱著敬谨封固进呈；若抄写、存留、隐匿、焚弃，日后发觉，断不宽恕，定行从严治罪。"

雍正规定，不但前朝的奏折要收回宫中，今后本朝的朱批在本人捧诵后，也要缴呈，不得私自存留，犯者究罪。

终康熙一朝60年，给皇帝写密折的人不过100多人。

而雍正的十三年，密奏者达到 1100 多人。

雍正对密折政治的热心由此可见一斑。

雍正元年（1723 年），雍正就下令各省督抚密上奏折，于是封疆大吏都有这个权力，只是实行过程中有的被处分，便停止其上密折的权力。

以后，雍正又把递折之权扩大到提督、总兵官、布政使和学政全体官员。

另外，一些小官如知府、同知也得到了雍正的特许，可以直接上密折。

这些小官之所以有这个权力，全是雍正给的特殊恩宠。他们有的是在康熙驾崩时上节哀顺变书和雍正搭上的关系；有的是亲重大臣的子孙，或是在引见时获得赏识。

不过，雍正是十分讲究体制的。

雍正虽然允许微员密奏，也允许他们参劾上司的不法，但是却不许这些微员以此骄傲，妄自僭越职权。

雍正曾告诫大臣："令许汝密折上达，切勿藉此挟制上司，而失属官之体。"

"上司处切勿稍失体统，事无两大，朕未有于一省之中用两三督抚之理也。"

由此想到明朝时一些东西厂的太监权力过大，以致一些无耻的朝臣去拜他们做干爹干爷，以致朝政淆乱的事情，就会对雍正的这些防患未然的提法有所认同。

总之，通过对上密折的特许权的颁发，雍正在从高层到低层的官员间都安插了他的心腹，撒开了一张个人的通讯大网。而这些耳目因除了上奏密折外并无其他特权，也无特定组织，所以很难为非做歹，变成明代的厂卫那样危害国家的政治毒瘤。

受清末革命党的宣传影响，至今人们一般都将雍正视为"专制暴君"，而看不到其治国的雄才大略，更没有辩证地认识他的一系列专制措施和康雍乾盛世间存在的重要联系。

雍正大力实施的前所未有的"密折政治",并不只是一种单纯的控制臣子的手段,虽然这也是十分重要的一项内容。应该看到,雍正朝的密折政治里,君臣筹商军国大事,仍是最重要的内容。

在推行一项重大的改革政策之前,通过密折交流,进行君臣磋商,不匆匆地顿然公之于众,这种作法应当说是有历史进步意义的。

往往对待一件具体的政事,决策者和执行者都有各自的顾虑和隐衷,在一般性的公文里很难充分陈述。这样,一来不利于上方的决策,二来下边也不能全力奉行。

密折的上递及批复则使上下方面都公开观点,经过充分交流再付诸决策实施,使政策出台有了一定的缓冲。

"密折制度"表面看来是加强君主专制的作法,是落后的,但同时也推进了一定程度上的政务民主,减少了许多"拍脑袋工程",较大程度地在推行政策前降低了"摩擦系数",提高了行政效率,促进了改革政治的实现。

雍正一朝的许多重大改革,都先通过"密折"讨论过。

如摊丁入粮、改土归流、疏浚运河等重大政策,就是雍正同官员通过密折反复商酌才定下的。

凡是推行改革政策,都应该雷厉风行,讲求高效。奏折制度使臣下奏议无不立达御前,这是省去中间转呈机关的必然结果。

奏折迅速递到雍正手中,他勤于政事,挑灯阅览立刻批示,该执行的立即付诸实施,因此大大提高行政效率,促进改革政治的实现。

治水是中国历代的最大问题。它甚至成了百姓判断统治者是否合于天命的标志，所谓"圣人出，黄河清"。

但河清又是十分难盼来的，所以又有"俟河之清，人寿几何"的苍凉感叹。

对待治水，雍正也曾通过河臣的奏折进行分析。

雍正二年，大臣李绂曾向雍正当面提出疏浚淮扬运河的建议，雍正觉得有道理，就任命他与河道总督齐苏勒商酌，齐以工程浩大，不敢轻易决定，准备在实地考察后，再提出具体意见。

齐苏勒的奏折上呈后，雍正有这样的一番朱批：

"朕命李绂来传谕旨，不过令尔得知有此一论，细细再为斟酌，并不为其所奏必可行也。大率河官惟希望兴举工程，尔属员多不可信。况此事关系甚大，岂可猛浪，若徒劳无益，而反有害，不但虚耗钱粮，抑且为千古笑柄。倘果于国计民生有益，亦不可畏难而中止，总在尔详悉筹画妥确，将始终利益通盘打算定时，备细一一奏闻。并非目下急务，尤非轻举妄动之事也。"

这番话是通情达理的"活话"，将事情的正反、利弊两面都说到了，指出治水关系非同小可，人情一方面好大喜功，一方面畏缩怕难，要根绝这两方面失误，根据实际的整体情况来做决定。

说这番"活话"，并不是要事成居功于自己圣明，事败诿过于下属无能，而是要大家小心论证，他则从中考虑。这样做的好处是不会让臣子先人为主，为附和上司的心意而搅乱了决策的合理程序，使"治水"反成"乱水"，遗害无穷。

这正是通达人情世理的政治家的施政分寸。

雍正四年，有一位官员上奏折，举出河工备料的弊端，雍正匿去上折人的姓名，将折子转发给河道总督齐苏勒，命他"尽心筹画"。

齐苏勒又上奏，针对皇帝转下的折子中的说法，说明了事情的原委。

雍正阅览了后，对齐苏勒的解释十分满意，批道："所奏是当之至，朕原甚不然其说，但既有此论，其中或不无些少裨益，所以询汝者，此意耳。今览尔奏，朕洞彻矣。"

河工是十分复杂的事情，往常是非专家不能为；因河工耗资巨大，往往也成为许多贪官污吏的生财之道，这就是在治水的难度上又增加了治吏的困难。

看来雍正对治水的复杂性是看得非常透澈的，所以很少轻易发表先人为主的意见。而是多方考察、多方听取各方面说法，而密折正是他居中作考虑判断的材料。

正因为臣子的密折多是从个人的角度来看问题的，所以反而可能触及一些政务的实质部分，而把各方面的私人意见汇总到一起来，就可以了解各种需要解决的矛盾，看到事情的大概全貌。

聪明的决策者聪明的地方，往往不在于他事先有特别好的意见，而在于他善于听取多种意见并给以十分恰当的总结。

在强力推行"改土归流"这件事上，雍正也体现了这样一个聪明决策者的态度。

最初他并不主张用兵，而是认为应当"缓缓设法，谕令听众"，但他也并未将此作为不可置疑的既定方针，而是要求臣下"切勿勉强遵承"，应当"徐徐斟酌，详议具奏"，也就是要再讨论考虑。

这问题君臣前后磋商了几年。雍正从对苗民事务的不熟悉、主意不定，到最后把握实情，做出果断的决策，推行强力的政策，正是他充分吸收臣下意见的结果。

雍正一朝的天文地理、政事人情，都在密折中有十分丰富的反映。

雍正帝在宁夏道鄂昌奏谢"允其奏折言事"的折子后写了一篇长谕，讲叙得十分详细，这段话很能体现雍正包揽天下事的雄心。他写道："今许汝等下僚亦得折奏者，不过欲广耳目之意。于汝责任外，一切地方之利弊，通省吏治之勤惰，上司孰公孰私，属员某优某劣，营伍是否整饬，雨旸果否时若，百姓之生计若何，风俗之淳浇奚似，即邻近远省，以及都门内外，凡有骇人听闻之事，不必待真知灼见，悉可以风闻入告也。只须于奏中将有无确据，抑或偶尔风闻之处，分析陈明，以便朕更加采访，得其实情，汝等既非本所管辖，欲求真知灼见而不可得，所奏纵有谬误失实，断不加责。"

从这段话里，可见雍正要了解的事情很多。

有地方政事的好坏；有地方官的勤惰优劣；有大吏待属员的公正或徇私；有军队的训练和纪律；有水旱和农业生产的情况；有百姓的生活和风俗等等。这些内容，事无大小，均可在密折中上报。

为了提高官员们递密折的积极性和胆量，雍正不要求所报的事情件件属实，即使事情不太确定，只要注明出处以备调查就可以。

雍正还告诉地方官，不但可以报告本地的事情，在当地听说的外省乃至都城里的事情也可以人报。

就这样，雍正就搭起了一张无所不包、无远弗届的情报网！

对地方官吏的察核，是雍正朝密折政治中的又一重大内容，而指示考察的方式、内容、角度则变化多端。

当年的储位斗争在雍正初年的继续，使雍正对官民动向一直是密切关注。

奏折制度的一个目的就是让官僚在职责范围以外，互相告密，迫使他们互相监督，存有戒心，不敢妄胆擅权，对雍正更存畏惧；

而雍正则可从奏折中观察臣下的思想、心术以至隐衷；因之予以鼓励和教诲，这样多方联络，上下通情，就能在更大程度上控制臣下。

当李卫任云南盐驿道时，雍正在云南永北镇总兵马会伯的奏折上批道：

"近闻李卫行事狂纵，操守亦不如前，果然否？一毫不可赡顾情面及存酬恩报怨之心，据实奏闻。"

这是对李卫的品质的调查。

李卫任浙江巡抚时，雍正在他的奏折上批示说，对新任黄岩镇总兵董一隆的优劣所知不多，叫李卫"细加察访，密奏上来"。这又是叫李卫去调查他人。

雍正派大理寺卿性桂去浙江清查仓储钱粮，并要他到浙后，听到什么情报就要密奏。性桂到任后，报告了杭州将军鄂弥达与李卫之间存有距离。

田文镜也折奏李卫是"难能可贵"的当代贤员，但是"驭吏绳尺未免稍疏，振肃规模未免少检，则于大僚之体有未全，于皇上任使之意亦有所未付"。

看来，李卫虽是雍正一朝的"模范督抚"，而雍正也要时时派员探听他的情况，决不轻信。

同样，当雍正派李绂为广西巡抚时，李绂正为雍正宠信，但是在他赴任之际，雍正命原广西署抚、提督韩良辅认真观察李绂的吏治，随时密奏过来。叫上下级之间互相观察也是雍正的一个绝招。

雍正曾叫湖南巡抚王朝恩调查其下级湖南布政司朱纲的"行止"；但是此前，雍正也曾让朱纲访查他的顶头上司王朝恩，并在朱的奏折上批语谈及他对王朝恩的印象："观其为人干地方吏治颇为谙练，但才具微觉狭小。"

"汝其事事留意，看其居心行事，倘少有不安处，密奏以闻，如稍隐匿，不以实告，欺蔽之咎，汝难辞也。"

这样，监督别人的人，实际上也在别人的监督之中。

只有雍正一人高高在上，却能不断通过各方视角，洞察着所有方面。

最有意思的是他对广东众官员的考察。

岭南虽离北京有千山万水之遥，但雍正通过相互监察术，也牢牢地掌握了封疆大吏的一举一动。

广东提督王绍绪是雍正的宠臣鄂尔泰举荐的官员。雍正觉得王虽然思路敏捷，办事牢靠，但好象比较爱搞小恩小惠，作风也不雷厉风行，因此在给广东将军石礼哈的密折中朱批指示他留心观察打听，然后根据实情汇报。

石后来密奏说：王绍绪当官做事虽然稍嫌琐细，但是对皇上还是很忠心的，而且他不贪污受贿，工作上也是勤勤恳恳。

雍正还是不放心，又秘密询问两广总督孙毓珣对王绍绪的评价。还密令广东巡抚傅泰直接到基层调查王的所做所为。

后来傅泰向雍正汇报调查结果说：王绍绪人品十分端正，也不贪污受贿，只是为人办事不够果断，显然是性格上有些懦弱。

这些都印证了雍正对王绍绪的第一印象。

傅泰不但监视王绍绪，还受命监视同僚广东布政使王士俊、按察使楼俨。他密报王士俊十分有办事才能，也勤勤恳恳，是个称职的官员，但观察他的言行，好像有些自鸣得意，骄傲自满。又说楼俨对于判案不是太熟悉，而且年纪也大了，身体不好，时常得病，精力跟不上，所以办事难以周全。

那么傅泰就是皇帝绝对信赖的亲信了吗？

不是，他监视着众人，同样也在雍正的监控下。

广东布政使王士俊也受命反过来监视傅泰。

王士俊向雍正报告说，傅泰这个人心里面没有什么固定的原则，根本也看不出一个封疆大吏的智慧来，偶尔发一番议论，毫不出色。近来还打听到广东海关要找五个文书职员，后来这五个人都被傅泰各勒索 300 两银子，傅泰才让他们得了这个职位。所以傅泰的人品，我是十分怀疑的。

雍正得了王士俊的密报，觉得有道理，就严厉责备了傅泰，并把他降级调回了京城。

雍正还让广东总督郝玉麟和王士俊彼此监视。

郝对王的评价十分好，认为他办事干练，居心公正。

但王却对郝不以为然。于是雍正对王士俊朱批密示：朕也觉得郝玉麟到任之后，就知道抓钱粮这些事，别的大政方针都不太在意。你帮我尽量规劝他，但是不要让他知道这是我的意思，旁敲侧击让他清楚就行了。

王士俊还没收到雍正朱批，又打了个小报告上去，说按察使楼俨有一回抓住了一个私藏军火，窝藏盗匪的大盗，押到肇庆审问，而郝玉麟不了解地方的风土人情，没有好好审问就将大盗给放了等等。

但是这一次雍正并没有治罪郝玉麟，也许是他从别的耳目那里获得了新的情报，证明郝是无辜的。

从上述事情来看，广东一省上到总督、巡抚，下到府州县官，都处在雍正这张遥控大网中。

在现存的清宫密折档案中，人们可以发现，雍正对官员的考察，精细到了一种近乎不可思议的程度！

雍正曾要重庆总兵任国荣留心文武官的"声名"。任于七年六月折奏：

四川学政宋在诗"公而且明，声名甚好"；

川东道陆赐书"办事细心，人去得"；

永宁道刘嵩龄"人明白，身子甚弱"；

永宁协副将张英"声名平常"；

漳腊营游击张朝良"操守廉洁，谙练营伍，但不识字"。

就连下属小官们的健康状况、文化程度都反映上去，这简直可以说是写十分细致的人才档案了！

雍正阅毕，对这 5 个人分别都给了批语：

"谨慎自守，小才器。"

"为人老成，才情未能倜傥。"

"观其人甚有长进，于引见时不似有病，为何如此？"

"原系甚平常人，且有猛浪多事之疵。"

"其人优劣，前此未知。"

据此可见，雍正对大小官员的政绩到品质都是巨细无遗、十分关注的，而关注层面之细微近乎古往今来，绝无仅有。

这么做会不会太多余呢？

雍正自己不这么觉得，他对此有一番不同历代帝王的说法。

在雍正四年八月，雍正曾给鄂尔泰的一封密折写了下面的批语，解释其考察官员至细入微的目的：

"治天下惟以用人为本，其余皆枝叶事耳。览汝所论之文武大吏以至于微弁，就朕所知者，甚合朕意。……览卿之奏，非大公不能如是，非注意留神为国得人不能如是，非虚明觉照不能如是，朕实嘉之。但所见如是，仍必明试以功，临事经验，方可信任，即经历几事，亦只可信其已往，犹当留意观其将来，万不可信其必不改移也。"

这可以说就是雍正的治吏用人的哲学大纲了。

雍正十分明确以下三点：

第一、用人是为政的根本大事，而其它事情反而是枝叶，所以即便是对位置极卑微的小官职，也要知人善任，不可掉以轻心，越是位高权重，越是要留心用人细节；

第二、观察人，要不存先人为主的态度，要注意观察他的具体实践；

第三、仅仅观察他以前做过的事情，还不能对这人盖棺定论，要密切注意他在未来的变化，因为任何人都不是一成不变的。

雍正把他这套"观人术"写进了密折，教给了下属。

关于地方上绅民的情况，雍正十分关切，希望从奏折中获得确实消息。

六年三月，苏州织造李秉忠奏报苏州春雨调和，油菜、小麦长势良好，物价平稳，小民安居乐业。雍正批道：

"览雨水调和情形深慰朕怀，凡如此等之奏，必须一一实入告，不要丝毫隐饰。苏州地当孔道，为四方辐辏之所，其来往官员暨经过商贾，或遇有关系之事，也应留心体访明白，密奏以闻。"

一折之中，既叫官员留心天气、农业，又让官员留心民情。同年，雍正在广西学政卫昌绩的奏折上批示："地方上所闻所见，何不乘便奏闻耶？"

卫昌绩随即应诏上奏："粤西风俗之恶薄有宜整齐者，绅士之强横有宜约束者。"

这是说粤西民风凶恶，土豪劣绅很多！

卫昌绩还列举民谣"官如河水流，绅衿石头在"，指出当地人民怕官员还不如怕这些土豪劣绅！

雍正七年，署理直隶总督刘于义密折上报：隆平县民李思义等妄称跪拜太阳可以攘灾避难，以此接受信徒，骗取钱财，但并无党羽。

刘于义请求：将李思义发配边疆，余众枷责。

雍正批准了，又指出折中未提及将李送到发遣地后的管束问题，又命令刘于义作题本时，将这点说明白。

雍正用心周密如此。

一次，两广总督奏报，广东龙门营一位千总在巡查时捕人，被杀身死，现在官方也已将拦截者抓获，要求正法。并请治自己的"疏忽之罪"。

雍正朱批："地方上凡遇此等事件，但要据实奏闻，何罪之有？若隐讳支饰，则反获罪于朕矣！"

即是说地方发生了一些恶性案件，报上来我不愿你，如果不报，被我知道了，才要重重惩罚！

凭着对这些密折的细致披阅，雍正对各地方的民风习俗、生产生活和吏治情况有了及时、准确的把握。

雍正常利用朱批启示官员怎样做人和任职。

田文镜刚被提拔为河南巡抚，雍正担心他感恩图报心切，会心急办坏事，在其奏折中朱批："豫抚之任，汝优为之。但天下事过犹不及，适中为贵，朕不虑不及，反恐报效心切，或失之少过耳。"

这是要田文镜遇事"悠着点"。

在另一个折子上，就田文镜处理一事不恰当，批示说："大凡临事，最忌犹豫，尤不宜迎合，及一味揣摩迁就，反致乖忤本意……今后勿更加是游移无定，随时变转，始于身任封疆重寄，临大节而不可夺之义相符也，切记勿忘。"

这是要田文镜不要单单迎合皇帝心意，以致办事没自己主见，要正确理解职责所在，处理公务要坚决。

康熙曾在李秉忠的一个折子上批道："今将尔调任苏州织造矣，勉力供职，惟当以顾惜颜面为务。"

这是担心李秉忠以宫廷内务人员出身，有许多"下人"的习气，有时行为猥琐，给皇帝丢面子，所以有此交代。

另外，雍正还常在密折中决定或宣布官员的取舍任用。事后才发具体文件。

这也就是今天的"打招呼"，凡事都保留一个缓冲的余地。万一不妥或出错可以更改。

平级的官员，只有和衷共事，才能理好朝政。

雍正常在密折中反复说明这一点。

一次李卫上折，讲到鄂弥达赴京陛见，希望皇上尽早放他回任。雍正对这两人的惺惺相惜感到高兴，批道："尽心奉职之人，同城共事，焉有不彼此相惜之理！鄂弥达于驻防武臣中论，实一好将军，汝今奏伊约束驻兵之长，伊在朕前极口赞服汝之勤敏，亦出公诚，朕览之甚为欣悦，如是方好。"

可见臣子们在密折中不是单说坏话的，也有相互赞美的，而雍正也对他们的交情加以鼓励。这是铁腕皇帝的温情一面。

禅济布与丁士一同为巡视台湾御史，在他们的奏折上，雍正指示说："和衷二字最为官箴之要，倘有意见不同处，秉公据实密奏，不可匿怨而友，尤不可徇友误公。"

意思是说，不怕有不同的政见，问题在于秉公处理。既不应该藏起不满，装作朋友，更不该为了交情误了公事。

雍正还常用密折赞扬或指责一些官员。

雍正元年四月，在江南提督高其位的请安折上，雍正批道："览高其位此奏，字句之外，实有一片爱君之心，发乎至诚，非泛泛虚文可比，朕观之不觉泪落，该部传谕嘉奖之，以表其诚。"

雍正在朱批中要领旨人向'模范官吏'学习，他写道："鲁论云择善而从，何不努力效法李卫、鄂尔泰、田文镜三人耶？内外臣工不肯似其居心行事之故，朕殊不解。若不能如三人之行为，而冀朕如三人之信任，不可得也。"

雍正在朱批中训斥臣下，有时非常严厉。

杨名时奏折论"因循干誉"，雍正于行间批云："人为流俗所渐染，每苦不自知，然所谓渐染者，不过沾名矫廉之习，其病本轻而可治，无如身既为流俗所染，而反泥古自信，认古之非者为是，则病人膏肓，难以救药也。

"一切姑听朕之训示，反躬内省，有则改之，无则加勉，不必簧鼓唇吻，掉弄机锋也。"最后作总批："朕因欲汝洞悉朕之居心，故走笔而谕，不觉言之逦迤而繁也。"

这是指责杨名时以批判他人因循干誉为题，其实自己也有沾名钓誉的毛病。

这样或赞或弹，对官员无疑是个经常的警策。

尤值得一提的是，雍正对奏折的批谕，有的事情相近，而批语却或肯定，或批评，十分不一样。

这是雍正心血来潮、随心所欲吗？

为此，雍正在关于《朱批谕旨》一书的上谕中特作说明："至其中有两奏事，而朕之批示迥乎不同者，此则因人而施，量材而教，严急者导之以宽和，优柔者济之以刚毅，过者裁之，不及者引之，并非逞一时之胸臆，信笔旨画，前后矛盾，读者当体朕苦心也。"

这里，我们就可以明白为什么雍正要对官员的人品性格也细作查访了，因为在他看来，发指示还要因人而异，有针对性，才能出好的结果。

但保密则是实现以上所有重要功能的最大条件。

如查嗣庭案发，雍正在李卫奏折上批示，要杭州将军鄂弥达委派副都统傅森、李卫选派可信属官一同星速驰去抄查嗣庭的家。

这是急待执行的绝密命令，不走颁布正式公文的途径，避免被查抄人获知消息后先行准备，破坏抄检。

雍正一再要求具折人保密，在命鄂昌书写奏折的朱批上说：

"密之一字，最为紧要，不可令一人知之，即汝叔鄂尔泰亦不必令知。假若借此擅作威福，挟制上司，凌人舞弊，少存私意于其间，岂但非荣事，反为取祸之捷径也。"

对禅济布的奏折，雍正对保密问题说得十分清楚："至于密折奏闻之事，在朕斟酌，偶一直露则可，在尔既非露章，惟以审密不泄为要，否则大不利于尔，而亦无益于国事也。其凛遵毋忽。"

又向李秉忠说："地方上事件，从未见尔陈奏一次，此后亦当留心访询；但要慎密，毋借此作威福于人，若不能密，不如不奏也。"

由此可见，雍正非常严格地要求大小臣工保守奏折内容和朱批的机密，特别是对小臣，教导不厌其烦，并以泄密对他们不利相威胁。

之所以要如此说，是因为他考虑到小臣获此荣宠，容易擅作威福，挟制上司和同僚，造成官僚间互相猜忌，政治混乱，对国事造成不利。

所以雍正三令五申：不能保密，就不要上奏折。

如果私相传达，即使是透露不大重要的内容，也是非法的。

原甘肃提督路振声就曾在这方面犯下一个十分低级的错误。

他将朱批中皇帝对其弟固原提督路振扬的褒语抄下来，转达路振扬。

路振扬受宠若惊，高兴之余，马上递折谢恩。

没料到这就犯了大忌。

雍正大怒，指出："朕有旨，一切密谕，非奉旨通知，不许传告一人，今路振声公然将朕批谕抄录，宣示于尔，甚属不合，朕已另谕申饬。可见尔等武夫粗率，不达事体也。"把路振扬吓得个屁滚尿流。

当然，雍正清楚，要保密，制裁不能成为通常手段，主要是制定奏折保密制度。

签于此，他实施了四项措施：

一是收缴朱批奏折。

已说过，雍正即位当月，命令内外官员上交康熙一朝的朱批，又规定此后奏折人在得到朱批谕旨后一定时期后，将原折及朱批一并上交，于宫中保存，本人不得抄存留底。奏折中的朱批，也不得写入题本，作为奏事的依据。

二是打造奏折专用箱锁。

雍正于内廷特制皮匣，配备锁钥，发给具奏官员，凡有奏折，一律装人匣内，差专人送至京城。钥匙备有两份，一给奏折人，一执于皇帝手中。

这样，只有具折人和皇帝二人能够开匣，外人不能也不敢开。

为具折人不断书写奏折的需要，奏匣每员发几个，通常为四个。只能用它封装，否则内廷不接受。

广州巡抚的奏匣被贼盗去，只得借用广东将军石礼哈的奏匣，不敢仿制。

三是奏折直送内廷。奏折由地方送到北京，不同于题本投递办法，不送通政司转呈，若是督抚的折子，直接送到内廷的乾清门，交内奏事处太监径呈皇帝，其他地方官的奏折不能直送宫门，交由雍正指定的王大臣转呈。

雍正说，假如小臣直接赴宫门送折，不成体统。事实上他是为具折的小臣保密，不让人知道除了方面大员以外，还有什么人能上折子。

被指定转传奏折的人，有怡亲王允祥、尚书隆科多、大学士张廷玉、蒋廷锡等人。

偏远地区的小臣，还有送交巡抚代呈的。

如雍正命广西右江道乔于瀛将奏折交巡抚李绂或提督韩良辅转送。

转呈的王大臣都是雍正的心腹，他们只是代转，不得拆看，具折人也不向代呈人说明奏折内容。

如朱纲一再在奏折中保证所奏内容绝对保密，连隆科多"亦不敢令闻知一字"。

四是由雍正亲自阅看，不借手下人。

折子到了内廷，雍正一人开阅，写朱批，不要任何人员参予此事。他说，各省文武官员之奏折，一日之间，曾至二三十件，多或至五六十件不等，皆朕亲自览阅批发，从无留滞，没有一人赞襄于左右，不但宫中无档可查，也并无专司其事之人。

雍正批阅以后，一般折子转回到具折人手中，以便他们遵循朱批谕旨办事，有少量折子所叙问题，雍正一时拿不定主意，就将它留中，待到有了成熟意见再批发下去。

对于此制度作用，雍正有一番夫子自道。

他在《朱批谕旨。卷首上谕》中写道："（朕）受皇考圣祖仁皇帝付托之重，临御寰区，惟日孜孜，勤求治理，以为敷政宁人之本，然耳目不广，见闻未周，何以宣达下情、洞悉庶务，而训导未切，诰诫未详，又何以便臣工共知朕心，相率而遵道遵路，以继治平之政绩，是以内外臣工皆令其具折奏事，以广谘取，其中确有可采着，即见诸施行，而介在两可者，则或敕交部议，或密谕督抚酌夺奏闻。其有应行指示开导及戒勉惩儆者，则因彼之敷陈，发朕之训谕，每折或手批数十言，或教百言，且有多至千言者，皆出一己之见，未敢言其必当，然而救人为善，戒人为非，示以安民察吏之方，训以正德厚生之要，晓以福善祸淫之理，勉以存诚去伪之功，往复周详，连篇累牍，其大旨不过如是，亦既殚竭苦心矣。"

他把朱批奏折的作用总结为两点，一是邀上下之情，以便施政，二是启示臣工，以利其从政。

雍正"殚竭苦心"，每日看几十封奏折，书写千百言批语，大事小事无不关注，对密折作用自然很有体会，不过有的话他不便明说，故未谈及。

而海外学者杨启樵则将雍正朝的密折作用细细归纳为十点：

一、官员间相互牵制，相互监视。

二、督抚等大员不能擅权。

三、人人存戒心，不致妄为，恐暗中被检举。

四、露章（即题本或奏本）有所瞻顾，不敢直言，密折无此顾虑。

五、有所兴革，君臣间预先私下协议，不率尔具题，有缓冲余地。

六、以朱批为教育工具，藉此训诲、开导臣工。

七、臣工得朱批之鼓励，益自激励上进。

八、人材之登进、陟黜，藉密折预作安排。

九、自奏折中见臣工之居心制作。

十、广耳目，周见闻，洞悉庶务。

这里分析得非常周详了。而清史学家冯尔康又将其总括为：强化帝王专断权力的手段；君臣议政、推行改革的高效工具；控制官员的手段。

通览中国历史，雍正的所作所为确实是创造了君主集权的顶峰。

中国的政治从秦汉两朝之后，三公夹辅王室，丞相为政府领袖，很像现代的内阁制。

明初年，朱元璋废中书省，罢丞相，由皇帝亲领庶务，皇权最重。但明朝君主大都昏庸无能，以致于被宦官佞臣弄权。后来内阁制形成，它的"票拟权"使大学士握有一定的宰辅权力。清初承明之制，又有议政王大臣会议，分散了一部分皇帝权力。

康熙致力加强皇权，设南书房，用一部分职位低的文人协助议政，用少数人写告密文书的奏折，加强了对下情的了解。

雍正比乃父又跨进一大步，使奏折成为正式官书，所有比较重大的事情，官员都先通过奏折请示皇帝，而这种奏折不通过内阁所属的通政司转呈，皇帝的批示完全出自御撰，不需要同内阁大臣商讨。

这样一来，奏折文书由皇帝亲自处理，部分剥夺了内阁票拟权，把内阁抛在一边了。

雍正时内阁中书说："国朝拟旨有定例，内外大臣言官奏折，则直达御前；天子亲笔批复，阁臣不得与闻。"正是说的奏折制下的情形。

《四库全书总目》也说："自增用奏折以后，皆高居紫极，亲御丹毫，在廷之臣，一词莫赞，即《朱批谕旨》是也。"

雍正中期又设立作为纂述转达机构的军机处，代行内阁职权，这就使皇权如同朱元璋时代，真正是"庶务事皆朝廷总之"了。

内阁职能削弱的同时，封疆大吏的职权也有一定程度的下降，稍微大一点的地方事情，都要上奏折请示皇帝办理，他们成为皇帝的膀臂，由中枢神经来支配，中央、地方完全融成一体，在皇帝绝对统治下行施国家机构的职能。

清朝史学家章学诚曾就读《朱批谕旨》的感受说："彼时以督抚之威严，至不能弹一执法县令，但使操持可信，大吏虽欲挤之死，而皇览能烛其微，愚尝读《朱批谕旨》，叹当时清节孤直之臣遭逢如此，虽使感激杀身，亦不足为报也。"说明当时政令确系出自雍正。

奏折制度不但加强了皇权，还为皇帝行施至高无上的权力提供帮助——

各层次官员反映各种社会问题的奏折，使皇帝了解下情，为制定政策、任用官员提供了可靠根据。

这种制度表面上看来是一种文书制度，但其影响的深远，超乎一般的衙门兴废，涉及到君臣权力的分配与皇帝政令的施行，成为中国官僚史上的重大事件。

密折确实是雍正王朝统治的主要手段，雍正也把密折这一统治工具玩得得心应手、炉火纯青。所以，称雍正王朝的政治为"密折政治"，理由也就在此！

# 四

雍正登基一周年之际，说"国家政治，皆皇考所遗，朕年尚壮，尔等大学士所应为之事，尚可勉力代理，尔等安乐怡养，心力无耗，得以延年益寿，是亦朕之惠也"。他的代行臣下之事，除朱批奏折外，就是设立军机处。

七年（1729 年），雍正便开始对准噶尔策妄阿拉布坦用兵。为了这场战争的顺利进行，他采取了许多措施，设立军机处，即为其中的一项。六月，雍正发出上谕："两路军机，朕筹算者久矣。其军需一应事宜，交与怡亲王、大学士张廷玉、蒋廷锡密为办理。"这是正式建立军机房，派允祥、张廷玉等主持其事。

雍正设立军机处，经历了一个过程，即七年置军机房，八年改名办理军机处（军机处），十年铸造关防，这是这一机构日益完善和成为定制的过程。雍正死，乾隆守丧期间，把它改名总理处，谅阴毕，再改名军机处，后来这个机构坚持到清末，所以说雍正创立军机处，成为清朝一代的制度。

军机处设有军机大臣，雍正从大学士、尚书、侍郎等官员中指定充任，人数不定，正式称呼是"军机处大臣上行走"、"军机大臣上学习行走"，统称"办理军机大臣"，简称为"军机大臣"。它是军机处的主官，下属有军机章京，雍正时也没有定员，由内阁、翰林院、六部、理藩院、议政处等衙门官员中选择充任，他们负责满、汉、蒙古各种文字工作。

军机处要办理机密紧急事务，办公地点应该要靠近寝宫，而不能像内阁在太和门外。据王昶记录，军机值房一开始设在乾清门外西边，后迁于乾清门内，与南书房相邻，后来移到隆宗门的西面。无论是在乾清门内或门外，都离雍正寝宫养心殿十分近，联系较便捷。雍正初设军机处时，房舍是用木板盖成，乾隆初年才改造瓦房，建筑非常不讲究。

军机处只有值房，没有正式衙门，有军机大臣和军机章京，但他们都因有别的官职，派充的军机处职务；军机大臣不是专职，本职事务依然照常办理；军机章京以此为职责，但仍属原衙门的编制，占其缺额，升转也在原衙门进行，因此王昶说军机处"无公署，大小无专官"。

军机处的职责是，面奉谕旨，书成文字，并予转发。雍正每天召见军机大臣，逐渐形成一套制度，其详细情况，记载缺略，不得而知。以后的情形是，每天寅时（3—5点），军机大臣、章京进入值房，辰时（7—9点），皇帝召见，或有紧要事务，提前召见。每天见面一次，有时数次。退出后，军机大臣书写文件。雍正勤政，估计他召见军机大臣的时间不会晚，次数不会少。当雍正即位一开始，办理康熙丧事，特命吏部左侍郎张廷玉协办翰林院文章之事，那时，"凡有诏旨，则命廷玉入内，口授大意，或于御前伏地以书，或隔帘授几，稿就即呈御览，每日不下十数次"。出于撰写谕旨的需要，每日召见多达十几次，这当然不是张廷玉后来军机大臣任上的情况，但它却是日后雍正召见军机大臣，指授区划的预演。及至张廷玉为军机大臣时，"西北两路用兵，内直自朝至暮，间有一二鼓者"。八九年间，雍正身体不好，"凡有密旨，悉以谕之"。此时，张廷玉可能是在圆明园内军机处值房中工作，雍正不分昼夜地召见，以至一二更后才返回住宅。

雍正向军机大臣所传旨意，以西北两路用兵之事为重要内容。如10年（1732年）二月，宁远大将军岳钟琪奏劾副将军石文焯纵敌，雍正命办理军机大臣议奏。这一年，西路军大本营要移驻穆垒，雍正选定六月初四日巳时启行，于四月十三日命军机大臣通知岳钟琪，"将一应事宜预先留心备办，但军营切宜慎密，以防漏泄"。其他方面的军政、八旗事务，也命军机大臣办理。9年（1731年），雍正认为山东登州是滨海重镇，所辖地方辽阔，只有六千兵丁，怕不够用，命军机大臣详细讨论，是否酌量增添兵额。第二年，打牲乌拉地方的丁壮问题，也命军机大臣提出处理意见。看来，在军机处设立之初，主要是处理战争、军政和八旗事务，而后扩大范围到所有的机要政事。

军机大臣面聆皇帝旨意，草拟文书。在清代，皇帝的诏令有好几种。"旨"，批答朝内外官员关于一般事务的题本的文书；"敕"，颁给各地驻防将军、总督、巡抚、学政、提督、总兵官、榷税使的文书。这两种文书均由内阁草拟，经内阁发六科抄出，宣示有关衙门和人员。上谕，有两种，一是宣布巡幸、上陵、经筵、蠲赈以及侍郎、知府、总兵官以上官员的黜陟调补诸事，这也由内阁传抄发送，叫做"明发上谕"；另一种内容是"诰诫臣工，指授兵略，查核政事，责问刑罚之不当者"，由军机处拟定，抄写，密封发出，叫做"寄信上谕"，它因不是由内阁，而是朝廷直接寄出，故又称"廷寄"。这几种公文，军机处承办的寄信上谕最为重要，内阁所办理的倒是一般性事务。廷寄，经由张廷玉的规划，形成一套制度，凡给经略大将军、钦差大臣、参赞大臣、都统、副都统、办事领队大臣、总督、巡抚、学政的，叫"军机大臣字寄"，凡给盐政、关差、布政使、按察使的，叫"军机大臣传谕"。字寄、传谕封函的表面都注明"某处某官开拆"，封口处盖有军机处印信，因此具有极高的保密度。有关军国要务，面奉谕旨，草拟缮发，这是军机处的主要任务。

军机处还有被咨询的任务，前述雍正命军机大臣议奏增加登州驻军问题，即为征询意见，以备采择，这是皇帝主动提出的问题。朝内外官员所上奏疏，雍正有的发给军机大臣审议。这样军机大臣可以和皇帝面议政事，有参议的职责和权力。

官员的奏折，皇帝览阅，朱批"该部议奏"、"该部知道"的，或没有朱批的，交军机处抄成副本（即"录副奏折"），加以保存，这也是军机处的一项工作。

军机处三项任务，最后一项是保存文件，对决定政事无关紧要。参议政事一项，要由皇帝决定参议某事，不是固定职权，是被顾问性质，其与闻事务的多少，与皇帝从政能力、兴趣有关系，雍正时代，军机大臣不过是承旨办事，乾隆时当过军机章京的赵翼认为：雍正以来，军机大臣"只供传述缮撰，而不能稍有赞画于其间"。这个结论，用在雍正时代最为恰当。军机处作文字工作，王昶就此说它职司的"知制诰之职"。即秘书性质，所以军机处成为皇帝的秘书处了。军机大臣对皇帝负责，它的下属军机章京因是其他部门官员兼任，所以他们之间虽有上下级关系，但后者不是前者的绝对属吏，不易结成死党，因此军机大臣不能对皇帝形成尾大不掉之势，只能绝对听命于君主。

军机大臣奉旨撰拟机务和用兵大事，而这是原来内阁票拟的内容，至此为军机处所夺，使它只能草写一般事务的文件，这就降低了内阁的职权。军事要务由军机处承旨，内阁的兵部从事军官考核、稽查军队名额和籍簿，这是些日常琐务，用兵方略、军政区划都没人过问了。

雍正所用的满人军机章京，系从议政处调来，这就给它来了个釜底抽薪，也使它名存实亡。

此外，归军机处办的事情，不管大小，"悉以本日完结"，绝不积压。这样的办事作风，效率自然较高。寄信方法也是快捷的。张廷玉提出的廷寄办法，是军机处将上谕函封后交兵部，由驿站递相传送。军机处根据函件内容，决定递送速度，写于函面，凡标"马上飞递"字样的，日行三百里，紧急事，另写日行里数，或四、五百里，或六百里，甚至有八百里的。这就和内阁发出的不一样了，内阁的明发上谕，或由六科抄发，或由有关部门行文，多一个衙门周转，就费时日，保密也困难，经常被地方官员探到消息，雇人先行投递，他们在正式公文到来之前，已悉内情，作了准备，加以应付。这样的事不乏其例，如四川布政使程如丝贪婪、人命重案，在成都审理，待后刑部的判处死刑意见被雍正批准，程竟在公文下达前五、六天获得消息，自杀于狱中。雍正深知这些情弊，不只一次地讲到这类问题，并尽力加以制止。五年（1727年）三月，他说泄密严重："内外咨呈文书往来，该衙门尤易疏忽，以致匪类探听，多生弊端，间有缉拿之犯，闻讯远扬，遂致漏网，此皆不慎之故，贻误匪轻。"他命令"有关涉紧要之案，与缉拿人犯之处，内外各衙门应密封投递，各该管应谨慎办理，以防漏泄。"如有疏忽，从重治罪。他在军机处设立前，已着手解决重要公文的保密和驿递问题，军机处成立，经张廷玉规划，创廷寄之法，"密且速矣"，于是既保证中央政令的严格贯彻，速度又较前加快，从而提高了清朝政府的行政效率。

军机处官员处机要之地，但没有什么特权。军机大臣有每日晋谒皇帝之荣，没有其它特权。雍正允许军机章京和军机处笔帖式挂朝珠，表示宠异。朝珠，文职五品、武职四品以上才许悬挂，出任军机章京的大多是六七品官员，其中编修、检讨、内阁中书都是七品小官，他们破例得同四品以上官员一样挂朝珠，是雍正给的特殊荣誉。但是这种虚荣，并没有实质性的好处。其时军机处官员十分注意保密，不与不相干人员往来。张廷玉任职年久，据说"门无竿牍，馈礼有价值百金者辄却之"。讷亲"门庭峻绝，无有能干以私者"。雍正年间军机处官员讲求廉洁，保守机密，能以忠实地履行职责。

雍正创设军机处，使其日益取代内阁的作用，是行政制度上的重大改革。它使议政处名存实亡，使内阁形同虚设，军机大臣虽然具有一定权力，但主要是秉承皇帝意旨办事，没有议政处的议决权，内阁的票拟权，这些权力全部归位于皇帝手中。所以行政机构的改革，加强了皇权，削弱了满洲贵族和满汉大臣的"相权"。军机处设立与奏折制度的确立相辅相成，雍正亲自批答奏折，向军机大臣面授机宜，天下庶务都归他一人处决。雍正建立军机处，加强皇权的同时，还提高了行政效率，使得皇权能够真正地充分地实现。从而使他的权力得到了空前的集中。

# 第四章 改革经济

## 一

雍正帝继位之后，面临的一个急待解决的问题就是财政困难。康熙年间，由于清政府实行了奖励垦荒，实行"更名田"，兴修水利，整顿赋役制度，蠲免钱粮和一系列有利于手工业、商业发展的措施之后，至康熙末年，社会经济基本上恢复到明末的水平。但是雍正继位时，社会经济也出现了一些问题，特别是国家财政一度告急。首先，康熙年间，国家财政收入虽然较清初有所增加，如康熙二十四年（1685年）清政府的财政收入为3190万两，较顺治九年（1652年）2438万两，增加了30.85%，较明代财政收入2038.8万两增加了56.47%，但是清政府的财政支出也明显增加。比如兵饷一般在1700万两左右，有时高达2400万两，仅此一项就占去年度财政收入的60%～70%。其次，自康熙末年以来，各地严重拖欠赋税，国家收入减少。仅江苏一省就逋欠额赋1165万两。库帑亏空严重，户部银库亏空250余万两，各省亏空更多，因此文献记载，这个时期是"内外仓库，不无亏空"。再次，库存银两大量减少。康熙年间其全盛时期库存白银达3000万两，然而康熙帝去世时，库存银却只剩下800万两，仅为 3000 万两的 26.67％。另外，康熙末年，各地农民斗争又起。本来自康熙中期以后，由于社会稳定，经济发展，农民反抗斗争较少。但自康熙五十年（1711 年）之后，农民反抗斗争在有些地方又冒出苗头。比如康熙五十年（1711 年），福建永春、德化数千农民，因饥饿所迫抢夺食物，逃往山中。康熙五十二年（1713 年）江西兴国数千农民起来抗租。康熙六十年（1721 年），山东曲阜农民与盐民一起举行暴动。

雍正皇帝面对这些困难与问题，为了使财政状况好转，为了"裕国"、"安民"，为了巩固其封建统治，他果断地采取了一系列经济措拖。他反对在解决财政困难时，把"裕国"与"安民"对立起来的作法，他说："国以民为本，民以食为天"，"若谓钱粮紧要，民命尤属紧要，有民始有钱粮"，"能安民方能裕国"。

雍正帝解决财政困难的基本方法是开源节流。其开源的主要措施是重本务农以增加田赋收入，解决民食；通商裕国，既使国课增加，又方便百姓。他要求各地官员在奏报地方事务时，不要忘记向他报告本地农业的长势，特别是遇有灾情时必须随时向他奏报，如有疏忽，必遭他的严厉斥责。

雍正时期在重农务本方面，主要采取以下措施：

一是大力推行垦田。雍正皇帝上任不久就对人口增长快于耕地增长速度所带来的"地少人多"的矛盾有所认识。他说："良田地土之所产如旧，而民间之食者愈多，所入不足以供所出。"而他解决"地少人多"的主要方法就是大力推广和奖励垦田，扩大耕地面积。他指出："各省凡有可垦之处，听民相度地宜，自垦自报，地方官不得勒索，胥吏不得阻挠。"他在另一次谕旨中又指出："国家承平日久，户口日繁，凡属闲旷未耕之地，皆宜及时开垦，以裕养育万民之计。是以屡颁谕旨，劝民垦种。"

二是稳定垦田起科时间，以安民心。康熙年间对于垦田起科时间曾多次变动，由三年改六年，又改十年，又改三年，又改六年，又改三年，影响了农民垦田的积极性。雍正帝总结了康熙时期的经验教训，在大力推行垦田的同时，把垦田起科的时间固定下来："开垦水田，以六年起科；旱田以十年起科，永著为是。"组织军队屯田是清代垦田的重要措施。雍正时期，在云南、广西也推行了这一组织军队屯田垦荒政策。雍正帝批准了云贵广西总督鄂尔泰的建议："乌蒙地广田多，应将无业田地，每兵赏给三十亩；或有丁余，准其倍给，并量与牛、种、银两，劝令开垦。"

再次，为了推动垦荒，发展农业，雍正自七年（1729年）起设置巡农御史，对此他说："农业为国家首务，督事贵有专耳，前有人条奏，请于各省设立农官，以司劝课。或设巡农御史，令其巡行郡邑，劝勖农人及时力作，以足敦本业而防游惰。"巡农御史的主要任务是："察农民之勤惰，地亩之修废，以定州县之考成。其有因循推诿以致荒废农田者，即行参处。该御史亦勤加劝课，督令耕耘。"

通过这些措施，雍正朝垦田面积增加迅速。据《清实录》记载：雍正十二年（1734年）"田、地、山、荡，畦田地八百九十万一千三百八十七顷二十四亩有奇"。较之康熙六十年（1721年）"七百三十五万六千四百五十顷五十亩有奇"增加了1544936顷77亩，增加了21%，垦田收到了十分可观的成绩。

推广水田种植，鼓励农民改进生产技术，提高农业产量也是雍正帝采取的促进农业发展的重要措施。在这方面他所采取的措施，首先是奖励那些在农业生产中获有明显成就的老农。他说：应于"每乡中择一二老之勤劳作苦者，优其奖赏，以示鼓励"。后来，他又进一步规定：各个州县岁举老农"给以八品顶带荣"。但是，不久便取消了这一制度，因为各地乡绅勾结州县官吏，使推荐冒滥，被授予八品顶带者往往并非优秀老农，而是那些势力较大，根本不懂农业也从不务农的乡绅。因而不仅起不到激励农民务农的热情，反而使吏治更加败坏。其次，就是推广水田种植，以增加粮食产量。由于水田产量较旱田产量高，北方农民却一直不习惯于种植水田。雍正帝为了把水田种植推广到北方，他任命他理财的得力助手怡亲王胤祥在直隶营田亲自抓这件事。经过三年的努力，到雍正七年（1729 年），已修成水田 6000 余顷。然而据《清实录》记载：直隶共营水田 8287 顷 37 亩。根据报告，"新营水田，俱禾稻茂密，高可四五尺，每亩可收谷五、六、七石不等"，牙山县和天津州新开水田有的"一茎三穗，或一茎双穗"。

此外，还有发展水利事业。中国封建社会的经济基础是农业，当时的农业生产水平，只能是靠"天"吃饭。水害是当时农业生产的重要威胁，因此历代封建君王都把治河治水作为他巩固统治的重要措施。雍正皇帝对于这一点也有很清楚的认识，他说：水利事业"关系民生，必须一劳永逸，务要工程坚固，不得吝惜钱粮"。雍正朝在治理黄河、运河、淮河、永定河、卫河、淀河、子牙河以及修筑浙江海塘工程，都取得了明显的成果。雍正抓水利事业，首先是抓管水利事业的人。他任命重臣管理水利事业。雍正三年（1725 年），直隶大水，雍正帝就命怡亲王胤祥和大学士朱轼前往治理，浚治了卫河、淀河、子牙河、永定诸河。雍正四年（1726 年）设水利营田府，雍正帝又命胤祥总理其事。雍正朝的治河能手嵇曾筠始终受到雍正皇帝的信任并不断得到重用。嵇曾筠，江南长洲人，雍正元年（1723 年），任左金都御史，署河南巡抚，又迁兵部侍郎。这年黄河三次决口，嵇曾筠治理有功。雍正二年（1724年），他上疏皇帝，提出修筑黄河两岸堤坝123000余丈。雍正帝批准了他的方案，并任命他为河南副总河。雍正五年（1727年），又任命他兼管山东黄河堤工，并仍管副总河事。雍正七年（1729年），授河南、山东河道总督。雍正八年（1730年）、署江南河道总督。雍正十年（1732年），加太子太保。雍正十一年（1733年），授文华殿大学士兼吏部尚书，仍然总管江南河道。雍正十三年（1735年），又调他总理塘工，修筑海宁南鱼鳞石塘500余丈。其他像大吏尹继善，雍正六年（1728年）任内阁侍学士，协理江南河务，不久即任江苏巡抚。七年（1729年），又署河道总督。与孔毓珣共同治理淮河，工成，即任两江总督。其次，雍正帝重视水利事业的发展，还表现在他不惜花费巨资投入到重大的水利工程上。雍正十一年（1733年），他命内大臣、海望直督李卫赴浙江查勘海塘。雍正帝指示李卫："如果工程永固，可保民生，即费帑千万，不必惜。"自雍正三年（1725年），淮河水患不断。主要是因为"朱家海冲决河底沙淤"。总河齐苏勒提出"高堰难保，改低三坝门槛一尺五寸，以泄湖水，而救一时之急。不知水愈落，淮愈不得出，致力微不能敌黄，连年倒灌。"李卫反对齐苏勒的治河方案，提出应加固高堰。雍正帝同意了这方案，并于雍正七年（1729年）冬，"发帑百万，命总河孔毓珣、总督尹继善将堤身卑薄倾地处拆砌，务令一律坚实"。这项工程于十年（1732年）秋完成。一次从国库中拨款百万两用于治水，这不是一件小事，它反映了雍正对治河的重视。

二

除了重视农业之外，综观雍正皇帝的工商政策，其主流不是抑制，而是发展。"通商裕国"应该是其对"末业"

政策的核心。

雍正皇帝反对"困商"、"累商"，而主张"通商裕国"，"通商便民"。其通商思想具体表现在：

一是雍正帝曾三令五申各税关不得多方勒索，分外苛求，以利商业的发展。雍正元年（1723 年）他就指出："国家之设关税，所以通商，而非以累商，所以便民，而非以病民也。"但近闻权关者依靠胥役，对商民"任意勒索"以饱其欲。"虽货多税重，而蒙蔽不报者有之，或以重报轻者亦有之。不遂其欲，虽货少税轻，而停滞关口，候至数日，尚不得过"。他要求"嗣后权关者，务须秉公，实心查验。过关船只，随到随查。应报税者，纳税即放，不得任意作弊，勒索阻滞，以副朕通商便民之意"。他指出："困商实所以自困也。"结果是"致商人失业，国帑常亏"。他要求"经理权关税者，务期奉公守法，遴委得人，知商旅之艰辛，绝箕纹之弊窦。通商即所以理财，足民即所以利国"。

二是加强对市场的管理，永除牙商苛索之弊，减轻商民的负担，以便通商。牙商的出现是商业发展的结果，也推动了商业的发展。但是雍正朝，各地牙行滥设，奸牙又乘机勒索商民，结果不仅不利于商业的发展，反而妨碍了商业的发展。为此，雍正帝曾谕内阁，要求对各地所设牙行要严加管理。

三是清廷自身也经营"生息银两"。雍正元年（1723年），雍正皇帝就从内库中拨出 90 万两，占库存银 800 万两的 11.25％作为"生息银两"基金。那么如何使这批银两生息呢，主要采取了三种措施：首先是以此银两购买土地，召佃收租；其次是将此银两贷给商人经商，提取利息；再次是用此银两开设当铺或其他店铺，直接获取利润。我们且不谈第一种办法，第二三两种办法都直接有利于商业发展。第二种办法，即将银两贷给商人经商以获利息，清廷规定收息一分，但实际上这只是收息的最低标准，许多地方都是"每两出息一分二厘"，"以分半利银起息"或"每两每月二分行息，按月缴收"。这种办法既使清廷获得利息以补八旗官员兵丁生计，又使商业资金增多，有利于资金流通与商业发展。第三种办法，即清廷用此银两直接开设当铺或其他店铺，其中尤以经营当铺为多。

四是雍正时期废除了康熙末年的禁令，主张开海南洋，促进贸易，既利商便民，又增加了国家的关税收入。这个时期，清政府又与俄国签订了《中俄恰克图条约》，开展边境贸易，并允许俄国商队到北京进行交易。中国和其他西方国家的贸易也有所发展。雍正朝，清政府又与越南、缅甸、菲律宾等东南亚诸国开展了边境贸易、朝贡贸易或民间贸易。

## 三

摊丁入地，又叫摊丁入亩、地丁合一、丁随地起。它是把封建社会的丁税银，摊入田亩（或田赋）统一征收。这是清政府在赋役制度上的一项重大改革。这项制度改革全面推行于雍正朝。

雍正首先批准直隶实行摊丁入地制度，之后各地接踵而行。同年福建省、山东省（《会典事例》记山东省实行于三年）实行。雍正四年（1726 年）实行摊丁入地的省份有云南省、河南省，陕西省、浙江省。甘肃省。雍正五年（1727 年）实行摊丁入地的省份有江苏省、安徽省、江西省。雍正六年（1728 年）实行摊丁入地的省份有湖南省、广西省。雍正七年（1729 年）实行摊丁入地的是湖北省。至此，绝大部分省份均先后在雍正年间实行了摊丁入地。山西省和贵州省稍迟，是在乾隆年间开始实行的。盛京、吉林等地，最初因"户籍无定"而未实行，直到鸦片战争后，道光二十一年（1841年）盛京实行，光绪二十九年（1883年）吉林省才开始实行。摊丁入地法在全国推行，如果从康熙末年广东、四川实行算起的话，经历了170年，就是从雍正二年（1724年）算起，也经历了160年，可见这一赋役制度改革推行时所遇到的阻力多大。

摊丁入地的征收办法，多数地区均以府县为单位，把固定下来的康熙五十年（1711年）的丁银总数，按亩分摊田赋中去。即"以各邑丁粮均派人各邑地粮之内，无论绅衿富户，不分等则，一例输将"。具体办法基本有两种：一种是将丁银摊入田赋计算，多数省以每两田赋应摊入丁银多少计算，如广东、四川、直隶、福建、山东、云南、河南、陕西、浙江、甘肃、江西、广西、湖北、山西诸省，而只有湖南省是以每石田赋粮应摊入多少丁银计算。另一种办法就是将丁银摊入田亩，按亩计算。采用这种办法的只有江苏和安徽两省。

清代的丁徭分三等九则，最轻者每丁科1分5厘，重至1两有余，山西有的地方每丁竟科银4两多，巩昌地区科银甚至达8—9两。由于各省丁银数额不等，因此摊入地亩的丁银也不相同。广东每田赋1两，摊入丁银1钱6厘4毫，直隶为2钱7厘，山东为1钱1分5厘，陕西为1钱5分3厘，江西为1钱5厘6毫，湖北为1钱2分9厘6毫，山西为2钱8分1毫，此外，浙江为1钱4厘5毫不等，广西为1钱3分6厘不等，福建为5分2厘7毫到3钱1分2厘不等，河南为1分1厘7毫至2钱7厘，甘肃、河东1钱5分9厘2毫，河西1分6毫；湖南是粮每石征丁银1毫至8钱6分1厘不等；江苏、安徽每亩摊入丁银1厘1毫至6分2厘9毫不等。我们知道：康熙五十年（1711年）入丁2462万，丁银335万余两，雍正二年全国有田土68347914顷。如果把这335万两丁银，摊入

读书随笔

中華藏書

第五卷 治理天下，严谨名世

中国书店

一二三

68347914顷土地中，那么每亩土地只摊入丁银4毫9。然而实际情况要远远超过这个数字。我们以比较统一的前七省计算，平均每两田赋银，摊入丁银1钱5分6厘7毫。雍正二年，田赋1两为21.98亩土地所纳。改用土地计算，则每亩土地摊入丁银7厘1毫，等于4毫9的14.5倍。

摊丁入地，是我国封建社会赋役制度的重大改革，深深影响了清代社会发展。首先，摊丁入地的实行，结束了清初赋役制度的混乱局面，"至此始归划一"，保证了清政府的钱粮收入，这是清政府实行摊丁入地的主要目的。正如肖奭在《永宪录》中所说："自摊丁之法立，穷民免累，国赋无亏。"以田赋征收数额为例，康熙二十四年（1685年）共收田赋银24449724两，粮4731400石。嘉庆十七年（1812年）共收田赋银32845474两，收粮4356382石。按每石粮均折银1两计算，则嘉庆十七年所收田赋数额，较之康熙二十四年所收田赋数额增加了24.49%。

其次，摊丁入地的实行，在一定程度上减轻了劳动人民的负担。因为，这一制度的实行，那些无地的贫丁，不再缴纳丁银，而地少丁多的贫困农户也相应减轻了负担。

再次，摊丁入地之后，劳动人民和封建国家之间的人身依附关系有一定的松弛。由于把丁银摊入地亩，使丁税和地税合一，"民纳地丁之外，别无徭役矣"。对那些无地的农民和手工业者而言，实际上是取消了人头税，"民间不复知有丁赋一事"。长期束缚劳动人民的封建国家的户丁编审也开始松动了。乾隆三十七年（1772年），清政府下令永行停止编审之例。劳动人民不再因为有徭役的束缚而被固定在某地，即所谓"民轻去他乡，五方杂处，逋逃如数"，这就为劳动力市场的发展创造了条件。

此外，摊丁入地的实行，也促进了我国人口的迅速增长。康熙五十年（1711年）全国人丁24621324人，雍正元年（1723年）全国人丁数为25326307人，雍正十二年（1734年）全国人丁数为26417932人，按石奇、方卓芬同志的意见："估计清前期的丁口记录占人口总数20％"。那么康熙五十年全国人口为123106620人，雍正元年为126631530人，雍正十二年全国人口为132089660人。乾隆二十七年（1762年）全国人口为200472461人，嘉庆八年（1803年）全国人口为302250673人，道光十四年（1834年）全国人口已突破四亿，达401008574人。

中国书店

# 第五章 整顿八旗

努尔哈赤创建八旗制度，由子侄分任各旗旗主，旗主与旗下有严格的主从关系，皇帝要调发旗下人员，必须通过旗主才能执行。旗下隶属于旗主，同皇帝是间接关系，也就是说旗下有两个主人，即旗主和皇帝。各旗内亲王、贝勒、公是世袭的，他们世代掌管所在旗。这样在对待旗民的统治上，皇帝要直接掌管旗民，加强皇权，旗主要维持对旗下的所有权，因而产生皇权与旗主权的矛盾。自清太宗起的清朝前几代皇帝都谋求削弱旗主的权力，太宗、顺治两朝使镶黄旗、正黄旗、正白旗成为上三旗，由天子自将，于是剩下其他五旗，即下五旗旗主问题。康熙在统治后期，派皇七子胤祐管理满洲、蒙古、汉军正蓝旗三旗旗务。当今皇帝的儿子到下五旗中作管主，代替原来的旗主，实际上削弱了旗主的权力。所以雍正以前，八旗旗主势力逐渐衰微，已无力与皇权抗衡，但是他们还拥有一部分权力，影响着皇权在八旗中的进一步行使。

雍正继位初年，承袭乃父遗策，任用亲信弟兄和王公管理旗务，如以康亲王崇安管理正蓝旗三旗事务，皇十七弟果郡王允礼管理镶红旗事。他在对管主的使用中，发现它和皇帝及八旗内官员的矛盾，管旗务的诸王因身份崇高，还是影响皇帝对旗民的直接统治，而管主同都统等官员职权难分，往往互相摩擦，对于"公事，亦未免耽误"，雍正遂于六年（1728 年）减少管主，取消崇安、锡保及信郡王德昭等的管理旗务。七年（1729 年），雍正"命庄亲王允禄管理镶白旗满洲都统"，九年（1731 年），改"命庄亲王允禄管理正红旗满洲都统事务"，十年（1732 年），用平郡王福彭"管理镶蓝旗满洲都统事务"。允禄、福彭是管理都统事务，与管旗务大不相同，管旗务是八旗都统的太上皇，是管主，都统得唯命是从，管理都统事务，本身相当于都统，或是兼职都统。都统是所谓掌"八旗之政令，稽其户口，经其教养，序其官爵，简其军赋，以赞上理旗务"。是八旗的军政长官，是一种职务，由皇帝临时任命，不能世袭，与所在旗的旗民是官民关系，而不是主从关系。允禄是雍正第十六弟，又以亲王身分管都统事，他已不是管主，降为一旗长官了，而这不是他个人的荣辱问题，因为他长期受雍正信任，后来为乾隆顾命大臣之一，他的出任管理都统事务，表明皇子、亲王在八旗中地位的降低，表明管主的被取消。至此，清代管理八旗事务人员经过了三个阶段的变化：旗主——管主——宗室贵族管理都统事务，每一次的变化，都是旗内主从关系的削弱，旗主不再具有原先的旗内自主权，皇帝将它剥夺净尽了。这个三部曲是皇权在八旗内强化的过程，雍正的宗室贵胄管理都统事的办法，则是它的终结。这是八旗制度内皇权、旗主权消长过程的主线，围绕着它，雍正还采取了许多相应措施。

八旗都统，清文为"固山额真"，印信即以此为文，"额真"，满语意为"主"。雍正元年（1723 年），给事中硕塞条奏："额真二字，所关甚巨，非臣下所可滥用"，请加改定。雍正为正名分，崇君主，接受他的建议，命将"固山额真"改为"固山昂邦"，意为总管，即汉文的都统，又将"伊都额真"改为"伊都章京",意为领班。臣下不能称为"主",只能尊奉一个主人——皇帝。"固山额真",是努尔哈赤建旗时的老名称,后来的都统早已不复是旗主的意思,至此,雍正又在文字上加以改变,从意识形态上革除旗主的痕迹,从而也标志着旗主实际上丧失了权力。

旗员的官缺,向分旗缺、翼缺、公缺数种。旗缺,是某一官职例由某旗人员充任;八旗又分左右两翼,翼缺是专属于某一翼的人员的官缺;公缺是所有八旗人员的。旗缺、翼缺只在某旗某翼内进行拣选,旗主、管主可以把持这些缺位,也使得各旗之人具有向心力,团结自固,但在八个旗内,各旗人才不一,因而有的旗升转较快,有的则较迟滞,也不公平。这一问题,康熙初年即着手解决,八年(1669年)、十年(1671年),分别将各部堂主事、郎中改为公缺,通同论俸升转,但员外郎、主事仍按旗升转。雍正六年(1728年),以铨法划一为理由,将原属于旗缺、翼缺的各部员外郎、主事、内阁中书、监察御史、给事中、工部造库郎中,一律改为公缺。既解决铨法的不公平,亦不使旗主、管主干预旗缺中任何一部分旗员的任用。对八旗内部缺分的补授,雍正亦行更改,原来下五旗王公所谓公中佐领之缺,只在该王属下拣选,八年(1730年),雍正认为这样做不易得到合适的人,命于该旗中拣选官员引见补授,若该王属下之人可用的当然也可以拣选。企图使诸王所用人员尽量少同他有密切关系。

佐领是八旗基层牛录的主官,职位虽不甚高,但地位重要,特别是原管佐领(勋旧佐领),系清朝开国时期率族众归来的,被编为牛录,佐领在一个家族世袭,也即使它永远掌握这个基层组织,世管佐领,也是早期投入后金政权的部众,佐领也是世袭。雍正于四年(1726年)二月说,他们中年幼的,愚昧的,衰老不能办事的,只给佐领的俸禄，不许管理事务，其事另选择该旗大臣官员兼理。这就等于取消了原管佐领、世管佐领的世袭罔替。可见雍正对八旗各级主人下手，褫夺他们的统治权。

对于王公与属下的关系，雍正作了许多规定。元年（1723年），禁止王公在所属佐领内滥派差役，只许挑选人员充任护卫、散骑郎、典仪、亲军校、亲军，不许兼管家务，若用作包衣官职，或令跟随子侄，都要列名请旨，并且要知会该旗都统，由都统复奏。若属下犯罪，王公要奏闻，交刑部处理，雍正说："不请旨，断不可也"。这是说王公对属人没有任意使用权和处罚权。二年（1724年），雍正不许下五旗王公听信谗言，将属下妄加残害，或借端送刑部治罪，若有此种情况，则将这些被害者撤离原主门下。同时规定，王公属下有被问罪发遣的，不许发往该王公打牲处所，免得他们发生联系，私自回到该王公门上。政府惩治王公属下，不容原主包庇，王公迫害其属下，政府不容其肆恶，这是一个问题两个方面，即不许王公与属下有不正常关系。同年，更定王公拥有的护军、领催、马甲数，亲王为护军、领催四十名，马甲一百六十名；郡王护军、领催三十名，马甲一百二十名；贝勒护军、领催十六名，马甲八十名；贝子护军、领催十六名，马甲六十四名；镇国公护军、领催十二名，马甲四十八名；辅国公护军、领催八名，马甲三十二名，比原来的数目减少了。同年还下令，诸王所属佐领，凡移出的，其内人员不得再与旧主往来，否则从重治罪。使王公对旧部不能发挥影响。

雍正特别不许王公勒掯属下，元年（1723年），他说五旗诸王不体恤门下人在外省做司道府县官的，向他们分外勒取，或纵容门下管事人员肆意贪求，为除此弊，他允许该等官员封章密揭。次年，他发现公爵星尼向属人王承勒勒取几千两银子，为此特发上谕，说星尼才是公爵，而王承勋不过是州县官，就要这么多银子，若主人是王府，属人为地方大员，则不知要多少了。他就此事警告王公，若不悛改，"必将五旗王府佐领下人一概裁撤，永不叙用"。十一年（1733 年），太原知府刘崇元告发他的佐领李永安，在其回京时，李永安到他家索去银子一百二十两及马匹、衣物，后李永安又派人到他任所，勒取骡头、潞绸，还要三二百两银子。雍正下令对李永安严行查处。

削弱八旗王公与属下的私属关系，在雍正初年有特殊意义。雍正严禁诸王滥役属人时说：早先诸王对属下尚知恩抚，而"朕之兄弟，分给包衣佐领之人既少，而差役复多，其余诸王亦从而效之"。他把诸兄弟视作罪魁，借此整饬，收回王公任用属人的权力，所以这是他打击宗室朋党的一个内容。他把严禁王公勒索旗下，纳入了清查钱粮、打击贪赃、肃清吏治的措施之中。他指责王公的勒逼造成旗下官员的贪赃："该员竭蹷馈送，不能洁己自好，凡亏空公帑，罹罪罢黜者多由于此"。可见他在继位之初，急急忙忙地改革旗务，是同打击朋党、整顿吏治紧密结合。

二年（1724 年），雍正下令设立宗学，按八旗的左右两翼各立一学，招收宗室子弟学习，每学设正教长、副教长，由翰林院编修、检讨充任。宗学招收宗室子弟，学习满文、汉文，演习骑射，由政府按月发给银米、纸笔。每年雍正派大臣去考试，进行奖励和惩罚。七年（1729 年），雍正因宗学不能容纳觉罗子弟，特于各旗设立觉罗学，令觉罗子弟读书学射。此外，雍正还设立咸安宫八旗官学，选择八旗子弟中俊秀者入学，内务府包衣佐领的景山官学中的优秀者亦可入选。雍正对他兴办宗学的原因作过说明，他认为宗室中人各怀私心，互相倾轧，把骨肉视为仇敌，更有甚者，"要结朋党，专事钻营"；还有一种人骄奢淫侈，荡尽产业，也是不肖子孙。为改变这种风习，要作许多工作，但必须加强对他们的教育，以事挽救——"急筹保全之道，若非立学设教，鼓舞作兴，循循善诱，安能使之改过迁善，望其有诚"。他又说："必教以典礼伦常及治生之计，俾各好善恶恶，崇俭戒奢，方可谓教育有成"。他把办宗学与削夺诸王权力、宗室朋党同时进行，以巩固他在政治上的胜利。

清朝入关之初，八旗人口微少，他们为官作宦，当兵吃粮，又有旗地可以耕作，不存在生计问题，但时间稍长，如到雍正继位，已八十年了，这时人口增殖甚多，而官职缺额和兵额都有限量，旗地没有增加，除了上述职业以外，清政府又不允许他们自谋生活出路，因此出现了新添人口的生活问题，此外旗人因长期脱离生产，出现生活上追逐奢华的问题。二年（1724年），雍正向八旗官员和民人说：

尔等家世武功，业在骑射，近多慕为文职，渐至武备废弛；而由文途进身者，又只侥幸成名，不能苦心向学，玩日愒愒时，迄无所就；平居积习，尤以奢侈相尚，居室用器，衣服饮馔，无不备极纷华，争夸靡丽，甚且沉湎梨园，邀游博肆，不念从前积累之维艰，不顾向后日用之难继，任意糜费，取快目前，彼此效尤，其害莫甚。

他敏锐地看到旗人逐渐丢掉尚武精神，向追求生活享乐方面发展。对后一方面感受尤深，他知京中一部分旗人以酗酒、赌博、赴园馆、斗鸡、鹌、蟋蟀为事，京外他去过盛京，见旗人以"演戏、饮酒为事"，以至城中酒肆多的不得了。他还知道，有的旗人的享乐，靠着变卖家产和钱粮来维持，他说他们"多有以口腹之故而鬻卖房产者，即如每饭必欲食酒，将一月所得钱粮，不过多食肉数次，即罄尽矣。又将每季米石，不思存储备用，违背禁令，以贱价尽行粜卖"。

雍正针对一些旗人糜费和不善治生的问题，采取种种措施维持旗人的生活，希望他的国家的根本——八旗军不致为生活问题而动摇。

雍正告诫旗人"量人为出，谋百年之生计"。他严厉禁止旗人分外享乐，元年（1723年），不许旗人酗酒、斗鸡，重定公侯及八旗军民婚丧仪制，让旗人崇尚节俭是重要的原因。到十二年（1734年），他就此事说："近闻八旗人等仍有未改陋习，以夸多斗靡相尚者"，因命八旗都统务必加强教育。这些禁令，主要是进行教育，收效自不会多，即如变卖禄米，仍是司空见惯之事。五年（1727年），顺承郡王锡保报告，贾富成私自偷买旗军甲米，又向旗人放高利贷，雍正命他加以追查，将所买甲米及高利贷本利银追出，赏给破获此案的官兵。他感到一个一个追查不是根绝旗丁出卖禄米的办法，于六年（1728年）令在京仓附近设立八旗米局二十四个，即满、蒙、汉军每旗一个，在通州仓附近按八旗左右两翼，设立米局两处，每局都派有专官，稽查禄米的买卖。这是限制旗人的糜费，以便量人为出。

雍正为增加旗人的收入，实行优恤政策。元年（1723年），发内帑银八十万两，分给各旗，作为官兵婚嫁丧葬的费用，于是规定护军校、骁骑校等婚事给银十两，丧葬给银二十两，马甲、步军等给银递减。这是临时性的补助，对八旗生活帮助有限。

旗人繁衍了，而八旗兵额是固定的，所以出现很多余丁，没有职业，生活无着。雍正想扩大兵额，但又受政府财力的限制，就略为增加兵数，令从满、蒙、汉军中选取四千八百人为养育兵，每一旗满、蒙、汉军分配六百名，其中满洲四百六十名，蒙古六十名，汉军八十名。每一个满洲、蒙古养育兵每月关饷银三两，汉军每月也应为三两，但实给二两，多余的饷银给额外增加的养育兵，这样汉军每旗又可增添四十人，这次总计添加养育兵五千一百二十人。同年，雍正又特别增长汉军额数，把汉军二百六十五个佐领又二个半佐领，扩充为二百七十个佐领，兵额从一万七千五百二十八名，增至二万名。适当增加八旗兵额，雍正坚持了这项政策。九年（1731年），西安将军秦布奏称，他所管辖官兵定额八千名，然因户口繁盛，旗丁已近四万人，因请在余丁中挑选一千名当差，每月仅给饷银一两、米三斗，雍正批准了他的要求。就此，他考虑到驻防各地的八旗情况相类似，因命其他驻防地也扩大兵额，挑选余丁充任。

八旗庄田是公田，旗人只有使用权而没有所有权，但是久而久之，实际上成了所有者，因而能将所使用的旗地典当或出售，当然这是不合法的。七年（1729年），雍正过问这类事情，他考虑典卖旗地之事相沿已久，不便依法惩治，又不能不处理而任其发展，因此命各旗查明典卖情况，动支内库银按原价赎回，留在旗内，限原业主一年之内取赎，过限不赎，准本旗及别旗人照原价购买。十二年（1734年），命清查直隶旗地。他力图保持旗人产业，不令流落八旗之外。

限制出卖甲米和旗地，是消极的防范措施，雍正还着眼于发展旗人生产，即位之初，就兴办热河屯垦。元年（1723年）六月命于热河、喀喇和屯、桦榆沟三处屯田，从京城满洲、蒙古八旗中择取没有产业的旗丁八百名前往，编设佐领，另设总管从事经理。十一年（1733年），命喜峰口驻防兵屯田，每名给地一百五十亩，菜园四分，照民田例交税，税银留充兵饷。

雍正下力搞的是八旗井田。孟轲讲的井田制，二千年间，真正试行者是雍正。二年（1724年），他批准户部侍郎塞德的建议，设立井田，令拨京南霸州、永清、固安、新城等县官田二百多顷，作为井田，在京城八旗内，选择十六岁以上、六十岁以下没有产业的人员前往耕种，按照孟轲所说的井田制精神，每户授给一百亩为私田，十二亩半为公田，八家共有公田一百亩，私田在外，公田在内，又给每户十二亩半作室庐场圃之用，官给盖房屋，按人口分配。另给每户发银五十两，购置耕牛、农具、种籽。私田收入归井田户，公田收成，在三年后全部交公。为办理此事，设置井田管理处，派建议人塞德前往料理。实行以后，愿去的人很少。五年（1727年），雍正说：那些没有产业，游手好闲的旗人，依靠亲戚为生，使好人受累，而他们却能为非作恶，遂强迫他们迁往井田处耕种，那些犯了枷号鞭责罪的革退八旗官兵，也罚往耕种。以后，又把侍郎哲逻、尚书石文焯等先后发往井田处效力。由于所去旗人多"非安分食力之人"，不仅不好好从事生产，反而偷卖官牛，私自出租井田。管理官员又将井田分成等第，徇私调换，干没公田租课。种种情弊，不断发生。乾隆继位就把井田改为屯田，不愿屯田的井田户撤回京中原旗，留下田房交地方官出租，愿意留下屯种的，按地亩完纳钱粮。雍正试行井田制十年，最后以失败而告终。关于井田制，议论者多，然都不敢贸然实行。康熙年间亦有议行的，康熙说井田法好是好，但形势已不允许它实行了，"后世有欲于旷闲之壤仿古行井田之法者，不惟无补于民，正恐益滋烦扰。天下事兴一利不如去一弊之为愈，增一事不如省一事之为得也"。雍正不怕多事，他宣布："特开井田，以为八旗养赡之地"，希望它能解决八旗的生计，滋扰之弊，在所不计。但是，他的认识不符合于客观实际。

第一，一部分旗人因长期脱离生产，成为寄生虫，要他们改变习性和生活习惯，不是一般的行政命令所能做到的，所以用他们实行井田制，他们就只能破坏而不能建设。第二，实行井田制不是一个孤立的简单的事情，它同土地所有制、政治制度、赋税制度等相关，在封建土地私有制已流行千百年后，没有经历社会革命，实行以土地公有制为基础的井田制，即使在一片国有地上实行，在地主土地私有制的包围下，它也不可能长期存在，必然会出现将井田私租出卖的现象，如此，井田怎能维持？第三，纵使雍正的井田法得以长期维持，垦田不过二百余顷，户民不过约二百家，人、田均极少，而要想扩大，政府给田、房、开垦费就要增多，也是力量所难达到的，这就是说井田很难大规模发展。那样的小规模进行，根本解决不了旗人的生产生活问题。因此，雍正实行井田制，虽力求解决旗人生计问题，勇于实践，但以主观代替客观，盲目实践，失败也是理所当然的。

雍正晚年谋图扩大旗人的生产地区，令人往黑龙江、宁古塔等处调查，规划分拨旗人前往居住耕种，正当就绪之时，由于他的故世而没能实行。

在八旗人员逐渐地脱离生产、追逐享乐、生活窘迫的现实面前，雍正力图挽救危机，劝诫他们节俭，为他们堵塞钱财漏洞，又希望用发展生产增加他们的财源。他的种种努力收效甚微，没有阻止得了旗人的腐化趋势，旗人的生计问题依然存在。他以后，问题更趋严重。这是清朝一代的问题。清朝对八旗用养起来的办法，使他们渐渐成为寄生者，渐渐成为废人，这个基本政策不改变，旗人的问题根本解决不了。雍正希望发展旗人的生产，是有识之见，但没有从根本上变更对旗人的方针，所以就不可能改变旗人的状况。

在曾静案一节提到雍正反对华夷之辨，强调满族统治的合理性，至于满汉关系，他还有具体的处理办法。

自清朝入关后，一部分汉人中就流行着反满复明的思想，有的人积极实践，故而朱三太子事件不断出现。

崇祯有七个儿子，第二、五、六、七四子都殇逝，长子朱慈烺立为皇太子，三子朱慈炯为周皇后所生，封为定王，四子慈炤生母为田贵妃，受封永王。李自成进北京，获朱慈烺，封之为宋王，得朱慈炯，封为宅安公，朱慈炤下落不明。李自成退出北京，朱慈烺和朱慈炯兄弟也不知存亡去向，可是不久有人自称是故太子朱慈烺投奔南京福王政权，因真伪莫辨，被朱由崧囚禁。据《明史》记载，该人为明驸马都尉王昺之孙王之明，适清军主南京，乃投降清朝。至此，崇祯的长子已不为人所注意，他的遗胤最尊贵的就是第三子朱慈炯了。因为此人不知所终，汉人正好利用他的名号反清。康熙十二年（1673年），京城有人称朱三太子，记载说他叫杨起隆，又叫朱慈璊，他草创政权，建年号广德，封了大学士、军师、总督、提督、齐肩王、护驾指挥、黄门官等官，联系郑成功部下降清将领，准备在首都起兵，被人告发，"朱三太子"逃亡，其妻马氏及齐肩王等被捕。此后，有人诈称杨起隆，也即诈称朱三太子，在陕西造反，被抚远大将军图海拿获，于十九年（1680年）解至北京遇害。与杨起隆活动的同时，蔡寅在福建称"朱三太子"，组织数万人，与在台湾的郑经联合，攻打清朝的漳州，被清朝海澄公黄芳世打败。有个明朝后裔叫朱慈焕，赘于浙江余姚县胡家，生有六子，本人流浪四方，教书为生，化名何诚、王士元。清朝政府对他有所察觉，康熙四十五年（1706年）将他的三个儿子拿获下湖州长兴县监狱。其时，在宁波、绍兴等府，有张念一（张甘一、张君玉）、张念二（张甘二、张君锡）、施尔远等人从事反清活动，尊奉朱慈焕为朱三太子，四十六年（1707年）十一月。清军对他们围剿，他们打败官军。进入四明山中的大岚山坚守，次年初失败。在苏州，有一念和尚，也声称尊奉朱三太子（慈焕），秘密组织群众，当清军围攻张念一时，他们竖起大明旗号，头裹红布，抢劫太仓州典铺，声言攻打州仓库，当即被州官镇压。江南、浙江两案发生后，康熙派遣侍郎穆丹到杭州审查，张甘一、张廿二、朱慈焕、一念和尚先后在苏州、山东、吴江等地被逮捕。康熙以朱三父子为首恶，将他们杀害。又据吴振棫记载，江南有金和尚，诈称崇祯第四子永王朱慈炤是朱三太子，将之拥立，聚众于太湖，准备在康熙南巡时起事，活捉康熙，届时发炮不响，遂为清军破获。康熙最后一次南巡是在四十六年春天，吴振棫所记，与一念和尚的活动在同时同地，但情节又有所不同，因此尚难于断定为一件事。如果金和尚就是一念和尚，则他的活动计划是较庞大的。

康熙对出现的反清复明活动严厉镇压，同时做出对前朝并无恶感的姿态，他南巡到江宁，亲至朱元璋明孝陵祭奠，或派官员往祀，表示对朱元璋的敬意。他保护明十三陵，派皇子巡查、扫祭，以此笼络汉人，希望消弭反清思明情绪。雍正深知关于"朱三太子"的活动及其能量，特别是大岚山及一念和尚的案子，他应当是很清楚的。他也参加了查看明十三陵的活动。也就是说对反清复明他不仅知道，而且要采取对策。

元年（1723年）九月，雍正说他发现康熙的未发谕旨，称赞朱元璋统一华夏，经文纬武，为汉唐宋诸君所未及，因命访求明太祖的后裔，以便奉其禋祀。次年，找出正白旗籍、正定知府朱之琏，封为一等侯，世袭，承担明朝诸陵的祭祀，同时把他族内人丁都抬入正白旗。据说朱之琏的先人朱文元，是明宗室代简王的后人，在松山战役中被俘，入了八旗。雍正利用这类旗人，完全不用担心他们会和拥护朱明的汉人搅在一起，却可当作招牌，用作宣传不仇视明朝，不歧视汉人的工具。

雍正中，汉人假借朱姓之名反清的仍不乏其人。七年（1729 年），雍正说："山东人张玉伪称朱姓，冒充前明帝裔，宣称星士为他算命，当有帝王之分"。同年，广东总督郝玉麟在恩平县拿获藏有"楚震公"令旗的群众，据说他们的军师叫李梅，以灾变劝人造反，他宣称有一个人，生辰八字俱是壬寅，今年八岁，现在交趾，山西、陕西、福建、广西各省都有他的人，都发了委任书。又据说：康熙末年在台湾造反的朱一贵的儿子称朱三太子，原在交趾小西天，已出发到巫山，有众几十万，不久就要领大兵来了。郝玉麟称这个案子"人犯众多，情事重大"。案中人原计划在七年十二月初二日攻打恩平县，事机不密，被清政府发觉，首领区在台、陈京干、梁伟杰等被捕，李梅逃亡，后被捕，又逃脱了，雍正对这个案子始终关注，责怪郝玉麟办理不力。同时期，广西人张淑言、福建延津道员家人马姓等说：钦天监奏紫微星落于福建，朝廷业已派人到闽，把三岁以上、九岁以下的男子全部斩杀。李梅、张淑言等人的言行透露，有"朱三太子"活动在国境之外，可能在南方邻国安南。他们是否为一伙，资料没有揭示清楚，但李梅提到八岁孩童势力达到福建、广西，而张淑言正是广西人，又说福建将发生变故。他们所说的地区、内容相同，似非偶合，估计当时两广、福建部分汉人假借朱三太子旗号，进行反清活动，并有一定的势力。有人认为康熙朝破获朱慈焕案件后，反清力量转移到海外吕宋、交趾等地。此说不无见地，因反清势力屡受挫折，国内活动困难，一部分就转往邻国。然而这只是讲了一方面的道理，还要看到，随着不断发生的"朱三太子"事件的一一失败，再简单地诈称朱三太子，群众们就难以再相信，不便于首领的活动，而诡称其在海外，把他当作一个偶像，则可以用它继续组织群众，这是一个原因；另一方面，清朝加强了对北方和江浙的控制，反清力量不易在这些地方集聚，而两广、福建处于边远地区，又有反清传统，因此反清复明的活动就南移了。

上面说的是雍正朝出现的"朱三太子"，另外，康熙朝朱慈焕余众仍在活动。案内人甘凤池，当日亦被捕，受过两次夹刑，后放出，继续进行反清秘密活动。他被人称为"炼气粗劲，武艺高强"，"各处闻名，声气颇广"，成为领袖人物。和他共同为首的有周昆来，原籍河南商邱，久居江宁，原姓朱，或说是明朝封在河南的周王的后人，曾往苏州见过朱慈焕，与其认为叔侄。有张云如，有人说他是明朝后裔，以相命、念符、练枪为手段，广收门徒。他们联络各阶层人士，因为名气大，和地方大吏都有往来。张云如被两江总督范时绎请至官署，范为学其坐功，欲下拜求师，张坚辞，就上坐，范在侧领教。江苏按察使马世烆命其子向张云如学习，称张为师。江宁驻防旗人佛插、赫者库亦同张交游。江宁人于琏捐纳为候选县丞，张云如收为徒弟，告诉他"辅助海中真主"，又把他荐给扬州盐商程汉瞻。

浙江总督李卫获悉甘凤池、张云如等活动，要从甘凤池突破，假意为他的儿子学武艺，请甘凤池及其子甘述为师，甘氏父子应允入衙而被捕。虽是受骗上当，亦可见他们有较高地位，也自视不凡。

他们联络各地人士，其中有蔡胡子，浙江人，在安庆算命，说八年（1730 年）秋天要举事。有镇江旗人潘朝辅，卖私盐，"有大志，结交往来过客。"有常州人陆剑门，会天文六壬奇门，懂得兵法，在松江水师提督柏之藩幕中作事，遍游南北十省，交际人甚多。有平湖人陆同庵，是贡生，立志反清，往来苏松各处，看视河道地势，在昆山教习徒众。有无锡范龙友，亦是生员，教人拳棒，联络医生李九征，说海上四方山有朱姓聚集，遣人到内地联系，举人张介绥及金甸南、华希渭往浙江乍浦寻觅未遇。有苏州踹匠栾尔集，与段秀清等二十二人拜把结盟，准备进行齐行增价的斗争。嘉定有踹匠王朝和监生姚秉忠，姚给其联络人饷银，每季七两二钱，说是从海上领来，有事听征集调用。还有江宁人夏林生，在河南固始县卖花树，联络该县武生周图廉，周组织小车会，"党羽甚众"，常对结盟弟兄说："我们虽然穷困，终了还有出头日子。"七年（1729年），甘凤池叫他到镇江相会，届期，甘被李卫"请"去，周图廉因缺乏盘费，延期赴会，未得相遇。这些人有的相互间有交往，有的没有，但众人都以甘凤池晓得天文兵书，"欲得以为将帅，无不与之邀结往来"。这些人均以反清复明为目标，甘凤池随身携带两个密本，记载各省山川关隘，险要形势，攻守机宜，他要夺天下。他们与"朱三太子"朱慈焕一案关联，后仍坚持信仰朱明后裔。陆剑门劝陆同庵入伙，以"吕宋山岛内有朱家苗裔"为说词，在给其委任状上用"东明龙飞六年"纪年。他们中人总宣传朱家后人在海上，有寄托，是进行政治斗争。甘凤池等的活动，被李卫派人打入内部，暴露了秘密，七年（1729年）、八年（1730年）间相继被捕。雍正深知反清复明活动对清朝统治的不利，对这个案子极力注意，他说：

此种匪类，行藏诡秘，习尚乖张，暗怀幸灾乐祸之心，敢作逆理乱常之事，关系国家隐忧。

又说：

斯种匪类，为生民害甚于盗贼，孟子所谓恶莠恐其乱苗也。

在他认为，盗窃犯只是单个人的行动，政治犯则可以影响到一群人。有鉴于此，他特派工部尚书李永升到浙江会审。范时绎、马世烆因与张云如有交往，为护己之短，与李卫不协调，雍正支持李卫，赞扬他"矢志坚定，勇于奉公"，"能于众所忽处留心究察"。树为"督抚模范"。他对朱明后裔之说倍加警觉。向李卫说：

吕宋山岛前明苗裔之真伪有无，极当确切鞫讯。前岁因西洋人来密奏及此，随命闽粤大吏加意访察，金云子虚。斯事当年圣祖亦曾垂意，今据云审究自不待言，即此案不得实耗，将来仍宜另行设法探访。

随后李卫回奏：对此问题留心已久，还在密探之中。这是他们君臣所谓隐患的核心问题。

雍正用暴力镇压汉人的反清势力，又以优待明裔感化汉人，力图处理好围绕清朝统治是否合法的斗争问题。

直隶多旗地，旗人甚众，他们依恃特权，欺压汉民，之间的矛盾旗汉冲突严重起来。

雍正元年（1723年），直隶巡抚李维钧密奏房山县庄头李信与宛平县庄头索保住勾结作恶的罪行，他说李信等独霸房山县石行，把附近居民的牲口抢去，为其拉石料出售；放高利贷，拿百姓房产作抵押，不能偿还的，勒逼人妻、子、女为奴；强占房山、宛平县民间妇女多人为妾；打死人命。他们的行为造成严重的后果，"以致宣化府士民罢市"。雍正痛恨庄头作恶，见奏即指示李维钧将李信等严审究拟，"以示惩创，以舒畅小民怨抑之气。"他知道此等庄头，必勾结内廷势要，去之不易，他怕李维钧遇到阻力，退缩不前，因在李的奏折上批道："尔断不可游移软懦，倘遇难以推卸之处，直告之曰上意指示，何敢见宽"。与此同时，公开向李维钧发出谕旨：

畿甸之内，旗、民杂处，向日所在旗人暴横，小民受累，地方官虽知之，莫敢谁何，朕所稔悉。尔当奋勉整饬，不必避忌旗汉冰炭之形迹，不可畏惧勋戚王公之评论，即皇庄内有扰害地方者，毋得姑容，皆密奏以闻。

李维钧是汉人，若对旗人据法惩治，必遭王公反对，会被安上汉人反对旗人的罪名，雍正给李维钧撑腰，警告贵胄不得对他陷害，以便他顺利处置不法的旗人，适当消释汉人的怨恨。七月，李维钧密奏宝坻庄头焦国栋、焦国璧在城乡占据田土一千余顷，开设当铺、商店数处，打死人命六条，奸占妇女，包揽词讼，私立场集。雍正指示李维钧："除暴安良，尔分所当为，类此等事，宜极力振作，更勿虑朕以多事见责。"十月，雍正谕内务府，加强对庄头的管理，对怙恶不悛的即行革退。十二月又谕，庄头不得奢华，住房不得过制，不得擅用非分之物，否则正法不贷。经过一番整饬，有的凶恶庄头有所收敛，自动将地租和当铺利息各减一分，李维钧因他们知过省改，请求免予治罪。雍正回答说：恶人秉性难移，对他们仍要留心访察，如少蹈前辙，立即参处，不可稍存姑息之念，绝不要始勤终怠。他还作了除恶务尽的表示："朕必永断此恶而后已"。正是在雍正的鼓励与督责下，李维钧继续打击作恶庄头，二年（1724年）正月又将静海县镶黄旗恶霸庄头李大权捉拿归案。

对于庄头以外的凶横旗人，雍正亦从严惩罚。康熙末，许二倚恃是旗人，率众打死民人刘国玉，雍正即位有赦免恩诏，刑部援引诏书，欲为之减刑，大学士等复奏，雍正说许二倚仗旗人犯罪，实属可恶，不可援赦宥免，仍应按原罪拟绞监候，秋后处决。四年（1726年）八月，直隶总督李绂奏报：镶黄旗人王三格，据称是内务府仓官，在满城县有祖遗圈地，早年转典给县人孙含夫、冉铎等取租，雍正三年（1725年）回到满城，殴打孙含夫及佃农，占夺原地。转年三月孙含夫到保定控告，还未审理，王三格因冉铎吃斋被乡人称为老道，就诬告冉铎邪党聚众，自称教主，任命孙含夫等人为将军、总管。直隶按察使据报将冉铎等人拘捕审讯，造成冤狱。王三格因是仓官，地方官不便审理，请将其官职革退，以便审结。雍正指示："三格实属可恶，宜加倍严惩，以警刁诬。仓官非官，彼自名之为官也，殊可发一大笑！"王三格夺人财产，又肆诬陷，可见旗人对汉民欺压的严重。他可以自称仓官，封疆大吏的总督也对他无可奈何，亦见旗人特权之大。雍正加倍严惩的态度，才可以多少打击不法旗人的嚣张气焰。五年（1727年），顺义县旗人方冬魁在酒馆中见到张四，张未让坐，方即对之打骂，激怒张将其杀死，署理直隶总督宜兆熊承审，拟将张四定为绞监候罪，雍正不以为然，他说："向来庄居旗人，欺凌民人者甚多，即方冬魁之事可见"，因此对张四从宽发落：免死，枷号两月，责四十板完结，"以为旗人不论理恃强凌弱欺压民人者之戒"，并将此事晓谕八旗及各屯庄居住之旗人，以引起警惕。这样从轻处理张四，于法律不合，但不失为纠正旗人肆意作恶弊端的一个措施。

旗、汉民之间的纠纷案件，向例，旗民不由地方官审理，到康熙三十七年（1698年），经直隶巡抚于成龙题请，设立满洲理事同知一员，驻保定，审理旗人斗殴、赌博、租佃、债务诸事，至于人命盗匪等重案，则会同督抚鞫审。这个理事同知，专由满人承当，与作为知府副手的同知不同。州县官不能随意审查旗人案件，也不能对旗人用刑。雍正初，以直隶旗、汉互相呈控事件繁多，增设满洲通判一员，亦驻保定，协助理事同知处理事务。不久，仍以事多，旗、汉纠纷均赴保定办理不便，遂将张家口、河间、天津的旗、汉事件分别交张家口同知和天津同知审理。这是雍正维持康熙朝旧制，只是增设专管旗民事务的官员，以便比较迅速地处理纠纷案件。六年（1728 年），良乡县知县冉裕棐杖责旗人乌云珠，署直隶总督宜兆熊以违例虐待旗人将他题参。雍正说："旗、民均属一体，地方官审理事务，只当论理之曲直，分别赏罚，不当分别旗、民。"冉裕棐奉公守法，不应当革职听审，因将宜兆熊的题本掷还。他还说不知道有不许地方官体刑旗人的成例，要刑部查明具奏。刑部查出果有这种案例，雍正命把它废掉，依他的指示执行，同时指责宜兆熊那样对待属员，过于苛刻。

弄罚旗人与汉人，向来有所不同，汉人犯流徒罪的照律充发，旗人则可改为枷号、杖责结案，实际是从轻发落。四年（1726 年），雍正感到它使法律不能一致，因命大学士、八旗都统及满洲、汉军中的九卿共同商议，可否将旗人的准折刑法取消，一律按照统一的刑律与汉民一样处置。大学士等认为准折刑法是不好，易使旗人轻于犯罪，但满人、蒙古人缺乏营生之术，发遣难于图存，请维持旧例不变，惟汉军有犯军流罪者，则照律发遣。

在旗民与汉民关系问题上，雍正亦欲作些改革，但因照顾旗人的方针不变，所以在法令上就不能不遵奉旧制了。然而在实践上，打击不法旗人，尤其是作恶多端的庄头，一定程度地缓和旗、汉矛盾。在这里，人们可以看到，他维护旗人特权，但又不使它过分，这同他对待汉人中的绅衿是一样的，即承认其法定权利，而不允许非法虐民。只有这样，才有利于巩固清朝的统治。

与旗人欺凌汉民相一致，在官僚中，旗员傲视汉员，这是清朝的职官制度所决定的。雍正宣称："朕即位以来，视满汉臣工均为一体"。又声言："朕待臣下至公至平，从无一毫偏向，惟视其人如何耳。"听其言而察其行，他的言行并不完全一致。

清朝对大学士、六部尚书、侍郎等官实行复职制，满汉兼用，且为同等职务，但总有一个主事的，即所谓在前行走者，这却法定为满人。五年（1727 年），雍正规定，大学士领班以满人中居首的充任，其余大学士的行走秩序，不必分别满汉，要依补授时间排列名次，由皇帝临时决定，并指定汉人大学士张廷玉行走在旗人孙柱之前。六部满尚书在汉尚书之上，张廷玉以大学士管吏部、户部尚书事，雍正不顾定制，命张廷玉行走在前。六年（1728 年），公爵傅尔丹管部务，张廷玉因他为贵胄，不敢越过他，向雍正请求，让傅尔丹在前行走，雍正不答应，令张廷玉安心居前。汉人励廷仪任刑部尚书多年，其属满人侍郎海寿升任尚书，按规定超居其上，雍正为表示对励廷仪的重视，命他在前行走。雍正一面执行以满人为领班的制度，一面又因人而异，重用一部分汉人。

满汉官员在政府中的不同地位，自然会产生矛盾，互相排斥。雍正见到："满洲为上司则以满洲为可信任；汉人为上司，则以汉人为可信任；汉军为上司，则以汉军为可信任"。雍正认为这种偏向，将影响政事的治理，时加警惕。汉军杨文乾为广东巡抚，广州将军石礼哈及广东官员阿克敦、常赉、官达等四个满人协谋陷害他，被雍正识破，因训伤他们。雍正说他信任的满员迈柱、汉员李卫、汉军田文镜和杨文乾，出身复杂，"但能竭忠尽力，则彼挟私倾陷之徒，无论其为满洲、汉军、汉人，皆不得施其狡狯，肆其奸谋"。在这相互排斥之中，满人占居主导地位，他们不仅据要津，即使为汉人的下属，亦以旗籍而蔑视主官，雍正知道这是旗人的常习，时加警戒。汉人孔毓珦任广西巡抚时，汉军刘廷琛为按察使，雍正叮嘱他："凡百处不可越分，毋因巡抚系汉人遂失两司之体，而主张分外之事，朕如有所闻，必加以僭妄处分也"。雍正考虑到政事的治理，需要官员的团结一致，他告诉官员：都是为朝廷办事，何必分满洲、汉人、汉军、蒙古，应当"满汉协心，文武共济，而后能致治"。他以此律人，也应该说这是他的真实思想，他为了很好地利用汉官，不愿过分的歧视他们。

雍正说："天之生人，满汉一理，其才质不齐，有善有不善者，乃人情之常，用人惟当辨其可否，不当论其为满洲为汉人也"。这里说的是对满汉一视同仁，惟看其才质。可是他又对臣下说："朕惟望尔等习为善人，如宗室内有一善人，满洲内亦有一善人，朕必先用宗室；满洲内有一善人，汉军内亦有一善人，朕必先用满洲；推之汉军、汉人皆然。苟宗室不及满洲，则朕定用满洲矣"。同样人才，先宗室，次满人，再次汉军，最后才是汉人，满汉就是有区别、有等第。所以说雍正依然执行清朝传统的依靠满洲团结汉人的用人方针，但是他比较重视才能，给某些汉人以较高的地位和特殊的荣誉，有利于这些汉人发挥政治作用。

雍正即位不久，召见八旗大臣，宣称："八旗满洲为我朝根本"，根本一定要牢固，为此要根据满洲现存问题，逐一解决，限诸臣于三年之内，"将一切废弛陋习，悉行整饬，其各实心任事，训练骑射，整齐器械，教以生理，有顽劣者，即惩之以法"。解决八旗生计问题，是他巩固满洲根基一项措施，此外，他还抓了几件事。

满洲八旗军事训练在较长和平时期之后逐渐废弛。雍正在藩邸就知道，八旗训练不过是虚应故事，每至校射之期，管旗大臣不过至校场饮茶，闲谈一阵散伙，有人担任领侍卫内大臣三年，竟没有看过侍卫骑射。军械损坏，官员也不修理，将修理费、添置费落入私囊，政府虽有定期检验制度，但彼时各旗互相挪借，以至"租箭呈验"，进行欺蔽。雍正说此种情况，先帝没有怪罪，他本人"则不能宽恕"，定行整顿。他立限一年，要将器械修整完备，届时检验一旗，即行封存，防止挪移租箭积弊。训练亦行加强，命教养兵练习长枪、挑刀各艺，八旗前锋营每月习射六次，马甲春秋两季合操。雍正还增加驻防外省八旗军的人数和地区，太原、德州各添五百人，增设驻防福州水师营、浙江乍浦水师营、广州水师营，设甘肃凉州八旗兵二千人，庄浪八旗兵一千人，添设驻防山东青州将军、副都统，八旗兵二千。雍正说"省省皆有驻防满兵，方为全美"。他希望通过训练和扩大防区，维持和增强八旗军的战斗力。

语言，是一个民族得以独立存在的基本条件，雍正致力于防止满人的汉化，在语言上颇为留神，他说"满洲旧习最重学习清语"，"八旗兵丁学习清语最为紧要"。六年（1728年），他发现侍卫护军废弃满语不讲，用汉话互相调笑，遂指示他们专心学习满语。十一年（1733年）又下令，凡是侍卫护军，只许说满语，不许讲汉话。八旗训练时，亦只讲满语，如果仍有说汉话的，定将该管大臣、官员严肃治罪。语言与文字紧密相联，雍正办宗学、觉罗学、八旗官学，亦以满文为主要课程，教育旗人不忘本民族文字。雍正注意满文翻译的准确性，他说若拘泥字句，则文义不能贯通，若追求通俗易晓，修辞就不能典雅，他讲求辞意兼到之法。康熙曾命顾八代用满文翻译朱熹辑的《小学》，没有刊刻，雍正将它印刷颁布，并作序言。雍正令把《孝经》译成满文出版，也为它写了序。

满人散处各地，尽管驻防的旗人有固定居住地区，即俗谓满城，但总是和汉人杂处，往来增多，自不可避免民族间的通婚。雍正采取禁止的政策。蔡良赴福州将军任前，雍正对他说："驻防兵丁均系旗人，竟有与汉人联姻者"。要他到任后严行禁绝。蔡良至闽，查明旗人娶汉人为妻的二百一十四人，嫁出者二人。雍正说不会就这些人，不过既往者不究，"将来者当加严禁"。

汉族文明高于满族，满族虽居统治地位，然而汉化却是不可避免的趋势，雍正极力保持满族的语言文字，风俗习惯，禁止满汉通婚，防止满人的汉化，不利于民族融合，违背历史的潮流。其所以如此，无非是保持满族本来的百貌，维持其对全国的统治。

雍正处理满汉关系的原则，可以归结为两条，一是以八旗满洲为立国根本，保护它，维持其生计和特权地位，防止满人汉化；二是适当调节满汉矛盾，打击恣意压迫汉人的不法旗人，重用汉人中的有才能的人士。第一条表现了他的顽固态度，第二点则反映了他的应变精神。

# 第六章　大兴文字狱

## 一

用文字杀人，虽非清朝皇帝的发明，倒也是清帝的"专利"，尤以雍、乾父子为最。

在清代，"明""清"等字不可擅用，稍有不慎，便有可能遭受飞来横祸。据《履园丛话》载，昆山徐乾学的幼子字冠卿，名骏，少年聪敏，从举人周云陔课读，得乡举后，与其师同人京城，会试礼部，因不满师傅的管束，便以"百部"毒之，死于逆旅。京城内外，凡知此事者，均呼冠卿为"荣师傅"。荣师傅放狂不羁，捷南宫后，以庶吉士入词馆。有一次，上书言事，偶然把陛下的陛字，误写作奸狴的"狴"字，雍正见后恼怒，痛恨他的粗心，下令斥革，放归乡里。但事后雍正觉得怒气还没出净，又想到"荣师傅"是个文化人，就派员搜查他家的墨迹，发现诗集一部内有"明月有情还顾我，清风无意不留人"句，雍正以为思故明，厌我朝，有意讥讪，便降旨问罪："原任庶吉士徐骏，狂诞居心，背戾性成，于诗文囊内造作讥讪悖乱之语，应照大不敬律拟斩立决；将文囊尽行销毁。"这位年轻的庶士就这样地断送了自己的一生！其实，清风、明月，乃我宋以来诗人的口头禅，可一人清帝之耳，就变成了"反清复明"的大逆。

此外"朱"字也被忌读。蔡显《闲闲录》中有题《紫牡丹》诗，内云："夺朱非正色，异种也称王。"意思是说，紫牡丹比花王红牡丹的颜色还红，红得发紫发黑，已非真正的红色，虽说品种不同，但在争奇斗妍的花海中，竟能称王称霸。这仅仅是指黑牡丹花，既无寓意，也无恶意。而经清帝一解释，性质就全变了。清帝认为，自己的祖辈乘"闯匪"之乱，推翻了明朝统治，夺取了朱家天下，建立起大清王朝。而这大清朝，是一个满族人建立的政权。满族与汉族，非同种同宗，在汉族眼里，自然是异种，抢夺朱家天下，就是得权不正，就不是正统，即"非正色"，但却称帝称王，统治着整个华夏。故历代清帝总喋喋不休地辩狡着得位不正问题，谁有微词，谁就是大逆。

满族是少数民族，史书上泛称作"胡"，清统治者对"胡"字特殊敏感，不许人说，说了就犯"法"。雍正间，上元车氏兄弟曾受吕留良案株连，因厄"明""胡"之忌而被诛。据传，一天，哥哥车鼎丰同弟弟鼎贲小饮，用的是明瓷酒杯，底部有"成化制造"字样，兄弟俩你一杯，我一杯，喝得正兴，鼎贲突然翻倒酒杯以示酒干，见底部"成化"年号，诗兴大作，开口唱道："大明天下重相见。"哥哥亦不示弱，乘兴把酒壶置到一旁，高声和道："且把壶儿搁一边。"这事后来被雍正知道了，怒不可遏，降下谕旨，指责车氏兄弟，生在我朝，心怀故明，怨望诽谤，罪恶弥天，又出资刊刻《吕氏文集》传播夷狄之辩大于君臣之义，是其凶顽悖逆，至于此极。着将车氏兄弟明正典刑。

雍正朝举人徐述夔，家遭鼠患，放在箱厨内的衣服、帽子尽为鼠牙"批判"，害得他心神不安，难以成眠。他有写日记的习惯，无论发生什么事，包括鼠害，都形诸笔端。夜闻鼠声，在日记中叱道："毁我衣冠皆鼠辈，捣尔巢穴是明朝。"意谓我的衣服、帽子都叫老鼠一类的东西给毁坏了，明天早晨就得把鼠穴捣毁，彻底肃清鼠患。可是，清帝以为是辱骂他们。原来清入关后，强迫汉族人剃发更改衣冠制度，当时流行着这样的民谣："发披左，衣冠更，难华夏，遍地僧"；"孔雀翎，马蹄袖，衣冠中真禽兽。"……这是汉族人民对迫使他们改变风俗习惯的清朝统治者的反抗。这样，清帝自然将上述诗句理解为"毁坏我们汉族衣冠习惯的，是老鼠一样的清统治者，不要忘记，要捣你们老窝的是朱明王朝。日记中还有一首诗，其中有"明朝期振翮，一举去清都"。意思是："明天早上，想要振翼高飞，一下子飞到大清国都北京。"这里，"明朝"，"清都"，一是指时间，一是指空间，没有歪意。而一经清帝解释，可就不得了："借朝夕之'朝'，作朝代之'朝'，且不用上、到等字，而用去清都，显寓兴复明朝，推翻我朝之意。"直到乾隆朝，《一柱楼》诗案爆发了，徐述夔的尸骨连同他的日记，都通通被毁了。

由此可见，文字狱是雍正朝甚为著称的大狱。据统计，清初康、雍、乾三朝文字狱有 80 余起之多，雍正朝的吕留良狱则是最具代表性的一起。

吕留良的文字狱的规模和案情较其他的案子显得既庞大又复杂。

首先是曾静投书岳钟琪。

雍正初年对读书人的打击和迫害，激起士人的强烈义愤。于是，许多中下层知识分子不愿做官，在广大民众中制造反清舆论，挑起清军入关以来的反抗情绪，曾静便是这些知识分子的代表。

曾静根据社会上的较为广泛的舆论，认为岳钟琪是可以策动反清的领袖，于是在雍正六年（1728 年）九月，派遣自己的学生张熙带着他给岳钟琪的书信和《生员应诏书》到西安去向他策动举义。

岳钟琪在有清一代的武官中，是具有传奇色彩的大将，开始想做文官，捐了个同知五品官衔。后又请求改为武职而从军，康熙授他游击衔，到四川松潘带兵，上任不久就升为副将。康熙五十六年（1717年）准噶尔策妄阿拉布坦叛乱，胤禵率军西征，岳钟琪随定西将军噶尔弼参加平叛战斗，以他为前锋。岳大展雄才，他有胆有识，谋略难测，屡立奇功。两年的战斗结束，便得到四川提督的高级官衔。到雍正即位，师伐青海罗卜藏丹金叛乱，抚远大将军年羹尧请他参赞军事，又立奇功，雍正授为奋威将军。钟琪率师直接与叛军血战，连连得胜。最后一仗歼叛军8万余人，平息了叛乱，雍正授以三等公爵位，赐黄带子。年羹尧出事后，接任川陕总督，控制西部要地数省军事和行政大权，这个职务在清代开国四代以来，从未让汉人职掌。

正因为如此，满员十分嫉妒他，向雍正告他状的奏折就有不止一篓。告状人说他是岳飞之后人，总与满人两个心眼，一定不能这样重用他。社会上的流言更广，都说他谋取武官要职，志在推翻清朝统治。雍正深知当时正在用兵之时，岳钟琪拼命为他出力，年羹尧又出了事，不能再动岳钟琪，于是表示对他深信不疑，把告他的状一概定为"谤书"，并惩罚了一些告他状的人如蔡斑、程如丝等，再三勉励他，让他别把那些"鬼魅之所为"放在心上，"鼓励精神，协赞朕躬"。

但曾静只听社会上的流言而未知就里，派弟子张熙去陕西策动他，上了大当。

张熙到西安密见岳钟琪，呈上了曾静的书信。

岳钟琪拆信阅之，开首便称他"天吏元帅"。其中内容说他是宋岳武穆王的后代，清朝皇帝是当年金朝女真人的后代。岳飞抗金，而岳之后人不应该向金之后代雍正称臣。今既握重兵、居要地，"当乘时反叛，为宋、明复仇"。下面的落款是夏靓、张倬。

岳钟琪对清廷可谓忠心不二，他如今身居高位，压根就没存造反之心。

他的谋略智慧绝非一般人可及。当时他想要如何应对处理才能既不让雍正因此怀疑他，又能把谋反者一网打尽。

岳钟琪万没想到张熙这一介书生，骨鲠却如此坚硬。强攻攻不下了，他又用起了多年打仗用惯的计谋，他同西琳、硕色等商量之后使计而行。

深夜，他来到关押张熙的牢房，摈退左右，他一下子跪倒在张熙面前。

"戴罪之人，求先生宽恕！"

岳钟琪抚摸着张熙的遍体鳞伤，痛哭流涕。

"我是汉人，金人之仇没齿不忘，所以为清狗卖命，全为复我汉室。先生此来，如旱苗盼得甘霖，然而在满人面前如此对先生，让先生受苦了！"

张熙开始似信非信，但见他如此模样又不得不信，但他亲自尝受了岳钟琪的酷刑和审问时的嘴脸，又不敢信之为真，他冷眼相向，并不回答。

岳钟琪怕此计落空，涕泪纵横，指天发誓："琪若有一言之虚，天诛地灭！"又说："若为先生见疑，复兴汉室江山、剿灭金贼的希望就完了！"说罢又是摇首哭泣。

就这样便骗得了张熙的信任，说了实情。

岳钟琪将张熙上当的事情立即向雍正作了奏报。雍正闻奏，又怕岳钟琪担心，赶紧下旨夸奖他的忠心，并在谕旨中赌咒发誓说绝对相信他，还说在朝中天天为他焚香，对天祖叩头，为他祈福祈寿，如果谕旨中说了一句假话"天祖必殛之"。

遂后便亲自料理曾静的案子。

他下旨派遣刑部侍郎杭奕禄、正白旗副都统党罗海兰到湖南，会同湖南巡抚王国栋审案，把曾静等人逮捕审理。

由于张熙已被骗说出了内中情节，曾静无法再隐瞒实情，将他们与浙江吕留良及其弟子严鸿达、再传弟子沈在宽等人的联系做了交待。

由于案情重大，牵连数省，湖南一方无从审理，于是将此案调入北京，由雍正亲自指挥刑部审案。

雍正要求刑部首先要查出是何人在攻击他本人。因为他最动心之处是"天下有人如此论朕"，他说看了曾静的《新知录》"惊讶落泪"，是天下有人对他的"冤枉"，他要借此天缘"洗刷冤情"。

审理吕留良案株连人员甚众，因为吕是江南名儒，数十年中门生很多。崇拜和受其影响者更众。

吕留良早在顺治十年（1653年）就中了秀才，后不再猎取功名，便招徒讲学，著书立说，名气很大。康熙十八年（1679年）开博学鸿词科，官员推荐他，他坚决不就，以后又多次推举他出仕，都被他严辞拒绝，后终于削发当了和尚。尽管他避居山林之中，可他的影响和他的弟子们却还存留在大江南北，人们争相读他的书，传播他的思想，争相做吕氏的徒子徒孙，沿海大埠、穷乡僻壤，有志之士无不风闻而趋。

人们崇拜他，不仅在于他的学识渊博，尤在于他反对清朝政的骨格和思想。他的思想中"华夷之别"非常坚固。他认为清朝政府夺了华夏的江山，天地倒位，让人们坚持华民族立场，绝不可为夷狄政权服务。在他的语言和文字之中，也从未承认过清政府是合法的政权。

康熙二十二年（1683年）他病死之后，他的弟子严鸿达等人继承了他的思想和反清宣传活动。他更加打起吕留良的反清旗号，宣传清朝统治不会太久了，也同吕留良一样，不做清朝之官，不做清朝之事，大学士朱轼推荐他修《明史》，他也"以死拒之"。

雍正认为，打击吕留良、严鸿达可不是一杀二流三抄家的事，而是要驳倒他们的"华夷之别"的思想，在广大知识分子中清除其影响，这可要动动脑子了。于是，他一面让刑部和地方官抓紧清查吕留良的党徒、审理他们的案情，一面把他们的著作、言论公布出来，让官员写文章反驳，同时他自己动手写论文，驳斥"华夷之别"论。他在论文中指出，华夷本来就没有什么可以分别的，有德便被生民选为君主。虞舜是东夷人、文王是西夷人，孔子周游列国，他是鲁国人，却应了楚国昭王之聘，秦穆公称霸西戎，孔子删定《春秋》时，还把穆公之誓列在了《周书》之后。所以，大清朝一统江山，完全是合理合法的，是生民选择的结果。

他列举清朝开国以来开疆拓土、创太平之世等功劳，认为清朝的皇帝有功于中国、有功于百姓，是有德的君主，并不比前代的皇帝差，应该受到全国人民的拥护，吕留良、严鸿达、曾静等人不明事理，故造反清言辞是叛逆行为，是中国的罪人。

吕留良的案子要结了，但到底如何作结，雍正颇费了一番心思。经他再三推敲，决定了"出奇料理"之策。

雍正七年（1729年）九月，他下令把自己对此案的上谕编辑起来，附上曾静的口供和他为忏悔自己的罪行写的《归仁录》，集成一书名曰：《大义觉迷录》，刊刻后颁发全国各府州县学，让全国读书人皆知。如有何地学校不知此书，各省、各地的学政、教官一律从重治罪。

同时把曾静、张熙免罪释放，而且以后皇帝子子孙孙，永远不得因此事加罪他们。雍正在上谕中还对曾、张二人大加称赞，说他们不仅无罪，反而有功，因为不是曾静投书，造谣诬蔑他的人就追查不出、他的冤枉就不得昭雪。而后，雍正就命地方大员领曾静到苏浙各地宣讲；把张熙带到湖南、陕西各地宣讲，以他们的现身说法，宣传雍正至仁至孝和勤政爱民等各种功德；宣传世人说雍正的坏话，都是阿其那、塞思黑的奴才们的恶意攻击；宣传自己为流言所惑，看错了英明君主，表示忏悔等。

吕留良案子的处理，也是把官员们的批判文章辑录成书，刊刻颁发给学官。同时让各省学官广泛征求文人们对吕留良案中人的处置意见，做好处罚名士、文人的充分准备。

经过两年的工作，到雍正十年（1732年）才对案犯作出处理：把吕留良、严鸿达、吕葆中（留良子）戮尸枭首示众，另一子吕毅中及严鸿达弟子沈在宽处斩。吕、严两家其余人等一律流放边陲给军人为奴。其他有牵连者的，包括他们的学生、朋友、刊刻吕氏书者、藏书查出者、知情不报者、处理不力者皆从重治罪。

自雍正"出奇料理"，解决了曾静和吕留良事件之后，雍正加强了在意识形态领域的统治，想把利用文字反对、讥讽清朝政府者一网打尽，于是使文字之祸更广泛地蔓延开来。由于从雍正到地方官员吹毛求疵、神经紧张，因而闹出许多笑话，使许多无辜文人遭到迫害。不仅如此，文字之祸草菅人命，钳制思想，其害无穷，所以大兴文字狱，应是雍正为政的一大罪状。

# 第七章　用兵西北

## 一

　　策妄阿拉布坦侵扰西藏失败不久，和硕特蒙古首领罗卜藏丹津在青海发动了反清叛乱。

　　明朝末年，厄鲁特蒙古和硕特部首领顾实汗控制了西藏、青海，他以其长子驻守西藏，其余诸子驻牧青海。清朝定鼎北京之后，顾实汗与清朝政府一直保持着朝贡关系。顾实汗死后，其留居青海的诸子相互攻夺，"频犯内地"，在吴三桂叛乱期间乘机攻击清军，支持准噶尔部葛尔丹，成为清王朝完成统一大业的障碍。平定葛尔丹战乱之后，清王朝加快了统一边疆的进程。康熙三十六年（1697年），康熙帝派额驸阿拉卜坦赴青海招抚，与和硕特蒙古诸台吉以及西宁喇嘛商南多尔济、塔尔寺大喇嘛察罕诺门汗在察罕托罗海会盟。顾实汗幼子达什巴图尔等和硕特蒙古首领表示愿归顺清朝，并率诸台吉于当年十一月到达北京，朝见康熙帝。次年正月，康熙帝封达什巴图尔为和硕亲王，其余诸台吉分别授予贝勒、贝子、公等爵，从此青海和硕特蒙古正式成为清王朝的一部分。

　　罗卜藏丹津是顾实汗之孙，达什巴图尔之子，于康熙五十三年（1714年）承袭其父达什巴图尔和硕亲王爵。

罗卜藏丹津虽然是青海和硕特蒙古贵族中惟一的亲王，爵高位崇，但他不满足于仅仅管领青海一地，还想充当藏王，统治西藏。为实现其割据称雄的野心，他甚至暗中与准噶尔部策妄阿拉布坦勾结。康熙五十九年（1720年），罗卜藏丹津奉命与其他和硕特蒙古首领率部随清军护送七世达赖格桑嘉措由青海入藏。罗卜藏丹津以为，他是顾实汗嫡孙，是青海和硕特蒙古中惟一的亲王，而藏王拉藏汗已在准噶尔之乱中被杀，凭他进藏之功，新藏王非他莫属。然而由于清政府对西藏和青海施政的改革，他的野心没能得逞。

清政府接受策妄阿拉布坦侵扰西藏的教训，决心改变在西藏通过蒙古汗王实行间接统治的政策，由清中央政府任命的四噶伦直接掌管西藏地方政权，从而结束了和硕特部对西藏的统治。在青海，为了分化、削弱罗卜藏丹津的势力，防其尾大不掉，雍正元年（1723年）二月，晋封顾实汗曾孙郡王察罕丹津为和硕亲王，贝勒额尔得尼厄尔克托克托鼐为多罗郡王，从而改变了以往罗卜藏丹津一个亲王独尊的局面。这些措施，加强了清政府对西藏、青海的管理，却引发了以罗卜藏丹津为代表的和硕特蒙古贵族中割据势力对清政府的不满和反对。

罗卜藏丹津早就有"驻占招地，遥管青海"的野心，但清政府派兵入藏平定了准噶尔之乱后，青藏等地的形势比较稳定，罗卜藏丹津暂时不敢轻举妄动。康熙六十一年十一月，康熙帝去世，雍正帝即位，镇守西宁的抚远大将军允禵回京奔丧，罗卜藏丹津抓住时机，"遣人到侧亡（策妄阿拉布坦）家，约伊发兵，同扰内地"。策妄阿拉布坦不敢贸然出兵助乱，却怂恿、支持罗卜藏丹津叛清。于是，罗卜藏丹津急不可奈地发动了叛乱。

雍正元年五月，罗卜藏丹津胁迫青海蒙古王公台吉于巴尔托罗海会盟，勒令各部首领称他为"达赖混台吉，其余台吉俱令呼旧日名号，一概不许称呼王、贝勒、贝子、公封号"，正式宣布反叛清朝。

这时清廷的战略重点是准噶尔，且雍正帝即位不久，首要的任务是稳定内部，巩固自己的统治地位，因而对青海问题采取了调解的方针。七月二十二日，兵部侍郎常寿奉雍正帝之命抵达罗卜藏丹津驻牧之地沙拉图（今青海海南大河坝），谕以利害，令其罢兵。罗卜藏丹津不但不听常寿劝告，而且将常寿拘禁，公然与清政府对抗。他勾结塔尔寺大喇嘛察罕诺门汗，在寺院喇嘛和藏民中进行煽惑，参加叛乱的多达 20 万人，"西宁数百里之内，一切有名寺院喇嘛皆被甲执械，率其佃户僧俗人等，攻城打仗，抢掳焚烧，无所不至"。叛军围攻府城，在西宁城外围的南川申中堡、西川镇海堡和北川新城堡等处，"每处有贼二三千人，以势力驱逐附近番子，攻城放火，烧毁民间积聚草谷，抢掠财物。其未受蹂躏者，西宁城外十余里耳"。叛乱给各族人民带来了极大的灾难。

## 二

雍正帝鉴于罗卜藏丹津不听劝告，举兵反叛，决定调集西宁、松潘、甘州等处清军，平定叛乱。雍正元年十月初，命由甘州进驻西宁的川陕总督年羹尧为抚远大将军，负责组织指挥平叛事宜。

年羹尧刚到西宁时，清军尚未齐集，叛军"悉破傍城诸堡，移兵向城"。年羹尧一面指挥当地清军在西宁外围与叛军作战，一面加紧进行平叛部署：奏请授前锋统领素丹、四川提督岳钟琪为参赞大臣；征调川陕汉、土官兵；令云南提督郝玉麟、察木多总兵周瑛、副都统黑色、副将张成龙等率兵驻扎察木多（今西藏昌都）、黄胜关、巴塘、里塘等处，以截断叛军入藏之路；令靖逆将军富宁安派兵驻防吐鲁番、噶斯等地，以防叛军与准噶尔勾结；增加甘州、永昌、布隆吉尔（今甘肃安西布隆吉乡）等地的防守兵力，以防叛军内犯。

提督岳钟琪率四川绿营兵和杂谷土司部士兵 6000 人由松潘北进，于雍正元年十二月二十六日到达西宁。此时西宁外围南川申中、西川镇海、北川新城等堡已被清军收复，塔尔寺大喇嘛察罕诺门汗等也被迫投降，从各地征调的清军已陆续到达。年羹尧、岳钟琪指挥清军迅速平定了郭隆寺等寺院喇嘛叛乱。由于叛乱行动既违背多民族国家统一的历史潮流，也违背广大和硕特蒙古、藏族人民的利益和意愿，很不得人心，罗卜藏丹津为防止其部属逃跑，采取了严密的防范措施，"凡三人放一头目，昼夜稽查"，但叛军官兵仍不断有人逃出向清军投降。罗卜藏丹津见大势已去，不得不率叛军西逃。

雍正二年二月初八日，岳钟琪率清军出日月山，分三路向青海进剿。至乌兰博尔克，叛军已经逃走，岳钟琪挥军追击，在伊克哈尔吉，将逃入山中的叛军头目阿尔布坦温布、巴尔珠尔阿喇布坦等擒获。罗卜藏丹津望风而逃，岳钟琪分兵 1000 往北路柴达木截击，防其逃往噶斯之路，自己亲率大军急追，"一昼夜驰三百里"。二十日，探知罗卜藏丹津已逃往乌兰穆和儿，距离清军约一百五六十里。岳钟琪令清军稍事休整，薄暮时继续前进。二十一日黎明时至乌兰穆和儿，罗卜藏丹津已逃往柴达木。清军继续追击，俘获"罗卜藏丹津之母阿尔太喀屯及其妹夫克勒克济农、藏巴吉查等"。二十二日，追至柴达木时，罗卜藏丹津已"衣番妇衣，携其妻妾"等 200 余人潜逃。岳钟琪分兵一部，追至乌兰白克，俘获吹拉克诺木齐、札什敦多卜等，岳钟琪自率大军，以日行 300 余里的速度，穷追数日，至青、藏交界处的桑驼海，因罗卜藏丹津已逃往准噶尔投靠策妄阿拉布坦，遂班师西宁，平叛战争胜利结束。

平叛战争结束之后，清政府根据年羹尧条奏的"青海善后事宜十三条"和"禁约青海十二事"，在青海地区实行一系列的改革，主要有以下措施：一、仿照外藩蒙古的札萨克制，将青海和硕特等 5 部蒙古，编为 29 旗，旗设札萨克，旗下设佐领。各旗首领每年会盟一次，由西宁办事大臣主持。各旗王公台吉分班赴京朝贡。二、对青海境内的藏人，相度所居之地，添设卫所，在藏人中设立土司，分别授以千百户等头衔，归附近原设道、厅及新添设的卫所官员管辖，以改变藏人"惟知有蒙古而不知有厅卫营伍官员"的状况。三、改西宁卫为西宁府，下设西宁县、碾伯县（碾伯所改）、大通卫。筑大通、白塔、永安三城，分设总兵、参将、游击，屯兵驻守。设"青海蒙古番子事务大臣"（简称"西宁办事大臣"），总理青海政务。四、整顿喇嘛教寺院，规定寺院房舍不得超过 200 间，喇嘛最多不得超过 300 人，每年派官员稽查两次。通过上述措施，稳定了青海地区的形势，加强了清政府对该地区的统治，孤立了准噶尔部，为最终解决准噶尔问题创造了条件。

# 三

雍正五年（1727 年），策妄阿拉布坦死，其子葛尔丹策零继位，成为准噶尔部领袖。葛尔丹策零"少年聪黠，善驭士卒，诸台吉乐为之用"。葛尔丹策零与其父策妄阿拉布坦一样，奖励人们从事农业生产，采取各种措施发展手工业生产，不但能够开矿炼铜炼铁，而且能够自己制造枪支、火药、子弹和大炮。随着畜牧业、农业、手工业的发展，准噶尔的实力进一步增强。

葛尔丹策零上台以后，一方面继承其父策妄阿拉布坦时期的政策，与清朝政府继续保持隶属关系，另一方面又

"步其先辈的后尘，仍然没有放弃归并喀尔喀的想法"，他屡次出兵骚扰喀尔喀，并"曾不止一次地向俄国皇帝建议共同出兵进攻中国"。这样，他与清政府的矛盾变得尖锐，逐步走上武装对抗的道路。

雍正帝即位之初，主要是忙于巩固其统治地位，对准噶尔部无暇顾及。雍正七年（1729 年）二月，雍正帝决心发兵征讨准噶尔。他在上谕中指出：葛尔丹策零"抗玩不恭"，将来"断非安分守法之人，必至生事妄为"；况且原来部署在西北地区的"两三路大兵尽已撤回，此际伊等如或生事，则我朝如许安享太平之喀尔喀等，及办理安插妥帖之青海、西藏，必至被其扰害，甚属可虑"。如不将葛尔丹策零剪除，"实为众蒙古之巨害，且恐为国家之隐忧"。他命文武大臣"各抒己见，公同详确密议具奏"。大学士朱轼、都御史沈近思"皆以为天时未至"。散秩大臣达福也认为："葛逆亲贤使能，诸酋长感其先人之德，力为扞御。主少则易谏，臣强则制专。我以千里转饷之劳，攻彼效死之士，臣未见其可。"大学士张廷玉则极力支持对准噶尔用兵。其实雍正帝决心早下，让大臣们讨论不过是徒具形式而已。雍正七年三月，雍正帝命领侍卫内大臣傅尔丹为靖边大将军，振武将军巴赛为副将军，率军 2.4 万人，屯阿尔泰，出师北路；命川陕总督岳钟琪为宁远大将军，率军 2.65 万人，驻巴里坤，出师西路。准备次年分进合击，直捣准噶尔腹地伊犁。

葛尔丹策零闻讯十分惊恐。这时，叛逃到准噶尔的罗卜藏丹津与其部属谋杀葛尔丹策零，事泄被执，葛尔丹策零遂利用这一事件施缓兵之计，派遣特磊赴京，声称已将罗卜藏丹津解送清廷，行至中途，因听说清廷发兵，复回伊犁，"若天朝俯念愚昧，赦其已往，即将罗卜藏丹津解送"。雍正帝认为事情出现了转机，葛尔丹策零可能会"一一听命"，故于雍正八年五月决定"进兵之期暂缓一年"。他一面遣侍郎杭奕禄等往谕葛尔丹策零"请封号，所有属下悉编旗分佐领"，一面召大将军傅尔丹、岳钟琪和参赞大臣陈泰、苏图回京议事，由提督纪成斌、副将军巴赛分管西、北两路军事。雍正帝误信葛尔丹策零假意请和的诡计，丧失警惕，轻率地将两路大军主帅从数千里之遥的前线召回北京，委军事重任于其属下将领，这就给葛尔丹策零以可乘之机。

雍正八年冬，葛尔丹策零乘清西路军守备松懈之机，发兵2万，突袭哈密与巴里坤之间的科舍图卡伦，劫掠清军的驼马牲畜。清西路军总兵樊廷、副将冶大雄等率兵2000人，转战7昼夜，救出两处卡伦的清军官兵，并与总兵张元佐等合力将准噶尔军击退。驻扎在鄂龙吉的准噶尔军至次年正月中旬始渐次退去。

科舍图事件表明，葛尔丹策零不愿再受与清政府原有隶属关系的约束，已走上与清政府决裂的不归路。

## 四

准噶尔部偷袭科舍图卡伦之后，雍正帝令靖边大将军傅尔丹速返科布多军营，防止准噶尔军偷袭北路清军；在青海紧要适中之地驻扎万余重兵，以防葛尔丹策零由噶斯一路遣兵扰乱青海。同时，调整了对准噶尔部用兵方略。雍正八年十二月二十八日，雍正帝在向大学士等发布的上谕中说："从前所议直捣伊里（即伊犁）之计，尚非万全之道。朕意欲于西路巴尔库尔、北路之卡伦外，各筑一城，以重兵驻扎，时出游兵以掩击其众，擒掳其人畜，贼兵必撤其游牧之所，远行藏退。我当更进数百里，择地筑城，开垦屯种，以资军食。驼马牛羊无事牧放，有事则尽收入城。贼众既无所获，我军一出，可以袭取其辎重，且贼必不敢逾我军驻扎之城而东矣。"遵照雍正帝的旨意，西路军在巴尔库尔筑城防守，北路军在科布多筑城防守，清军遂由进攻改为专守。

葛尔丹策零因清西路军防备严密，而且大将军岳钟琪非请得诏命不会进袭其后方，故决定令大、小策凌敦多布率领3万大军，袭击北路清军。为迷惑清军，牵制清西路兵力，葛尔丹策零采取声东击西的策略，先于雍正九年三四月间，派兵一部，数次侵扰吐鲁番，围攻鲁谷庆城40余日；又派间谍至傅尔丹军中伪降，诡称准噶尔部"与哈萨克迭战经年，马驼羸弱，可袭灭其部落"。五月初六日，傅尔丹至科布多，从准噶尔俘虏供词中得知：葛尔丹策零派兵3万，令大策凌敦多布和小策凌敦多布等人率领，来犯北路，但因葛尔丹策零正与其妹夫罗卜藏策凌交兵，又要防备哈萨克乘虚偷袭，所以大策凌敦多布迟延未来，只有小策凌敦多布率兵一部进至察罕哈达。傅尔丹有勇无谋，不辨真伪，竟认为："贼人尚未全至，乘其不备，正宜速迎掩杀。"副都统定寿、海兰等人认为，以羸师待敌，是外夷之故智，俘虏之言，不可轻信。但是，刚愎自用的傅尔丹不听别人的劝告，贸然率兵万人于六月初九日离科布多进袭准噶尔军。

大小策凌敦多布将主力2万余人埋伏于和通泊（今蒙古国科布多以西约200公里）附近的谷地中，不断派出间谍向清军提供假情报，诱清军深入。

傅尔丹率清军进到扎克赛河，从俘虏口中得知小策凌敦多布在距此地仅有3日程的察罕哈达，兵不过千人，尚未立营防守，而大策凌敦多布因途中有病，留驻和博克山。傅尔丹对敌人的阴谋毫无察觉，下令"乘夜进兵，袭击察罕哈达贼夷"。师行数日，却不见敌军。六月十七日，又从俘获的敌军哨探口中听说准噶尔军驻博克托岭，有驼马万匹，兵仅2000人。傅尔丹即令参赞苏图、副都统戴豪等率兵3000人"往剿"，前锋统领丁寿率1500人在后应援。十八日，在库里野图岭与敌一支小部队相遇，交战不久，敌即佯败，驱赶驼马且战且退。傅尔丹不识敌人之计，见准噶尔军败退，即合兵一处，奋力追击。二十日，清军进入敌军伏击圈，准噶尔军"二万余人，从高埠冲突大营"。傅尔丹"惧，移师东，陷和通淖尔"。在转移途中，清军前锋陷入敌军重重包围之中。二十三日，准噶尔军歼灭清军前锋后，即转旗东向，直攻傅尔丹大营。傅尔丹命蒙古兵抵御，科尔沁部蒙古兵偃旗败逃，牵动全军，引起一片混乱，官、兵纷纷溃退，只有满洲八旗兵4000人护卫傅尔丹大营和辎重，且战且退。二十八日，渡过哈尔哈纳河。七月初一日，逃回科布多。

和通泊一战，清军损失惨重，副将军巴赛、查弼纳等十数名将领阵亡或自尽，副都统塔尔岱身负重伤；万余清军，得还科布多者仅2000人，其余的不是战死就是成为俘虏。

# 五

鉴于清军在和通泊之战中惨败，清廷对准噶尔部用兵的战略由进攻转为防御。雍正九年七月，雍正帝第一次接到北路军战败的奏报后即谕令傅尔丹："目前进兵之议且不必言，而防守之策倍当加意。着大将军等照近日谕旨谨慎办理。"其后，又一再谕令前敌将领，"果能固守，即伊等之功矣……败退贼众，亦断不可深入追击"；"贼人虽来，不可轻进追击，但能相机坚守，即尔等之功"。为加强防守，雍正帝令傅尔丹从科布多撤往察罕瘦尔、扎布韩等处，以便于与喀尔喀蒙古相互策应；以大学士马尔赛为抚远大将军，率军前往土拉河等形胜之地驻扎，会同喀尔喀王公等办理喀尔喀游牧和防守事务。

准噶尔军在和通泊取得胜利后，葛尔丹策零的野心急剧膨胀。他在西、北两路备兵，"令诸台吉环峙乌鲁木齐"，以窥伺清军西路；令大、小策凌敦多布驻扎在额尔齐斯河上游的华（夸）额尔齐斯河和喀喇额尔齐斯河一带，以窥伺清军北路。雍正九年八月十一日，大、小策凌敦多布率领3万大军，自华额尔齐斯河出发，至索勒毕乌拉克沁，留兵4000人为守备，率其余2.6万人东侵喀尔喀。由于科布多、察罕瘦尔等处皆有清军重兵驻守，乃取道阿尔泰山南麓，长驱直入，进至克尔伦，分兵侵扰苏克阿勒达呼、鄂尔海、西喇乌苏等处。清振武将军、顺承亲王锡保令喀尔喀亲王丹津多尔济、额驸策凌击敌。九月二十一日，丹津多尔济、策凌率军进至鄂登楚勒，遣小股骑兵夜人大策凌敦多布在苏克阿勒达呼的营地挑战，诱敌来追。二十二日，准噶尔军进入鄂登楚勒，丹津多尔济、策凌挥军列阵力战，自辰至午，激战半日，阵斩、重伤敌将领各一名，俘虏、杀死敌士兵数百名，大策凌敦多布被迫退往台西里山。二十五日，小策凌敦多布之子曼济也战败回营。准噶尔军遂向哈卜塔克、拜塔克退却，不久即退至阿尔泰山以西。

清廷鉴于察罕瘦尔大营偏北势孤，不足以阻扼葛尔丹策零沿阿尔泰山南麓东犯，故下令在拜达里克河、推河和翁金河三地，各筑一城，置兵防守；在白格尔（今蒙古国贝格尔）驻兵1万，以与察罕瘦尔大营相犄角，控扼阿尔泰山南麓交通要道，加强喀尔喀西部的防御。十一月上旬，傅尔丹率清军从科布多撤回察罕瘦尔。与此同时，雍正帝重新任命了北路清军的将领：命顺承亲王锡保为靖边大将军，领北路大军；原靖边大将军傅尔丹降为振武将军，为锡保协理；抚远大将军马尔赛改授绥远将军，率兵移驻扎克拜达里克，受靖边大将军锡保节制。

葛尔丹策零一直没有放弃侵掠喀尔喀蒙古和哈密地区的念头。雍正十年正月，他派色布腾、策零那木扎尔等人率兵6000人，自奇台（今新疆奇台东南）东犯哈密，深入哈密以东将近200里的塔勒纳沁，企图抢掠牲畜，由于清军防守严密，未能得逞，退了回去。不久，葛尔丹策零又开始实施其对喀尔喀部的侵掠计划。

七月二十一日，副将军亲王丹津多尔济、额驸策凌、将军塔尔岱等率兵赴本博图山阻击小策凌敦多布。时小策凌敦多布因哲布尊丹巴胡土克图已徙多伦泊而空无所得，又侦知策凌西出，便突袭塔米尔河策凌游牧地，"掠其子女牲畜"。策凌于途中得悉此情，"割辫发及所骑马尾，誓以死复仇"。他立即亲率满洲、蒙古兵2万人还军驰救，同时急报锡保，请求派兵夹击。在克尔森齐老地方，策凌追及准噶尔军，奋勇截杀。但锡保没有立即发兵助战，丹津多尔济又故意迟延不进，策凌与敌交战二日，因援兵不至，终让小策凌敦多布逃脱。

策凌率部继续追击。八月初四日夜，追至额尔德尼昭。额尔德尼昭，蒙古语"宝寺"之意，因该地产金银又有一座大喇嘛寺而得名，汉籍文献也称光显寺。它位于杭爱山南麓鄂尔坤河东岸，左临河，右阻山，大喇嘛庙横亘其中，道路狭窄，大军难于通行。清军乘夜暗秘密接近敌人，初五日黎明前发起猛攻。准噶尔军仓皇接战，一片混乱，又因场地狭窄，难以展开，陷入被动挨打的绝境。清军越战越勇，至日暮，"杀贼万余，尸遍山谷，河流尽赤，（敌）负伤逃走者甚众，所获器械、驼马牛羊无算"。当夜，丧魂落魄的小策凌敦多布率其残部突围，由鄂尔坤河上游向推河逃窜，沿途尽弃辎重、牲畜以阻追兵。策凌急告绥远将军马尔赛出兵堵截。此时，马尔赛驻在扎克拜达里克，城内清军有1.3万人，倘以一部兵力截准噶尔军归路，与策凌部追兵前后夹击，可一举将残敌全歼。但怯懦畏敌的马尔赛却眼睁睁地看着敌人逃走。副将军达尔济整兵待发，马尔赛竟不许出战。副都统傅鼐认为敌败亡之余，可唾手而取，机不可失，请求马尔赛拨给他轻骑数千出战，"事成，归功将军；事败，臣受其罪"，但马尔赛"默然不出师"。傅鼐"情急至于跪求，而马尔赛亦始终不允"，直至第二天，马尔赛"方领兵缓行五十余里，虚作尾追之状"。由于马尔赛按兵不动，致使处于清军前后夹击之势的准噶尔败军侥幸走脱。

额尔德尼昭之战，清将策凌指挥灵活果断，占据有利地形，实施突然袭击，予敌重创之后又乘胜猛追，故能以"大小官员只损二人，兵丁被伤者不过数十"的微小代价，取得"将三万逆贼斩杀大半，余贼丧胆奔逃"的重大战果。此战也暴露出部分清军高级将领的腐败无能。战后，雍正帝下诏晋封策凌为和硕超勇亲王，授靖边左副将军（后改授定边左副将军），进屯科布多，经理军务，并分土谢图汗部 38 旗中的 20 旗予策凌，建赛音诺颜部，与土谢图汗部、车臣汗部、扎萨克图汗部并列，自此，喀尔喀部乃分为四部。

额尔德尼昭之战，予葛尔丹策零以沉重打击，为清王朝与准噶尔部停战议和创造了有利的条件。

# 六

额尔德尼昭之战后，准噶尔部因人员伤亡惨重、驼马物资丧失殆尽而元气大伤，已无力再对清廷作战。从雍正十一年（1733 年）下半年起，葛尔丹策零以各种方式向清廷表示，准备释放清军俘虏，派使者请和。

清王朝连年对准噶尔用兵，军费开支过多，"计自康熙五十六年备边以来，旋罢旋调，先后军饷七千余万"，库帑银锐减。因此，朝野上下都提出了停止用兵、休养生息的要求。雍正帝也深感对准噶尔用兵"一时难以告竣"，决意议和。为打消葛尔丹策零的疑惧，他下令驻科布多清军撤回察罕瘦尔。八月，清廷派遣侍郎傅鼐、额外内阁学士阿克敦、副都统罗密为使，前往准噶尔，宣谕雍正帝罢兵议和旨意，商谈准噶尔与喀尔喀划定牧界，从而迈出了与准噶尔议和具有决定性的一步。

葛尔丹策零对清政府使者的到来，十分欢迎，他派宰桑特磊、吹纳木喀等人到距伊犁 10 余里的地方迎接，盛情接待。

尽管双方都有议和的愿望，但达成议和却走了一条艰难曲折的路。开始，傅鼐等宣示敕谕，提议喀尔喀与准噶尔以阿尔泰山梁为界。葛尔丹策零则提出以杭爱山为界，此议被傅鼐、阿克敦否定后，又要求将哲尔格西拉胡鲁苏等处一直向南弃为闲地。雍正帝认为此地系喀尔喀游牧地，故令将傅鼐等人的奏折和地图密寄额驸策凌。策凌认为，在哲尔格西拉胡鲁苏界外，原有清军安设的卡伦，"应议定将我卡伦照旧安设"；"厄鲁特游牧，应以额尔齐斯为止。如伊不遵，或以阿尔泰岭为界，不得越过哈巴、博尔济、阿里克泰、清吉尔等处。至中间交壤之处，彼此俱毋得打牲。嗣后阿尔泰迤东令我处巡逻，迤西令彼处巡逻"。总之"断勿令过阿尔泰岭，方为善策"。雍正十三年（1735 年）闰四月，葛尔丹策零派往北京议和的使臣吹纳木喀提出，阿尔泰原系厄鲁特游牧地，杭爱山原系喀尔喀游牧地，要求由哲尔格西拉胡鲁苏等处至巴尔库尔定为边界。雍正帝批驳说："所云'阿尔泰系厄鲁特游牧之地'，此葛尔丹从前之事。……现今葛尔丹之属人及丹济拉之子孙俱在内地，尔准噶尔部曾未越阿尔泰游牧居住，乃谓为厄鲁特游牧之地，可乎?"不过，为永息兵戈，安逸众生，雍正帝特允将阿尔泰山梁外哈道里哈达清吉尔、布喇清吉尔两处空闲之地俱属于准噶尔，并提出自克木齐克、汗腾格里、上阿尔泰山梁，由索尔毕岭、下哈布塔克、拜塔克之中，过乌兰乌苏，直抵噶斯口为界，将胡逊托辉至哈喇巴尔鲁克全都作为空闲之地。这一划界方案，比以前对策妄阿拉布坦时已有所让步，但并没有得到葛尔丹策零的同意，他"漫指前奏未允之哲尔格西喇呼鲁苏等处"为准噶尔部"边界"，并要求清廷敕令喀尔喀内徙，于喀尔喀境内更留空地。雍正帝死后，乾隆帝继承其对准噶尔部的政策，他一方面采取近疆固守的方针，谕令清军严加戒备，一方面在定界条件方面毫不让步。乾隆元年（1736 年）正月，乾隆帝在接见准噶尔使臣吹纳木喀时强调，必须"谨遵皇考原旨定界"，否则不必往返遣使。

喀尔喀与准噶尔牧界的划定，暂时缓和了清政府与准噶尔部割据势力之间的矛盾，因而出现了将近 20 年的和平局面。这对清政府特别是喀尔喀休养生息，发展经济，是极为有利的，从而也就为乾隆朝平定阿睦尔撒纳的叛乱，彻底解决准噶尔部问题创造了条件。

# 第八章　改土归流

## 一

雍正三年（1725 年），鄂尔泰上折以允分的理由说明西南改土归流的必要性和迫切性，阐明了改土归流的方针，即既用兵作前锋和后盾，又不能专恃用兵；要以剿抚并用治其标，以根本改制治其本。对于反对改土归流的土司，以计擒为上策，兵剿为下策；令自投献为上策，勒令投献为下策。对投献者要给予安抚政策，可收其田赋，稽查他的户口，仍给予养赡；表现好的土司还可以授予职衔冠带。

鄂尔泰的改土归流计划自然是比较正确的方案。

雍正看完折本十分高兴，连连批道："好！上天鉴之矣！我中心嘉悦，太让我感动了！还有什么可说的呢！"全部批准了这个奏折，勉励他尽快实行。

鄂尔泰的奏折被批准后，他奉旨开始了行动。雍正四年（1726 年）四月，鄂尔泰下令对向官兵挑衅的广顺州长寨用兵，并亲到长寨巡查指挥。事定后，设立长寨厅（今长顺县），这是雍正朝大规模改土归流的开端。

四年十月，雍正实授鄂尔泰云贵总督，加兵部尚书衔，又把广西划归云贵总督管理，让鄂尔泰领导改土归

中华藏书　第五卷　治理天下，严谨名世　中国书房

流。鄂尔泰管辖了云南、贵州、广西三省，雍正就于六年（1728 年）十二月破格授予鄂尔泰三省总督衔。

鄂尔泰受命后没有辜负雍正的厚望，他全面了解三省情况，认真研究各地的特点，上奏请求分为轻重缓节实行。雍正批示让他放手去干，不必要处处请示，这就使得鄂尔泰更加富有信心。

鄂尔泰在推行改土归流政策中也遭到了一定的困难。长寨地区的土司十分凶恶，官兵进攻，土司挟众抵抗。官兵攻入长寨，焚烧了他们的寨巢，但首逆逃走。鄂尔泰命总兵石礼哈挥兵挺进，对抵抗的土司首领尽行斩杀，大获全胜。鄂尔泰便首先在这里设立保甲，巩固夺得之地。以此地为根据点向四外扩展，招服了永宁、永安、安顺生苗1398 寨，广顺、定番、镇宁生苗 680 余寨。

镇沅地区的"土知府"刀瀚等是一些积恶多端的土官。鄂尔泰招之不降则发兵攻打他们，把他们的军队击溃，活捉了刀瀚等人。乌蒙土知府与镇雄土知府联合抗击官兵，攻掠东川府，鄂尔泰命游击哈元生率兵讨伐，在四川军配合下取得胜利。遂又把他们管辖的土地改设乌蒙府（后改称昭通府）和镇雄州（今镇雄县）。

广西泗城土知府岑映宸聚众四千，力量较大。鄂尔泰向他宣布政策，岑映宸乞降，鄂尔泰允降，又把他原来的地盘改为泗城府（治所即今之凌云县）。改土归流大张旗鼓地搞起来了，梧州、柳州、庆远等地的土民，拥护清军的做法，主动为清军准备粮草，配合改土归流行动，有力地推动了广西地区的活动开展。

黔东苗岭山和清江、都江流域是贵州著名的苗疆，其四周 3000 余里，1300 余寨。左有清江可达于楚，右有都江可通于粤，左州据其中央，群寨环于四周，地势险峻而重要。鄂尔泰命熟悉贵州地形的贵州按察使张广泗率兵进入，左州，以武力讨平了抵抗清军的苗寨，随后即设置厅县，置管理政。然而"苗民凶顽"，往往前败而后复，屡征不靖。后雍正钦派吏部侍郎吕耀曾、大理寺卿德福到贵州，会同地方官进行"宣谕化导"，也无济于事。到了雍正十三年（1735年）叛乱发生，叛民占领左州、台拱，攻掠镇远府的黄平，包围都匀府的丹江厅、凯里。雍正以哈元生为扬威将军，湖广提督董芳为副将军，调集广西、湖南、湖北清军前来会剿。

这次战争情况复杂，有地方分裂势力，也有反抗清政府的苗民，一同与政府军作战。雍正又派刑部尚书张照为抚定苗疆大臣，又任用果亲王允礼、宝亲王弘历、和亲王弘昼、大学士张廷玉、户部尚书复庆，会同大学士鄂尔泰，对贵州苗民大动干戈。

苗民的激烈反抗，使清政府派往贵州的大臣意见发生分歧。抚苗大臣张照首先提出鄂尔泰改土归流不是好政策，惹得苗民愤怒，动乱不止。由于张照消极，他又不懂作战策略，所以贵州苗区的改土归流多年没有搞好。直到乾隆继位后，罢免了张照，另派张广泗到贵州。张广泗发兵对苗民大加进剿，终于平定苗疆，在苗区设置了流官制度。乾隆慎重推行了少数民族政策，组织苗民进行农业生产，轻徭薄赋，才把局势稳定下来。

四川凉山是彝民集居的地区，宁远、峨边、马边、雷波等处山峦连绵，苗民在此劳动、生息。而彝民深受土司制度的迫害，好田好土为土官、土司占有，彝民多被逼居深山僻谷中居住，生活悲惨，类于野兽。清政府在云贵地区推行改土归流，也派兵深入彝民区，在沙马、雷波、吞都、黄螂而达建昌这广袤千余里的地区，建置营汛、革除土司、派驻流官，普遍设立了府州县制。

两湖地区的改土归流进展比较顺利。这里虽有土司制度，但因与内地广泛交流，土民和汉民隔阂不大，大土司也对流官制度有所了解。当云贵地区开展了改土归流以

中华藏书

大清十二帝·最新整理珍藏版

后，这里的大土司彭肇槐主动要求改流，清政府在他管辖的地区设永顺府和桑植、保靖二县。与永顺府临近的湖北容美土司田旻如心里害怕，假装归顺，而实际上实行残酷的统治；雍正对他下旨诫谕，他仍不主动要求改流。于是命鄂尔泰派兵进巢，当大兵压境之后，田旻如众叛亲离，他只得自缢身亡。清政府把他管辖的地区改设鹤峰州（今鹤峰县）。到雍正末年，两湖土司大都自动投献要求改流，使这里的土司制度基本宣告结束。

改土归流是雍正朝的一件大事，在这项地方制度的变革中，鄂尔泰充当了主要角色，由关键时刻的上疏，到制定改流方略，再到具体去实施。历时多年，承担了十分艰辛的工作。所以，雍正对他的信任，由此而无出其右了。

雍正朝对西北用兵是失败的，对西南的改革却是成功的。

## 二

西南改土归流之后，雍正为了进一步巩固对广大西南地区的统治，在改土归流的基础上实施了一系列的开发政策。

改土归流之后，如何善后是一个主要问题，善后搞不好，仍然会激发矛盾，易于反复。雍正很重视善后工作，例如：西南土地广远、地形复杂、各民族的习俗差别很大，一下子改派满汉流官，难以适应这些地区的复杂形势，对当地的土官打击面也将很大。善后问题最重要的是如何处理土官问题。

雍正谕令，如何处理当地土司、土官，完全根据他们的态度而定。对那些自动缴印，主动要求改流的，可以重新授给他守备、千总、把总之职，并可以世袭，让他们照样做官，服务于清政府。湖南、湖北大部分是这么做的，仅于雍正十二年（1734年），忠峒等地区就有15家大土司主动要求改流，雍正都批准了他们的世袭官。前文提到的永顺宣慰司彭肇槐主动改流，雍正授给他参将之职，世袭拖沙喇哈番，赏银1万两。其他土司都授给了千总、把总职。

对那些始终抗拒改土、罪行重的土司、土官，则予严厉打击，从重治罪。云南镇沅土知府刀瀚、贵州康佐长官司长官薛世乾等都因平日恶行昭著，又一直对抗官兵，改土之后把他们处死或终身监禁，全部没收其土地财产，当地土民皆同声称赞。

对于那些无法再为官的土官及其家属，雍正就下令把他们迁往远处安置。这些土司、土官安排到安徽、江苏、江西的最多，浙江、河南、陕西、广东、盛京都有安置。雍正要求给他们较为优厚的生活待遇，让地方官尽量照顾他们。

对改流之后的流官派遣，雍正也很重视。他深知这些地区不好治理，必须派去有能力、忠诚可靠、肯吃苦、清正廉明者。雍正与鄂尔泰对新派的流官都反复推敲，派去了第一批比较合适的流官，对这些新开发地区的安定起到了积极影响。改土后十余年，派往云贵、四川、两湖都没出大问题，这些地区的土民也都相安无事。

雍正对改流之后的西南地区，认真改革、划一了赋税，这些地区生活较内地贫困，雍正则采取了轻收赋税的政策。

土司统治时，不仅赋税很高，尤其土税太高，土司对土民随意征收，什么"火坑钱"、"烟火钱"、"锄头钱"，直至对土民剥削得一无所有仍不罢休。雍正将这些繁多的税收一律取消，按内地"摊丁入亩"进行征收，"较之土司陋规十不及一"。改流之后，土民的负担减轻了，提高了生产积极性，对西南地区的开发起到了促进作用。

雍正还在西南地区开展丈量土地、鼓励开垦事宜。改流之后，清政府没收了土司的大量土地，有的赠给官吏、有的归还农民、有的地区还任民占田。对土司强占、战争破坏的土地，清政府都让原主认领，无人认领的，招农开垦。对大量无主荒芜的田地，或多年不种的生荒地，官府则发给牛种、给以银两、分给房屋，鼓励垦种。鄂尔泰本人就曾捐银 3000 两，买牛 100 头，盖房 600 间，配给招徕耕种的农民。

同时，清政府还大力发展改流地区的水利事业。如云南昭通府改流之后，兴修水利 10 项：新泽坝、利济河十八道坝、冷水河坝、新泽沟、天梯沟、月方塘、省耕塘、二道沟、三道沟、八仙海渠。这些渠道，可以灌溉两万亩的田地。云南全省改土归流后兴建的水利事业达 70 项之多，还设置了水利专官，这些专职官员从同知、通判、州同、县丞到典史、吏目凡十余级。

改流区的交通开发也是一项重要内容。贵州都匀至湖南黔阳 1200 余里的清江长期淤塞不通，雍正七年开浚，舟楫往返，千里无阻。雍正九年又修通了都江，都江的修理甚是困难，上至都匀，下至黎平，数百里尽是险碛、怪石、莽林、浅滩，修通后"邮递往返"，有"水道康庄"美称。上至土黄，下达广西百色的河道，全长 700 余里，雍正拨款 6200 余两予以修通，使两粤、湘楚为之沟通。

改土归流之后，内陆的先进生产技术在西南落后地区得到推广，如种田、冶铁、烧窑、纺织、采矿等技术在西南各省广泛传播，使这些数千年落后，甚至刀耕火种的穷山僻谷一朝得到了开发，这是历史的巨大进步。

改土归流后，雍正在西南地区大力推广了文化教育事业。开发之前，少数民族没有读书机会，更谈不上参加科举考试。土司们总希望土民世代无知无识，以便长久把他们当牛做马。改流之后，清政府在这里普遍开设了学校，设置教职。府学设教授，州县设训导，府城设考棚。雍正还批准给各州府县科举之名额，使少数民族也有机会入朝为官。在一些穷苦乡村，官府广设义学，使读不起书的儿童得到读书识字的机会。据记载：云南通省改流后仅雍正朝就开设义学463处，改流区开设148处；贵州在雍正年间设义学24所，全部设在苗区。由于学校的开办，提高了西南少数民族的文化水平。

改流区的封建陋习也得到改善和革除。如改流前西南落后地区的仇杀、群斗现象严重，广大贫苦农民为土司、土官所控制，成为他仇杀的工具。改流后各地严禁群斗，发现挑斗者严惩不贷。此后，群斗的现象基本革除了。许多地区的近亲结婚现象更加严重，如永顺府的"骨种之习"，即姑之女，必须嫁舅之子，此种陋习也被禁止。少数民族地区的奴隶制度极其普遍、严重，改流后实行豁贱为良政策，改变了人身的依附关系，提高了奴隶的身份，使这里的生产关系得到部分调整。

总之，西南改土归流后实行了多方面的改革，其历时之长，涉及地区之广，影响之大，确为清代所仅见。这项政治、经济、文化、民族各方面的综合改革，是雍正的一项突出作为。雍正由始至终为西南地区的改革制定政策、控制局面、派调官吏，主持各项事业的展开，使西南地区的改革取得了历史性的成功，无疑应该得到历史的肯定。

# 第九章　驾崩谜团

## 一

在河北易县城西的永宁山下，就是清朝三处帝陵墓群之一——清西陵，埋葬着清代的四位帝王以及后妃、阿哥、公主等。其中，规模最大、传说最多的就是雍正皇帝的泰陵了。

雍正十三年（1735 年）阴历八月二十三日凌晨，一代雄主雍正帝，突然暴死在圆明园宫中。这位康雍乾盛世的中流砥柱，带着一身的猜测、争议与骂名，睡进了由他首开的清西陵中。

首先传说最多的便是雍正的死因。据说他是遇刺丧身，不得善终。官方当然不会留下这样的记录。为他编纂的实录更不用提，即使第一手资料的《起居注册》，也无法在其中找出什么破绽。《起居手册》上关于他临终前的记载，可以简括如下：

八月二十一日，上不豫，仍办事如常。二十二日，上不豫。子宝亲王、和亲王朝夕侍侧。戌时（午后七时至九时），上疾大渐，召诸王、内大臣及大学士至寝宫，授受遗诏。

二十三日子时（夜十一时至翌日一时）龙驭上宾。大学士宣读朱笔谕旨，着宝亲王（指乾隆）继位。

这是最原始的资料，雍、乾两朝《实录》大致相同。《清史稿》等史书，是照搬，自然不会逸出这个范围。

说世宗遇刺毙命的，是一些后出的稗官野史，如《满清外史》、《清宫遗闻》、《清宫十三朝》等等，据说刺客是吕留良的孙女吕四娘。雍正六年曾经发生过吕留良文字狱。十年十二月定罪：留良、葆中父子戮死枭示，另一子毅中斩决，孙辈发遣边疆为奴。有人说四娘混入宫内，以宫女身份侍寝，伺机行刺；有人说吕案发生后，四娘漏网出奔，学得一身武艺，潜入宫内，以飞剑砍去清帝脑袋；也有人说尚有一名叫鱼娘的女子协助下手。这些耸人听闻的传说，见诸稗官野史，也摄成了电影，渲染得有声有色。即使下笔谨严的学者，一提到世宗之死，以此佳闻，聊侃一番。但也有人提出三点质疑。首先：吕案发生后，其家有无漏网者？答案：否。雍正八年，曾有漏网者的谣言传入宫内，皇帝讯问负责该案的浙督李卫说："外边传有吕氏孤儿之说，当密加访查根究，倘或吕留良子孙有隐匿以致漏网者，在卿干系匪轻……"

李卫于七月二十五日的密折上禀覆道：吕氏一门，不论男女老幼俱已严禁，连留良父子的茔地也早遣人监视。李卫受世宗非常之知，以擅长侦缉著名，不致敷衍了事。因此四娘漏网云云恐无可能。

其次：四娘有无混入宫内？答案也同样为否。虽然罪犯眷属——特别是十五岁以下女子，没收入宫为奴的例子不是没有，譬如株连在吕案中的严鸿逵、黄补菴，其妻妾子女就是赐给功臣家为奴的。然而吕氏的孙辈却发遣到宁古塔，给披甲人为奴。大概对于案情较重的人犯，多做这样的处置。所以四娘混入宫内之说也不可能。

再次，圆明园虽属离宫，实际上皇帝一年倒有三分之二驻跸在此。紫禁城内阴森、肃杀，怎能及有亭台园林之胜的圆明园。因此，“自新正郊礼毕移居园宫，冬至大祀前始还大内”，“盖视大内为举行典礼之所，事毕即行，无所留恋也”。园内有内阁及各部院等机构，规模不下于大内。自雍正二年起，设有护军营，昼夜巡逻，戒备森严，决非像稗官描写那样，一个女子能飞檐走壁，轻易潜入寝宫，砍去皇帝脑袋。

世宗既不是被刺，那些传说又从何而起？吕四娘何以和世宗挂上了钩？这可分数点来阐明：

第一，宫闱生活，讳莫如深，充满神秘色彩，民间对于紫禁城这个小天地，抱着无限的好奇心，一旦有丝毫“奇闻逸事”，便辗转相传，添油加醋，甚至以讹传讹，远离真相。且清朝以满人入主中原，始终不能消泯汉人的反抗心理，对于王室的传说，不免搀杂了诬蔑失实之处。譬如“太后下嫁摄政王”、“顺治出家为僧”，“康熙为雍正鸩杀”，“乾隆系汉人血统”、“同治染梅毒丧命”等等，经过学者们考证，多为无稽之谈。所谓世宗被刺之说，也只是类似的一种蜚语而已。

第二，满人入关后，汉人反清复明运动仍很激烈，从兴义师到秘密结社，用各种方法打击清廷。康熙四十七年（1708年）被捕的一念和尚，便是著名的抗清义士。吕留良长子葆中也被牵连进去，幸能脱罪，却忧惧而死。雍正七年（1730年）有张云如案，牵连甘凤池、周璨、陆同菴等人。甘凤池是一念和尚的同伙，陆同菴是吕留良的私淑者。稗官中有江南八侠，其中就有甘凤池、周璨、吕四娘三人。如此，很容易将吕四娘误当做吕留良的孙女。还有，前文提及有吕氏孤儿漏网之说，既已传入宫禁，民间当有传闻。这吕氏孤儿通过稗官野史，变成精谙武艺的吕四娘，也成为刺毙清帝的巾帼英雄了。

第三，圆明园闹刺客之说，民间确有传闻，但这是嘉庆朝的事，嘉庆八年（1803年）闰二月二十日，嘉庆帝自圆明园返大内，将进顺贞门，突有刺客陈德冲出行凶，当场被缉拿住。野史把陈德写做成德，把返大内写做幸圆明园。后人以讹传讹把嘉庆当做雍正，也不无可能。

第四，官书上有关世宗之死，记载甚简，既未言病情，且自不豫至上宾不出三日，野史硬说其中存在疑点。但清代官书中有关帝王之死，都记载得十分简略，譬如世宗子乾隆、孙嘉庆、玄孙道光，《实录》上记载他们自不豫至驾崩都不出两日，但从无人怀疑过。如果说可疑，该是世宗的曾祖太宗皇太极，《实录》上说他当日上朝视事，"是夜亥刻，上无疾，端坐而崩"。但也无从证明他是横死。而且用现代医学的眼光来看，一个外表健康良好的人，可能因心脏、脑溢血等急症，瞬息之间丧命也是可能的。因此，野史硬把暴卒和遇刺扯在一起，是不合理的。

以上是被刺说来源的梗概。

## 二

世宗既未遇刺，当是寿终正寝。此又不然，又有传闻说他可能服丹药中毒而亡，何以见得？这可从宫中档案等资料中推论而出。世宗生前，宫内蓄养了一批僧道异能之士。他死后仅隔一天，也就是八月二十五日，嗣主乾隆忽然下一道谕旨，把炼丹道士驱逐出宫，谕旨说：

> 皇考万岁馀暇，闻外间有炉火修炼之说。圣心深知其非，聊欲试观其术，以为游戏消闲之具，因将张太虚、王定乾等数人，置于西苑空闲之地，圣心视之，如徘优人等耳，未曾听其一言，未曾用其一药。且深知其为市井无赖之徒，最好造言生事，皇考向朕与和亲王面谕者屡矣。今朕将伊等驱出，各回本籍。……若伊等因内廷行走数年，捏称在大行皇帝御前一言一字……一

经访闻，定严行拿究，立即正法，决不宽贷。

新君甫继位，百务待理，突然对数名道士作出紧急措施，很是耐人寻味！乾隆显然最在为乃父申辩，说视之如俳优，未听一言，未服一药。既如此，又何必迫不及待下逐客令？又说早知其为市井无赖，最能造言生事。既如此，察察为明的世宗，能容忍若辈在宫中吗？如果乾隆为的是崇正道、黜异端，那么缁流为何不同时排斥？相反地，他却在此时沾沾自喜地称："朕崇敬佛法……仰蒙皇考嘉奖，许以当今法会中契超无上者，朕为第一。"而且，还令超盛、元日两僧来京瞻仰梓宫。

还有一件事值得注意，就在驱逐道士的同日，另有一道谕内监、宫女的谕旨，告诫他们不许妄行传说国事，"恐皇太后闻之心烦"，"凡外间闲话，无故向内廷传说者，即为背法之人"，"定行正法"。究竟外间有何闲话？为何皇太后听到会心烦，这些很自然地会令人想起与世宗横死有关。

因此，我们可以说世宗虽未被刺，却死得很仓猝，有些蹊跷。官书经过讳饰，看不出痕迹。张廷玉有《自订年谱》，是一篇有关雍正之死的重要文献，说："十三年八月二十日，圣躬偶尔违和，犹听政如常，廷玉每日进见，未尝有间。二十二日，漏将二鼓，方就寝，忽闻宣召甚急，疾起整衣，趋至圆明园。内侍三四辈。待于园之南西门，引至寝宫，始知上疾大渐，惊骇欲绝。庄亲王、果亲王、大学士鄂尔泰、公丰盛额、纳亲、内大臣海望先后至，同到御榻前请安出，候于阶下。太医进药罔效，至二十三日子时，龙驭上宾矣。"

世宗死得很突然。他刚一死，炼丹道士就被撵出宫。所谓"金石燥烈，鼎湖龙升"云云，可以说获得了初步的证实，但还需要旁证，且看他生前对方士的处遇。

宫内原蓄养着五花八门的人才，道士只是其中的一类。此等王室中的帮闲客，为帝王供养，自古已然，并非起始于清廷，更不是世宗为始作俑者。其中有文人、画士、星相、占卜、缁流、羽士等等，洋洋大观。他们的种类、人数，完全视人君的好恶而增减。圣祖对科学很感兴趣，头脑似乎比较开明，但对占卜、修炼这一套也颇热衷。口虽道"朕亦有用喇嘛、和尚、道士处，并不令伊等占验"，但《清稗类钞》却说善风角占卜的河南人刘禄，经常随侍在侧，为他占验。如果说野史不足为凭，那么宫中档案该无质疑余地。康熙六十年（1721 年）六月，他驻跸热河行宫时，曾召见川陕总督年羹尧，令他在赴京之便，寻罗瞎子代算一命。年羹尧于六月初九日密折中禀复道："臣到京后，闻知其人在京招摇，且现今抱病，臣是以未见伊。"

康熙在密折上带有惋惜的口吻批道："此人原有不老诚，但占得还算他好。"

康熙早已洞悉罗瞎子为人，可见平素于这方面相当留意，从"占得还算他好"看来，他找人占卜，当是司空见惯之事。

雍正崇尚方术，较乃父有过之无不及。他热中命数，甚至官吏的任用、录黜，经常也凭占卜来决定。他到处延访修炼之士，梦想藉此辈的方术，来祛病延年，到头来却为丹药所误。

在历代君主中，世宗是比较特别的一个。政治上用阳儒阴法那一套，这是帝王惯用的手段，倒没什么稀奇。思想上他信仰佛教，特别是禅宗。但他自选历代禅师语录集中，却选入了道士紫阳真人和净土亲的莲池大师，自称圆明居士，殿于诸师之后，又把喇嘛教的章嘉胡土克图扯在一块，称之为证道恩师。这种不同一般的手法，有人认为是"掩盖平生之残忍，故托慈悲"。但故宫档案中有许多僧人的奏折，如超盛、明慧、明幢、实怡等，世宗很热心和他们讨论，且他还希望把教义灌输给大臣。试举一例，雍正十三（1735 年）年三月二十四日，超盛密折中提到路过保定，曾向直隶总督李卫说教，无奈"李卫虽一心诚笃，向上有志，但领会全无半点，恐一时未必能得"。世宗用朱批鼓励道："实可谓一窍也不通，尚在甚远。虽然，亦不可择省力处下手也。回程再至保，尽力开示。"超盛在另一密折上说："伏绎朱批谕旨，四阿哥功夫将似打成一片。"四阿哥指的是世宗心目中的太子弘历，令他参悟禅宗，稍有心得，就欣悦地告诉僧人。这些作为，不能说纯属掩饰诈伪。

另一方面，世宗对于道教——特别是修炼功夫，也非常感兴趣。他称赏紫阳真人，说真人所著的《悟真篇》，能发明金丹之要，"若真人者可谓佛仙一贯者矣"。此外，世宗《御制文集》中，歌颂神仙、丹药的诗不在少数，譬如烧丹、采苓、放鹤、授法等都是，试举烧丹一首，以概其余：

　　铅砂和药物，松柏绕云坛。

　　炉运阴阳火，功兼内外丹。

　　光芒冲半耀，灵异卫龙蟠。

　　自觉仙胎熟，天符降紫鸾。

这不是想象，宛如宫中炼丹的写真签。

世宗好祥瑞、崇神道，应是很早以前的事，但道士们究系何时进宫？何年炼丹？由于资料有限，雍正七年以前，无法觅得佐证。于藩邸时却有一段和道士的因缘，在他和门下戴铎的书信往来中可以看到。戴铎当时正在出差，密折报告："奴才路过武彝山，见一道人，行踪甚怪，与之谈论，语言甚奇，候奴才另行细细启知。"

雍正于折上批道：

"所遇道人，所说之话，你可细细写来，做闲中往来游戏。功名甚淡，尚非其时。古人云：'炉中若无真种子，总遇神仙也枉然。'"

　　作为帝王，享尽人间尊荣富贵，惟独病、死两般，谁也难免。道士方术于是应运而起，据说这样不但能却病延年，还可兴国广嗣，没有比这个最能打动人君心弦的。世宗与道士的结缘，不外乎此。御极之初，他勤于政务，六年后，据说"天下庶政渐次就理"，政敌、权臣先后被肃清，皇权日益巩固。然而初时日理万机，事无巨细，都亲力亲为，操劳过度。雍正七年时他已年逾半百，健康日渐衰退，加上私生活方面或有失节制，戕贱身子，不得不乞灵于药石。太医的医术无法使他惬心适意，便遍访各地名医、修炼养生之人，来为他服务。关于世宗的病情，说得最清楚的是雍正八年（1730年）五月二十日的一道上谕。《史料丛编》里，收有这一件，说："诸王文武大臣请安……面谕曰：'朕自去冬即稍觉违和，疏忽未曾留心调治。今年三月以来，间时发寒热，往来饮食不似平常，夜间不能熟寝，如此者两月有余矣。及至五月初四日，怡亲王事出，朕亲临其丧，发抒哀痛之情。次日留心试察，觉体中从前不适之状，一一解退，今则渐次如常矣。'"由此可知他是自七年不久却又恶化。这是乾隆吐露出来的，他说：

　　"八年六月，圣躬违和，特召臣（指乾隆）及庄亲王、果亲王、和亲王、大学士、内大臣数人人见，面谕遗诏大意。"

　　当时可能病势危殆，不然就不致于面谕遗诏，幸而这次能化险为夷，至秋渐趋好转。因此，上述七年冬乃至于八年秋诸说，都各有所据，并行不悖。

　　世宗的病状是忽寒忽热，似疟非疟，胃纳不佳，睡眠不宁。究竟是什么病？不得而知。也许是长年操劳政事过于劳累所致，但酒色断伤也不是不可能。这方面资料绝少，最重要的有两条，一是《大义觉迷录》，"逆犯"曾经对他的攻讦，有酗酒和淫色两点。对于前者，世宗的分辩是：

> 朕之不饮出自天性……前年指督路振扬来京陛见。一日忽奏云："臣在京许久，每日进见，仰瞻天颜，全不似饮酒者，何以臣在外任，有传闻皇上饮酒之说。"朕因路振扬之奏，始知外间有此浮言，为之一笑。今逆贼酗酒之谤，即此类也。

这也许是实话，雍正二年（1724 年）正月二十八日，山东巡抚黄炳进荔枝酒四箱。世宗于密折上朱批：不可多献，从来不善饮酒，原为赐人玩的。

对于淫色的辩驳是：

> 自幼性情不好色欲。即位以后宫人甚少。朕常自谓：天下人不好色未有如朕者！

所以世宗的暴死，成为历史上的一个谜。官书虽然尽量为他回护、掩饰，但依然留下蛛丝马迹。譬如《高宗实录》中，就有炼丹道士被逐的上谕。更为重要的是，一些原来密藏在宫禁内从不公诸人世的档案，很幸运地得以阅览。综合这些资料，推断他死于丹药，也许不算武断。历史上因信任僧道，服丹药而死的皇帝，不乏其人，唐代就有五人，明代也有数名，世宗不过是其中之一而已。以上虽属推测，但信离真相不会太远。

## 三

清朝入关定都北京后，选定了河北遵化的昌瑞山麓作为陵区，于顺治十八年（1661 年）在那里建陵，雍正的祖父顺治、父亲康熙两代皇帝均埋葬在那里。既然陵址已经定下了，雍正却为何把自己埋葬到易县永宁山，首开西陵之先呢？

作为帝王"万年吉地"的选择，一般在某个帝王在世时就选定好，并着手修建了。雍正的陵寝也是在其活着的时候张罗的。所以，首先可以肯定地说，雍正死后所下葬的地点的选择，与乾隆并没有关系。

那么雍正为什么决定不随父葬呢？有传说道：是因为他害怕"见到"康熙！传言：雍正通过卑鄙的手段，谋害了皇父，并盗改或篡改了康熙遗诏，以不正当手段取得了帝位。他继位后，又大肆屠戮贬斥兄弟，这种对骨肉无情的行为，必是康熙所不愿看到的。正因为雍正心里有鬼，加上他又迷信鬼神，所以，担心日后若与皇父葬在一起，会遭到报复斥责，永无宁静之日。于是，他在生前便选定了远离皇父所在的东陵较远的易州天平峪为自己的"万年吉地"。这一传说是根据雍正篡夺皇位说而衍化来的，既然雍正继位问题还是个谜，那么，此说的是非真伪也值得商榷。

乾隆刚刚即位，除如礼发葬皇父外，着实做了一番替父遮丑的工作。诸如替皇父严猛治政曲意开脱，将雍正一手造成的冤案给予平反等等。这既是他为皇父遮掩罪责，又是在通过这些举措笼络人心。其中有一件事，纯属为父遮乖掩丑的行为。那便是在雍正死后第二天，乾隆就下令驱逐受雍正信宠的道士张太虚、王定乾等。并且，特下旨为雍正掩丑说："皇考万机余暇，闻外间炉火修炼之说，圣心深知其非，聊欲试观其术，以为游戏消闲之具，因将张太虚、王定乾等数人置于西苑空闲之地，圣心视之与俳优人相同，未曾听其一言，未曾用其一药。且深知其为市井无赖之徒，最好造言生事，皇父向朕与和亲王面谈几次了。"并威胁勒令出宫的张太虚等人，要是在外不安分，"捏称"雍正的一言一字，定要"严行拿究，立即正法，决不宽贷"！为什么乾隆发这么大的火，为什么如此急不可耐地驱逐道士？联想起雍正好仙崇道和他的暴死，实在不能不让人心起疑惑！同样，乾隆为雍正豢养道士的"败德"袒护开脱，也实在让明眼人容易看破！

雍正生前为洗刷自己"谋父"、"逼母"尤其是"弒兄"、"屠弟"等传言罪名，一度写了洋洋万言的自辩书——《大义觉迷录》。乾隆即位后不久，却一反雍正所为，将被雍正免罪去四方现身说法的曾静、张熙处死，同时，严令收回一度被用来作为教化臣民的"教材"——《大义觉迷录》。也许，乾隆已意识到皇父欲盖弥彰的自辩是一个巨大的失误，所以，为了遮掩事实真相，才将这一有损皇父形象的御书收回，以作为禁书，成了藏书家的宝贝。

为纠正雍正残害诸兄弟尤其是允禵、允禟的过激行径，乾隆一登位，就一面替皇父开脱，一面下令恢复允禵、允禟子孙的宗籍；将拘禁数年的允䄉、允䄏宽赦释放，不久又赐给二人辅国公爵。其他诸如对允禵、允禟案中的获罪人员，乾隆也给予宽大处理。为此，乾隆博得了朝野一致的赞颂声。

# 第十章 才识爱好

## 一

鄂尔泰等编纂的《清世宗实录》介绍君主：

天表奇伟，隆准颀身，双耳半垂，目光炯照，音吐洪亮，举止端凝。……幼耽书诗，博览弗倦，精究理学之原，旁彻性宗之旨。天章埏发，立就万言。书法遒雄，妙兼众体。每筹度事理，评骘人才，因端竟委，烛照如神。韬略机宜，皆所洞悉。

人臣论君主多有谀词，鄂尔泰等对他们的君主自也难于例外，不过所说他的才能倒基本上合于雍正的实况。他说话声音很高，有朝鲜文献可作佐证。《李朝实录》记载该国使臣李橚于雍正元年回国，向国王报告，亲见雍正"气象英发，语言洪亮"。

雍正自幼，接受了严格的教育，掌握了满文和汉文。他当皇子时间长，尽有时间读书，他自己说："幼承庭训，时习简编。"登极之后，为了"敷政宁人"，继续学习，举行经筵。他把儒家的"四书"、"五经"烂记于胸，并有自己的理解，不像章句腐儒，咬文嚼字，在儒家圣贤的字句里转悠，毫无发明创见。他对这种人也很看不起。如前述对会试"士人当有礼义廉耻"论题的试卷表示不满，说那些贡士们的见解都是老生常谈，"识量狭隘"。五年（1727年）八月初六日经筵，讲官邓德、蔡世远讲解"文行忠信"，雍正批评说，讲章内将文、行、忠、信分为四端，缺乏贯穿的解释，他认为："仁义道德之理见于词章者为文，见于躬行者为行，实有诸已则为忠，诚孚于物则为信。分之固为四端，合之则此一理，圣人四教，即谓之一教亦可。"他把仁义道德的观念贯穿于文行忠信之中，即以仁义道德解释文行忠信，使它们凝为一体，就比那些章句经师讲解高明了。雍正又说，在书经讲义里，谓人君以天之心为心，臣下则以君主之心为心，他认为这同君臣一德一心观念不合，君臣都要以天心为心。臣下以君主的意愿为意愿，本来就是要忠君，现在以天心为心，要对天负责，对臣子的要求更高了。对于儒家讲的智、仁、勇，雍正也有他的理解，他说：

圣人统言智、仁、勇，乃一贯之义，如遇有益于民应行之善政，见得透彻，即毅然行之，则是勇以行其智，勇以全其仁，智仁勇未尝非一事，若将三字误会，恐涉于匹夫之勇，妇人之仁，奸徒之智，反将圣人之言误解矣。

他看清智、仁、勇三者的联系，以其之智，认识教和刑的相辅相成关系，所以他"治天下，不肯以妇人之仁弛三尺之法"。

雍正因熟于儒家典论，所以能熟练地应用它"敷政宁人"，教育臣下。如在豫抚石文焯二年（1724年）二月的一份奏折上批道："谚云说得一丈，不如行得一尺，宣圣所以听言必观行也。积年老吏之习，不合封疆重任之体，总要规模弘阔，志虑精白，不屑屑于市恩避怨，方为无忝厥职"。用孔子的话教他改变积习，言行一致。一次石文焯奏报严查白莲教事，雍正批示："涓涓不塞，流为江河。所以圣人谨于防微杜渐，若不除之于早，其害必致蔓延，此事慎毋泛泛视之，一者整齐风俗，洁清地方，二者抑邪扶正，消弥祸患于未形也"。山东巡抚岳堙折奏给予赴粤教种旱田的农人的旅费及家口安置情形，雍正要他从丰赡给，朱批说："孟子云上农夫食九人，则是众口所赖者，惟此一夫，今离乡远出，所给银两办装可矣，养家之资或恐不敷耳"。七年（1729 年）六月初四日，广西巡抚金铁请安折得到的朱批是："朕躬甚安，今岁愈觉健壮，此皆蒙我皇考圣灵佑庇之所致。诗云欲报之德，昊天罔极。朕三复斯言，增感曷已"。

经学、史学是相联系的，雍正也很熟悉历史，在位期间，能吸取前代经验，改善和加强他的统治。清朝以前，对历代帝王的崇祀，只及开创之君二十一人，从祀的功臣也只有三十九人。雍正认为那些虽非创业的君臣，也有统治经验值得吸取，值得尊崇，他说：

三代以上，若夏启之能敬承，殷之太甲、太戊、武丁，周之成王、康王、宣王，颂美诗书，光耀史牒。三代以下，英君哲后，或继世而生，则德教累洽，或间世而出，则谟烈崇光，胥能致海宇之乂安，跻斯民于康阜，嘉言传于信史，善政式为良规。至凡蒙业守成之主，即或运会各殊，屯亨不一，苟无闻于失德，咸帝命所宠绥。

至于历代名臣：

亦皆川岳钟灵，为时辅佐，功在社稷，德协股肱，比诸从龙之彦，何多让焉。

因此，增祀守成的帝王一百四十三人，功臣四十人，并作《历代帝王庙碑文》，以记其事。魏征谏我太宗，上"十思疏"，希望君上知足自戒，止兴作以安民，谦冲自牧，慎始敬终，虚心纳下，去谗邪，慎刑法。雍正认为魏征君臣论治，需要吸取，亲书"十思疏"，置于屏风，朝夕观览，又亲书多幅，颁赐给田文镜等宠臣，以便君臣共勉共励。他如评论历史人物、事件、制度，以之训诲臣下尚多。如赐户部"九式经邦"匾额，赐文以周制要求户部忠于职守："《周礼》以九式之法均节国之财用，职綦重焉，尚其平准出纳，阜成兆民，毋旷乃守。"

雍正倡三教同源之说，学兼佛老。他能崇佛用佛，乃因通于佛学。

在自然科学方面，雍正说在皇子时代，奉其父之命，教习裕亲王福全之子保泰"经书算法"。那时保泰年青，所学算法，不过是初等的，雍正本人对此所知有限。大体说来，雍正的自然科学知识远不及其父，也不及于其兄允祉、其弟允禄等人。他迷信天人感应说，不可能深入钻研和相信自然科学，相反，他用自然科学的知识为他的敬天愚民政策服务，说搞天文律历，"用以敬天授民，格神知人，行于邦国，而周于乡间"。

雍正对神鬼运极其信奉。办事一定选择黄道吉日，如岳钟琪西路军大本营迁移，由雍正看历书选定，通知移营时日。有的地方官赴任雍正也给他择定出发日子。他事事讲求吉祥如意，大臣出行，赐予如意，每到过年，诸王大臣向他进呈如意，"取吉兆之意"，从他这儿开始，形成了习惯，流传后世。他笃信八字。他知道年羹尧的八字，有一次年要进京陛见，雍正不允许，向对方说明原因是，"有看八字人说年熙不宜你来"。又告诉年："你的真八字不可使众知之，著实审密好。番僧中镇厌之事，实不能侵正人，虽属荒我，然亦说不得全无，未免令人心彰些"。这是怕被人知道八字，遭仇家厌胜。他又要求年羹尧把岳钟琪八字告给他。他还要鄂尔泰报告八字，回奏人觉得这是受到极大关怀，他则告诉鄂尔泰：因你身体弱，故要你八字，看你的寿数，今知竟是"大寿八字，朕之心病已全愈矣"。因信八字，和算命的结了不解之缘。有个浙江人史瞎子，名声很大，所谓"言休咎奇中"，经人推荐见到了雍正帝，大约奏对时说了不中听的话，发遣到辽左为民。

雍正文思敏捷，于日理万机之中，亲自书写朱谕、朱批，少则数字、数十字，多则上千言，都是一挥而就。他的朱谕，从存于中国第一历史档案馆的所见，书写都很整洁，文字流畅，间有口语，很少涂抹。朱批、朱谕不是为作文，也不是为发议论，是处理政事，于行文之中，说明他对某事处理意见，全系政事内容，更可见他的才思和从政能力相一致。朱批、朱谕是这两方面才能的结合。

康熙的儿子们书法都不错，康熙三十八年（1699年）王士祯看到允祉的作品，赞叹"道美研妙"，又说"东宫暨诸皇子皆工书如此，盖我宋明以来仅见之盛事也"。这就把雍正包括在里了。雍正元年八月，《景陵圣德神功碑》碑文撰成，雍正命善于书法的允祉、允祐和翰林院中书法精妙者书写。他说自己学过康熙的书法，得到其父的"嘉奖"，这时也书写一过，以便与诸臣比较选择，以供刻石。他说这不是"自耀己长"，不过是为表示对其父的恭敬。显然，他自认为有精于书法的特长。据记载，康熙欣赏他的书法，每年都令他书写扇面，多达一百余幅。他留下的手迹很多，大多是小字行书，今藏中国第一历史档案馆的赐年羹尧宝石的朱谕、命宠信督抚推荐懂得医学的人的谕旨等原件，均可看出他运笔流畅、娴熟，结构严整的书法功力。

雍正的政治才能，突出表现在三个方面，一是比较了解下情，二是比较了解自己，三是拥有改革政治的抱负。

雍正把他和康熙作了一个比较，说他事事不及其父，"惟有洞悉下情之处"，比其父高明。他认为康熙八岁即位，深居宫中，很难了解真实情况，因为"大小臣工方欲自行其私，又孰肯敷陈其弊；在朕居子臣之位，定省承欢，又有不便陈言之处。以朕为皇考之爱子尚不能言，则皇考果何从而知之乎？"而他自己则有藩邸四十余年的亲身阅历，了解官场和政治实施情况："凡臣下之结党怀奸，夤缘请托，欺罔蒙蔽，阳奉阴违，假公济私，面从背非，种种恶劣之习，皆朕所深知灼见，可以屈指而数者。"他又因在藩邸时间长，阅历深，自认为"较之古来以藩王而入承大统，如汉文帝辈，朕之见闻，更远过之"。继位之后，他通过奏折制度，派遣侍卫和亲信私访，以及一般的官方公文等途径，了解吏治民情，比较多地把握真实情况。同时政事是他亲自处理的，事态的发展变化也就能在他的洞鉴之中。如程如丝贪污案，为年羹尧所揭发，受蔡珽的阻挠，当年羹尧出事之时，雍正命石文焯往四川审理，石因过去同年有交往，这时更怕再审出实情，落个包庇年的罪名，就做出有利于程、蔡的报告。后来蔡案发生，要重审程案，雍正还打算派石文焯去，为了他能秉公审处，给他如下批示：

程如丝夔州惨伤私商一案，汝前番审鞫大有不协之处，今另行审查，或著汝赴川亦未可定。不必惊慌，朕谅汝彼时原有许多不得已处，虽然终受软懦依违之累，有失公正刚方之体，不合为蔡珽所欺，又欲避年羹尧向日之形迹，未免傅会其间，今恐逃坑复落堑矣。

虽然在这件事情中，雍正原有欲诛年而偏袒蔡、程之病，石迎合而为程开释，不能怪罪于石，但雍正了解石、年关系，洞察他的腑肺，分析他的思想入情入微，无不肯綮。雍正曾让署湖广总督福敏路过河南向田文镜转传谕旨，后发现有讹误，又命浙江观风整俗使王国栋路过开封时加以改正，田文镜为此折奏，说一般人只知"皇上操生杀予夺之大权而可畏，而不知皇上禀至圣至神之聪明而不可欺"。雍正实在了解下情，不易被臣下蔽锢。

雍正把他同其父作比较，也是为了加深对自己的了解，自云洞悉下情，是有自知之明的一个方面。他相信自己政治上成熟，意志坚定，一往直前实施既定的方针。五年（1727年），他说：

朕年已五十，于事务经练甚多，加以勤于政事，早夜孜孜，凡是非曲直尚有定见，不致为浮言所动。他对自己的了解还表现在有较强的自信心上。他相信自己的能力，在直隶总督李绂的一份奏折的朱批中，极言自身的见识超过他的臣下。他颇有意思地写道：

尔自被擢用以来，识见实属平常，观人目力亦甚不及。朕但取尔秉彝之良，直率之性而已。凡聆朕一切训谕，如果倾心感服，将来智虑自当增长扩充。……尔诚不及朕远甚，何也？朕经历世故多年，所以动心忍性处实不寻常，若能精白自矢，勉竭同心合德之诚，朕再无不随事训诲玉成汝之理。倘以为能记诵数篇陈文，掇拾几句死册，而怀轻朕之心，恐将来噬脐不及。朕非大言不惭，肆志傲物，徒以威尊凌下之庸主，极当敬而慎之，五内感激，庶永远获益无穷，尔其钦承此谕毋忽。

要这有文名而又刚直的臣子服他，并非专恃帝王的权威，也非不知羞耻地大言不惭，他自信识见在被教导人之上，自信不是庸愚的人主，能够驾驭群臣。他认识自己的地位，懂得做皇帝的难处，他不止一次地讲"为君难"，如说：若对弊政不加改革，众人会说皇帝懈于政务，若竭力整顿，又会被人目为苛刻。对于言官的意见若不采纳，则是不能受谏，若以其言谬妄而加处分，则是堵塞言路，怎样做才好呢？他感到这是"为君之所以难也"。他因此铸造了"为君难"的玉玺。这样认识自己的地位，有利于处理政事。他还知道在君主宝位上，要使自己政策正确，要真正吸取臣下意见，就要反对他们的揣摩迎合，为此屡发指示："尔诸臣宜矢公矢慎，共襄盛治，嗣后务宜屏去私心，勿事机巧，凡事只求当理，即合朕意，逢迎之术，断不可用。朕在藩邸，洞悉诸弊，岂有向以为非，至今日而忽以为是耶！"

在了解情况和认识自己的基础上，就可以制定比较切合实际的施政纲领、方针和政策，而且有能力有信心去实现。正因为他把握了康熙末、雍正初的政情、民情，懂得历史，具有"振数百年颓风"的抱负，才能够提出"雍正改元，政治一新"的奋斗目标，适时地要求臣下"将向来怠玩积习务须尽改"，从而进行了一番改革。

英国人濮兰德·白克好司讲到雍正的才智："控御之才，文章之美，亦令人赞扬不值。而批臣下之折，尤有趣味，所降谕旨，洋洋数千言，倚笔立就，事理洞明，可谓非常之才矣"。

# 二

雍正即位前几年，多次表示要勤于理政。元年（1723年），京口将军缺出，雍正命叫李杕署理，大学士票拟时误将张天植拟用为副都统署理京口将军，事情发觉后，大学士们自请交吏部议处，雍正因此教导他们认真办事，并自云年富力强，可以"代理""大学士所应为之事"。二年（1724年），雍正向朝臣讲：

（朕）仰荷皇考诒谋之重大，夙夜祗惧，不遑寝食，天下几务，无分巨细，务期综理详明。朕非以此博取令名，特以钦承列祖开创鸿基，体仰皇考付托至意，为社稷之重，勤劳罔懈耳。

他感到维持清朝江山责任的重大，而新继统对臣工不熟悉，需要勤政治理。五年（1727年），雍正把他比较欣赏的疆吏朱纲用为云南巡抚，在朱纲陛辞时，作了可谓推心置腹的长谈，讲到继统初期的心情和情况：

初御极时，诸臣多未识面，朕费无限苦心，鉴别人才，办事自朝至夜，刻无停息，惟以天下大计为重，此身亦不爱惜。

其实，雍正的勤于理事，还不仅是初期政事没有头绪的形势所决定的，更重要的是，他健全奏折制度，又创设军机处，把辅臣进一步降低为"幕僚"，使自己一身兼国家元首和行政首脑两重职务，事务自然更加殷繁了。

雍正处理朝政，自早至晚，少有停息，大体上是白天同臣下接触，议决和实施政事，晚上批览奏章。即在吃饭和休息的时候，也是"孜孜以勤慎自勉"，不敢贪图轻松安逸。年年如此，寒暑无间。六年（1728年）夏天，他写《夏日勤政殿观新月作》七律一首："勉思解愠鼓虞琴，殿壁书悬大宝箴。独览万机凭溽暑，难抛一寸是光阴。丝纶日注临轩语，禾黍常期击壤吟。恰好碧天新吐月，半轮为启戒盈心"。雍正因早年夏天中过暑，以后形成畏暑的心理。这一年酷热之时，意欲休息，但一想到前贤的箴言，帝王的职责，就不敢浪费一点时光，又勉励自己警戒骄盈，去努力从事政务。次年又作《暮春有感》："虚窗帘卷曙光新，柳絮榆钱又暮春。听政每忘花月好，对时惟望雨旸匀。宵衣旰食非干誉，夕惕朝乾自体仁。风纪分颁虽七度，民风深愧未能淳"。因此朝夕戒惧，不敢怠惰，时序的变化虽大，然而无暇也无心欣赏花木的繁荣。

雍正最紧张的时刻是在晚间，批览奏折，常常到深夜，搞得精力疲敝。他常把这种情形书写在臣工的奏折上：

日间刻无宁晷，时夜漏下二鼓，灯下随笔所书。

灯下所批，字画潦草，汝其详加审视。

灯下批写，字迹可笑之极。

又系灯下率笔，字迹更属可笑。

丙夜灯下逐条省鉴，一一批示矣。

因灯烛之下字画潦草，恐卿虑及朕之精神不到，故有前谕，非欲示朕之精勤也。

朱批是雍正勤政的最好纪录。这一做法他一直坚持下去，虽然八年（1730年）以后，朱批分量有所减少，但他的励精图治的精神仍然洋溢其间。

雍正处理事务，非常认真。臣下的疏忽大意，草率从事，掩饰过愆，往往在他的精细之中被发现了。元年（1723年），年羹尧奏一折，大学士已经议复，后蔡珽有同样内容的折子，大学士没有察觉，又行上奏，雍正注意到了，批评他们"漫不经心"。同年，礼部侍郎蒋廷锡等书写追封孔子五世王爵诏，将"重道"二字误写，没有检查出来，雍正看题本时发现了，把蒋廷锡等叫到跟前，告诫他们"勿谓此等本章无甚紧要，朕不详览，嗣后当懔之"。五年（1727年），浙闽总督高其倬连着就福建水师问题作了两个报告，因路途遥远等缘故，后写的折子先到，雍正见了，因上有续报的话，追问是怎么回事。可见他不放过一个漏隙。七年（1729年），署理浙江总督性桂折奏侦稽甘凤池事，雍正阅后批道："前既奏过，今又照样抄誊续奏，是何意见耶？"具奏人忘了这是重复奏报，日理万机的皇帝对其前折倒印象很深。福建巡抚刘世明没有及时对雍正的训令作出反映，雍正可不是说了话就置于脑后的，于是新的训饬就发生了："朕日理万机，刻无宁晷，费一片心血，亲笔训诲之旨，竟一字不复，想汝终日在醉梦中矣"。雍正就是这样孜孜不倦地热衷于他的事务。他说："朕于政事，从来不惮细密，非过为搜求也"。确实，他不是为挑蒋廷锡、高其倬、刘世明等错误，而是他本身办理认真，并以此要求臣下。

雍正在对朱纲说了他不惜自己身体地勤政之后，接着说："朕之不少图暇逸者如此，尔等督抚身任封疆之责，朕又岂肯任其贪图逸乐？务宜勉励为之，无为溺职之巡抚。"要求臣下和他一样紧张忙碌。他不许官员设立戏班，原因是多方面的，怕他们贪污腐化，败坏风俗，再则是怕他们"以看戏为事，诸务俱以废弛"，影响公务。五年

（1727年）六月，他因交廷臣所办事务不能及时办理，发了脾气，他说：我整天坐在勤政殿里，又不顾暑热，想办理事情，为什么诸大臣对交待的事情抱沉默态度，不来回奏，若不能办的话，何以不讲明原委，若不想办的话，干脆交给我，我来替你们办。现在责令你们把因循迟延的问题回答清楚。次年二月，新任御史鄂齐善、曾元迈值班早退，大学士马尔赛请把他们交部议处，雍正讲不要按常规处罚，他们是新进小臣，就这样怠惰，不严加教导，就不能警戒那些越礼偷安的人了。因此命令他们每天到圆明园值班，日未出时到宫门，日落以后才准散班。他们住在城里，这样的当班，真够受的。

雍正勤政，加上他的一套行政办法，所以他办事非常迅速。他每日召见大臣，议决事情。当西北两路用兵时，一天面见军机大臣数次，晚上也要召见。他看官员的本章、奏折，认真而外，处理及时。如在豫抚田文镜三年四月十七日奏折上朱批，询问年羹尧向河南运送资财的去向和河北镇总兵纪成斌的为人，五月初六日田文镜具折回奏，报告已派人了解年的问题，谈了对纪的印象。四月十七日至五月初六日，头尾算上才二十天。他们君臣的笔谈，就进行了一个来回。五月二十六日，田文镜进一步折奏年、纪二人的情况，雍正阅后在朱批中又问道员佟世鳞的为人。同一天，田文镜还进呈一谢恩折，雍正也写了朱批，到六月十三日，田文镜就见到这份朱批了，随后于二十一日对佟世鳞问题作了奏报。这一年五月小，二十六日至下月十三日，共十七天。开封到北京的路程是一千六百里，来回三千二百里。这些奏折，都由田文镜家人呈递，日行不可能像驿站传送公文，可以三四百里，四五百里，所以这十七天，主要是路上来回占用了，不用说，雍正随收到随批阅，随即发出。他就是以不过夜的精神看臣下的折子，因而很快掌握了情况，处理了事务。十年（1732

年）七月初八日，礼部侍郎张照为他祖父张淇呈请设立义庄和请求旌奖，三天后，即十一日，雍正批准了他的请求，命礼部议奏旌表，十月十三日大学士张廷玉题请给张淇封典，十五日雍正即予认可。关于张淇的封典，事情很小，又是例行公事，两次题本，雍正都在两三天内答复了，并不因平常的事情而拖延。他如此迅速处理事情，可见他的行政效率之高。

雍正躬亲细务，一引起大臣对此也有一些不同的看法。二年（1724 年）年初，福建巡抚黄国材上奏，认为细微的事情不必专折奏闻，只须报给六部，由他们汇总具题。还有人认为雍正大小事一齐抓，"烦苛琐细"，他们希望人君不要亲理庶务。雍正对此作了些辩解，就黄国材的奏议说，他是效法康熙六十余年的勤政精神，所以"朝乾夕惕，事无巨细，亲为裁断"。他强调正当年富力强之时，不可稍图暇逸。他说劝他的人也可能有爱君之意，但不知他的脾气，如果大家都效忠为国，事情办得井井有条，就是封章堆叠，也乐于披览，不以为劳，若众人苟且塞责，以致事务废弛，日无一份封章，心里反倒不安。表示他绝不图暇逸而减少对政务的处理。五月，他进一步说明皇帝躬亲政务的必要："国家设官分职，各有专司，而总揽万几，全在一人之裁决"，因此天子不能端默高拱，必须综理庶务。七月，《御制朋党论》中，把反对他躬理细务的人归之朋党，认为那些人"畏人君之英察，而欲蒙蔽耳目，以自便其好恶之私"。这样一来，再没有人敢于非议亲理庶务了。

雍正从政，日日勤慎，戒备怠情，坚持不懈，以朝乾夕惕自励，自诩。年羹尧错书"朝乾夕惕"为"夕阳朝乾"，他以此为理由来惩治年羹尧，虽是借题发挥，然亦有因。他认为"'朝乾夕惕'，《易经》传注，皆以为人君之事"。只有人主才配得上"朝乾夕惕"，而他是当之无愧的，年羹尧居然在这里写错了，不诚敬，也就是不以"朝乾夕惕"许他，就这一点来讲他也要恼火的。朝乾夕惕，励精图治，雍正是当之无愧的。

## 三

雍正五年（1724 年），雍正批评浙闽总督高其倬优柔寡断：

观汝办理诸务，必先将两边情理论一精详，周围弊效讲一透彻，方欲兴此一利，而又虑彼一害，甫欲除彼一害，而又不忍弃此一利，辗转游移，毫无定见。若是则天下无可办之事矣。夫人之处世如行路，然断不能自始至终尽遇坦途顺境，既无风雨困顿，又无山川险阻，所以古人多咏行路难，盖大有寓意存焉。凡举一事，他人之扰乱阻挠已不可当，何堪自复犹豫疑难，百端交集，如蚕吐丝，以缚其身耶！世间事，要当审择一是处，力行之，其余利害是非，概弗左盼右顾，一切扰乱阻挠，不为纤毫摇动，操此坚耐不拔之志以往，庶几有成。及事成后，害者利矣，非者是矣。无知阻挠之辈，不屏自息矣。今汝则不然，一味优柔不断。依违莫决，朕甚忧汝不克胜任，有关国家用人之得失也，奈何！奈何！

他教诲臣下，办事要拿定主意，不能瞻前顾后，游移不决，莫衷一是。这一朱批贯穿了反对优柔寡断思想，表明雍正主张办事不怕艰难，不顾阻挠，认准了就干，从而证明了他刚毅果断的性格。

他的这一性格，表现在政治上就是决策果断。对一件事情的利弊，一旦有所把握，就做出裁决，即如黄炳创议实行摊丁入粮，他认为时机不成熟，不准许，数月后李维钧又提出来，促使他进一步思考这一问题，及至议出实施办法，立即决策施行。又如诸岷倡议火耗归公，遭到廷臣

中華藏書

大清十二帝·最新整理珍藏版

中国书店

的强烈反对，他表示支持，朝臣没法，退了一步，希望先作试行，雍正讲可行就行，试什么，于是全面推行。拖泥带水，颠三倒四，犹豫不决，和他的性格不相容。他办起事来，说干就干，干就像干的样子。如他为推行新政策和整顿吏治，大批的罢黜不称职官员和破格引进人材。别人批评他"进人太骤，退人太速"，也毫不顾恤。这种坚毅性格，才便于冲破反对势力的阻挠，坚定地实施他的政策。凡是做开了的事情，他就坚持下去，力求达到目的，所以他的重大的社会政策都没有改变。

雍正的刚毅果断，同他的急躁毛病连在一起。他自己说康熙训诫他遇事时要"戒急用忍"，他就把这个教导书写出来，置于居室，以便朝夕观览。二年（1724 年）闰四月，他就对辅国公阿布兰的态度检查自己，说没有详察而急于启用阿布兰，及其犯罪又不能隐忍，就是没有实现"戒急用忍"。康熙早在四十七年（1708 年）评论他的儿子们时，说雍正幼年"喜怒不定"，雍正认为自己已过而立之年，居心行事，性格已经稳定，不再是幼时喜怒无常的情形，特向其父说明，并请求不要把这个谕旨记载在档案里。康熙说这十几年来四阿哥确实没有这种情况了，可以免予记载。雍正少年时代忽喜忽怒，后来是否改变了，暂且不说。这喜怒不定，是性情乖僻，可能是神经质的表现，也可能是心境不佳，情绪不安宁，遇事会狂喜狂怒。喜怒不定，也是脾气暴躁的表现，感情说爆发就爆发出来。所以康熙说他喜怒不定，要他戒急用忍，都是批评他性情急躁的毛病。

雍正注意改变他的急脾气，在给李绂的朱批中写道："朕经历世故多年，所以动心忍性处实不寻常"。就是说，多年来，雍正在重大的事务中，以坚忍的毅力锻炼耐性，克服急躁毛病。在储位斗争时，搞《悦心集》，研究佛学，就是动心忍性的表现。做皇帝后也留心不犯老毛病。三年春天，直隶总督李维钧奏报广开沟渠，雍正以开沟不是不可等待之事责备他，说他急急忙忙去做，"殊属悖谬"，又警告他，你不怕做贻笑于人的督抚，"朕不甘为轻举妄动之人主"。

但是他轻举妄动的事并不少，像强迫闽粤士人学官话，坚持朔望宣讲《圣谕广训》，停止浙江人的乡会试。对待官员，也常常是喜怒不定。如对福建陆路提督丁士杰原是赏识提拔，在他于四年十二月初一日写的折子上批云"所奏甚是，但勉行以践所言可也"。不久，丁士杰借执事给回乡的少詹事陈万策使用的事，被雍正知道了，把他交部议处，丁士杰又上一折为己辩解，这下激恼了雍正，朱批就相当苛刻了。丁士杰折子上说他借执事的"隐微之处更不敢不为我皇上直陈"，雍正就此朱批"无耻之极"。丁说他对上司"并不知如何逢迎"，朱批："不知逢迎上司，惟知曲意逢迎钦差，其罪更甚。"丁说"臣立意自矢，时存无欺隐之心，亦不敢萌一逢迎之私"。朱批"好无欺隐"，"好不逢迎。"丁又说"逢迎之事，不惟目前不为，即臣终身实断不可为也"。朱批"可谓天良丧尽矣"。丁说他因不知陈万策的狂妄行为，所以没有参奏他，朱批"看尔光景，小人之福有限矣"。这些行间批外，雍正又在折尾写道："观尔不知悔过，不知愧恶，一味强词饰辨，必不知感朕恩遇，愚贱小人之态露矣，'卑贱无耻'四字当深以为戒，莫令人指唾。""无耻之极"，"天良丧尽"，骂得真凶。但是，十几天之后，也即二十六日，丁士杰奏报福建仓储情形的折子上，雍正又夸奖了他："尔奏甚属可嘉，一切皆似此据实无隐，乃报朕第一著也，勉之，朕甚嘉尔之存心立志。"丁士杰随即获知，陈万策事使他降三级留任，遂于五月二十八日具折谢恩，折中说："臣闻命自天，愧感无地。"雍正朱批："若再愧为数事，恐不能有感之一字矣。"丁又表示今后"恪遵慈训，终始如一，以

中華藏書

大清十二帝·最新整理珍藏版

中国书房

仰答高厚之恩于万一"。朱批则说："朕因尔向不欺隐，所以训尔终始如一，但饬尔痛改前非矣"。陈万策是正四品的中级官员，丁士杰是从一品的大僚，丁借给他轿舆执事，原是碍于情面，谈不上有意逢迎，他的奏辩原合情理，而雍正原认为丁忠诚，而隐蔽陈万策在乡活动不报，就生他的气，及至看到他的辩解，气上加气，于是指斥激烈，言词过当，迨及有所觉察，于丁的谢恩折中就改过来了。可见他气恼时自己也不能克制，仍有暴怒的毛病。他有时好走极端，说话很不反映实际，以之办事就会出问题。即位初年，对朋党痛恨已极，在《御制朋党论》里大肆伐挞宋人欧阳修，说他的君子有党、小人无朋的说法造成后代的朋党之风，因此，如果他还活着的话，"朕必诛之以正其惑世之罪"。好家伙，欧阳修没遭开棺戮尸之刑真是万幸！对欧阳修发这样大的火真是没来由的，所以他的臣子为他撰写《实录》时，替他害羞，就把欧阳修造成朋党流毒的话删掉，将"诛之"一句，改为"朕必饬之以正其惑"。欧阳修地下有知，这才可以安心了。据载雍正有一天看戏，演的是郑儋打子，看得高兴，赐给伶人食物，该伶受宠若惊，遂与皇帝攀谈起来，因剧中主角是常州刺史，就问今日常州太守为谁。雍正一听勃然大怒，一个贱优，怎敢问起长官！不加惩治，形成风气还得了，立即将伶人杖死。他一激动不要紧，就造成人命归天的惨事。

雍正在他的统治后期，曾对一些疆吏轻于改变旧制大加指责。他说："常见督抚提镇等于莅任之初，或轻听人言，或自凭臆见，率尔具奏，更改旧章，不计事之永远可行与否，及至再经条奏，仍复旧规，多费曲折，地方官民未必不受更张之扰累"。其实，他很可以反躬自问，正是因为他锐意改革，有的人搞迎合，经过申请，由他批准实行，所以这些官员犯的过失，正是由他促成的。他的急躁病应为出现此种败政的原因之一。

有人批评雍正，"性高傲而又猜忌，自以为天下事无不知无不能者"。有人指斥他"以黑为白"，"群臣莫能矫其非"，"为人自圣"。归纳这些评论，无非是说雍正刚愎自用，听不得不同意见，不能采纳臣下的建议。这样说有一定道理，但不完全符合事实。雍正对许多问题的决策，事先同有关官员商讨，就中他进行考虑，吸收众人的意见。前述在朱批奏折中讨论政事，已说明了这一点。他对于有些事情中的错误也是乐于承认的。年羹尧的事情发生之后，他在多种场合表示自己识人不准，用人不当。两广总督孔毓珣因与年羹尧有往来而引罪，雍正则说："朕无识人之明，误宠匪类，正自引咎不暇，何颜复株连无辜"。认错的态度是诚恳的。再如四年九月甘肃巡抚石文焯建议在该地开炉铸造制钱，以便禁绝私钱，雍正朱批不允，不久，在石的十一月的一份奏折的批示就改变了态度，他写道："禁止私钱一事，果如所议，钱法既清，而民用亦裕，区画甚属妥协。彼时朕虑未周详，故谕暂缓，今已准部议矣"。老老实实承认自己原来考虑不周全，很自然地把事情改过来。雍正对他的纳谏问题向大臣作过表白："朕非文过饰非之人。人非圣贤，孰能无过。尔等果能指摘朕过，朕心甚喜。君子之过也如日月之食，人皆见之，及其更也，人皆仰之。改过是天下第一等好事，有何系吝！"把他完全看成是文过饰非、刚愎自用的人，与事实不合。但是他确实也有过于自信的情况。他以为通过各种渠道完全掌握了下情，其实有的官员的报告是道听途说，不足为信，他却因之对事情作出错误判断。

总之，雍正的性格，以刚毅果断为主，急躁和喜怒不定是老毛病，虽有所警惕、改正，但是极不彻底。他刚毅，但不愎拗。自信，然而有点过分。

雍正的刚强果决，产生雷厉风行的作风，办事迅速，讲究功效，所以他即位就开展革除积弊的活动，时间不长，就取得一定的效果。他的急躁使他的果断不能完全建立在对客观事物深入认识的基础上，对有的问题分析不够，行动上陷入盲目性，于是事情受到挫折，或开展不下去，达不到预期效果，犯了轻举妄动的毛病。自信心有助于他坚强果敢，自信太过，做为皇帝，就容易阻塞言路，影响政治的改良。

雍正的才能、性格，对于他的政治的出现，给予重大影响，使它赋有他的特色、他的形象。政治像人，也有鲜明的个性，雍正如果不是那样的性格，他的时代的面貌也将不完全是那个样子。阻塞言路，影响政治的改良。

雍正的才能、性格，对于他的政治的出现，给予重大影响，使它赋有他的特色、他的形象。政治像人，也有鲜明的个性，雍正如果不是那样的性格，他的时代的面貌也将不完全是那个样子。

# 第十一章　家庭生活

## 一

　　俗话说："帝王家庭怪事多"。综观历代帝王家庭，此话确然不虚。像雍正这样一个以权力和稳固权位为生活目的的权欲欲狂，可以说，勤于治国而拙于理家，是他一大特点，因此，他的小家庭出现的怪事也就自然多了。这里，除兄弟辈中所发生的互相争斗事件而外，仅就其母、妃、子中小范围的家庭风云，择其要者披露考辨如下。

　　雍正元年五月二十二日（1723 年 6 月 24 日）下午约 1 至 3 点左右，皇太后乌雅氏得病，次日 1 至 3 点间逝世于永和宫，终年 64 岁。

　　据官方资料说，皇太后得病后，雍正就到永和宫，亲自照顾，熬制汤药，昼夜不离左右，直至母后病逝。皇太后自康熙皇帝去世以来，哀痛深切，每每令近侍撤膳，茶不思饭不想，以致积哀日久，得病后即见加剧，终于死去。雍正对母后的去世，极尽哀痛之情，望着母亲的遗体，擗踊号恸，抢地呼天，哭无停声，水浆不进，一切丧礼仪服，均属隆备，尽礼尽诚，无所挑剔。

　　按道理说，乌雅氏年已过 60 高龄，恰逢康熙大事出来，悲自心出，难以自制，因此得病而死，也属情理之中的事。要之，乌雅氏与康熙是有一定情份的，她一连生有胤禛、允祚、允禵三子及三女（其中允祚六岁夭折，其他三女有二人殇逝），说明一度很受专宠。乌雅氏起初只不过是个普通宫女，生雍正的次年，被册封为德嫔。两年后，再晋封为德妃。虽然以后再未晋升，但并不说明康熙对她冷淡起来了。康熙刚死，乌雅氏悲痛欲绝，几次表示以死殉夫，大概是出于至情，并非勉强伪饰。就此而言，乌雅氏或因哀痛而遇病身死，并没有值得怀疑之处。至于她自发病到死，前后只有 10 个小时左右，当算"猝死"。

乌雅氏死后，社会上就有些传言，说皇太后不是病死，而是自杀而亡！直至雍正六年（1728 年）曾静、张熙策反岳钟琪案发，雍正才感到事态的严重性，得知穷山僻壤中的酸秀才曾静都在著书立说，把"逼母"作为皇帝失德的一大罪状！于是，雍正"忍无可忍"，在撰文刊书、口诛笔伐曾静所谓"邪说"的同时，特别为"逼母"一节做了大量辩词。就这样，乌雅氏到底是自杀还是病死，便成为一桩公案。留待至今，还是个未解的谜。

当时，雍正穷追散布传言之人，最后，终于将造言之人查出。据雍正自己讲，造播"谋父"、"逼母"谣言的是发遣到三姓（今黑龙江依兰县）的太监于义、何玉柱等人。于义、何玉柱曾向同地的发遣案犯八宝妻子和耿六格（三藩之乱中耿精忠的孙子）等人说：康熙帝曾想将皇位传于十四阿哥允禵，而当今皇帝却将十字改成于字，于是才有机会当皇帝；当年康熙在畅春园病重，皇上就进了一碗人参汤，不知如何，圣祖皇帝就驾崩了；雍正即位后，将允禵从西北调回因禁，皇太后要见允禵，皇上大怒，太后就于铁柱子上撞死了。同时，曾是允禩府上太监的马起云对人说：雍正令允禩去西北见活佛，太后说了"何苦如此用心"的劝阻话，皇上不理睬，从宫中跑出来，太后大怒，就撞死了，允禩的母亲也当即自缢而亡。此外，又有曾发配在三姓的太监关格（允祯的亲信太监）对人讲过一些"皇上气愤母亲，陷害兄弟"之类的话等等。看来，传言多是允祀、允祯、允禵等人的府上太监（按：何玉柱是允禵的心腹太监）最初散播的，他们中有的先发往东北，后又随其他人转发到广西。一路上，他们逢人便大讲"新皇帝的新闻"，雍正逼母身亡的传言就这样自北到南流播于天下了。

像对待其他传言一样，雍正对外间"逼母"的流言做了自以为聪明的辩解。综合他先后所发表的言论，不外有如下六点：第一，太后素有痰疾，又因康熙大事，悲恸不释于怀，终于旧恙复发而死。第二，皇太后素性仁厚慈祥。其言外之意是：如此之人，不会做出横死的事来。第三，康熙帝向来轻贱允禵，绝没有将皇位传于他之意；皇太后不喜欢允禵，曾有"我只知皇帝是我亲子，允禵不过与众阿哥一般耳，未有与我分外更亲处也"之类的话，甚至允禵要单独拜见母亲，太后都不答应。而且，允禵从西北回京后，对雍正种种无礼的举动被太后闻知，太后特命雍正切责允禵。第四，允禵到遵化陵上，是太后死前三四月的事，怎么能说太后欲见允禵而不得呢？况且，正式拘禁允禵是在太后死了三年以后之事，又如何说太后因允禵囚禁而撞死呢？而命允禵去守陵之举，是奏闻太后，太后"欣喜嘉许而遣之"的，太后当时并非不知不允。第五，何玉柱等人说太后因闻囚禁允禵而死，而马起云又说太后因允祯的事而撞死，可见，流言不可信。更何况允禵之母现还健在，奉养于恒亲王府中，怎么说当年已自缢而亡了呢？第六，雍正自称：他40年来备尽孝养，故深得母后之慈欢，宫中诸母妃都夸母后有此孝顺之子——其意无非是，哪里有如此事事孝顺之子能惹母亲生气大怒的呢！

那么，雍正的上述自辩是否属实呢？个人以为，雍正的辩解是有力的，既反驳了传言，也抓住了问题的要害，但仍不能洗清他的不白之冤。因为我们除了钦佩其高超的辩术外，却发现他的话多有漏洞不实之处：

首先，雍正说母后素患有痰疾，这话是在太后死了六年多才说的，而当初发布死讯时，并没有说明死因病情，此为令人怀疑之一。

其二，不管实际情况怎样，在形式上看，雍正是有一定孝心孝行的。但是，有孝心孝行并不意味着不会惹父母生气，更不意味着能被对方所接受。雍正列举一些即位后深得母亲欢心的事例，其实，恰恰相反，乌雅氏并不太热衷于雍正的即位，正如她所说，对此事"不但不敢望，梦中亦不思到"。雍正举行登极大典，例先诣皇太后行礼，乌雅氏再三推托不受，曾说：皇帝登极，理应受贺，至于与给我行礼"有何关系"？最后，在雍正君臣援祖制坚请下，她还是接受了。当然，翻开古书，这一推一让，乃是故套，可不必过分计较。但是，有两件看似寻常的小事大可引起注意：一是新皇帝生母照礼法应尊为皇太后，并恭上徽号、表文、册文、金宝，举行隆重的典礼仪式。但乌雅氏起初坚决不受"仁寿皇太后"之尊号，在雍正和王大臣的坚请下，才答以"知道了"，其后，她以康熙梓宫还没移送景陵为由，典礼一直没有允准，只表示移灵枢事毕方可举行。但是，康熙梓宫在元年三月二十七至四月初六日间移送陵寝事毕，之后，再也没听雍正提起此事，直至皇太后死后才将尊号献上，但那已不是生前所用的荣显的"徽号"，而是"谥号"了。这除了表明乌雅氏谦恭之外，当有隐情在内。二是雍正即位后，本想把母后从妃子所住的永和宫移居皇太后寝宫——宁寿宫，但乌雅氏坚决不肯搬人新居，直至她死后，雍正到底把其梓宫移入宁寿宫，停放三天，然后转移到常停放帝后遗体的寿皇殿，这就有些耐人寻味了！

其三，乌雅氏死后，雍正的表现有些异常。他表面哀痛欲绝，还自称一日哭过数十次的话；丧礼可称隆备，素服斋居 33 个月，并坚持尽三年谅阴之礼，做得似乎有些过头。但实际上，总叫人感到他在伪饰孝行，做官样文章，特意拿给世人看的。这年，暑天特别热，而他不顾严重的畏暑症，不管臣下如何劝，有一阵子每天必到梓宫前亲自祭奠亡灵，似乎有什么愧心事在心中似的。但是，母后死后三周年时，他却怕暑热了，托辞没去陵上祭扫。中国古代最重此礼，而雍正不怕人讥刺，是否有些此事已经风平浪静之后的意味在内呢？再说，皇太后大丧期间，大学士等奏请旨意：本朝国丧间，皇帝或 15 日、或 27 日不办事；今皇太后大事，总理事务王大臣会同内务府议得 27 日不办事。而雍正传旨道："着过十五日再办事"。他不但挑个时间最短的方案，而且，在这 15 日之中，还忍不住降旨处理过庶务，这又如何解释呢？

实在地说，雍正对母后并不像他表白的那样有感情。他倒是总把皇父的私恩挂在嘴上，其意不言自明。而母死后的头两个周年日，他竟然仅在宫中先后作了如下两首诗：

其一

为念慈恩重，难禁涕泪悬。
尊荣养莫罄，背弃岁经迁。
日月还依若，音容独渺焉。
寝门空在望，一望一凄然。

其二

自隔慈颜杳，每临此日悲。
音徽徒有慕，尊养已无时。
恩念劬劳重，心殷岁月思。
朝来益为怆，抚序感如驰。

读此诗后，谁能感受到这其间抒发出多少真正的思母之情呢？不客气地说，这两首并不工整的五言诗，竟还不如他参禅悟道时所赋的诗令人难忘呢！

其四，乌雅氏为允禵事而死，比较顺乎情理和事实。这里，雍正当初是否盗改遗诏并不是关键问题，允禵是否为康熙所确认的惟一继承人也并不关键。重要的是，在朝野人士尤其是允禵本人看来，当年不露声色的"富贵闲人"雍亲王做了皇帝，在人们的意料之外，更为呼声很高的允禵及其支持者所不服。从允禵入京奔丧后的种种"乖张"、"傲慢"、"狂悖"表现来看，允禵对皇兄绝不服气，他那种大失所望的失落感及愤懑情绪一再表露出来，这使本来就心胸较狭窄的雍正大为恼怒，也使乌雅氏在两个亲子间难以调处——偏向大儿子吧，外人会说你不公正，屈服权势，有失为母之道，于心也有所不忍；为那可怜而不冷静的小儿子说几句话吧，又怕得罪这可以呼风唤雨的皇帝儿子，对己残年不利。聪明的乌雅氏，只得保持中立，任凭雍正对允禵的发落，从这个角度说，允禵在元年三四月间被强留在陵上，可能是雍正征求母后默许后才做出的决定，雍正后来在辩词中所说的话大概可信。

但是，报复心理过强的雍正，不但削夺了允禵的郡王爵位，还将其家里的护卫甚至教书先生都先后降罪、遣散，这就有些太过火了。

另一方面，雍正城府如此之深，竟将曾经跳得最欢，最臭名昭著的政治僵尸允禩封为亲王，并给其代理政务的大权，这道任命本来就暗藏杀机，可当时的局外人哪里知道！同时，他把允䄉、允禵等遣散离京，更有欺凌弱者的味道。对于这种看似颠倒是非的举动，作为一国之母的乌雅氏，肯定心存不满甚至是愤怒，那么，她在两难之中，选择一死百了的出路是比较合乎其当时的处境及心境的。

更何况，允禵在母死前被留在汤山，有副将李如柏负责监视，没有行动自由，实际上形同囚禁。乌雅氏发病时，有令召允禵速来京师，但李如柏借口部文没有声明奉有圣旨，又无印使为凭，便把御前侍卫吴喜、朱兰泰等特使扣下请旨，对允禵不放行。待到允禵再奉旨随特使来京后，母后已死两天了。事后，雍正大夸李如柏诚信可嘉，能执大理，特赐白金千两，表示有总兵缺出，即行补用，并让武职大臣以此人为"规范"'同时，雍正又说：允禵在父母大事上，都不得亲临其丧，是其不幸，而此次受李如柏之阻便行止步，也很可嘉！仔细想一下雍正的话，甚为可疑。

更为可疑的是，允禵来京后，雍正在母后的灵前诏封允禵为郡王，但不赐封号，注名黄册时仍称贝子。同时发布上谕："贝子允禵原系无知悖谬，心高气大。朕教训候其知改，然后施恩。今欲慰母后之意，封为郡王。若仍前不自有国法，虽治以重罪，伊亦无怨矣。"不久，再将允禵遣回汤山（今北京市昌平县东南），监禁如初。雍正为何在母后灵前晋封允禵为王，为何在封王时数落威胁一番，又为何仍然驱逐其离京禁锢原地？其中必大有隐情！

至此，我们完全可以做出这样的判断：乌雅氏大半是自杀身亡的。她之所以这样做，主要是因为夹在两个视同水火的儿子中间难以自拔和调处。

雍正一惯注意自己的形象，尤其害怕给世人留下沉溺女色的坏印象。所以，他即位后，似乎没有扩充后宫，广搜天下美女，后妃几乎都是从王府福晋、侧福晋、格格（此处非指帝王所生女儿）等晋升的。现在，有据可查的后妃只有皇后乌喇那拉氏、熹贵妃钮祜禄氏、皇贵纪年氏、裕妃耿氏、齐妃李氏，谦嫔刘氏、懋嫔宋氏，宁嫔武氏，贵人李氏等九人。

一般地说，帝王的婚姻政治色彩浓郁。清开国以来的顺治帝、康熙帝的婚姻就有明显的政治联姻的味道，因此多有家庭悲剧发生，顺治帝曾因董鄂妃之死而搞出家的闹剧，曾掀起一场政治风波，便是明显的一例。而雍正帝在即位前就分府成家，作为普通皇子，其婚姻不可能像继位后才娶后纳妃的皇帝那样具有浓厚的政治意义。不过，因雍正的特殊经历，他也有一段辛酸的政治婚姻，那就是他与年家的联姻。

年氏，年遐龄之女，年羹尧的妹妹。因年氏是在康熙废太子前入选雍正潜邸的，所以，这桩婚事原本并没有多少政治涵义。年遐龄早年沉于下僚，自笔帖式、主事、郎中、御史逐步迁升，后晋升为工部侍郎，再出调为湖广巡抚，后因误劾属员被处以降级留任，康熙四十三年（1704年）以病乞休，再未出仕。年羹尧于1700年中进士后，很长一段时间做词馆文士，直到康熙废立太子之际才出任四川巡抚，八九年后才因治绩大受康熙的重用。可以说，年氏一家原来并没有突出的背景和根基。况且，正是年羹尧出任四川巡抚（时康熙四十八年）前后，年家所在的佐领归属新晋为雍亲王的胤禛管辖，自此后，雍正与年家又多了一层主奴或主属关系。正是从此以后，因皇子间明争暗抢皇储位子，雍正也不例外，他也逐渐膨胀了政治野心，自然想把主持一方的封疆大吏年羹尧渐渐控制在手中，因此，年氏在这场政治风云中，日益成为雍正与年家的政治砝码。

从年氏生育子女情况看，雍正似乎一度对她有专宠之爱。年氏生有三子一女，其中，1715年（康熙五十四年），生雍正的第四女（夭折）；1720年（康熙五十九年），生雍正的第七子福宜，福宜未满周岁即病死；1721年，生第八子福惠（《清史稿》称第七子），福惠八岁而殇，乾隆时，追封为亲王；1723年（雍正元年）五月，再生第九子福沛，生当日死。自1715至1723年间，仅8年中连连给雍正生了四个子女，这说明雍正对她有专房之宠，因为这期间，其他王妃并没有生子的报道。

稍稍注意一下，便可发现：年氏的受宠实在有些耐人寻味！可以说，并非年氏有羞花闭月的容貌，或者温顺体贴的女德才让雍正如此地倾倒——至少这些不是主要的因素，重要的是，正是康熙末年，雍正加紧在内外臣僚中秘密物色争储的同盟者，而王府诸人中，只有年羹尧职位最高，最富有意义——无论年羹尧用自己的威势就近监听控制储位呼声较高的大将军允禵；还是通过他来笼络雍正的支持者，或者直接、间接地影响康熙对雍正的看法，都富有实际意义。再加上秘密串联结党，是康熙最敏感而严惩不贷的事，所以，雍正重点扶植有主奴名份的年羹尧，也具有相当的隐秘性，比较安全保险，而某种迹象表明，起初年羹尧并不死心踏地地倾向雍正，雍正一度很恼怒，写信痛骂年羹尧。在这种情势下，年氏便成为雍正用来笼络年羹尧的重要砝码。不仅如此，为争取年羹尧彻底地为自己服务，雍正还在年父年遐龄身上下了大功夫，基本代行了年羹尧照顾其父生活的义务。结果，至少在康熙临死的前一二年，年羹尧彻底成为雍亲王的心腹了。

需要说明的是，年氏在雍正元年五月产下福沛后，再无生育，这并不意味着她失宠了，而是雍正坚持为皇父尤其是母后行三年谅阴之礼，是政治上的需要，使他不能为儿女情长而在这期间生育子女。

年氏不但一度享有专房之宠，而且，她的地位也连连晋升。雍正即位前，年氏已是仅次于嫡福晋乌喇那拉氏的侧福晋了。雍正元年十二月二十二日（1725 年 1 月 17日），在册立乌喇那拉氏为皇后的同时，雍正又分别册封年氏、李氏、钮祜禄氏、宋氏、耿氏为贵妃、齐妃、熹妃、懋嫔、裕嫔。其中，那拉氏出身名门，早居嫡妃位子，自然应正位中宫；年氏原居侧妃地位，理应封为皇贵妃，但此次册封，皇贵妃空悬不立，年氏虽只得封贵妃，在宫中却享有仅次于皇后的地位。雍正为何不立年氏为皇贵妃，其中当有隐意，究竟如何，不得而知，在册封年氏为贵妃的官样册文中，有"咨尔妃年氏，笃生令族，显著芳声，赋质温良，持躬端肃，凛箴规于图史，克俭克勤，表仪范于珩璜，有典有则"之语，从中虽不能看出年氏的特别优点，但与其他人的册文相较，年氏的独有特点就是"凛箴规于图史"和"克俭克勤"两条了。雍正自己就标榜勤俭，而年氏恰有此性情，并可能赞助雍正争夺帝位于一二，所以，雍正对年氏的专宠不完全出于政治上的需要。

自雍正元年至三年的两年多时间里，除年羹尧间或从雍正那得知年贵妃和福惠母子尚好的消息外，社会上很少知道年贵妃的近况。直到雍正三年（1725 年）十一月十五日，雍正突然发布一道上谕：

"贵妃年氏，秉性柔嘉，持躬淑慎。朕在藩邸时，事朕克尽敬慎，在皇后前，小心恭谨，驭下宽厚和平，皇考嘉其端庄贵重，封为亲王侧妃。朕即位后，贵妃于皇考、皇妣大事，悉皆尽心，力疾尽礼，实能赞襄内政。妃素病弱，三年以来，朕办理机务，宵旰不遑，未及留心商榷诊治，凡方药之事，悉付医家，以致耽延，目今渐次沉重，朕心深为轸念。贵妃特封为皇贵妃，倘事出，一切礼仪，俱照皇贵妃行。"

至此，外间才得知一度宠冠后宫的年贵妃今已病势不起。而且，病非一日，看来已有一两年的时间了。单从雍正的口气看，他似乎对年氏的病被耽误深怀自责之念，所以才在年氏大病不起之际，特赐其为皇贵妃，并预先做了丧事安排。表面看来，他是很重夫妻感情的。

可是，了解雍正的人，不用联系当时背景，便可推知：皇帝是在自演一场非常尴尬的戏！人们不禁想到：上年年底废太子允礽死时，雍正也在其死前发布了一道出人意料的谕旨，说二阿哥病情转重，一但有事，我要亲往奠礼，一切丧礼均按亲王例办理，所花费用就令交给内务府于内库支取吧。这种人还未死就预行安排后事的举动，最能体现雍正急躁的性格。考虑到他与废太子的特殊关系，人们除大赞雍正仁义宽宏大度而外，恐怕就剩怀疑了——雍正彼时的确希望允礽快点死去。而今，他又重演人未死而预备后事之戏，其实不令人费解，因为年家现在已势运倾颓，年羹尧已死到临头了！

就在雍正发布上述很感人的谕旨十日前（十一月三日），已注定要被杀的年羹尧被锁拿到京，圈于允禩空府，其子年寿下刑部狱。据说，当天年贵妃就因"不怿"留在圆明园。而雍正本来在本月初就住在圆明园，这天，他却自圆明园进西直门由神武门回宫了！这则信息非常重要。或许，雍正与年贵妃为年家的事吵翻了脸，至少因年羹尧之事，两人谈不拢。否则，年贵妃为何因不高兴而未随雍正回大内——或雍正为何刚到圆明园就打道回宫呢？

不仅如此，雍正于当月八日至十四日间，为康熙三周年祀典和孝庄文皇后梓宫下葬一事，亲往遵化景陵。而回宫次日，就宣布年贵妃已病得不行，发布了那道上谕。其后，他往来于紫禁城和圆明园两地居住。二十二日，年贵妃仅做了8天的皇贵妃，就在圆明园死了！说起来，年氏不太像雍正所言，素来体弱多病，没有得到很好的调治才病死的，其死得有点蹊跷——忧郁而死？愤懑而死？自杀而死？他杀而死？

不管怎样，雍正在年氏的葬礼上大大渲染了一番。届时，照礼部所议，皇上五日不办事；亲王以下宗室以上皇族，五日不准跳神，不还愿，均穿戴素服；王、公、伯、侯、大学士、尚书、精奇尼哈番（头品世职，相当于汉子爵）及四品以上官员，俱往圆明园安奉皇贵妃，去时应摘去冠缨；因天寒免公主、福晋、格格及大臣妻等齐集。同时赐年氏"肃敏"美谥。

当月二十七日，葬年贵妃。雍正特别吩咐，福惠二阿哥只在本处送丧，元寿阿哥预先到圆明园奠酒，先期祭祀，其他诸王大臣妻免穿孝服，诸王大臣等均往送葬所，可见葬礼既隆重又特别。

年贵妃的葬地向有异辞。一说在遵化城北 20 里的九凤朝阳吉地曾拟有她的墓地，但不知到底是否葬于此，反正后来雍正亲自改选的易州泰陵不曾葬有年氏。一说在乾隆初，将年氏从葬于雍正的泰陵。不知何者为确，待考。

有一点必须提及。年贵妃死的下一个月，雍正便向年羹尧及其部分家属下手，其所谓的党徒也纷纷遭殃，年羹尧本人被赐死，年家昔日的荣华富贵随之烟消云散。

# 二

中国古代，儿孙满堂，向被国人视为福乐之事，帝王之家更是如此。但是，天潢贵胄多了，也未必都是福事，那么多的高层消费群给人民带来的沉重负担且不说，就是最高统治者本身，也常常吞食着他自己酿成的苦果。远的不讲，就康熙来说，他共生了 55 个儿女，成人的 28 个，仅嫡孙就有 97 个，若再加上孙女、外孙、外孙女、曾孙辈，人数之多，恐怕连他自己也难以认识并叫出名来！更重要的，康熙晚年，因皇储事闹得父子反目，皇子之间兄弟为仇，差点危及大清江山，这点，恐怕连康熙都始料不及。

也许是借鉴了皇父的教训吧，雍正一生子嗣不多，共生有 10 个儿子，即位后 10 年内不曾生育，是有心，还是无意？不得而知。笔者认为还是有意的成份居多。

不幸的是，雍正的 10 子中，弘晖、弘盼、弘昀、福宜、福惠、福沛等六人，都没超过 11 岁就夭折了，长大成人的只有三阿哥弘时、四阿哥弘历、五阿哥弘昼、六阿哥弘瞻。

更为可悲的是，仅仅在这成人的四子中，除弘历被雍正视为掌上明珠，早年就默定为嗣君而外，其他三人都出乎雍正的期望，有的在雍正生前就成逆父而行的罪人；有的则在雍正身后，变成性情怪异，屡触皇兄乾隆之怒的皇室废人。对雍正来说，家中出此等孽子，实在是桩家庭悲剧，在传统史家看来，无疑也是有累"圣德"的不光彩之事。

先说弘时。弘时生于康熙四十三年（1704 年）二月十三日，生母为齐妃李氏。按自然行次，他是四阿哥；若按叙齿行次，则排行第三；但因其三位长兄都在康熙时就夭折，所以，弘时实际居于雍正的长子地位。按理说，雍正应特别喜欢这位长子才对，可是，现有资料对弘时的记载少得可怜，雍正朝"实录"和《清史稿》等，对他几乎避而不谈，似乎有所忌讳。《清史稿》只在介绍他时写了如下一句话："弘时雍正五年以放纵不谨，削宗籍，无封。"那么，弘时到底犯有何罪，雍正为何如此绝情，将亲子除名？弘时因何而死？围绕着这一连串问题，专家学者们进行了艰辛的探索。

自本世纪 20 年代以来，陆续有我邦治、孟森、金承艺、冯尔康、杨珍、罗丽达等先生对弘时疑案进行了程度不同的探索。其中，杨珍先生的考辨最详细、最有说服力。下面综合各家主要是杨先生的研究成果，对弘时案分析如下：

可以肯定地说，弘时性格倔强，生活放纵，自幼就不受祖父和父亲的钟爱，在皇族中很难出人头地，因而也就愈加放荡不羁起来。康熙晚年，弘时的三伯允祉之子弘晟、五叔允祺之子弘昇，均被封为王府世子，而弘时是雍亲王的年龄最长之子，年龄也符合标准，但却没有受封。冯尔康先生认为，这一现象只能说弘时的行为不配受封，笔者觉得很有道理。雍正即位初年，借鉴历代明定储君尤其是康熙预立太子的失败教训，创行秘密立储制度，在说明这个新举措时，他曾说了一句令人玩味的话：现今朕的诸子尚幼，建储一事，此时怎么可以举行呢？而当时雍正的四子中，弘历、弘昼均 13 岁，福惠 3 岁，而弘时已经 19 岁了，怎能说他尚在幼年呢？就此，杨珍先生独具慧眼，认为：作为万乘之君的雍正，在对满朝文武大臣说话时，不可能漫不经心，率尔轻言，因为这是在一个非常严肃的场合讨论一件有关"国本"的大事。因此，最合理的解释就是：雍正在最初考虑储君人选时，已将弘时排除在外，所谓"今朕诸子尚幼"，正是这种心态的不自然地流露。

那么，雍正与弘时的父子感情纠葛是何时公开化乃至破裂的呢？据杨珍、罗丽达二位先生的研究成果表明，直至雍正三年（1725 年）上半年，雍正还在包容弘时，这一点是从雍正给诸皇子特聘师傅一事得到证实的。雍正元年稍晚，三位从外地特召的皇子专职教读风尘仆仆地赶到京师，他们是安庆府教授王懋竑及其扬州宝应同乡乔崇修、福建漳浦人蔡世远。三位学者稍事休整待命后，即被皇上召见，其结果，深通朱子性理之学老进士王懋竑，当即被看中，钦点为翰林院编修，令专门配给弘时做师傅；曾深受大学士李光地推崇的大儒蔡世远，也同时特授与编修衔，奉命侍弘历、弘昼读书；而乔崇修则落选，回原地教书。当时，雍正设上书房，作为皇子读书课业之所，但那时只有三位皇子需要读书，雍正为何把弘时与弘历、弘昼分开就师呢？合理的解释是：一是元年八月雍正已经宣布密定了储君，将弘时与其他二皇子分别教读，是富有深意的有意安排；二是弘时已年长成家，比弘历、弘昼大七八岁，理应有所分别，因为他们接受能力不同，如此安排，即使弘时本人也能理解；三是弘时性情放纵，行事不谨，应该由专人专房授业，因材施教，有针对性地进行立事处事等学业、修养方面的教育。再看雍正给弘时特配的师傅，就可见其良苦用心。王懋竑51岁才中进士，不知是岁龄偏大，或是什么别的缘故，当年康熙没有留他人词馆，结果只能回乡教书。此人精研朱熹之理学，刻厉笃志，身体力行，淡泊名利，深得心性之道；那么，雍正特意从千里之外召他人京，专门配给弘时做教读师傅，无非是让这位不驯之子改恶从善，以师傅影响学生。而王懋竑因母死回乡奔丧，就于雍正二年赶回扬州了。临行，雍正特意嘱咐他：不必遵礼制守三年之丧，料理完丧事就可回京。可见皇上对他的供职是很满意的。这年底，朝中总有人奉命催王懋竑明春回京，并说三阿哥也希望他早些回来。但是，次年（1725年）八月，王氏赶回北京时，情况就有些不妙了，他似乎没有见到三阿哥和皇帝，只在旅邸养病，半年无事可做。翌年，王氏以"耳聋老疾"之名奉旨退休回家乡了。这说明，至晚到王氏回京时，弘时与皇父的矛盾已公开化了。

杨珍先生根据新近公布的宫中档案及乾隆朝"实录"，得出如下结论：弘时在其师傅王懋竑回乡奔丧期间，曾遭到过皇父的严责和惩罚；雍正四年（1726年）二月十八日，父子彻底绝情。雍正降旨，将已经过继给允祀的弘时撤去黄带子，从玉牒中除名，交与正处于不得志时的允裪约束抚养。至此，表明雍正已不再承认弘时是他亲子，而且，也不允许名列皇族！

是什么缘故令雍正如此恼怒？这是人们比较关心的问题。现在，原因基本查明，弘时站在皇父对立面允祀一边，坚决反对雍正对待八叔的打击政策，这使在气头上的雍正极其恼火。有迹象表明，弘时反对雍正的态度是坚定不移、屡戒不止的；否则，即使雍正再喜怒无常，也不致于到这般绝情的地步！至于弘时为何与父亲公开唱对台戏，反站在雍正所称的"仇敌"一边，笔者以为，除他有一定的正义感而不满于皇父对政敌的残酷迫害以外，恐怕有两种情况最值得注意：一是雍正向来不喜欢他，在密定储君后，雍正曾做了种种暗示，弘时已明显感到自己与储位无缘，不满和绝望情绪日长，于是便抱着破罐子破摔的心理，更加"放纵"起来；二是弘时很可能掌握雍正谋取帝位的种种劣迹，父皇的阴阳两种性格和表现，使他在感情上难以接受，进而失去了对雍正的起码的尊重，以致用同情和支持允禩的方式，表达他的不满情绪。当然，这些只是一种推测，不一定确切。

弘时于雍正五年（1727 年）八月初六日去世，年仅24 岁！至于他为何英年早逝，多数人曾推测是雍正杀死的。近年杨珍先生专门撰文，进行了很有说理性的考辨，结论是"估计弘时是在忧伤郁闷中病故"，并非雍正杀死的，既然是"估计"，就不能说是定论。所以，弘时之死仍算作一桩公案，急需发掘新材料以求定谳。不过，本人是极为赞同杨先生的考辨及其审慎的结论的。就雍正一生的思想和行事而言，他不可能做出自残其子的蠢事来。雍正在思想上是个理想主义者，总希望把所有的事情都办好，总期望别人都以他的要求行事，眼里容不下沙子；在每做一件大事时，总是前思后想，以免给政敌和天下后世留下口实，影响其声誉。他曾说要做个"十全令主"，只是因为允禩、允禵之事，才使其功名减了一半。允禩、允禵等明里暗里搞鬼，拆他的台，使他恨得咬牙切齿，何尝不想杀他们以泄私愤，但他还是在精神上折磨他们，多次表示绝不杀他们，以免留下杀弟的恶名。那么，他又何忍杀掉亲生子呢！

可以说，即使雍正不曾杀子，也不表明他不具有封建政治家的兽性。他对弘时的惩罚，不是肉体上的残害，而是赤裸裸的精神折磨，后者的惩罚方式较前者更为淫狠、毒辣。可以慰勉亡灵的是，乾隆一即位，就为大哥曲折地平了反，把已死多年的弘时又载入玉牒，承认他是爱新觉罗氏的子孙，游荡数年的冤魂终于找到了自己的归宿！

弘时英年早逝，多少说明雍正热衷政治而拙于理家的个性特点，也表明雍正很少像康熙那样非常重亲情。

如果说弘时与父亲唱对台戏，有对雍正偏爱弘历并把他密立为储君表示不满的成份的话，那么，日后弘昼、弘瞻堕落怪诞，这种成分的比重就更大。雍正独创秘密立储的制度，对国家来说是一大善事；而对家庭来说，未必就没有副作用，这是以前人们常常熟视无睹的。

五阿哥弘昼，与其四兄弘历同龄，只小三个月。弘昼与弘历的出身大致相当，前者的母亲耿氏，早年就侍奉雍正，号称"格格"，雍正即位后封为裕嫔，再晋裕妃；弘历的母亲钮祜禄氏，年 13 岁就入侍雍正潜邸，比耿氏早些，但当时也称"格格"，只是雍正元年耿氏只封了裕嫔，而钮祜禄氏却册立为熹妃，年氏死后，再晋为皇贵妃。这种微妙区别，可能是雍正的有意安排，以示对两个同龄孩子的不同区别。

但是，弘昼与弘历自幼就被安排在一起，同吃共住，同学同课，朝夕共处，形影不离，兄弟俩建立了难以用语言文字表达的情谊。雍正对待这两个儿子，似乎也一视同仁，给他俩相同的待遇，即使派遣差事时，也一同差遣；雍正九年（1731 年），弘历、弘昼同时受封，前者赐号和硕宝亲王，后者为和硕和亲王，虽然这一"宝"字与"和"字寓义深刻，但仍然不分轩轾，难说有偏向。他之所以这样做，显然在明示两个儿子和世人：弘历、弘昼都可能是默定的皇位人选。因为越到后来，越明显地表明：活着的六阿哥岁数太小，弘时、福惠已相继死去，未来的皇位只能在这两人中产生！

事实上，弘历、弘昼两人一直也在暗自用心较劲。据弘历后来回忆说：我幼年时，每日所学的课程，当即就能成诵，师傅福敏就只能给加课，预习明日的学习内容，以等待弟弟完毕功课。对此，弘昼后来也承认，自己与这位哥哥相比，会心有深浅，气力有厚薄，属辞有工拙，确实有些自愧不如。想来，当年弘昼学业不如弘历，未必就心服，更未必不奢望那正大光明匾额后的建储密旨不是自己！

雍正死后，弘历登极做了皇帝，彻底破灭了弘昼的梦想。哥俩昔日那种无所拘束的兄弟关系刹时变为君臣关系，弘昼不得不小心谨慎起来，但他难以时时都把握好分寸。而弘历要树立无尚的威权，最大的障碍就是越过弘昼这一关。所以，对弟弟必须恩威并重，一方面给其议政的大权，满足他的一些权势欲；把皇父的潜邸私房钱全赏赐给他，使弘昼一下子暴富起来，成为当时最富的王爷；另一方面，则间或加以威权，以震慑之。一次，乾隆让弘昼陪他坐阵乾清宫正大光明殿，监试八旗子弟，一直到下午四五点钟了，乾隆坐在那里，还没有退朝吃饭的意思。弘昼有点坐不住了，劝皇兄退朝就食，而乾隆不允许，弘昼顿时大觉不快，说："皇上难道怀疑我单独在这儿，会买嘱士子作弊吗？"乾隆强忍怒气，不答一语。次日一早，弘昼入朝自请谢罪，乾隆则从牙缝里挤出一句话，足以让弘昼一辈子胆寒的："假使我昨天答一句话，你立刻就会粉身碎骨了！你的话虽愣，心里却存友爱，所以才宽恕你这一次，但日后慎勿出此等话。"

弘昼虽骄抗不驯，但在皇兄面前只好认输。他也像其父那样贪财，乾隆又满足了其欲望。于是，他就思想颓废，做起怪异事来，足以令人惊诧。他曾说："人无百年不死的，有什么可忌讳的呢？"听后似觉有理，但要看出自谁的口了。据说，此人好言丧礼，曾手订丧仪，坐在王府大庭，令家人们前来祭奠哀泣，而他自己则坦然受之，大饮大嚼，以为乐事。这种生祭活人的游戏，可谓空前绝后，反映出弘昼无聊怪异的性格。乾隆三十年（1765年），弘昼在郁郁不得志中死去，终年55岁。

再说雍正的幼子弘曕，此人也是个有累乃父英名的败家孽子。弘曕生年（1733年），雍正已是56岁的人了，老来得子，况且已10年没有生子了，自然欢喜。但是，也许弘曕还记不清皇父是什么模样，雍正就去世了，其抚育之责就落在皇兄乾隆身上。乾隆初年，果亲王允礼死，无嗣，不满10岁的弘曕讨了个便宜，奉旨过继给允礼为后，袭郡王爵。也许弘历对弘曕过于宠溺或疏于教养，弘曕自幼就养成一种盛气凌人、贪财好物、放纵不法的公子哥习气，除了工善诗词、雅好藏书外，别无所长。

据说，弘曕御下严酷，每日早晨起来，总习惯披衣巡视，遇有不法失礼之家人，必立即杖之，以故无敢为非作歹的。他也像乃父一样，贪财爱物，又是个守财奴，曾主持私开煤窑，与民争利，又嘱两淮盐政高恒帮他贩卖人参，牟取暴利；还与织造衙门私买上好的绣缎、玩器等，贱价给钱，因此家资丰厚。起初，乾隆是睁一眼闭一眼，不予以深责。直到乾隆二十八年（1763年），圆明园九州清宴遭火灾，王公大臣都闻风即至，而弘曕却偏后赶到，不仅如此，他还与诸皇子谈笑风声，毫没有愧谨之色，惹得皇兄很不高兴。不久，乾隆借他交结外吏，安插王府宾客，以及对母妃奉养俭薄而无孝心，公开指责降罪，削其郡王爵，降为贝勒，罢除一切差使。弘曕自幼放荡不羁，均受包容，受此次打击，自然在心理上承受不了，从此闭门家居，郁郁不乐，终于病倒。乾隆在他弥留之际，亲往抚视，弘曕只有在病榻上叩首引咎自责，弘历拉着他的手说："朕以汝年少，故稍加拭拂以格汝性，何期汝愧恧之若此？"当日就复其郡王爵。可惜，弘曕气盛攻心，不日即死了。

可以说，雍正没有多少家庭的天伦之乐。他的四个长大的儿子中，弘时之事气得他发昏，而弘昼、弘瞻虽没有给他添乱子，但他俩的日后作为，足以影响其父令名。只有皇四子弘历，最使他得意，而就是这个弘历，后世也传出足以影响雍正"圣德"的逸闻来……

## 三

"狸猫换太子"，本是元曲中的一个剧本名称。此戏曲原本是一个悲怆而富有传奇色彩的真实故事：北宋真宗赵恒与宫人李氏生有一子，幼名受益，而皇后刘娥不生育，便将此子偷梁换柱，据为己有，与杨太妃养育之。直至刘氏死，已是皇帝的赵祯（即宋仁宗，小名受益）才明白自己的身世，得知李辰妃是他的生母！当然，戏曲作品允许夸张渲染，很多细节都是后人强加上的。

清末民初以来，关于雍正的"丑闻"连连出台，甚至盛传：雍正也有"狸猫换太子"的丑行。至今社会上还流传着这样的故事：当年雍正做皇子时，与海宁显族陈氏关系相善，正巧两家各生有子女，其年、月、日、时辰相同。雍亲王闻知，很高兴，命陈家把新生婴儿抱入王府观看，过了很长时间，才将孩子送回，陈家一看抱回的婴儿，顿然惊呆了——不但不是刚降生的孩子，而且，已不是男孩而为女婴了！陈家慑于雍亲王的威势，虽然很觉奇怪，但只有默不作声，自认倒霉了。后来，雍正即位做了皇帝，特升陈氏数人位至显要。据说，这个被雍正强夺己有的就是后来的乾隆帝——四阿哥弘历。弘历嗣位后，对陈氏优礼特厚，曾南巡到海宁，到海宁当日就去了陈氏家，升堂垂问其家世，当出来走到中门时，命人将此门封闭，并对陈家说：以后若非天子临此，此门不要轻易开启，自此陈家便永远将中门上锁不开。对此传说，有人也找出一些根据来：其一，乾隆的确对自己身世表示疑惑，故根据当时传闻，借南巡而亲加访查；其二，乾隆自知道不是满族出身后，常常在宫中改穿汉服，一度竟想就此彻底尽易装束。有一次，他穿上汉人袍服，问近侍："朕似汉人否？"有一老臣跪对道："皇上这下真像汉人了，反倒穿上满服就不合适了。"不知怎么他反而不再追问，也不再穿汉装了。还有人说，当初雍正确实不是生的男孩，但从中捣鬼的与雍正无关，而是王妃偷偷干的，其他人包括雍正在内并不知内情。

上述传说在清末民初以来非常流行，尤其盛行于江浙杭州、嘉兴一带。至今，由于这一传说被编成小说、剧本，并通过影视等传媒扩散，在社会上有相当的市场，以至家喻户晓，妇孺皆知。所以，有必要在此做一简略的说明。

应该说，所谓"狸猫换太子"之说，虽有些荒诞离奇，但却有一定的历史根据。陈氏一家，自明代以来，中进士者就达 200 余人，多通达显要。清开国后，位极人臣的就有陈之遴、陈元龙、陈世倌等数人，父子侄兄弟同登高第者，屡屡发生，被时人称为科场异数。乾隆到南方巡视，确曾去过陈家。乾隆爱穿汉人装束，也是历史事实，现存于故宫博物院的乾隆画像中，就有着汉装的。

然而，仅凭上述事实，是否就可以认定乾隆并非雍正之子了呢？显然不能。自从这般传说风行于世后，很多学者却不以为然，金梁先生很早就借富察敦崇的《皇室闻见录》做了驳斥。而现代史学大师孟森先生更是对此做了鞭辟入里的考辨，使此问题基本得到澄清。只惜孟先生的研究成果因系纯学术的考证，虽最初发表于 1938 年，后于 1979 年重刊于《中华文史论丛》上，再收入其论文集中，在学术圈内得到普遍认可，但由于文字类古文，引证又嫌繁琐，有欠可读性，故在社会上影响不甚理想。幸赖王钟翰、冯尔康、戴逸等先生，根据他们各自的研究成果，把孟森先生的定论推而广之，才一定程度上消除了世人对此问题的模糊认识。

目前，乾隆身世之谜之所以与"太后下嫁"、"顺治出家"、"雍正被刺"等并称为"清宫四大奇案"，主要是因为此说流传甚广，几成牢不可破之势。如果说宫闱秘事，怪事常出外人之所料，雍正当年偏要偷换个汉人儿子做后，则此事仍可算作一谜——若照此逻辑推论，历史上的宫廷谜案可以说多如牛毛，每事都可成谜。因此，我们还必须看一看如下反证事实材料或背景。

第一，清朝家法特严，皇族生子有严格的稽察、申报、记档规定，不得错乱疏漏，否则，将对当事人从重治罪。因此，清代绝少有类似偷梁换柱的事件发生，为何丑事偏落在雍正身上？实在令人费解。

第二，王府戒备森严，怎容得有人随便抱一婴儿出出进进？退一步说，即使此事得到王府主人的有意安排，精心策划，偶而换子得手，又怎能掩盖所有人耳目？要之，弘历生年是康熙五十年（1711 年），对此向来没有疑义。那么，稍有点清史常识的人都知道，此时正值康熙将废太子复立不久，而其他诸皇子并不甘心，仍在私下捣鬼；而且，朝臣至少诸皇子都明白：康熙此举无非是先堵一下人们的嘴，而复立的太子不可能久立。所以，包括雍亲王在内的几个有争储希望的人，都在暗中用心，讨好皇父和世人。那么，雍正怎敢在这时巧夺汉人之子？他就不怕风声传出去，因此而断送政治前程是小，革爵降罪更令人不寒而栗！一向雄猜精明的雍正岂肯做出如此因小失大的蠢事来！再退一步说，假使雍正无心争储，即使有心争储也看不出复立的太子有再次被废的政治形势，因此没有必要担心换子会惹出事端来，那么，他偏做以女换子的伤天害理之事，又有何必要及意义呢？

第三，事实证明，雍正当时不愁断嗣，根本没有必要强夺别人的儿子。在弘历出生以前，雍正频频丧子，四个儿子只有三阿哥弘时还健在，这是事实。在这种情况下，如果雍正担心年已八岁的弘时再得病夭折，而眼下所生又是女婴，为免除皇父或世人对自己子嗣不昌的担心，有必要以女换子——这是最大限度地揣摩雍正当时夺子的正常心理！若真是这样，雍正的担心也未免过重，未免过于残忍——八岁之子也会像其长兄一样死去？更何况，当时耿氏已怀有身孕，虽未卜是男是女，却不至于不择手段地夺人之子；雍正当时正值壮年，又不是患有不育症，哪里有担心断嗣少子的必要？

第四，就传说而言，主要因为陈家仕途旺盛，多官中外要任，尤以康、雍时期为显赫，仅看在历史上留下大名者，就令人联想到陈家祖上是积了大德，或与帝王之家有一种神秘的关系！但就陈家在康、雍、乾三朝的官运而言，康熙间最盛，尤称异数；雍正时只继其余脉，因其中第登仕途盛在康熙间；而乾隆时，陈家在科场上就没有那样的好运了，做显官的也大不如前了。这正与乾隆即位后大擢本家人的传说相反，又当做何解释？

第五，乾隆南巡，四次住在海宁陈家，御赐"春晖堂"等蕴含思母的匾额，封锁所走的中门，实为传说的支柱性根据。但是，乾隆共六次下江南，前两次都到浙江而北返，为何没有到海宁县（今浙江海宁县西南盐官镇为治所之地）？为何偏偏后四次到了海宁，并住在陈家园林？前一问实为传说的反证，而这两个问题现已有确切答案：乾隆后四次南巡住在海宁，是要就近视察当时重大的海塘工程，这也是他南巡至此的主要目的；而住在陈家，是因为陈家的别墅园林号称海宁之冠，陈家累世为官，最适合皇帝暂住落脚，并无其他目的。这一点，孟森先生考辨最精，不妨耐着性子一读其文，读后自然有所感悟，在此不作赘语。顺便说一句，乾隆南巡前两次不曾到海宁，主要是当时海宁一带还未患海潮之祸，原因很简单。

陈家园林中确实悬有御书匾额"爱日堂"、"春晖堂"等。对此，孟森先生根据可靠资料证实："爱日堂"、"春晖堂"均为康熙帝御书钦赐，与雍正、乾隆都毫无关系！乾隆在海宁时，确曾书过匾额，作了大量诗句，但他给陈家只写过"安澜园"等匾额，从不曾书过"春晖堂"什么的！可见，当初造言者实在是运用移花接木、扑风捉影的伎俩的。

至于乾隆为何令陈家闭锁曾走过的中门，原因很简单。熟稔清朝掌故的清史大家王钟翰先生对此解释道："按清制，皇帝到过的人家，经过的大门是必须封闭，禁止再开的。"这里所说皇帝到过的人家，主要指像陈家这样官宦、绅衿或民人的乡居之家，而非居京的王公大臣的官邸。

第六，乾隆一度在宫中爱穿汉装，是事实；近侍们见风使舵，谀称他穿上汉装酷似汉人，反而穿上满服倒不合适了，也或许有的。但由此而得出推论：乾隆自疑为汉人，所以才爱穿汉装，以此作为雍正"狸猫换主"的佐证，这种说法尤为无知，又违背基本的逻辑。清人关后，法例严禁旗人染上汉习，屡屡强调"国语骑射"的重要性，更严禁着汉装，违者查出要治罪！但这是针对一般旗人的，皇帝何曾受此约束？雍正就热衷于化妆画像，他不但留有汉儒、道士、僧人裴扮的画像，更有西洋装束打扮的画像，你能说他也是汉人、道士、僧人或者西洋人出身？乾隆踵其父，也乐此不疲，现存丁观鹏的《弘历观画图》，乾隆确曾头戴方冠，穿长衫，扮为一副汉儒形象，令人画出来，但你能说他曾是汉儒出身？要之，雍正父子此举，只是因强烈的好奇心所致，但在公开场合他们是不敢做此违例事情的，只能在深宫无聊时玩玩而已。

顺便提一下，弘历出生在雍和宫，而不是避暑山庄的狮子园，这个掌故曾经过道光帝的亲自纠正。另外，雍正是不是好色为一回事，其后宫生活严谨与否是一回事，应该说，雍正的后宫私生活是刻板而严肃的，但有人就喜欢找他的别扭，在"狸猫换太子"之外，又传出雍正与一个丑陋的宫女野合而生了弘历，此说被写进了小说，戴逸先生曾做简短而有力的驳证，当然，也有另一种传说，说弘历是雍正与一个南方人"傻大姐"所生。与上一个传说不同的是，弘历的母亲是"明媒正娶"入雍亲王府的，这个"傻大姐"虽丑而心肠好，侍奉病中的雍亲王，40多天衣不解带，感动得雍亲王想给她一个出人头地的机会，于是就有了弘历。据说，这个故事出自避暑山庄的一个80多岁的老宫女之口，民国时曾做过国务总理的熊希龄亲自听那个老宫女讲述的。据胡适说"此事无从考证了"，那么，我们也就只能暂留此话题，等待人们的考辨论证吧！

# 附　录

## 政治生涯

### 整顿吏治

雍正皇帝即位之初，吏治废弛，贪污腐败已然成风。他克服来自各个方面的阻力，在全国上下大规模地开展清查亏空，设立会考府，实行耗羡归公和养廉银制度，取缔陋规等多项工作。由于他态度决断，雷厉风行，清朝的财政状况在短时间内得到明显改善，官吏贪污吏治腐败的情况都有很大的转变，使雍正朝留下了"雍正一朝，无官不清"的说法。旅日华人学者杨启樵说："康熙宽大，乾隆疏阔，要不是雍正的整饬，清朝恐早衰亡。"

### 摊丁入亩

这是一项重大的赋税改革。中国自古就有人丁税，即成年男子，不论贫富，均须缴纳人头税。雍正实行改革，将人丁税摊入地亩，按地亩之多少，定期缴纳税目。地多者多纳，地少者少纳，无地者不纳。这就是"摊丁入地"，一举取消了人头税。这项措施有利于贫民而不利于地主，是我国财政赋税史上的一项重大改革。

### 耗羡归公

我国古代以银、铜为货币，征税时，银两在兑换、熔铸、保存、运解中有一定损耗，故征税时有一定附加费。此项附加费称"耗羡"或"火耗"，一向由地方州县征收，作为地方办公及官吏们的额外收入。耗羡无法确定征收额，州县就随心所欲，从重征收，有的抽正税一两、耗羡达五六钱，给人民造成了沉重的负担。雍正实行"耗羡归公"，将此项附加费变为法定税款、固定税额，由督抚统一管理，所得税款，除办公费用外，作为"养廉银"，大幅度提高了官吏们的俸入。这样，既减轻了人民负担，又保证了廉政的推行。这就是所谓的"高薪养廉"。

### 创立军机处，推广奏折制度

清雍正为把权力进一步集中在自己手中，创立军机处，作为皇帝的秘书班子，为皇帝出主意，写文件，理政务，"军国大计，罔不总揽"。其特点是处理政事精简速密。军机大臣直接与各地、各部打交道，了解地方情形，传达皇帝意旨。此机构存在200多年，直至清末。与创立军机处相伴随的是推广奏折制度。由于以前的官员文书批转手续繁复，且经多人阅看，时间拖延且难于保密，而奏折则向皇帝直接呈送，直达皇帝本人。雍正将可向皇帝上奏折的人数扩大，不同身份的官吏可以及时反映情况，报告政务，使皇帝洞察下情，以便制定政策，也使官员们相互监督，皇帝得以了解他们的贤愚、勤惰、政绩、操守。

### 改土归流

我国西南及其他一些少数民族聚居的地区，实行土司制度，其职务为世袭，仅名义上接受清朝的册封。土司们生杀予夺、骄恣专擅。这种制度妨碍了国家的统一和地区经济文化的发展。雍正即位后，废除了云南、贵州、广西、四川、湖南各地的许多土司，改成和全国一致的州县制度。"改土归流"是一场严酷的斗争，遭到许多土司的武装反抗，雍正坚决派兵平定。在平叛战争中虽然也累及无辜，给少数民族造成伤害，但从长远来说，"改土归流"是一项进步的措施，打击和限制了土司的割据和特权，有利于民族地区的经济文化发展。

这里所谓的西南地区主要指今云南、贵州、广西、四川以及湖北、湖南的部分地区。这些地区居住着苗、瑶、壮、白、彝族等众多少数民族。在这个地区的少数民族聚居区内，自元代以来就实行着土司制度——在部分少数民族地区设置宣慰司、宣抚司、长官司等机构，土官均由少数民族酋长或头人担任，其官爵受封于朝廷，但职务为世袭制，享受着大量特权。土司制度是一种与西南少数民族地区长期存在着的领主制经济甚至奴隶制经济相适应的统治制度。在这些地区，行政、财政、军事等事务都由土官掌管，中央很少过问。

到了清代前期，以世袭、割据为主要特点的土司制度已经成为调整多民族国家行政区划的极大障碍。清雍正四年（1726）九月，云南巡抚兼管云贵总督事务的鄂尔泰正式提议"改土归流"，其主要目的是"制夷"、"安民"、"增赋"。同时，他还提出了具体方针："计擒为上，兵剿次之；令其自首为上，勒献次之。"雍正皇帝批准了鄂尔泰的建议，并将四川常滋事的三个土府即东川、乌蒙、镇雄（今云南东北部与贵州、四川交界处）划归云南。不久，鄂尔泰被提升为云南、贵州、广西三省总督，总理西南地区的改土归流事宜。

是年，鄂尔泰命曲寻总兵刘起元带兵进驻东川，一切土官尽行更撤，完全置于流官统治之下。当他们进军乌蒙、镇雄时，遭到土官禄万钟、陇庆候的抵抗，鄂尔泰抚剿并用，先后招降握有两府大权的禄鼎坤、陇联星，再以武力攻克乌蒙、镇雄两府。前后不到一个月，东川、乌蒙、镇雄三大土府的改土归流基本完成。雍正四年至十三年（1726—1735），清政府又对贵州、湖广等地60多个土司进行了改土归流，其中对广西、四川、湖广（今湖南、湖北两省）三省主要是招抚，而对云南、贵州则多用武力解决。亦有许多地区的土司顺应形势，交印纳土，自己呈请改土归流。乾隆年间，清政府又借平定大小金川土司叛乱的机会废除了四川西北部的土司而改用流官。

改土归流是清政府在西南少数民族地区进行的大规模行政改革，但这项改革不够彻底，部分地区仍存在着土官制度，在实施过程中也出现过掠夺少数民族的事件。然就整体而言，改土归流强化了中央集权，巩固了边陲，促进了国家政治上的统一，增强了当地少数民族与周围地区的联系，周边地区先进的农业生产技术和经验得以传播到西南少数民族地区。同时，通过改土归流，土民减少了对土官的依附，获得了更多的人身自由。在这次改革中，清政府统一了西南地区的税收，农民的实际负担有所减轻，这些都有利于西南少数民族地区社会与经济的发展。

### 开放洋禁

雍正前期严格执行海禁，但后因考虑沿海百姓生活疾苦，于雍正五年开放洋禁。允许民人下南洋从事贸易。

雍正对当时的鸦片贸易也较为重视，他的鸦片政策是：贩卖毒品，严惩不贷，严格区分药用鸦片与毒品鸦片烟，毒品严禁，药用不干涉，且照顾小本商人的正当利益。

对待西欧来的使者，雍正也以礼相待。他虽竭力反对天主教等在中国民间的传播，但同时，他对天主教也并无恶意，五年，博尔都噶尔（今葡萄牙）使臣麦德乐来京。雍正对他的优待使他深为感激。甚至于雍正寿辰之时，在天主堂作祈祷，为之祝寿。雍正还选了一些有才能的传教士在宫中研制外国仪器和烧造材料。马夏尔尼当年来华，有一部分原因是雍正在伏尔泰笔下的"开明"为欧洲人所共知，使他们对中国皇帝（当时是乾隆）与对华通商充满了美好的幻想。

### 废除酷刑

废除腰斩也是雍正帝的一个功绩。废除腰斩的原因是这样的：雍正皇帝有一次用腰斩杀了一个人，因为腰斩是一刀从腰部砍下去，砍下去之后人还活着，这个人在被砍之后，用手指蘸着血在地上连写七个"惨"字，雍正皇帝听说之后觉得非常惨，所以就下令废除腰斩。

### 朝乾夕惕

雍正皇帝在位短短的 13 年所做出的改革，比他父亲康熙所做出的改革还要多。可以说雍正是一个改革型的皇帝。

他在位 12 年 8 个月里头，几乎每天都工作到深夜。一年之中只有在他生日那天才会休息。而且每天的睡眠还不够 4 个小时。仅仅在数万件奏折中所写下的批语，就多达 1000 多万字。雍正皇帝的勤政精神、治国业绩，在中国古代帝王中堪称楷模。

清世宗勤于政务，大力清除康熙统治后期的各种积弊，取得一定成效，对清代历史发展有一定贡献。但他统治严酷，猜忌多疑，刻薄寡恩，这是他性格的弱点，从而容易得罪很多官僚阶级。同时，也正是因为他的严厉统治和超乎寻常的努力，使大清帝国逐渐走向鼎盛，也才为康乾盛世起了承前启后的作用。

## 生活逸事

### 母子情疏

按照清宫惯例，皇子出生后或由官员抚养，或由其他妃嫔抚养，总之一言以蔽之，皇子诞下之后独不可付与生母抚育。这可能是为了杜绝后宫干政，所以有清一代，除了慈禧以外，大体上杜绝了后妃干政及外戚祸国的弊政。

在这种政策下，清世宗雍正皇帝自幼为康熙皇帝的表妹，时为皇贵妃的佟佳氏（即一等公佟国维之女孝懿仁皇后）所抚养，虽并非过继，但因彼时中宫久虚，佟佳氏以副后身份统摄后宫，地位尊贵，佟佳氏膝下犹空，没有儿女，胤禛出生后数年方诞下一女，旋即而卒，故佟佳氏视胤禛为己出，殷勤备至，关爱有加，而雍正则蒙其庇荫，承其恩泽，算起来当是康熙诸子中除了二阿哥胤礽（生母为四朝元老索尼之孙女，索额图之侄女孝诚仁皇后赫舍里氏，初谥"仁孝皇后"）、十阿哥胤䄉（生母为温熹贵妃钮祜禄氏，孝昭仁皇后之妹，遏必隆之女）以外，位份最为尊荣的一位皇子，因此从小就受到一定的重视。

幼时的胤禛就凭借着这层得天独厚的机缘，被鞠养于康熙宫中，得到父皇康熙皇帝的亲自抚育，一时之间其乐融融，甚为温馨和谐。他们父子间的感情基础也因这层关系而显得特别深厚牢固。但是这种有悖人情的做法也非一无瑕疵，由于缺乏接触和沟通，这极有可能会导致出现亲生母子间互生隔阂，彼此猜忌，感情不睦，关系漠然等如此尴尬的境况。而不幸的是，雍正和其生母德妃之间的关系就变得这样陌生而紧张，冷淡而无奈。

究其原因，可以总结为以下几点：

第一，因为胤禛从出生起即由佟佳氏抚养，一直到他十一岁左右佟佳氏病逝，幼年的胤禛都是在这位母亲的呵护和教导下一天一天成长起来的。俗话说，"生恩不及养恩大"，所以胤禛感养母恩遇之素深，同孝懿仁皇后亲近，反而与亲生母亲生疏则是很自然的事情，亦合乎人之常情。甚至这种情感上的亲疏还"延及"到雍正的子孙，乾嘉年间佟佳氏累次加谥，但是作为皇帝的生母乌雅氏却偏偏没有这种殊荣，仿佛她是什么不相干的人，生生地被抛在了一边，极不寻常之中隐隐地透露出雍正和德妃之间"耐人寻味"的"母子"关系。胤禛后来回忆佟佳氏时曾感念其"抚冲龄而顾复，备蒙鞠育之仁，溯十载之劬劳，莫报生成之德"（《清世宗实录》第十一卷，第九页。）。

第二，佟佳氏是康熙的表妹，位份尊贵，自康熙第二位皇后（即孝昭仁皇后，康熙朝四辅政大臣遏必隆的女儿）死后，一直位列皇贵妃之位，即所谓的副后，掌管后宫，是诸位皇子之嫡母，她的尊贵地位一定让年幼的雍正产生一种依属感和安全感，出于生存的本能他必定会竭尽全力地去讨养母的好，以期获得她的欢心，久而久之在这种潜移默化之下则难免"沦为"一个懂得如何察言观色、趋炎附势的"势利眼儿"，对自己的亲生母亲的态度想来也会由于养母的存在和在宫廷之中生存立足的需要以及祖宗的成法，而不敢过分亲近，胤禛甚至很有可能在有意或无意中表现出一种以佟佳氏之子身份自居的优越情绪，生母德妃看在眼里心中定然很不畅快，久而久之他们母子之间的关系便会蒙上一层阴影，生疏感则会越来越强烈。

第三，"天下的父母皆是偏心的"，此乃古今常理。况且大多数的母亲都会特别疼爱溺宠幼子，这是她们天生的情结。德妃在胤禛之后生了第二个儿子胤祚（康熙的第六子），随后把关注的目光停在了胤祚身上，胤祚死了她自然就去疼爱十四子（胤禛，雍正时更名为允禵），想来雍正心中对此也一直耿耿于怀，母子间的隔阂愈见增大。

第四，胤禛即位后，即称隆科多（佟佳氏的弟弟）为舅舅，却反而把自己的嫡亲舅舅撂在一边，不以为意，这很明显向全世界宣布"我只承认佟佳氏这位养母是我唯一的母亲"，他的做法和《红楼梦》中的探春如出一辙，显然在他的心底对自己的亲娘并没有什么感情，并且或多或少地将此公开化，他的脾气性情本就是如此，他并不是如人们想象一般，将自己的感情遮遮掩掩，而是很多时候都会公开或半公开的一吐而快。再比如雍正自暴隐情，每天五更（凌晨三至五点）这个时候去给母亲请安（《大义觉迷录》卷一，《清史资料第四辑》，中华书局1983年版，页11），他们名为母子，实则形同陌路，二人之间本就没什么话说，甚至大多数时候都是话不投机针锋相对的，但是为了避免背负不孝的罪名，雍正只能赶在母亲尚未起身的这个点儿前去"请安"，实际上就是走个过场，互不碰面才能免生尴尬。我们从中也隐约地感受到雍正内心的无奈与辛酸。

德妃生前，既不肯接受"仁寿"皇太后的尊号，也不肯从自己原先居住的永和宫移居到太后应住的宁寿宫去，故她一去逝，雍正便将她的梓宫（即棺材）移到宁寿宫，停灵三天才放到帝后死后应停灵的地方——寿皇殿，曲折地透露出雍正心中的忿恨与不平，其中的滋味着实耐人寻味。一种负气、愤懑的情绪，一看便明，如此糟糕的母子关系，实在是雍正一生莫大的悲哀。

## 大兴文字狱

### 年羹尧案

雍正朝的文字狱自年羹尧案开始拉开序幕。

年羹尧是汉军镶黄旗人，进士出身而有用兵之才，在川藏一带平叛屡建功勋，康熙末年授定西将军、兼理川陕总督，一意依附于当时还是雍亲王的胤禛。胤禛即位后，年羹尧备受宠信，累授川陕总督、太保、抚远大将军，爵封一等公。年羹尧又因妹妹是雍正的妃子，开始居功自傲起来，雍正在忍无可忍之下，终动杀机。

雍正三年（1724年）二月，出现"日月合璧，五星联珠"的天文奇观，臣僚纷纷上表称贺，年羹尧也上表奏贺，但一是字体潦草，二是将成语"朝乾夕惕"写成了"夕惕朝乾"，此语意为终日勤慎，即使写反了意思也没有发生改变。雍正即以此为由头，说年羹尧居功藐上，心怀不轨，那些对年羹尧有怨怼的人见皇上带了头，便群起而攻之，于是年羹尧被劾成九十二条大罪。年羹尧自抚远大将军被降为杭州将军，即而被令自裁，亲族、同党或斩首或流放或贬谪。

### 汪景祺西征随笔案

年羹尧死后七天，汪景祺也被斩首示众，此即汪景祺西征随笔案。汪景祺，浙江杭州人，雍正初年，他的朋友胡期恒任陕西布政使，是其上司年羹尧的心腹。汪景祺前往探访，乘机投书拜谒年羹尧，做了年羹尧的临时幕客。

汪景祺此次西游写有《读书堂西征随笔》二卷，献给年羹尧收藏。年羹尧得罪抄家，《西征随笔》被缴进宫中。雍正读后咬牙切齿地在首页题字云："悖谬狂乱，至于此极！惜见此之晚，留以待他日，弗使此种得漏网也。"大约是随笔提及"狡兔死，走狗烹"的字句，本是提醒年羹尧。雍正因此愤恨，但是又要表现出自己的孝道，处罪谕旨只称汪景祺"作诗讥讪圣祖仁皇帝，大逆不道"。于是汪景祺被定处斩首示众，其头骨在北京菜市口枭示了十年。妻子儿女发配黑龙江给披甲人（满洲军士）为奴；兄弟叔侄辈流放宁古塔；疏远亲族凡在官的都革职，交原籍地方官管束。由于牵累的人多，汪景祺侨居的平湖县城甚至传出"屠城"的谣言，居民听说后惊惶逃窜。

**钱名世名教罪人案**

与年羹尧有牵连的还有钱名世名教罪人案。钱名世，字亮工，江苏武进人，与年羹尧是乡试同年，大概因此而有交谊。雍正二年（1724 年），权势赫赫的年羹尧进京觐见，钱名世赠诗称颂，有"分陕旌旗周召伯，从天鼓角汉将军"、"钟鼎名勒山河誓，番藏宜刊第二碑"等诗句以追捧年羹尧。年羹尧受诛，钱名世当然在劫难逃。雍正给他加的罪名是"曲尽谄媚，颂扬奸恶"。但没有杀他，只是把他革职逐回原籍，却又御书"名教罪人"四字，命钱名世原籍地方官制成匾额，挂在钱家中堂上。"名教罪人"四字不但使钱名世遭受奇耻大辱，无脸做人，而且使他的子子孙孙都抬不起头。雍正还命常州知府、武进知县每月初一、十五去钱家查看匾额悬挂情形，如未悬挂则呈报巡抚奏明治罪。当钱名世离京时，雍正又命京官自大学士、九卿以下都作讽刺诗为钱名世"赠行"，结果共有三百八十五人奉诏作诗。雍正一一过目后，交付钱名世辑成专集，题为《名教罪人诗》，刊印后颁发全国学校，让天下士子人人知晓。讽刺诗作得够味的给予表扬，不够味的给予处分。正詹事陈万策诗中有句："名世已同名世罪，亮工不异亮工奸"（指南山集案的戴名世，而年羹尧也字亮工），措意尖刻，造句新巧，得到暴君夸奖。而翰林侍读吴孝登则因诗句"谬妄"，被发配宁古塔给披甲人为奴。作诗的人当中，有叫查嗣庭的，他批判钱名世"百年遗臭辱簪缨"；有叫谢济世的，他批判钱名世"自古奸谀终败露"；但是不久，他们就跟着遭了殃。

### 隆科多案

在雍正朝中，隆科多是不得不提的人物，他是康熙帝孝懿皇后的弟弟，一等公佟国维之子，康熙末年官至步军统领、理藩院尚书，雍正初年袭爵一等公，授吏部尚书，加太保。隆科多和年羹尧一样，是雍正的重臣，没有他二人，雍正很难登位，尤其是隆科多，因传遗诏而使雍正得以登大宝，功不可没。但隆科多日渐辜恩，日益引起雍正的不满。雍正五年（1727 年）十月，隆科多终因私藏玉牒（皇室宗谱）罪付审，诸王大臣合议劾隆科多犯有四十一条大罪，得旨永远圈禁，家产追补赃银，其二子也受处分。次年，隆科多死于禁所。

### 查嗣庭案

而与隆科多案有关的查嗣庭案结束于隆科多治罪前数月。查嗣庭，字润木，号横浦，浙江海宁人，康熙四十五年（1706 年）进士，选入翰林，经隆科多保奏授内阁大学士大夫，后又经左都御史蔡王廷保奏授礼部左侍郎。雍正五年（1727 年）五月，案件结束，查嗣庭被戮尸、枭首，亲族或斩或流放，牵连的江西官员统统革职。查嗣庭下狱的次月，即雍正四年（1726 年）十月，清廷特设浙江观风整俗使，专职监视士人，整顿士风，接着东南各省相继设立观风整俗使。十一月又下诏停止浙江士人乡试、会试。吏部侍郎沈近思上疏拥护，说汪、查等人使"越水增羞，吴山蒙耻"，条陈整顿风俗、约束士子的十条建议，雍正批转浙江巡抚和观风整俗使议行。直到雍正六年（1728年）八月，经浙江总督李卫请求，雍正才解除停止乡会试的诏令，两年后撤消观风整俗使。

### 谢济世案、陆生楠案

其后又有谢济世案、陆生楠案，两案都与李绂、田文镜互参事件有牵连。田文镜出身于监生，从州县小吏历练而上，雍正二年（1724年）擢受河南巡抚。他政令严苛，嫌科甲出身的官员办事懦缓，接连劾罢三四名州县官员。

雍正四年（1726年），新授直隶总督的李绂上任取道河南，田文镜循例迎送。科甲出身的李绂忍不住指责田文镜，说他不该有意蹂躏读书人。于是田文镜上密疏参劾李绂因与黄振国等人科举同年，所以有意袒护，言下之意是说李绂等人私结朋党。不久，李绂入京觐见，陈述田文镜贪虐及黄振国等人冤抑情状。雍正稍加调查，就怀疑李绂等科甲出身的人在搞朋党。

同年冬，浙江道监察御史谢济世上疏参劾田文镜十罪。雍正把奏疏退还，而谢济世坚持要上疏。雍正一怒之下把谢济世革职逮捕，大学士、九卿、科道会审拟斩。由于谢济世所劾与李绂所劾内容完全一致，都为黄振国鸣冤，黄振国是蔡王廷所荐，蔡王廷与李绂关系亲密，雍正于是认定这几个人在搞朋党，将谢济世减死发配新疆阿尔泰；蔡王廷降为奉天府尹；李绂降为工部侍郎，不久被革职。

陆生楠，举人出身，以军功迁授吴县知县。被引见时暴君见他应对滞讷，"举动乖张"，便把他扣下来留京学习办事，后改除工部主事。再引见时，雍正见他傲慢不恭，所呈奏折又写有"五经四书中如'惠迪吉'、'从逆凶'，何以异于佛老"等句，觉得是讽刺自己。于是下令把陆生楠革职，也发配阿尔泰。

陆生楠在阿尔泰著有《通鉴论》十七篇，竟成陆生楠通鉴论案的祸源。雍正七年（1729年）五月，驻守阿尔泰的振武将军、顺承郡王锡保疏劾陆生楠《通鉴论》十七篇，文中"抗愤不平之语甚多，其论封建之利，言辞更属狂悖，显系排议时政"，《通鉴论》随本缴进。雍正得奏，于七月初三日谕内阁，对《通鉴论》中的"狂悖"议论逐条加以批驳。批驳完，"提议"将"罪大恶极，情无可逭"的陆生楠就地正法，命九卿、翰詹、科道定拟陆生楠应治之罪。从官当然遵旨惟谨，这年年底，陆生楠在阿尔泰军中处死刑。

锡保在疏劾陆生楠的同时，对谢济世也参了一本，说谢济世所著《古本大学注》毁谤程朱，书随本缴上，即谢济世注大学案。雍正读过后颁谕内阁，认为谢济世不仅毁谤程朱，而且对时政"恣意谤讪"，尤切齿于《注》中："拒谏饰非必至拂人之性，骄泰甚矣"一句，咄咄逼问道："试问谢济世：数年以来伊为国家敷陈者何事？为朕躬进谏者何言？朕所拒者何谏？所饰者何非？除处分谢济世党同伐异、诬陷良臣之外，尚能指出一二事否乎？"然后命朝臣议谢济世应治之罪。众臣拟谢济世与陆生楠一同处死，密谕锡保在杀陆生楠时把谢济世一同绑赴刑场，最后宣布谢济世免死。

### 曾静、吕留良案

雍正六年（1728年），九月二十六日下午，陕西西安的一条大街上，川陕总督岳钟琪正乘轿回署，突然有人拦轿投书。这就是曾静、吕留良之狱。案结处置，吕留良、吕葆中父子开棺戮尸，枭首示众；吕毅中斩立决；吕留良诸孙发遣宁古塔给披甲人为奴；家产悉数没收。吕留良学生严鸿逵开棺戮尸，枭首示众，其孙发遣宁古塔给披甲人为奴；学生沈在宽斩立决；黄补庵嫡属照议治罪；刊印、收藏吕留良著作的车鼎丰等四人判斩监候，另二人同妻子流放三千里外，还有十数人受杖责。而曾静的供词及忏悔录，集成《大义觉迷录》一书，刊后颁发全国所有学校，命教官督促士子认真观览晓悉，玩忽者治罪。又命刑部侍郎杭奕禄带领曾静到江浙一带等地宣讲，命兵部尚书史贻直带领张熙到陕西各地宣讲。雍正曾声明"朕之子孙将来亦不得以其诋毁朕躬而追究诛戮"，然而雍正十三年（1735 年）十月，乾隆帝继位，尚未改元就公开翻案，命将曾静、张熙解到京师，于十二月把二人凌迟处死，并列《大义觉迷录》为禁书。岳钟琪后来因进讨准噶尔失利，被大学士鄂尔泰所劾，下狱判斩监候，到乾隆初年才得以获释。

### 屈大均案

《大义觉迷录》在广东巡讲时，广东巡抚傅泰从张熙供称钦仰广东"屈温山先生"，想起本省著名学者屈大均号翁山，猜想"温山"是"翁山"之讹。于是追查屈大均所著《翁山文外》、《翁山诗外》诸书，果然发现其中"多有悖逆之词，隐藏抑郁不平之气"。这样，又揭发了一宗思想"悖逆"案。屈大均已死三十多年，其子屈明洪（任惠来县教谕）自动到广州投案，缴出父亲的诗文著作和雕板。案情上报，刑部拟屈大均戮尸枭首；因屈明洪自首，故免死，仅将屈明洪及其二子遣戍福建，屈大均诗文禁毁。

# 第 六 卷

## 雄才大略，诗人皇帝

——清高宗乾隆皇帝爱新觉罗·弘历

# 乾隆一生大事记

## 乾隆元年

1736 年正月，祈谷于上帝，乾隆帝亲诣行礼，自是每年如之。建京师先蚕坛。

二月，祭社稷，乾隆帝亲诣行礼，自是每年如之。定世宗山陵名为泰陵，设西陵总管大臣，由泰宁镇总兵兼任。

三月，为太祖、孝慈皇后、太宗、孝端皇后、孝庄皇后、世祖、孝惠皇后、孝康皇后、圣祖、孝诚皇后、孝昭皇后、孝恭皇后加尊谥。

七月，召见总理事务王大臣九卿等，宣谕密书建储谕旨，收藏于乾清宫正大光明匾额上。追谥明建文帝为恭闵皇帝。

八月，祭大稷、大社，乾隆帝亲诣行礼，自是每年如之。

九月，御试博学鸿词，一百七十六人于保和殿，授刘伦等官。

十月，奉皇太后送世宗梓宫至泰陵。

十一月御临乾清门听政。以果亲王允礼坐事罢其双俸。冬至，祀天于圜丘，乾隆帝亲至行礼，自是每年如之。是年，停捐纳。制定清厘僧道之法，发度牒，妇女须四十以上方许出家。

## 乾隆二年

1737 年二月，乾隆帝奉皇太后送孝敬宪皇后梓宫至泰陵。

三月，葬世宗于泰陵，孝敬皇后祔葬。世宗、孝敬皇后祔太庙。

四月，祀天于圜丘，奉世宗皇帝配享。释放雍正末年获罪的傅尔丹、岳钟琪。

五月，御试翰林、詹事等官，擢陈大绶等三员为一等，余各升黜有差。祭地于方泽，奉世宗皇帝配享。

七月，御试续到博学鸿词于体仁阁，授万松龄等官。

八月，用嵇曾筠议，命筑浙江鱼鳞大石海塘。

闰九月马兰峪陵（即乾隆帝裕陵）工竣。

十月，修盛京三陵。乾隆帝谒东陵各陵。

十一月，改泰陵总管为副都统。祭告泰陵，乾隆帝释服。皇太后圣寿节，御临慈宁宫，乾隆帝行礼庆贺，自是每年如之。命仍设军机处，以大学士鄂尔泰、张廷玉，尚书讷亲、海望，侍郎纳延泰、班第为军机大臣。

十二月，乾隆帝御临太和殿，为嫡妃富察氏行册封礼，册封大学士高斌之女为贵妃，侧福晋乌拉纳拉氏为娴妃，晋纯嫔苏氏为纯妃，晋贵人金氏为嘉嫔。集乾隆帝皇子时期所著诗文为《乐善堂全集》，刊刻成书。

## 乾隆三年

1738年正月，初行元旦朝贺礼，乾隆帝率王以下文武大臣诣寿康宫庆贺皇太后礼成，再御太和殿受百官之贺，自是每年元旦如此。祈谷于上帝，奉世宗配享。初幸圆明园，奉皇太后居畅春园。以谒泰陵，命鄂尔泰在京总理一切事务。

二月，举经筵，自是每年春秋仲月举行一次。举行耕藉礼，奉雍正帝之法，四推四返，自是每年如此。

三月，乾隆帝诣太学释奠，御彝伦堂，命讲《中庸》、《尚书》。将皇六弟弘瞻过继给果亲王允礼。是年，定宗室子女世系远者婚姻可听其便，无须候旨指配。

## 乾隆四年

1739 年正月，召王大臣、翰林、科道及督抚学政在京者 99 人，赐宴于乾清宫西暖阁，赋柏梁体诗。

九月，谒东陵各陵。乾隆帝因病命和亲王弘昼代行孟冬时享礼。

十月，以庄亲王允禄与理亲王弘晢等人结党，宗人府议削爵圈禁，谕："庄亲王宽免，理亲王弘晢、贝勒弘昌、贝子弘普俱削爵，弘升永远圈禁。弘皎王爵，系皇考特旨，从宽留王号，停俸。"

十二月，谕"旗下太监不可在近便随侍处当差，只宜外围熟火打扫处服役。"

## 乾隆五年

1740 年，于圆明园西北隅建安佑宫，如庙寝制，奉圣祖、世宗圣容。重辑《大清律历》成，《大清一统志》修成。

## 乾隆六年

1741 年二月，御史丛洞请暂息行围，乾隆帝以行围乃饬兵怀远之意训之。皇五子永琪生，母为贵人珂里叶特氏（即愉贵妃）。

七月，初行秋狝大典，奉皇太后于避暑山庄。

十一月，谕总管太监："御笔匾十一面，著挂于十二宫。永寿宫现在有匾，此十一匾俱照永寿宫式样制造。自挂之后，至千万年不可擅动。"晋嘉嫔为嘉妃，晋员外郎额尔吉图之女贵人为愉嫔，贵人叶赫那拉氏为舒嫔。

十二月，上谕："各宫太妃、母妃、后妃，不可将宫中所有移给本家，其家中之物亦不许向宫内传送。"

## 乾隆七年

1742 年八月，定皇后亲蚕礼。谕："嗣后凡挑选内务府女子，如有妃、嫔、贵人等姐妹及兄弟之女选入使女者，著总管查奏。"

十一月命执法宽严，务归平允。定大祀南郊前一日先诣斋宫斋戒。定《宫中现行则例》共计18门。定太监官秩不得超过四品，以为永例。谕令大学士鄂尔泰、张廷玉纂修《国朝宫史》。

## 乾隆八年

1743年正月，遣和亲王弘昼代祀先农坛，用中和韶乐，与乾隆帝亲祭同，著为令。考选御史，杭世骏对策言满汉畛域不可太分，被革职。

四月，命奉宸苑试行区田法。

六月，御史陈仁请以经史考试翰林官，不宜用诗，乾隆帝嘉纳之。

七月，奉皇太后自热河起驾诣盛京谒陵，此为首次谒盛京陵。

九月，奉皇太后谒永陵、福陵、昭陵，行大享礼。乾隆帝御盛京皇宫崇政殿受贺，御大政殿赐酺。诣文庙释奠，幸讲武台大阅。谕王公宗室大臣等洁蠲礼典，训导民兵，勿忘淳朴旧俗。乾隆帝亲祭宗室、功臣岳讬、扬古利、额宜都、费英东墓。遣官望祭长白山、北镇医巫闾山及辽太祖陵。

十二月，谕令张照、梁诗正、励宗万等编宫中所藏道释画目录《秘殿珠琳》。

## 乾隆九年

1744年正月，于西苑瀛台赐宴准噶尔特使。

二月，谕令张照、梁诗正、励宗万等编宫中所藏绘画目录《石渠宝笈》。

四月，先蚕坛建成。乾隆帝诣圜丘行大雩礼，特诏贬损仪节，以示虔祷。祭地于方泽，不乘辇，不设卤簿。

九月，重修翰林院竣工，幸翰林院赐宴，分韵赋诗，复御制柏梁体诗首句，群臣以次赓续。幸贡院，赐御书匾联额。幸观象台。

是年，谕于敏中等始编内府所藏宋元明善本书目《天禄琳琅》。以雍亲王府为喇嘛庙。申斥科场弊端，顺天府乡试稽查严密，不敢入场者达 2800 余人。

## 乾隆十年

1745 年三月，乾隆帝幸鄂尔泰府第视疾，加为太傅。

五月，颁御制《太学训饬士子文》于各省学宫，同世祖《卧碑文》、圣祖《圣谕广训》、世宗《朋党论》朔望宣讲。

七月，于香山旧行宫基址建静宜园。

九月，遣官祭明陵。修明愍帝陵。

十一月，晋娴妃为娴贵妃，贵人魏佳氏为令嫔（即嘉庆帝之母），愉嫔为愉妃。

## 乾隆十一年

1746 年二月，规定皇后不行亲蚕礼之年可遣妃代行。

九月，奉皇太后谒泰陵，后巡幸五台山。

十二月，以大学士张廷玉年老，命其子张若澄在南书房行走。设养鹰处、养狗处，饲养鹰狗以助围猎。

## 乾隆十二年

1747 年六月，谕明年奉皇太后东巡，命各衙门预备各项事宜。派张广泗率军开始平定大小金川叛乱。

十二月，定庆贺皇太后寿辰许二品命妇入班。改香山行宫为静宜园。

## 乾隆十三年

1748 年二月，奉皇太后率妃嫔东巡山东，驻曲阜，诣阙里，谒孔林，祭少昊、周公。留曲柄黄盖于孔府大成殿。

三月，皇后富察氏逝于山东德州舟次，乾隆帝哀痛至极，兼程还京师，殡皇后于长春宫。乾隆帝辍朝九日，亲定大行皇后谥为"孝贤"。并责皇长子永璜于皇后丧事不能尽哀，罚其师傅、谙达俸禄。移大行皇后梓宫于景山观德殿。

六月，下谕禁廷臣请立太子。

七月，皇太后懿旨："娴贵妃那拉氏承体坤宁，先册立为皇贵妃，摄行六宫事。"

十月，移孝贤皇后梓宫于静安庄，乾隆帝至静安庄奠酒。于西苑丰泽园赐宴平定金川之将士傅恒等。

十二月，定内阁大学士满汉各二员，协办大学士满、汉一员或二员，改所兼四殿二阁为三殿三阁。

## 乾隆十四年

1749年二月，大金川之役无功而罢，乾隆帝决定撤兵。乾隆帝至西苑丰泽园演耕。

四月，御太和殿，行册封娴贵妃乌拉那拉氏为皇贵妃，晋嘉妃为贵妃，舒嫔为舒妃，令嫔为令妃，贵人陈氏为婉嫔。

## 乾隆十五年

1750年正月，乾隆帝幸西苑紫光阁，赐宴准噶尔使尼玛宴。

二月，奉皇太后西巡五台山。阅视永定河堤工程。

四月，罢致仕大学士张廷玉太庙配享。

五月，谕九卿科道直陈得失。

八月，礼部请遣皇贵妃代皇后行祭先蚕礼，乾隆帝以"妃所代，代后也，位未正，何为代"为由，御太和殿，册立皇贵妃乌拉纳拉氏为皇后。奉圣祖、世宗御容于景山寿皇殿。

是年，为给皇太后祝寿，于瓮山建大报恩延寿寺，更山名为万寿山，易西湖名为昆明湖。

## 乾隆十六年

1751年正月，奉皇太后第一次南巡江浙。命更定圜丘大享殿为祈年殿。

二月，南巡至江宁，祭明太祖陵。

四月，南巡驻泰安府，祀东岳庙。遣履亲王允祹代行常雩礼。

十一月，皇太后六旬圣寿大庆，于京西西直门外长河畔建万寿寺，并以皇太后自长河至高梁桥易辇进宫，于该处建倚虹堂。

## 乾隆十七年

1752年正月，设盛京总管内务府大臣，以盛京将军兼管。

三月，以儒臣巴克什达等上疏改满洲衣冠而效汉人服制发布上谕，训诫八旗子弟学习骑射，娴熟国语，并于紫禁城箭亭、西苑引见楼及侍卫教场、八旗教场立碑刊刻。

## 乾隆十八年

1753年正月，授和亲王弘昼为议政大臣。

二月，奉皇太后至涿州荷花淀阅水围，视永定河工程。

十一月，江西生员刘震宇以所著《治平新策》中有"更衣服制度"等语被斩。

是年，申禁朝官与诸王交通往来。禁译满文小说。

## 乾隆十九年

1754年四月，册封总督那苏图之女戴佳氏为忻嫔。

五月，巡盛京，再至避暑山庄召见准噶尔部三车凌。

九月，谒永陵、福陵、昭陵。御大政殿，盛京宗室觉罗将军等进御宴。

十一月，于避暑山庄赐宴阿睦尔撒纳。

是年，乘准噶尔部内乱，发兵进攻。

## 乾隆二十年

1755 年六月，以平定准噶尔达瓦齐遣官告祭天、地、社稷、先师孔子，为皇太后上徽号。

九月，蒙古准噶尔部阿睦尔撒纳入觐途中反叛。

十月，达瓦齐等被解至京师，行献俘礼，乾隆帝御午门受俘。

是年，谕八旗力戒效法汉人习气，并不准与汉人唱和往来。

## 乾隆二十一年

1756 年，二月谒泰陵。巡山东，诣孔林。

五月，太监李连栋于圆明园纵火偷盗，李连栋正法示众，其父母兄弟五人发往黑龙江给披甲人为奴。

是年，准噶尔部阿睦尔撒纳再次纠合部众，准备复乱。取消八旗驻防兵丁不得在驻防地私置田产禁令。

## 乾隆二十二年

1757 年正月，奉皇太后第二次南巡江浙。

三月，清军再攻准噶尔部，最后彻底平定该部。

六月，拒绝英人赴浙贸易，规定与西洋贸易仅以广州一处通商。

## 乾隆二十三年

1758 年十二月，因日蚀，左副都御史孙灏奏请明年停止巡幸，乾隆帝斥其识见舛误，并以"效法皇祖练武习劳"谕中外。

是年，设内务府总理工程处，负责勘估核销宫殿、苑囿、热河行宫等重大工程。派兵进军天山两路，平定大小和卓木叛乱。

## 乾隆二十四年

1759年七月，清军继续扫除大小和卓木叛域，二人被杀，天山南北路底定，平回之役结束。

十一月，以平定回部率诸大臣诣皇太后，在寿康宫庆贺。

十二月，晋庆嫔为庆妃，颖嫔为颖妃，贵人博尔济吉特氏为豫嫔。

## 乾隆二十五年

十月，皇十五子永琰（即嘉庆帝）生于圆明园天地一家春，母为令贵妃魏佳氏。

是年，于伊犁兴办屯田。

## 乾隆二十六年

1761年正月，紫光阁落成，赐宴被画像功臣及文武大臣、蒙古王公等。

二月，奉皇太后巡五台山后谒泰陵。

十一月，万寿山清漪园建成。为皇太后七旬举行大庆。

是年，《国朝宫史》编纂完成。

## 乾隆二十七年

1762年正月，奉皇太后第三次南巡江浙，于海宁阅视海塘。

五月，封贵人和卓氏为容嫔。

十月，设立伊犁将军，统辖天山南北路。

## 乾隆二十八年

1763 年正月，乾隆帝御西苑紫光阁，赐爱乌罕、巴达克山、霍罕、哈萨克各部使者宴。停止恰克图互市。

九月，晋忻嫔为忻妃。

十一月，出继皇四子永城为履亲王允祹之孙。

## 乾隆二十九年

1764 年，取消丝绸出口禁令。命重修《大清一统志》。

## 乾隆三十年

1765 年正月，奉皇太后第四次南巡江浙。皇后乌拉纳拉氏忤乾隆帝意，又自剪发辫，命其先返京城。

四月，果亲王弘瞻逝。

六月，晋令贵妃魏氏为皇贵妃。

十一月，封皇五子永琪为荣亲王。

是年，准八旗大臣子弟一体参加科举考试，毋庸奏明请旨。甘肃大地震。滇缅间诸土司屡与缅人冲突，缅甸之役开始。

## 乾隆三十一年

1766 年正月，下诏自本年始普免各省漕粮一次。

是年，《大清会典》成书，较前两朝《会典》增加《事例》。

## 乾隆三十二年

1767 年三月，阅视子牙河堤。

是年，《续文献通考》成书，命续修《续通典》、《续通志》。

## 乾隆三十三年

1768 年八月，恢复俄罗斯于恰克图通商。

十月，晋庆妃为庆贵妃，容嫔为容妃，贵人钮祜禄氏为顺嫔。

是年，发生两淮盐政提引征银案。

## 乾隆三十四年

1769年十二月，巡幸天津。

是年，缅甸之役爆发，清军久攻不克，将士死伤甚众，至此，清廷下令撤兵。令各王公属下之人，从外任来京者，不得谒见本管王公。

## 乾隆三十五年

1770年正月，乾隆帝六十寿辰，明年皇太后八十圣寿，下诏普免全国额征地丁钱粮。

## 乾隆三十六年

1771年正月，渥巴锡汗率领土尔扈特部踏上回归祖国的征途。

二月，奉皇太后东巡山东。

十一月，册封都统四格之女贵人汪氏为敦嫔。举行皇太后八旬圣寿庆典。

是年，大小金川之役开始。

## 乾隆三十七年

1772年正月，诏开四库馆，网罗天下遗书。

## 乾隆三十八年

1773年闰三月，命刘统勋等为《四库全书》总裁。

十一月，再次秘密建储，以皇十五子永琰为储君。

## 乾隆三十九年

1774年七月，以于敏中未奏太监高云从嘱托公事，下部严议，高云从被斩。

八月，山东王伦以反对官府"额外加征"为口号，率众起义。

十一月，晋敦嫔为敦妃。

是年，赐内大臣副都统和尔经额之女喜塔腊氏为皇十五子嫡福晋。

## 乾隆四十年

1775年，《天禄琳琅》编成。令四库馆臣对所收书籍"务须详慎抉择，使群言悉归雅正。"

## 乾隆四十一年

1776年二月，金川土司索诺木势穷请降，两金川之役结束。命绘平定金川前后五十功臣像，悬于紫光阁。

三月再奉皇太后巡山东，奠孔子，谒孔林。回銮行至涿州，有僧携童子迎驾，自称皇四子永城子。诘之，童子称僧教为妄语，斩僧，童子发伊犁。命户部侍郎和珅为军机处行走。

四月，于瀛台亲审大小金川战俘，并于紫光阁宴凯旋将士。

十一月，命《四库全书》馆详核违禁各书，分别销毁。

是年，乾隆帝归政后颐养之所宁寿宫建成。

## 乾隆四十二年

1777年正月，御阅武楼阅兵，命诸王大臣、外藩蒙古及回部、库车、哈萨克使臣、金川土司等从观。皇太后逝于圆明园长春仙馆，奉安于慈宁宫正殿，乾隆帝以含清斋为倚庐，谕穿孝百日，王大臣官员等二十七日服除，上大行皇后谥为"孝圣"，陵为泰东陵。

四月，乾隆帝亲送孝圣皇后梓宫往泰东陵。

是年，令广东禁洋船运棉进口。

### 乾隆四十三年

1778 年正月，追复多尔衮、多铎、代善、济尔哈朗、豪格、岳托原爵，配享太庙。以世宗晚年有谕为由，复允禩、允禟原名，收入《玉牒》，并配享太庙。

七月，谒盛京各陵。

九月，东巡回銮路途中锦县生员金从善以疏言建储、立后、纳谏、施德被处斩。申谕立储流弊及宣布归政日期。

十月，徐述夔《一柱楼诗集》案发。

十一月，敦妃因殴死宫女受罚，降为敦嫔。禁止贡献整玉如意及大玉。

是年，升热河厅为承德府。

### 乾隆四十四年

1779 年二月，命从所焚书中辑《明季诸臣奏疏》，以其切中彼时弊病，足资考鉴。建江南龙泉庄等行宫。

八月，命和珅在御前大臣上学习行走。

十月，补晋贵人伊尔根觉罗氏为循嫔，顺嫔为顺妃。

### 乾隆四十五年

1780 年正月，乾隆帝第五次南巡江浙。

五月，云贵总督李侍尧以收受属员银两众多，处斩监候。

七月，班禅额尔德尼自后藏入觐，于万树园赐宴。

八月，乾隆帝七旬万寿节，御避暑山庄澹泊敬诚殿受群臣庆贺。

### 乾隆四十六年

1781 年二月，西巡五台山。

七月，查办甘肃捏灾冒赈等贪污案，原总督勒尔谨赐死，前任布政使王亶望处斩，现任布政使王廷赞处绞。

## 乾隆四十七年

1782 年正月，第一部《四库全书》缮写完成。建盛京文溯阁。

二月，御临文渊阁，赐宴《四库全书》总裁等官。

四月，和珅、刘墉同御史钱沣查办山东贪污案。

八月，皇十五子永琰第二子绵宁生于紫禁城撷芳殿，母为喜塔腊氏。

九月，建杭州文澜阁。

## 乾隆四十八年

1783 年八月，赐达赖喇嘛玉册玉宝。

九月，至盛京谒陵。御崇政殿受贺，至清宁宫祭神，于大政殿赐宴宗室，命皇子、王公等及三、四品顶戴宗室 1308 人入宴。

## 乾隆四十九年

1784 年正月，乾隆帝第六次南巡江浙。

九月，下令举行千叟宴。

## 乾隆五十年

1785 年正月，乾隆帝登位五十年大庆，举行千叟宴，宴亲王以下 60 岁以上 3000 人于乾清宫。

十一月。以乾隆六十年乙卯正旦推算日食，宣谕定次年归政。

是年，令直隶、山东、河南推广种植甘薯。

## 乾隆五十一年

1786 年三月，西巡五台山。

七月，御史曹锡宝弹劾和珅家人刘全，反以不实将其革职留任。

十二月，因清兵在台湾搜捕天地会众，并以焚烧村庄相威胁，彰化林爽文率众起义。

## 乾隆五十二年

1787年三月，重修明陵成，乾隆帝临阅，申谕严禁樵采。

## 乾隆五十三年

1788年二月，晋和珅三等伯爵。林爽文与另一起义领袖庄大田均被俘，起义失败。

六月，安南阮氏打败黎氏，国王黎维祁出走。清廷以黎氏守藩奉贡甚谨，欲恢复黎朝统治，遂派两广总督孙士毅统兵征讨，安南之役开始。

八月，秋狝木兰，以大水停围。

## 乾隆五十四年

1789年六月，清廷鉴于阮氏遣使求和，赦其罪，允其纳贡，改封阮光平为安南国王。

## 乾隆五十五年

1790年正月，普免全国各直省钱粮。

三月，巡山东登泰山，谒孔庙、孔林。

八月，以八旬万寿御太和殿受群臣及使节朝贺，礼毕，至宁寿宫、乾清宫赐宴。

是年，四大徽班进京。

## 乾隆五十六年

1791年八月，皇孙绵宁随围，引弓获鹿，乾隆帝大喜，赐其黄马褂、花翎。廓尔喀索岁币不得，进攻后藏，清廷派兵反击。

## 乾隆五十七年

1792年十月，击退廓尔喀入侵，颁布《钦定西藏章程》。乾隆帝撰《十全武功记》。

## 乾隆五十八年

1793 年四月，宣谕设金奔巴瓶于前藏大昭寺及京师雍和宫，公同掣报出灵童，以除王公子弟私作灵童陋习。

七月，于避暑山庄万树园召见英国来使马噶尔尼等人。

## 乾隆五十九年

1794 年八月，以御宇周甲，普免各省漕粮。

十二月，晋陈廷伦之女贵人陈氏为芳嫔。

## 乾隆六十年

1795 年正月，贵州苗民石柳邓等起义。

九月，御勤政殿，召皇子、皇孙、王大臣等，宣示立皇十五子永琰为太子，明年为嗣皇帝元年。

十月，颁嘉庆元年时宪书。普免明年地丁钱粮。

十一月，命皇太子居毓庆宫。

十二月，下谕："朕于明年归政后，凡有缮奏事件，俱书太上皇。"以传位皇太子祭告天、地、太庙、社稷。

# 家庭成员

## 父母

父亲：爱新觉罗·胤禛（1678—1735），满族，母为康熙孝恭仁皇后乌雅氏，清圣祖玄烨第四子，是清朝入关后第三位皇帝，1722—1735年在位，年号雍正，死后葬于清西陵之泰陵，庙号世宗，谥号敬天昌运建中表正文武英明宽仁信毅睿圣大孝至诚宪皇帝。

生母：孝圣宪皇后（1693—1777），钮祜禄氏，满洲镶黄旗人，四品典仪凌柱女。十三岁时，事世宗潜邸，号格格。康熙五十年八月庚午，高宗生。雍正中，封熹妃，进熹贵妃。高宗即位，以世宗遗命，尊为皇太后，居慈宁宫。四十二年正月崩，年八十六。葬泰陵东北，曰泰东陵。初尊太后，上徽号。国有庆，屡加上，曰崇德慈宣康惠敦和裕寿纯禧恭懿安祺宁豫皇太后。既葬，上谥。嘉庆中，再加谥，曰孝圣慈宣康惠敦和诚徽仁穆敬天光圣宪皇后。有一个儿子，即高宗。

## 后妃

### 皇后

孝贤皇后（1712—1748），富察氏。乾隆帝之元配嫡皇后。满族镶黄旗，察哈尔总管李荣保之女。雍正五年，七月十八日奉旨成婚，封为皇子弘历之嫡福晋。乾隆帝即位后，册立为皇后。

史载：后恭俭，平居以通草绒花为饰，不御珠翠。岁时以鹿羔洮毧制为荷包进上，仿先世关外遗制，示不忘本也。上甚重之。乾隆十三年，随帝东巡，还跸，三月乙未，崩于德州舟次，年三十七。上深恸，兼程还京师，殡于长春宫，服缟素十二日。并制述悲赋，曰："易何以首乾坤？诗何以首关雎？惟人伦之伊始，固天俪之与齐。念懿后之作配，廿二年而于斯。痛一旦之永诀，隔阴阳而莫知。昔皇考之命偶，用抡德于名门。俾迷予而尸藻，定嘉礼于渭滨。在青宫而养德，即治壶而淑身。纵糟糠之未历，实同甘而共辛。乃其正位坤宁，克赞乾清。奉慈闱之温清，为九卿之仪型。克俭于家，爰始缫品而育茧；克勤于邦，亦知较雨而课晴。嗟予命之不辰兮，痛元嫡之连弃。致黯然以内伤兮，遂邈尔而长逝。抚诸子如一出兮，岂彼此之分视？值乖舛之叠遘兮，谁不增夫怨怼？况顾予之伤悼兮，更忔恨而切意。尚强欢以相慰兮，每禁情而制泪。制泪兮泪滴襟，劳，促归程兮变故遭。登画？强欢兮欢匪心。聿当春而启銮，随予驾以东临。抱轻疾兮念舫兮陈翟褕，由潞河兮还内朝。去内朝兮时未几，致邂逅兮怨无已。切自尤兮不可追，论生平兮定于此。影与形兮难去一，居忽忽兮如有失。对嫔嫱兮想芳型，顾和敬兮怜弱质。望湘浦兮何先祖，求北海兮乏神术。循丧仪兮怆徒然，例展禽兮谥孝贤。思遗徽之莫尽兮，讵两新昌而增？字之能宣。包四德而首出兮，谓庶几其可传。惊时序之代谢兮，届十旬而迅如。恸兮，陈旧物而忆初。亦有时而暂弭兮，旋触绪而歔欷。信人生之如梦兮，了万事之皆虚。呜呼，悲莫悲兮生别离，失内位兮孰予随？入淑房兮阒寂，披凤幄兮空垂。春风秋月兮尽于此已，夏日冬夜兮知复何时？"谥曰孝贤皇后，嘉庆、道光累加谥，曰孝贤诚正敦穆仁惠徽恭康顺辅天昌圣纯皇后，祔葬裕陵。

纯帝继皇后（1718—1766），乌拉那拉氏。满洲镶黄旗，佐领那尔布之女。雍正时，封为皇子弘历之侧福晋。乾隆帝即位后，初封娴妃。乾隆十年正月二十三日晋娴贵妃；十三年七月初一晋娴皇贵妃，摄六宫事。十五年八月初二，册立为皇后。三十年正月随驾南巡，闰二月十八日忤旨截发失宠，提前送回京；五月十四日收缴历次册宝夹纸。三十一年七月薨，以皇贵妃礼葬。葬裕陵妃园寝纯惠皇贵妃地宫之东侧。且不设神牌、无祭享。

孝仪纯皇后（1727—1775），魏佳氏，本属汉军旗；乾隆时抬入满洲旗，改魏佳氏。内管领魏清泰之女。乾隆十年初封魏贵人；同年十一月封令嫔。十三年七月初一晋令妃，二十四年晋令贵妃，三十年六月晋令皇贵妃，摄六宫事。四十年正月二十九日薨，年四十九。谥令懿皇贵妃。祔葬裕陵。六十年九月初三，乾隆帝宣示永琰为皇太子，同时追封其母令懿皇贵妃为皇后，追谥曰孝仪皇后。嘉庆、道光累加谥，曰孝仪恭顺康裕慈仁端恪敏哲翼天毓圣纯皇后。

### 嫔妃

慧贤皇贵妃（？—1745）高佳氏，大学士高斌之女。雍正时，事高宗潜邸，为侧室福晋。乾隆帝即位后抬入满洲镶黄旗，嘉庆年间改姓高佳氏。初封贵妃，后晋皇贵妃。正月二十五日薨，谥曰慧贤皇贵妃。祔葬裕陵。

淑嘉皇贵妃（1713—1755），金佳氏，本汉军旗，乾隆帝即位后抬入满洲旗，嘉庆年间改金佳氏。上驷院卿三保之女。乾隆元年初封贵人，二年晋嘉嫔，六年晋嘉妃，十三年晋嘉贵妃。二十年十一月十五日薨，十六日追晋皇贵妃，谥曰淑嘉皇贵妃。

哲悯皇贵妃（？—1735），富察氏。佐领翁果图之女。雍正初，入侍藩邸为格格（庶福晋）。雍正十三年七月初三薨。乾隆帝即位后，追封哲妃。乾隆十年正月二十四，追晋皇贵妃。谥曰哲悯皇贵妃，祔葬裕陵。

纯惠皇贵妃（1713—1760），苏佳氏。苏召南之女。雍正时，入侍藩邸为格格。乾隆帝即位后，初封纯嫔，二年晋纯妃，十年晋纯贵妃，二十五年四月晋纯皇贵妃，同月十九日薨，年四十八。谥曰纯惠皇贵妃，葬裕陵妃园寝，位诸妃上。

庆恭皇贵妃（1724—1774），陆氏。陆士隆之女。乾隆十三年四月十二日，初封陆贵人。十六年晋庆嫔，二十四年晋庆妃，三十三年晋庆贵妃。三十九年七月十五日薨，年五十一。葬裕陵妃园寝。嘉庆四年正月初四，即太上皇驾崩次日，嘉庆帝以曾受其抚育，追晋皇贵妃，谥曰庆恭皇贵妃。

贵妃：有婉贵妃、颖贵妃、愉贵妃、忻贵妃、循贵妃，皆葬裕陵妃园寝。

妃：舒妃、豫妃、容妃、芳妃、晋妃、惇妃，皆葬裕陵妃园寝。

嫔：仪嫔、怡嫔、恂嫔、慎嫔、诚嫔、恭嫔，皆葬裕陵妃园寝。

贵人：顺贵人、寿贵人、秀贵人、白贵人、鄂贵人、瑞贵人、禄贵人、陆贵人、福贵人、金贵人、新贵人、慎贵人、武贵人。

常在：张常在、宁常在、揆常在、平常在。

## 皇子

皇长子，永璜（1728—1750），母为哲悯皇贵妃，乾隆十三年（1748 年），乾隆南巡，孝贤纯皇后驾崩，永璜以大阿哥身份迎丧，但其间因与三弟永璋表现得不够伤感，被高宗斥责二人不合体统，亦不懂礼节，被取消立储资格。1750 年薨，年二十三。高宗虽感后悔，但为时已晚，遂痛心地下谕曰："皇长子诞自青宫，齿序居长。年逾弱冠，诞毓皇孙。今遘疾薨逝，朕心悲悼，宜备成人之礼。"追封定亲王，谥曰安。有两个儿子，绵德、绵恩。

皇次子，永琏（1730—1738），母为孝贤皇后。雍正帝赐名，隐示承宗器之意，"聪明贵重，气宇不凡"。乾隆元年七月，乾隆帝密定皇储缄其名于乾清宫正大光明匾额后。1738 年薨，乾隆帝极为伤感，册赠皇太子，谥端慧。

皇三子，永璋（1735—1760），母为纯惠皇贵妃，乾隆二十五年薨，年二十六，追封循郡王。有一个儿子早殇，过继永瑆次子绵懿为嗣。

皇四子，永珹（1739—1777），履端亲王。母为淑嘉皇贵妃。乾隆二十八年十一月奉旨出继和硕履懿亲王允祹后，四十二年二月二十八日辰时薨逝，终年三十九岁，谥曰"端"。

皇五子，永琪（1741—1766），母为愉贵妃，少习骑射，娴国语，上钟爱之。乾隆三十年十一月封荣亲王。乾隆三十一年薨，年二十六。谥曰纯。有五个儿子，四个皆早殇，只留下一个绵亿。

皇六子，永瑢（1743—1790），母为纯惠皇贵妃，乾隆二十四年十二月，出继为慎靖郡王允禧子，封贝勒。乾隆三十七年，进封质郡王。善诗文、绘画，兼通天算。

皇七子，永琮（1746—1747），母为孝贤皇后。"性成夙慧，岐嶷表异，出自正嫡，聪颖殊常"，乾隆帝欲立为太子。乾隆十二年以痘殇，方二岁。上谕谓："先朝未有以元后正嫡绍承大统者，朕乃欲行先人所未行之事，邀先人不能获之福，此乃朕过耶！"命丧仪视皇子从优，谥曰悼敏。嘉庆四年三月，追封哲亲王。

皇八子，永璇（1746—1832），母为淑嘉皇贵妃，初封仪郡王，后晋亲王，时人品评其"沉湎酒色，又有脚病。"卒于道光十二年，谥"慎"，

皇九子，未命名，幼殇，未封。母为淑嘉皇贵妃。

皇十子，未命名，幼殇，未封。母为舒妃。

皇十一子，永瑆（1752—1823），母为淑嘉皇贵妃，幼工书，高宗爱之，每幸其府第。但为人刻薄吝啬，道光三年三月三十，永瑆薨，年七十二，谥哲。有一子绵勤，袭亲王爵。

皇十二子，永璂（1752—1776），母为继皇后。在生

时仅被封贝勒，死后也没得到追封。乾隆四十一年薨，年25岁。

皇十三子，永璟，幼殇，未封。母为继皇后。

皇十四子，永璐（1757—1760），幼殇，未封。母为孝仪纯皇后。

皇十五子，永琰（1760—1820），即嘉庆帝。母为孝仪纯皇后。

皇十六子，未命名，幼殇，未封。母为孝仪纯皇后。

皇十七子，永璘（1766—1820），母为孝仪纯皇后。和珅被诛，没其宅赐永璘。嘉庆二十五年（1820年）永璘晋庆亲王，三月十三日去世，谥曰僖。有六个儿子。

**公主**

皇长女（1728—1729），幼殇，未封。母为孝贤纯皇后富察氏。

皇次女（1731），幼殇，未封。母为哲悯皇贵妃。

皇三女（1731—1792），固伦和敬公主，母为孝贤纯皇后。乾隆十二年，封固伦和敬公主；三月下嫁科尔沁博尔济吉特氏色布腾巴勒珠尔。乾隆五十七年六月二十八日卒，年六十二。有一个儿子，鄂勒哲特穆尔额尔克巴拜，乾隆帝亲自为外孙改的名，意为钢铁。

皇四女（1745—1767），和硕和嘉公主。母为纯惠皇贵妃，乾隆二十五年正月封和硕和嘉公主，三月下嫁傅恒之子富察氏福隆安。乾隆三十二年九月初七日卒，年二十三。有一个儿子，丰绅济伦。

皇五女（1749—1755），幼殇未封，母为继皇后。

皇六女（1751—1758），幼殇未封，母为忻贵妃。

皇七女（1756—1775），固伦和静公主，母为孝仪纯皇后。乾隆三十五年正月封固伦和静公主；七月下嫁博尔济吉特氏拉旺多尔济。乾隆四十年（1775年）正月初十日卒，年二十。

皇八女（1757—1767），幼殇未封，母为忻贵妃。

皇九女（1758—1780），和硕和恪公主。母为孝仪纯皇后，乾隆三十六年十二月封和硕和恪公主。三十七年八月嫁乌雅氏札兰泰。乾隆四十五年十一月十九卒，年二十三，有一个女儿。

皇十女（1775—1823），固伦和孝公主。母为敦妃，乾隆帝最宠爱的女儿，"素所钟爱，未嫁赐金机轿。""性刚毅，能弯刀弓，少尝男装随上狩猎，射鹿丽电，上大喜，赏赐优厚。"乾隆五十四年下嫁和珅之子丰绅殷德。道光三年九月初十日卒，年四十九。有一个儿子早殇，过继一子福恩。

# 重要辅臣

## 张廷玉

### 介绍名片

张廷玉，康熙十一年（1672）生，父康熙朝大学士张英。康熙进士，雍正朝保和殿大学士、吏部尚书、军机大臣，加少保衔，后加太保。曾参与编纂《平定朔北方略》、《御选咏物诗》、《佩文韵府》，并充当《明史》、《四朝国史》、《三朝实录》、《大清会典》、《治河方略》、《皇清文颖》、《玉牒会典》的总纂官。

### 一生简历

康熙三十九年（1700）中进士。康熙朝历任检讨、直南书房、洗马、侍讲学士、内阁学士、刑部侍郎、吏部侍郎等职。

雍正元年（1723）升礼部尚书，次年转户部尚书，翰林院掌院学士，国史馆总裁，太子太保。

雍正三年（1725），署大学士事。雍正四年（1726），晋文渊阁大学士、户部尚书、翰林院掌院学士，并兼充康熙实录总裁官。

雍正六年（1728），转保和殿大学士兼吏部尚书。

雍正七年（1729），加少保衔。同年，因西北用兵，设军机房於隆宗门内，与怡亲王允祥、大学士蒋廷锡董其事。雍正皇帝临终，命其与鄂尔泰并为顾命大臣。

雍正八年（1730年），长期和清廷对抗的蒙古准噶尔部煽动青海和硕特部首领罗卜藏丹津及西北各族反清，雍正帝为维护多民族国家的统一，决定出兵征讨。因战事紧急，军令需要迅速处理和严守秘密，所以，即令在隆宗门内设立"军机房"，嗣改称"办理军机处"，简称军机处。"命怡亲王允祥、张廷玉及大学士蒋廷锡领其事"，"廷玉定规制"。按照旨意，张廷玉就军机处的性质、官职、职能、纪律等方面都作出了严格规定，其中涉及到档案的地方就达多处，如：军机处参予官员奏折的处理和谕旨的撰拟；军机章京负责誊写、记档及日常工作；军机处设《存记簿》，"奉旨存议"事务，一律登记；"密事有件"，密封存档，届时拆阅办理等。这一整套严密的规章制度，不仅加强了皇权统治，避免了政出多门以及丢失、泄密现象的发生，而且更重要的是统一了办文机构，保证了档案的齐全、完整与安全，为利用和编撰方略（志）提供了方便。

在整个雍正朝，张廷玉的功劳不在于处理某件政事，而在文字工作和规划建立军机处制度以及完善奏折制度。

当雍正即位之初，办理康熙丧事，特命吏部左侍郎张廷玉协办翰林院文章之事，那时，"凡有诏旨，则命廷玉入内，口授大意，或于御前伏地以书，或隔帘授几，稿就即呈御览，每日不下十数次"。雍正五年，准备对准噶尔部用兵，七年，正式出兵。与此相配合，雍正设立军机处，协助他处理军务。军机处的主要职能是遵奉谕旨，写成文字，并予转发。也就是说，军机处主要是做文字工作。张廷玉为军机大臣时，"西北两路用兵，内直自朝至暮，间有一二鼓者"。

八、九年间，雍正身体不好，"凡有密旨，悉以谕之"。由于撰写谕旨的需要，雍正每天召见张廷玉多达十几次。由于雍正不分昼夜地召见，以至张廷玉要到晚上一二更以后才能回去休息。雍正即位第一年，张廷玉即升为礼部尚书，后又长期担任大学士和军机大臣，可是他在雍正朝所做的主要工作，又确确实实是这些文字工作。就连雍正本人，也认为张廷玉的作用是"纂修《圣祖仁皇帝实录》宣力独多，每年遵旨缮写上谕，悉能详达朕意，训示臣民，其功甚巨。"承认他的功劳在于文字。且张廷玉所草之上谕，全合雍正本意，是以屡获表扬。这文书工作，由身为大学士、军机大臣的张廷玉来做，他自然就成了雍正皇帝的高级秘书了。乾隆时当过军机章京的赵翼说，军机大臣"只供传述缮撰，而不能稍有赞画于其间"。军机处不过是皇帝的秘书处，军机大臣实际上只是皇帝的高级秘书，这种地位和身份，张廷玉自然不能独树一帜，建立创新的大功业。因此，他的作用和政绩只能体现在参预机务和书写文字方面。

真正称得上张廷玉所做的大事业的，是他规划建立军机处制度和完善奏折制度。"军机处初设，职制皆廷玉所定"。军机处成为清朝的中枢机构并深深影响清代中后期的历史，这确实是张廷玉的大功业。另外，确立并完善奏折制度，使它成为清朝的主要官方文书，同样是清朝官僚政治上的重大变化，并对清朝中后期的政治产生了十分巨大而深远的影响。

张廷玉为人"周敏勤慎"，谨守"万言万当，不如一默"。故雍正赞扬他"器量纯全，抒诚供职"，称其为"大臣中第一宣力者"。

张廷玉任职年久，长期处机要之地，在雍正年间，他虽然"最承宠眷"，然而"门无竿牍，馈礼有价值百金者辄却之。"他在皇帝身边服务，担负的又是机要文字工作，深知言多必失的道理，因而处处小心谨慎，办事十分细致周到。他对黄山谷说的"万言万当，不如一默"，极其倾倒，表示"终身诵之"。少说多做，既是他立身的主导思想，也是他的为官之道。他以皇帝的意志为意志，默默去做，不事张扬，事成归功于人主，事败自己首先承担责任。雍正赞扬他"器量纯全，抒诚供职"。乾隆称许他

"在皇考时勤慎赞襄，小心书谕"。作为领导人的秘书，这些确实都是很值得称道的品质。

张廷玉对主子如此忠心耿耿，雍正帝对其也宠爱备至，优赏有加。张廷玉最嗜饮茶，雍正赏赐地方精选进贡之茶，一月之中，必有数次。不仅为茶中佳品，且所赐茶具也十分精致。张廷玉曾患病在身。痊愈之后，雍正告知近侍说："朕股肱不快，数日始愈"。臣属闻知，争来问安。雍正笑对群臣说："张廷玉有疾，岂非朕股肱耶？"君臣之关系，可想而知。十余年间，六次赏帑金给张廷玉，每次辄以万计。雍正十一年，张廷玉返归乡里，往祭乃父，行礼建祠，回京时，雍正遣内大臣海望迎劳于卢沟桥，并赐酒膳。雍正十三年，雍正帝死前发布遗诏，以张廷玉"器量纯全，抒诚供职"，命令他日配享太庙。

乾隆元年，《明史》修成表进，皇帝命仍兼管翰林院事。乾隆二年十一月，授总理事务大臣，加拜他喇布勒哈番，特命进三等伯爵，赐号勤宣，开创文臣无爵至侯伯的先例；乾隆四年，加太保。

乾隆十三年以后，张廷玉每每因乞休、配享等事与乾隆帝发生争执或遭到猜忌。乾隆帝盛怒时，曾命削其伯爵，以大学士原衔休致，甚至命张廷玉自审是否配享太庙，命尽缴其历年颁赐之物。

乾隆二十年，张廷玉卒，享年83岁。乾隆帝终不敢违背其父的遗愿，命仍遵世宗遗诏，配享太庙，赐祭葬，谥文和。至此，张廷玉虽成了清朝唯一一个配享太庙的汉大臣，但谥号却不是最高的（最高为文正），这和乾隆帝对其晚年心存芥蒂不无关系。

## 刘统勋

### 介绍名片

刘统勋（1698—1773）字延清，号尔钝，清内阁学士，刑部尚书，高密县逄戈庄人。刘墉之父。雍正二年进士，授编修，乾隆年间累官至刑部尚书，工部尚书，吏部尚书，尚书房总师傅，内阁大学士，翰林院掌院学士及军机大臣。为官清廉，颇能进谏，参与《四库全书》编辑，并担任《四库全书四》正生总裁。乾隆三十八年卒，谥文正。

### 一生简历

雍正二年（1724）刘统勋中进士，进入仕途。

1729 年任湖北乡试正考官。

1736 年升内阁学士，署刑部右侍郎。次年，任刑部左侍郎。1741 年 9 月，被提拔为右都御史。

1746 年 3 月署漕运总督，9 月还京。

1747 年充顺天府乡试正考官。

1748 年 3 月，受命同大学士高斌查办山东赈务。5 月，先后至济南府德州哨马营、东昌府及聊城县运河东岸、泰安府东平县戴村坝以及沂河西岸江枫口，改坝浚河，成绩卓著。

1749 年 12 月，迁工部尚书，继而兼翰林院学士，又迁刑部尚书。

1752 年以查验通仓短少米石不实被免职留用。

1753 年 9 月，铜山一带黄河决口，他奏陈疏防之策，绘图以进。朝廷据图令其随地规划堵御。黄河复归故道，朝廷嘉其绩，令与策楞、舒赫德一并叙升。他十视河坝，两修海塘，前后奏章数十起，皆中机宜，剔除积弊，利于民生。河南百姓为之立祠于黄河南岸。

1754 年，朝廷加刘统勋为太子太傅。协办陕甘总督事务，赐孔雀翎。朝廷命他巡视巴里坤、哈密驻兵，正遇睦尔撒纳（回部首领）兵扰伊犁；定西将军永常自木累退师巴里坤。他据此上奏，请弃巴里坤，退守哈密。朝廷震怒，即行革职押解回京。其子亦被拿交刑部，家资充作军用。未几，从宽免罪，命他以司员办理军需，效力赎罪，1756年补授刑部尚书，发还本籍家产。

1757年5月，云南巡抚郭一裕怂恿总督恒文购金制镳，他受命前往审查。得实后，皇帝赐恒文自尽，令将一裕发往军台效力赎罪。12月晋太子太保。翌年正月，迁吏部尚书。

1759年2月，西安将军都赉克扣军饷，由他往查，按律被斩。又与巡抚塔水宁会审山西归化将军保德、同知世图侵吞公款案。奏议如实，保德受斩。

1761年，他受任东阁大学士兼管礼部事务，继又兼管兵部事务。

1763年，兼翰林院掌院学士，任尚书房总师傅。

1765年，兼管刑部事务，充国史馆总裁。

1768年12月，刘统勋70岁，乾隆帝赐御书赞元介景匾额。

1773年任四库全书编纂总裁。是年11月16日卒，年75岁。家原有田数十亩，茅舍一处，服官50年，未增尺寸。及卒，乾隆皇帝悲痛异常，当日亲临祭奠，晋赠太傅衔，赐祭葬，入祀贤良祠，谥文正。柩归故里前，诏令沿途20里以内的文武官员，均至灵前吊祭。

## 傅恒

### 介绍名片

傅恒（？—1770），字春和，满洲镶黄旗人，富察氏，高宗孝贤皇后之弟。乾隆时历任侍卫、总管内务府大臣、户部尚书等职，授军机大臣加太子太保、保和殿大学士、平叛伊犁统师。撰写《钦定旗务则例》、《西域图志》、《御批历代通鉴辑览》等书。

## 一生简历

傅恒，李荣保的第十子，乾隆皇帝第一个皇后孝贤皇后的弟弟，嘉勇郡王福康安的父亲，这一切就决定了傅恒必然是乾隆朝举足轻重的人物。他最初被授予侍卫，之后便平步青云，累进总管内务府大臣、户部右侍郎、军机处行走、内大臣、户部尚书、汇典馆总裁、侍卫内大臣、保和殿大学士。这一晋升过程，只有六年多的时间，而且年龄也仅有二十几岁，真可谓少年富贵。

乾隆十三年（1748）督师指挥大金川之战，降服莎罗本父子。期间清军连连受挫，正在乾隆对班师与否犹豫不决时，傅恒却毛遂自荐参赞军务。十二月，傅恒到达金川前线，他首先，识破并惩治了敌军的内奸，然后亲自勘察地形，整顿军纪，总结了历次战争的经验教训，制定出了新的战术，并在月之内打了几个漂亮仗。就在傅恒要一鼓作气荡平金川的时候，乾隆帝突然降旨班师。原来乾隆认为，平定金川不是一件简单的事，办不好有可能使傅恒身败名裂。在班师诏书中，乾隆对傅恒大嘉赞扬，并封为一等忠勇公，赏四团龙补褂。次年三月，傅恒率兵回京，乾隆率皇长子率诸王大臣出迎，以视慰劳。不久，还为富察氏建立宗祠，并为傅恒建造府第于东安门内。

乾隆十九年（1754）力主清军攻伊犁，平息准噶尔部叛乱。后任《平定准噶尔方略正编》、《平定准噶尔方略前编》、《平定准噶尔方略续编》正总裁。撰写《钦定旗务则例》、《西域图志》、《御批历代通鉴辑览》等书。

乾隆三十三年，乾隆对缅甸用兵，首战不利，傅恒在此请缨。四月到达前线，八月一切准备就绪率兵出发，连打数个胜仗，取得初步胜利。十一月，傅恒围攻老宫屯，清兵因水土不服，气候不适，大批染病，傅恒也因病不能再指挥作战。

乾隆三十五年三月，傅恒返京。五月，病情加剧，七月病逝，享年不到 50 岁。乾隆亲临祭悼，谥号"文忠"与其他外戚不同，傅恒没有在京城坐享富贵，而选择了为国家出力，为皇帝分忧。这也就无怪乎乾隆对其用情至深，纵观大清王朝 300 年无数满大臣，功绩鲜有出其右者。傅恒的名字无疑在清史中写下了重重的一笔。

## 纪昀

### 介绍名片

纪昀，字晓岚，一字春帆，晚号石云，道号观弈道人。生于雍正二年（1724）六月，卒于嘉庆十年（1805）二月，历雍正、乾隆、嘉庆三朝，享年八十二岁。因其"敏而好学可为文，授之以政无不达"（嘉庆帝御赐碑文），故卒后谥号文达，乡里世称文达公。

### 一生经历

纪氏家族主要从事农业，迁移河北献县后由于原来家底殷实，很快成为献县富户，但比较开明。某年，遇大灾，流民甚多。纪氏舍粮放粥，招官怨被诬入狱，并令其自己出钱盖牢房，凿水井。水井凿于县城东门外，人称纪家井，解放初尚存。此后纪氏锐意读书仕进，成为书香门第。至明末，受到农民起义的打击和清兵入关的变乱，家道中落，四散奔逃，纪晓岚的两位伯曾祖避乱河间，城破被杀。但稍一安定，"便勤铅椠，再理丹黄"（纪钰碑文），读书不辍。

曾祖父纪钰，十七岁补博士弟子员，后入太学，才学曾受皇帝褒奖。祖父纪天申，监生，做过县丞。父亲纪容舒，康熙五十二年（1713）恩科举人，历任户部、刑部属官，外放云南姚安知府，为政有贤声。其道德文章，皆名一时，尤长考据之学，著有《唐韵考》、《杜律疏》、《玉台新咏考异》等书。至纪容舒，纪氏家道衰而复兴，更加重视读书，遗训尚有"贫莫断书香"一语。纪晓岚为纪容舒次子，他就是出生于这样一个世代书香门第。

纪晓岚儿时，居景城东三里之崔尔庄。四岁开始启蒙读书，十一岁随父入京，读书生云精舍。二十一岁中秀才，二十四岁应顺天府乡试，为解元。接着母亲去世，在家服丧，闭门读书。三十一岁考中进士，为二甲第四名，入翰林院为庶吉士，授任编修，办理院事。外放福建学政一年，丁父忧。服阕，即迁侍读、侍讲，晋升为右庶子，掌太子府事。

乾隆三十三年（1768），授贵州都匀知府，未及赴任，即以四品服留任，擢为侍读学士。同年，因坐卢见曾盐务案，谪乌鲁木齐佐助军务。召还，授编修，旋复侍读学士官职，受命为《四库全书》总纂官，惨淡经营十三年，《四库全书》大功告成，篇帙浩繁，凡三千四百六十种，七万九千三百三十九卷，分经、史、子、集四部。纪晓岚并亲自撰写了《四库全书总目提要》，凡二百卷，每书悉撮举大凡，条举得失，评骘精审。同时，还奉诏在《四库全书总目提要》基础上，精益求精，编写了《四库全书简明目录》二十卷，为涉猎《四库全书》之门径，是一部研究文史的重要工具书。《四库全书》的修成，对于搜集整理古籍，保存和发扬历史文化遗产，无疑是一重大贡献。

在主编《四库全书》期间，纪晓岚由侍读学士升为内阁学士，并一度受任兵部侍郎，改任不改缺，仍兼阁事，甚得皇上宠遇。接着升为左都御史。

《四库全书》修成当年，迁礼部尚书，充经筵讲官。乾隆帝格外开恩，特赐其紫禁城内骑马。

纪晓岚五十以后，"领修秘籍，复折而讲考证"（《姑妄听之》自序），加之治学刻苦，博闻强记，故贯彻儒籍，旁通百家。其学术，"主要在辨汉宋儒学之是非，析诗文流派之正伪"，主持风会，为世所宗，实处于当时文坛领袖地位。纪晓岚为文，风格主张质朴简淡，自然妙远；内容上主张不夹杂私怨，不乖于风教。看得出，他很重视文学作品的艺术效果。

纪晓岚以才名世，号称"河间才子"。但一生精力，悉付《四库全书》。又兼人已言之，己不欲言，故其卒后，只有笔记小说《阅微草堂笔记》和一部《纪文达公遗集》传世。《阅微草堂笔记》共五种，二十四卷，其中包括《滦阳消夏录》六卷，《如是我闻》四卷，《槐西杂志》四卷，《姑妄听之》四卷，《滦阳续录》六卷，自乾隆五十四年（1789）至嘉庆三年（1798）陆续写成。

嘉庆五年（1800），《阅微草堂笔记》由其门人盛时彦合刊印行。本书内容丰富，医卜星相，三教九流，无不涉及，知识性很强，语言质朴淡雅，风格亦庄亦谐，读来饶有兴味。不少篇章，尖锐地揭露了当时的社会矛盾，揭穿了道学家的虚伪面目，对人民的悲惨遭遇寄予同情，对人民的勤劳智慧予以赞美，对当时社会上习以为常的许多不情之论，大胆地发表了自己的看法和主张，所以仍不失为一部有很高思想价值和学术价值的书籍。当时每脱一稿，即在社会上广为传抄，同曹雪芹之《红楼梦》、蒲松龄之《聊斋志异》并行海内，经久不衰，至今仍拥有广大读者。鲁迅先生对纪晓岚笔记小说的艺术风格，给予很高的评价，称其"隽思妙语，时足解颐，间杂考辨，亦有灼见。叙述复雍容淡雅，天趣盎然，故后来无人能夺其席"（《中国小说史略》）。

其《纪文达公遗集》，是纪晓岚的一部诗文总集，包括诗、文各十六卷，为人作的墓志铭、碑文、祭文、序跋、书后等，都在其中。此外还包括应子孙科举之需的馆课诗《我法集》，总之多系应酬之作。另外，二十岁以前，在京治考证之学，遍读史籍，举其扼要，尚著有《史通削繁》多卷，为学者掌握和熟悉中国史典提供了方便。

嘉庆八年（1803），纪晓岚八十大寿，皇帝派员祝贺，并赐上方珍物。不久，拜协办大学士，加太子少保衔，兼国子监事。他六十岁以后，五次出掌都察院，三次出任礼部尚书。

嘉庆十年（1805），二月初十，病；十三日朱珪登门探视；十四日酉时卒于北京虎坊桥故宅。嘉庆帝命散秩大臣德通带领侍卫十名，往奠茶酒，赏银五百两治丧，谥文达，并亲自撰写御祭文和御赐碑文，极尽一时之荣衰。

据史书记载，纪晓岚先后有一位夫人和六房妾，这在当时对于一个官至礼部尚书的大学士来说是很正常的。纪晓岚很讲感情，1740 年 17 岁的纪晓岚就跟邻县 20 岁的马氏成婚，一生相敬如宾，白头偕老。马夫人直到纪晓岚七十二岁那年才去世，在《阅微草堂笔记》中出现过两次。第一次是以"嫡庶"之"嫡"的身份出现的。《槐西杂志》第二卷八十八条是为纪的一个侍姬立传的，说马夫人很喜欢那侍姬："故马夫人终爱之如娇女。"第二次是以婆母身份出现的，在《槐西杂志》卷三第二百一十四条："马夫人称其（二儿媳）工、容、言、德皆全备。"纪惜墨如金，两次提到马夫人，一共就用了二十多个字。笔法之中，读不出夫妻之间应有情感色彩，倒是有些客气，有些许远距离的尊重。

他有一房妾名为文鸾，是他从小青梅竹马的朋友。还有一侍姬，名为郭彩符。《槐西杂志》卷二第一百四十一条专门讲的就是这个女人，三百余字。纪晓岚简单讲了这女人的来历和命运的不佳。重点讲了两件事：一是纪受贬在新疆时，"姬已病瘵"，到关帝庙问了一支签，知道还能等到纪回来，但病却好不了，果然纪回来不久，郭氏就去世了。二是在郭氏死后，家里晒其遗物，纪睹物生情，作了两首怀念郭氏的诗："风花还点旧罗衣，惆怅醽醽片片飞。恰记香山居士语，春随樊素一时归。""百折湘裙台画栏，临风还忆步珊珊，明知神谶曾先定，终惜芙蓉不耐寒。"

沈明玕是纪晓岚的另一侍姬，纪晓岚着墨最多，用了七八百字。《槐西杂志》第二卷八十八条几乎是在给沈氏作传，除介绍了她的来历、自愿当富家之媵妾，"女子当以四十以前死，人犹悼惜。青裙白发，作孤雏腐鼠，吾不愿也"的心愿，还录了她一首小诗："三十年来梦一场，遗容手付女收藏。他时话我生平事，认取姑苏沈五娘。"而且说沈氏临终前生魂跑到纪晓岚"侍值圆明园"的住处去探望了他。沈氏死后，纪晓岚在其遗像上提了两首诗，其中一首为："几分相似几分非，可是香魂月下归。春梦无痕时一瞥，最关情处在依稀。"《滦阳续录》卷一第二十八条专门录了沈氏死前不久，"以常言成韵语"写的一首《花影》诗："绛桃映月数枝斜，影落窗纱乡帐纱。三处婆娑花一样，只怜两处是空花。"说沈氏诗中"两处空花，遂成诗谶"（一花为沈氏不久亡，一花为沈氏婢女亦不久亡）。

纪晓岚一生，投入精力最多的有两件事情：一是主持科举，二是领导编修。他曾两次为乡试考官，六次为文武会试考官，故门下士甚众，在士林影响颇大。其主持编修，次数更多，先后做过武英殿纂修官、三通馆纂修官、功臣馆总纂官、国史馆总纂官、方略馆总校官、四库全书馆总纂官、胜国功臣殉节录总纂官、职官表总裁官、八旗通志馆总裁官、实录馆副总裁官、会典馆副总裁官等。人称一时之大手笔，实非过誉之辞。纪晓岚晚年，曾自作挽联云："浮沉宦海同鸥鸟；生死书丛似蠹鱼"，堪称其毕生之真实写照。

# 历史评价

乾隆帝名弘历，生于康熙五十年（1711年），卒于嘉庆四年（1799年）。他是雍正的第四子，在位60年，退位后又当了三年太上皇，终年89岁。

乾隆即位之初，实行宽猛互济的政策，务实足国，重视农桑，停止捐纳，平定叛乱等一系列举措，充分体现了他的文治武功。

如果说雍正是一位改革型皇帝，那么乾隆则是一位文化型皇帝。乾隆在文治方面做的事情很多，主要是编修文化典籍。乾隆帝向慕风雅，精于骑射，笔墨留于大江南北，他在位期间编纂的《四库全书》共收书3503种，79337卷，36304册，其卷数是《永乐大典》的三倍，成为我国古代思想文化遗产的总汇。

乾隆不仅"崇文"，而且"宣武"。他的武功之一是用兵西陲，巩固新疆。在北疆，两次平准噶尔部，使土尔扈特部回归，基本上解决了北疆的问题。乾隆在其祖宗既有成就的基础上，进一步巩固并开拓了中国的疆域版图，维护并加强了多民族国家的统一。

从以上成就来看，乾隆帝是中国历史上一位杰出的皇帝。他的前期统治推动了又一个封建盛世的到来。但其统治后期出现了更多的腐败没落现象，阻碍了中国社会发展的步伐。

乾隆为人重奢靡，晚年好大喜功，疏于防范，致使国库财用耗竭，并重用贪官和绅，致使贪贿成风，农民起义层出不穷，标志着清王朝从强盛走向了衰败。所以我们给他的总体评价是功过参半。

# 乾隆皇帝正传

中华藏书

大清十二帝·最新整理珍藏版

# 第一章　初登宝座

## 一

雍正十三年（1735 年）八月的深秋，北京西郊的圆明园里传出了一个令人震惊的消息——雍正皇帝驾崩了。

弘历在父丧的哀戚声中，在诸王大臣们恭诚的叩拜和敦促下，将象征最高权力的皇位纳入手中。他根据父皇临终的遗命，宣布由庄亲王允禄，果亲王允礼，大学士鄂尔泰、张廷玉四大臣辅政。一个以新皇帝为核心由先帝生前宠信的宗室大臣为辅佐的最高权力机构就这样诞生了，而这一切，距雍正帝的崩逝不过一两个时辰。

天还没亮，弘历奉雍正帝的遗体返回了紫禁城，在他的主持和率领下，当天下午，皇太后、皇后、妃嫔、皇子以及宗室贵戚、朝廷命官，齐集内廷剪发成服，将雍正的遗体入殓。

弘历在异常的忙碌中度过了三天，父皇的大丧在肃穆的气氛中成礼。接下来的，当是嗣皇帝的登基。

八月二十七日，清廷向全国颁布了雍正皇帝的遗诏。九月三日，弘历在祭告了天地祖宗之后，于紫禁城内的太和殿登上了皇帝的宝座。随着他诏告天地，宣布改明年年号为乾隆元年的那一刻起，乾隆皇帝便出现在历史的舞台上，这年他刚刚二十五岁。

一个二十五岁的青年人，当他第一次坐在金碧辉煌的御座上，俯视着王公百官匍伏于他的脚下，听着震荡整个大殿的高呼万岁声，他领略到前所未有的喜悦和最大的满足。这坐落在紫禁城中轴线上的宝座，是真正的天心地胆的位置，它象征着对天地之间万事万物的最高支配权，谁拥有了"宝座"，谁就拥有了天下。他一时陶醉于这一"万国衣冠拜冕旒"的场景中……

封建时代赋予了帝王至高无上的权力，他们运筹大业，号令天下，几乎无时不在操纵和影响着人类历史的命运。乾隆皇帝正是那个时代的产物，他以乾纲独断的统治作风，使有清一代的专制统治登峰造极。

八月十五日，即雍正帝崩后的第三天，为了维护先帝的形象，也为了他自己的那份虚荣，乾隆将几个道士赶出宫中，并颁旨诏示天下。他说：

> "皇考万几余暇，闻外间有炉火修炼之说，圣心深知其非，聊欲试观其术，以为游戏消闲之具，因将张太虚，王定乾等数人置于西苑空闲之地，圣心视之如俳优人等耳，未曾听其一言，未曾用其一药，且深知其为市井无赖之徒，最好造言生事。皇考向朕与和亲王面谕者屡矣。今将伊等驱出，各回本籍。""若伊等因内廷行走数年，捏称在大行皇帝御前一言一字，以及在外招摇煽惑，断无不败露之理，一经访闻，定严行拿究，立即正法，决不宽贷。"

乾隆急于洗刷父亲身的上"污迹"，匆匆忙忙抛出了这道上谕。然而，刚刚登上大宝的新皇帝却忘了投鼠忌器。他那"未曾听其一言，未曾用其一药"的表白，反倒给人以"此地无银三百两"的感觉，完全暴露了雍正帝迷信于炼丹术，以及他服丹中毒的隐情。

然而，这小小的失误，却使年青的皇帝迈出了他初政的第一步，它预示着一个充满青春活力、锐意改革的新政即将开始了。

事实上，乾隆从父亲的手里，承继的是一份几乎可以使所有帝王都为之歆羡的基业。大清王朝，历经几代人的努力，到他登基之时，业已国家升平，民物晏安。作为一个步入太平盛世的天子，弘历似乎可以高枕无忧了。虽然新皇帝年纪尚轻，但绝非平庸之辈，他在喜悦与兴奋的同时，感到了这份家业的分量，意识到治理和驾驭这个幅员辽阔的庞大帝国绝非易事。一种强烈的使命感激励着他发奋振作，让他保持了清醒的头脑。

乾隆无疑是一个福命的皇帝，他一帆风顺地登上了皇位，面临的是政治清明，国泰民安的时局。他没有遇到太多的棘手的问题，更没有遇到爆炸性的危机。但是他同样面临着急待解决的社会矛盾，面临着需要调整和治理的国家政治。而对于刚刚继位的乾隆来说，面临的最大问题，莫过于雍正年间父亲实行铁腕政治所造成的后遗症。

雍正后期，长大成人的乾隆已封为宝亲王，在奉命参予政务的过程中，他深切地体验到了雍正的统治手段，他钦佩父亲的才干和魄力，但同时不满于对父亲的严刻猜忌。直觉和感受使他意识到，雍正以强权政治诛戮宗室，打击异己，虽然使皇位得到巩固，却使整个国家笼罩在一片哀怨声中。封建专制政治下，本来就不存在平和宽松的气氛，而雍正帝的严刑峻法，更是将人们置于一种恐惧不安、提心吊胆的境地之中，人人怀着惴惴之心打发着岁月，社会和官场弥漫着紧张的空气，传播着不满的情绪。这对于一个肩负守成重托的君主来说，绝非好的兆头。何况乾隆与父亲之间不仅存在着性格差异，且在政治上也存在着分歧。

乾隆历来主张宽大为治，尽管他的父皇每每以他赋性宽缓训诫教诲。然而，一旦他君临天下，昔日的政治见解，仍会执着地变成国家的法令政策，促使他去作一番尝试的。

雍正十三年（1735 年）九月，乾隆颁布谕旨，明确宣称：

"治天下之道，贵得其中，政宽则纠之以猛，猛则济之以宽。而《记》称一张一弛，为文武之道。"

于是，在宽猛相济的口号下，一个又一个调整前朝统治政策的法令措施，颁行于全国。

——他禁止地方清丈土地，虚报开垦。

——禁止工程捐派。

——废弃由官府掌管民间房地产交易的"契纸契根法"，还民买卖自由。

——停止没有实效的"营田水利法"和复古的"井田制"。

——恩诏蠲免各省民户积欠钱粮。

在乾隆看来，政令繁苛，每事刻核，实为扰累闾阎之政，而他的新政，则要减去一切繁苛，与民休息。

然而，乾隆深知，他的父亲一生中最受指责而致声名狼藉的是对宗室兄弟的残忍无情。不管在这场争夺帝位的斗急中，父亲有多少迫不得已，都无法摘脱残害手足的恶名。他的大伯父允禔、二伯父允礽都是在康熙朝被禁锢的，父亲没有释放他们，二人都死在高墙之内。三伯父允祉、十叔允䄀、十四叔允禵也被永远圈禁。最悲惨是他的八叔允禩、九叔允禟，他们被削籍禁锢，改名为阿其那、塞思黑，在受尽百般折磨后，又被秘密处死。而且，这场骨肉相残的斗争，株连甚广，五叔允祺之子弘升、七叔允祐之子弘曙也因此被削去世子，而宗室之中，被关被杀，削籍夺爵，抄家流放者更是不计其数。父亲甚至连亲生的儿子也没有放过，三哥弘时同样被黜革宗室。

皇家内院，历来最薄亲情，骨肉杀戮的悲剧，几乎无代不有。然而如雍正之严酷者，仍属鲜见，这使他的政治声誉受到极大的损害。

乾隆亲身经历了这场家庭的惨变，对其中的利弊曲折，自然有他自己的判断。

雍正十三年（1735 年）十月八日，即位刚刚一个多月的皇帝，便针对这桩历史公案，发布了第一个带有倾向性的诏旨：

> 允禩、允禟，孽由自作，得罪已死，但其子孙仍是天潢支派，若俱屏弃宗牒之外，与庶民无异。当初办理此事诸王大臣再三固请，实非我皇考本意。其作何处理之处，着诸王满汉文武大臣，翰詹科道各抒己见，确议具奏。"

在以"孝悌"治天下的思想制约下，乾隆不便为父亲的政敌公开翻案，但却要消弥来自父亲严猛政治的弊端，这并非一件容易的事。好在皇权至上，皇帝可以生杀人，荣辱人，更可以嫁祸于人。他宣称"当初办理此事，乃诸大臣再三固请，实非我皇考本意"，既为父亲摆脱了干系，又为自己找到了翻案的理由。

两天之后，乾隆命令宗人府查明因罪革迫退宗室觉罗，分别赐予红带、紫带，载入了玉牒，一大批皇子皇孙恢复了名号。

一个月后，雍正的死敌阿其那、塞思黑之子孙，也被收入玉牒，给了红带子。

接着，又有许多被禁高墙的宗室王公重见了天日，新德、新福、云乔顺、宗教、鄂齐、丰库、裕伸、德存、勇端、讷尔苏、广宁、扬德、华玢等人，均被释放回家。就连最重要的案犯允禩、允禵也被解除了圈禁，赐以公爵，允禵尤以亲叔父受到眷顾。

此外，乾隆更没有忘记为他死去的三哥弘时昭雪，他还给弘时的皇子身份，令收入玉牒。

短短数日之内，乾隆为父亲了结了这场结怨颇深的历史公案。他虽然没有平反全部的案情，却改变了对所有案犯的过重的处分，顺从了民意，这实质上是翻了雍正所定的旧案，但乾隆却一再声称，这是遵照父亲的本意。在这一道道翻案的谕旨体现了新皇帝的干练和精明。

随着宗室王的获释，对全国狱案的纠偏继之而起，一些无辜蒙冤、罪轻罚重的官吏士子，也从枷锁之下解放出来，因贻误军机判处死刑的骁将傅尔丹，以朋党之罪处斩监候的总督蔡珽，以及诽谤程朱、发配军台的谢济世，均被赦免。就连文字狱要犯查嗣廷、汪景祺的家属也被恩诏释罪。那些因亏空钱粮，侵吞公帑被罢被革的官吏，更是一体宽释。

皇帝的朱笔之下，每日都响起震动天地的惊雷。宽大政治就像一股春风，将新皇的"宽仁"送到了王府官邸，也送到了黎民百姓之家。

但新帝虽"宽仁"，却不同于普度众生的菩萨。在乾隆处理雍正的积案时，并不是一律从宽，还有一些由宽改严的案例，如对曾静、张熙案的处理。

曾静是湖南的士子，张熙是曾静的学生。二人因接受了清初学者吕留良的华夷之辨的反清思想，投书川陕总督岳钟琪，劝他起兵反清。并且道听途说，收集了一些来自宫廷的流言，斥责雍正帝弑父篡立，屠戮兄弟，逼杀生母，淫烝父妾。在这些耸人听闻的奇传中雍正成了大逆不道的罪人。

奇怪的是，一向刻薄寡恩的雍正帝只将死去四十余年的吕留良开棺戮尸，戚属坐罪株连，却把犯下十恶不赦之罪的曾静、张熙免罪释放，并颁旨告诫子孙将来亦不得因曾、张诋毁自己而追究诛戮。更令人不解的是，雍正皇帝对曾静、张熙的反清思想及其散布的流言蜚语，进行了公

中华藏书

大清十二帝·最新整理珍藏版

中国书店

开的辩驳，刊刻《大义觉迷录》一书颁行全国，令地方官每月朔望宣讲。这种越描越黑，越搅越混的辟谣手法，使各种真真假假的政治流言，成为遐迩皆知的宫廷新闻，反倒搞臭了自己。精明一世的雍正皇帝，竟因一时糊涂，干下了绝大的蠢事。

乾隆早就对父亲这种不明智的作法叫苦不迭。他一上台，便不顾父亲的诏命，将曾静、张熙锁拿解京，凌迟处死。勒令停止宣讲《大义觉迷录》，命各督抚将原书汇送礼部收存。从而结束了这场拙劣的闹剧。

几个月后，乾隆皇帝在一系列新政中树立起宽仁而英明的形象，赢得了臣民的拥戴。在时人留下笔墨中，有这样的记载：

"高宗（乾隆）登基所布诏令，善政络绎，海宇睹闻，莫不蹈舞。"

"纯皇帝（乾隆即位，承宪皇雍正）严肃之后，皆以宽大为政。罢开垦，停捐纳，重农桑，汰僧尼之诏累下，万民欢悦，颂声如雷。"

乾隆的皇位稳固了，这些颂词就是最好的证明。

## 二

乾隆是在先朝重臣的拥戴下登上皇位的，他没有自己的亲信。雍正皇帝鉴于他们兄弟争立的教训，对自己的儿子防范严密，乾隆弟兄们与前一辈的皇子无法相比，他们没有形成自己的藩邸私属的机会。而备位皇储的乾隆更是一直留居宫中。一言一行都在雍正的眼皮底下，很少属于自己的私人。所以，到他即位之时，除了"用人唯旧"之外，别无选择。这正如他自己所说的那样："今朕所用之人，皆皇考所用之人。"在这满朝文武当中，个个都是父亲的遗老旧臣，他产生了一种孤独感。

用人唯旧，避免了新旧臣僚之间的相互倾轧，也避免了因人事更迭所造成的人心浮动。然而，乾隆却并不感激父亲为他安排的这种平稳的政局，当他登上御座，俯视那些虽堆满谦恭之气却是相当陌生的面孔时，心里总有一种沉甸甸的感觉。对于一个经验不足的青年皇帝来说，驾驭那些久经政治风雨的老臣，确实不能不煞费苦心。

但乾隆实在是福命的皇帝，尽管他一即位便处在老臣的包围中，却不曾遇到来自臣僚的挟制，在那些阿谀和战栗的背后，也没有发现阴谋和不轨。也许他真该感激他的父亲。雍正的高压政治已经浸透了大小官员的灵魂，使他们在皇权面前俯首贴耳。

尽管如此，乾隆的心里仍然没有踏实感。专制政治，人君高高在上，却又深居九重，在与外世隔绝的情况下，政事只好委之大臣。在没有心腹股肱的情况下，乾隆又怎能放得下心呢？于是新皇帝在即位的第三天，就恢复了"密折制度"。

对于深居大内、外事并未历练的皇帝来说，最重要的莫过于了解下情，只有这样，他才能无所牵制地行使手中的权力，才能在变化莫测的官僚政治的风雨中，辨别是是非非。乾隆皇帝正是看中了密折制度的这一点，才使之得到恢复。

比起他的父亲来，乾隆没有来自皇位争夺的危机，但他同样面临着如何掌握驾驭群臣的难题，而密折制度无疑是解开这一难题的关键，他可以从奏折中看到大臣们不敢公开谈论的政事，可以用朱批，批复不便在谕旨中公开发表的的指示。而官员之间还可藉此彼此监视，相互牵制，即督抚大员亦不得擅权欺罔。因而，乾隆皇帝在摒弃了父亲的许多严猛统治措施的同时，却毫不迟疑地保留了雍正大力提倡的密折制度。

乾隆元年八月十三日，他颁布了实行密折制度的诏旨：

"自古人君为治，莫要于周知庶务，通达下情"。"今初理大敌，正当广为咨诹，以补见闻之所不及。其从前何等官员任其奏事，或有特旨令其奏事者，俱着照前折奏。"

乾隆的用心没有白费。几个月的奏折看下来，他不再望着那山积般的文牍蹙眉出神了。奏折为他打开了通往外部世界的门窗，他由此看到了他所主宰的臣民，所统治的国家。了解了当兴之利，当革之弊。他不再依赖诸王大臣的"辅政"，完全可以独立地去发号施令了。

奏折的作用越突出，乾隆对奏折的处理就越认真，每日晨起进膳后，他便开始批阅奏折。几乎每一份奏折，他都要详细的阅览，不使一字从眼前漏掉。遇有错讹之处，他必指出令其改正。凡属机密，留中不发之件，他往往亲自缄封，有的索性默记心中，将原件当时焚毁。平时如此，巡幸在外也是如此。他从不委人代办。不论他走到哪里，奏折就送到哪里。批阅奏折几乎成了他生命中的一部分。

事实上，对于乾隆来说，批阅奏折就是在行使手中的权力。乾隆十三年（1748 年）以后，随着奏本文书的废止，奏折的作用更加突出，官员遇有机密政务，往往先以奏折形式报告皇帝，在得到皇帝的首肯后，再以题本的形式向中央政府有关部门具奏，但只是为了完成最后的批准手续。乾隆由此实现了大权独揽。

三

乾隆在强化皇权的道路上，却并非尽是喜悦。他曾经忧虑过、烦恼过。

当雍正使他名正言顺地登上皇位的宝座时，却没有给他全权执政之柄，四名辅政大臣的存在，则意味着新皇帝尚不具备亲政的条件。乾隆隐隐感到了一种无形的压力。因为，他没有忘记在祖父康熙年幼时辅正大臣鳌拜的专横，而这些历练颇深的老臣对政治的敏感绝不在皇帝之下。辅政大臣刚刚工作了三天，大学士鄂尔泰、张廷玉便向乾隆提出取消"辅政"之名，沿用雍正皇帝居丧时的"总理事务处"。

毫无疑问，这一举动勾起了尘年往事，记起了鳌拜如何被亲政后的皇帝逮治问罪。

前车之鉴，触目惊心。于是，乾隆群臣之间第一次就权力问题而产生的芥蒂，便如此顺利地解决了，而随着辅政大臣变成了总理事务大臣，皇权的地位无形中突出了。

只是旧的矛盾刚刚解决，新的矛盾便摆在了皇帝面前，作为乾隆居丧期间的全国最高决策机构——总理事务处仍然不能令他满意。短短数月之间，他和几位总理事务大臣已因权限不明发生了好几起摩擦，这使乾隆满心的不快，为了限制他们，分散他们的权力，乾隆又任命平郡王福彭，大学士徐本，朱轼、公讷亲，尚书海望等人协办总理事务。但他仍然觉得不能得心应手。

乾隆是一个绝对专制主义者，这一点他酷似他的父亲雍正。他曾经不止一次地宣称："盖权者，上之所操，不可太阿倒持。"因而，不能把握手中的权力，他是决不会甘心的，而他所受的教育，所面临的环境，所遇到的问题，都促使他更加醉心于集权政治，提醒他抓住一切机会去实现它。

机会总是留给那些善于思索的头脑。乾隆二年（1737年）十一月，服丧二十七个月、刚刚脱掉孝服的皇帝，便借庄亲王等人奏辞总理事务，宣布撤消了总理事务处，恢复雍正年间的军机处。他任命大学士鄂尔泰、张廷玉、公讷亲，尚书海望，侍郎纳延泰，班第等六人为军机大臣。于是，乾隆皇帝以先朝旧臣组织起属于自己的权力机构，他看中了军机处的形式。

军机处，是雍正皇帝的杰作。然而乾隆皇帝却使它增色、增辉。

在控制臣僚方面，乾隆丝毫不比他的父亲逊色。在遴选军机大臣方面，除了"择阁臣及六部卿贰熟谙政体者兼摄其事"外，主要提拔自己的亲信。自乾隆十年他以户部侍郎傅恒任军机大臣始，便逐渐在军机处换上他的心腹。而且，他一改雍正朝军机大臣不超过三个人的惯例，同时任命六人为军机大臣，分割了军机大臣的职事和权限。

经乾隆的改革和整饬，使军机处更加适应专制皇权的需要，成了"有事无不综汇"的权力机构。

就执掌而言，在乾隆朝，军机大臣不仅参予大政、大狱的议谳，而且要为皇帝准备处理政事的参考资料，审核内阁撰拟的谕旨，就用人、行政、科举和对外用兵等国家大事大政发表意见，制定政策、方略，还要经常充当钦差大臣出使地方。

但对军机大臣来说，最能说明地位和身份的是他们负责草拟上谕。

当时，皇帝无日不与军机大臣相见，军机大臣"每被旨各归舍缮拟，明日授所属进之"。乾隆为了摆脱前朝老臣的影响，在军机处恢复未久，便以鄂尔泰、张廷玉年老衰迈体恤老臣为由，逐渐改由讷亲独自承旨。所谓"上初年，唯讷公亲一人承旨"。讷亲面奉谕旨后，再口授另一军机大臣，即汪由敦撰拟。直到乾隆十三年（1748年）傅恒出任军机大臣领班后，才改由军机大臣同进见，自此遂为成例。军机大臣将皇帝的谕旨口授军机章京，由军机章京撰拟后，再进呈皇帝，皇帝阅后发出。

对于谕旨草拟由军机大臣专属变为军机章京之职，梁章钜在《枢垣纪略》中是这样记载的：

"迨傅文忠傅恒公领揆席，满司员（司员即

军机章京）欲借为见才营进地，文忠始稍假之，其始不过短幅片纸，后则无一非司员所撰矣。文端（汪由敦）见满司员如此，而汉文犹必自己出，嫌于揽持，及亦听司员代拟，相沿日久，遂为军机司员之专职，虽上（乾隆）亦知司员所写。"

乾隆年间曾任军机章京的赵翼记下了军机司员草拟圣旨的情形：

"军机撰述谕旨，向例撰写后于次日进呈，自西陲用兵，军报至，辄递入，所述指示随撰随进。或巡幸在途，马上降旨，傅文忠（军机大臣傅恒）面奉后，使军机司员歇马撰缮，驰至顿宿之行营进奏，原不为迟也。然此营到彼营七八十里，必半日方到，而两营之间，尚有一间营，以备圣驾中途小憩者，国语谓之'乌墩'。司员欲夸捷，遂仓促缮就，急飞驰至乌墩进奏，名曰'赶乌墩'。斯固敏速集事，然限于晷刻，究不能曲尽事理，每烦御笔改定之。"

乾隆时有"马上朝廷"之说，长年巡幸在外，像这类马上传旨，而后由军机章京由途中间歇时赶拟谕旨的事，当不在少数。虽然赵翼所讲述的是乾隆中期的事情，但由此不难联想到他初政时的情景。

军机处空前地强化了皇权，而乾隆则将军机处牢牢控制于指掌之中。于是，中枢权力完全从内阁中游离出来，内阁所掌票拟（草拟谕旨）只剩下寻常的例行公事，内阁大学士虽爵位崇高，列文班之首，但如果不入军机处兼作军机大臣，不过徒有虚名。而权力受到削夺又不独内阁，就连满族入关前沿用下来的议政王大臣会议也成了无事可办的机构，只是个"摆设"而已。

综上所观，乾隆的初政无疑是成功的。他在巩固皇权的道路上迈出了坚实的一步，从中体验到了作"天下主"的愉悦和满足，而其中最多的感受则是艰辛和劳苦。他夙兴夜寐，孜孜求治，不论酷暑严冬，整日埋头于千头万绪的棘手事务中，万几无暇。赵翼以他的亲身感受记下了乾隆皇帝勤政的情形：

"上（乾隆）每晨起，必以卯刻。……自寝宫出，每过一门，必闻爆竹一声。余辈在直舍，遥闻爆竹声自远渐近，则知圣驾已至乾清宫，计是时，尚须燃烛寸许，始天明也。余辈十余人，阅五、六日轮一早班，已觉劳苦，孰知上日日如此。"一个朝鲜人也记下乾隆那几乎成了固定模式的日常起居：

"卯时而起，进早膳后先览中外庶政，次引公卿大臣与之议决，至午而罢。晚膳后更理未了公事。间或看书，制诗书字，夜分乃寝。"

乾隆酷爱写诗，游景，但繁杂的国事，初政的压力，却使他的雅兴大大减少，促使他更加勤勉用事。他告诫自己："人君之恶，不可不慎，虽考古书画，为寄情雅致之为，较溺于声色货利为差胜，然与其用志于此，孰若用志于勤政爱民乎？"

# 第二章　力排老臣

## 一

在乾隆的帝业生涯中，他的确可称得上是一个高居于众官僚之上，牢牢控制生杀予夺大权，而不和任何人分享的专制皇帝，在他统治的六十余年中，虽不乏才干横溢的大臣，但在他这个专制君主的驾驭下，却不曾留下彪柄历史的业绩。而乾隆的成功，正是从他逐渐削夺雍正旧臣的相权开始的。

乾隆初年，在他所任用的雍正旧臣中，以鄂尔泰、张廷玉的地位最高。自恢复军机处、宗室王公被排斥在权要机构之外后，鄂尔泰为首席军机大臣，张廷玉居其次，均是位居宰相的重臣。二人虽然各树门户，朋比结党，相互倾轧，但却不曾威胁到皇权的稳定。因而，乾隆帝在初政的过程中，虽不时给以告诫，却仍倚寄颇深，优容包涵。以故，鄂尔泰和张廷玉均权势旨显，并在朝廷内外负有盛名。然而，对于有极强权力欲的乾隆来说，只能有威名的皇帝，不可有能事的大臣。他使鄂尔泰和张廷玉始终慑于皇帝的天威之下，不敢越雷池一步。

在乾隆看来，"鄂尔泰固好虚誉而近于骄者，张廷玉则善自谨而近于懦者"。所以，乾隆尤其注意对鄂尔泰的裁抑。正如他自己后来说的那样："鄂尔泰在生时，朕屡降旨训饬，较之张廷玉尚为严切。"

清代首崇满洲，满族贵族一直在政治上享有特权。乾隆虽然一向标榜他处事一秉至公，无所偏袒。但事实上，具有十分明显的袒护满族官员的倾向。他不但规定了军机大臣必须以满人为首席，而且所用要员也多为满人。乾隆这种崇满歧汉的思想，本来对鄂尔泰十分有利，他藉此把持住了"一人之下，万人之上"的首席宰辅的地位，并使自己在与张党的角逐中每每居于上风。鄂尔泰当时的情况，就像乾隆在《御制诗文集》中所说的那样：

初政命总理，顾问备左右。

具瞻镇百寮，将美惠九有。

鄂尔泰在雍正所留下的一班老臣中位居首魁、权势倾朝，这是朝廷内外有目共睹的事实。而他的骄倨傲慢，更给人以权臣震主的感觉。

乾隆元年（1736年）正月，署湖南永州镇总兵崔起潜上疏参劾"大学士鄂尔泰欺蔽于中，苗疆经略张广泗迎合于外"。这是影射鄂尔泰专权用事，结党营私。

同年七月，署四川巡抚王士俊，在上书指责乾隆翻前朝旧案的同时，也提出"大学士不宜兼部务"。乾隆知道，这也是针对鄂尔泰而来，王士俊是田文镜的心腹，而田文镜则与鄂尔泰久成嫌隙。

两疏虽然都在纠参鄂尔泰，但却事关皇帝。乾隆向以大权在握自诩，并以此玄耀自己的圣明。然而，刚刚登基，未及一载，就被官吏们指为受人欺蔽，隐意为皇权旁落，强烈的自尊心，使乾隆无论如何也接受不了这种言论。

于是，乾隆颁布上谕，公开驳斥说："朕御极以来，一切政务皆躬亲裁断。即苗疆一事，大学士鄂尔泰未曾旁置一语。即总理事务大臣，亦未曾襄赞一词也。崔起潜将毫无影响之事捏词妄奏，明系倾陷大臣，扰乱国政，甚属可恶。"崔起潜因此获罪，被拏解至京，交刑部严审定罪。

皇权不可侮，更不可无，乾隆不止一次地宣称："朕为天下主，一切庆赏刑威，皆自朕出，即臣工有所建白，采而用之，仍在于朕。"所以，他对王士俊也说："朕岂为金任所惑之主哉？"

事实虽然并非完全如乾隆所说的那样，但当鄂尔泰在苗疆一事上作下手脚，欲置张照于死地之时，乾隆是的确没有听信鄂尔泰的谗言，用乾隆的话说："朕若听信其言，张照岂获生全？彼（张照）不知朕非信谗之主，而鄂尔泰又岂能谗照之人？"

鄂尔泰骄愎过甚，并不为乾隆所喜，而且乾隆不时地在挫折鄂尔泰的锋芒。

雍正生前，曾有意要将他为雍亲王时居住的藩邸旧居改建为庙宇。但当雍正帝死后，搬出皇宫另辟新居的和亲王弘昼索要原雍亲王府旧邸时，鄂尔泰为博得皇帝御弟的欢心，竟然主张将王府赐给弘昼。

赏罚唯皇帝自出，乾隆绝不允许大臣擅作主张，何况乾隆本来就认为此府为龙腾所在，不宜再作王府。因而，他断然拒绝了鄂尔泰的建议，将原雍亲王府改为礼佛的喇嘛庙，称"雍和宫"。

鄂尔泰的骄愎，自然有其来由。他在雍正朝宠眷隆渥，莫可谁比。在朝廷内外已形成一股势力，在众人的心里也形成一种趋附逢迎的心态。

乾隆五年（1740年）初，乾隆帝下令让已故大臣浙江总督李卫入祀贤良祠。四月，河南巡抚雅尔图奏请将已故巡抚田文镜撤出豫省贤良祠，理由是河南百姓恶恨其人。

田文镜、李卫、鄂尔泰，是雍正帝最推崇的三位大吏，只是三个素不相合，构衅成隙。乾隆即位以后，田文镜、李卫相继故去，只剩下一个鄂尔泰，又在朝廷中居于望位，所以，众官吏的攀附之势如蚁附膻。

乾隆是何等精明之人，他立刻看出雅尔图是醉翁之意不在酒。申饬说："此奏并不在田文镜起见，伊见朕降旨令李卫入贤良祠。其意以为李卫与大学士鄂尔泰素不相合，特借田文镜之应撤，以见李卫之不应入耳。"一语道破了雅尔图有意迎合鄂尔泰的企图。

接着，乾隆又说："从来臣工之弊，莫大于逢迎揣度。大学士鄂尔泰、张廷玉乃皇考简用之大臣，为朕所倚任，自当思所以保全之。伊等谅亦不敢存党援庇护之念，而无知之辈妄行揣摩。"一语双关，既警告了鄂尔泰、张廷玉结党聚势、以权徇私，又斥责了群臣附炎趋势、揣度钻营。

但比起警告和斥责来，乾隆更注意牢牢把握用人之权，不使他的大臣有所窃夺。

当时，聚集鄂尔泰周围的，不独微秩末禄、亦不独侍郎、尚书，就连朝廷中的皇亲国戚也在攀附之列。如蒙古额驸策凌，一到京城，就为鄂派的官员法敏、富德、常安等向乾隆帝游说，请加官进爵。还特地为富德请补随印侍读，为年老的特古勒德尔请令还京。其用心就在于投鄂尔泰之所好，博得他的欢心。对此，乾隆深知其情，也甚感痛心。他说："额驸且然，何况他人。"

然而，痛心大臣朋党还在其次，乾隆尤其不能容忍大臣分其君权，甚至不允许在群臣中有大臣可以用权、用人的认识和心态。因而，他严厉拒绝了额驸策凌的荐人之请。并且声称："朕御极以来，用人之权从不旁落。试问数年中，因二臣之荐而用者为何人？因二人之劾而退者为何人……若如众人揣摩之见，则是二臣为大有权势之人，可以操用舍之柄。其视朕为何如主耶？"

乾隆的确不是平庸之主。他明智、敏锐，不失所察、不为所惑。而尤其难能之处，在于他事必躬亲，大权从不旁假。所以，他在驾驭那架庞大的国家机器时，对每个机器零件都很熟悉，一遇故障，他会驾轻就熟地找到问题的所在。

在审理永州总兵崔起潜一案时，乾隆因崔起潜所参有损皇帝的尊严，虽在指责鄂尔泰欺蔽人君，实则是影射自己无能，所以本想严加惩处。但后来又降旨从宽发落。诏旨下达后，朝廷内外立时纷传这是鄂尔泰上疏所奏，而鄂尔泰在拟罪具题时，确实有疏陈将崔起潜宽释的密折。乾隆明白"若非鄂尔泰泄露于人，何由知之？"当时，他虽然对鄂尔泰这种邀买人心的作法十分不满，但在尚需倚用这些前朝遗老的情况下，乾隆未加追究。

然而，五年以后，乾隆却旧事重提，当众抖出鄂尔泰泄密买好，有丢颜面的事情，并且公开说："人情好为揣摩，而反躬亦当慎密。""是鄂尔泰慎密之处，不如张廷玉矣。"

乾隆直接拿鄂尔泰与张廷玉作比较，对鄂尔泰不能不说是个极大的刺激。而在一抑一扬之间，失势与得势已经有了分晓。这实在是个敏感的信号，乾隆的确是第一次以如此严厉的态度对待鄂尔泰，也是第一次将他的过错指出来，并点名指责他。而乾隆这样做，无非是因为鄂尔泰在朝廷内外固结过甚，群臣投附，趋之若鹜，已经超出了皇帝所能包容的限度。

乾隆六年（1741年），鄂尔泰终于"惹"恼了乾隆皇帝。

事端起于乾隆所赏识的大臣黄廷桂。

黄廷桂是汉军旗人，出身于世宦之家。康熙末年，由监生袭曾祖云骑尉世职，为侍卫。雍正年间，迁总兵、提督、四川总督。乾隆元年，西陲军务告竣，朝廷裁四川总督，黄廷桂降为提督，官古北口。

乾隆六年夏季，乾隆帝出边行围来到古北口。按照惯例，皇帝检阅了当地的军队。当乾隆看到古北口镇的官兵"队伍整齐，技艺娴熟"的演习后，十会满意，称赞不已，这在乾隆皇帝是不多见的。乾隆认为，这一切"洵由统领大员董率有方，将弁兵丁勤于练习所致"。当即赐赏黄廷桂战马二匹，皇上用缎二疋。两个月后，乾隆返回京城，便授黄廷桂为甘肃巡抚。

就在乾隆皇帝于北部边外对黄廷桂倍加称道，大有恨识拔之晚的时候，奉命留京办事的鄂尔泰，却以黄廷桂滥举匪人的罪名，按例议处，降二级调用。于是，君权与相权直接冲突起来。

原来，古北口守备和尔敦钻营行贿部院一事被人告发，而黄廷桂又曾经为和尔敦疏陈用为守备。故而，黄廷桂也被怀疑接受了和尔敦的贿赂，有婪脏的行为。

鄂尔泰一向讨厌黄廷桂，正好被他抓住把柄。鄂尔泰是主管兵部的大学士，于是他下令兵部对和尔敦进行严审，兵部审后又交刑部，欲借机整治黄廷桂。可是，虽经两部反复审讯，和尔敦却始终供称，不曾有钻营恳请黄廷桂之事。鄂尔泰不甘就此罢休，仍责令两部再审。于是，兵部审完，交刑部，刑部审完，仍维持原议。鄂尔泰抓不到黄廷桂有婪索赃私的证据。只好给他安了一个"滥举匪人"，"将劣员俎越保留"的罪名，议罚降调。

而且，鄂尔泰为了不使皇帝出面干预，他勾联刑部官员，以最快的速度、最短的时间，赶在乾隆出巡返京之前，审理结案，并上奏题覆。在鄂尔泰看来，乾隆皇帝远在古北口外，批阅本章决不会比在京城仔细，定能蒙混过关。

乾隆岂是被人欺瞒之主！本章刚刚送到他手中，他就发现了问题。意识到这是鄂尔泰利用他出巡未归，挟嫌报复，先发制人。他气愤地说："黄廷桂不过因朕出口行围，路经古北，防备守御事务需人料理，是以将和尔敦请调，并非荐举升迁也，亦非保举和尔敦久留此任耶。""办此事之大臣素与黄廷桂有不睦之处。""谓非挟嫌，谁信之？"

乾隆早已对鄂尔泰不满，此事尤其让乾隆反感，认为鄂尔泰非但不识抬举，且欺君揽权。所以不点名地数落他说："如此办理已负朕推诚待大臣之意，况久在朕洞鉴之中，而犹欲逞己意，是徒为朕所轻耳。""此等居心行事，乃竟出于朕信任头等之大臣，朕转用以自愧。伊等将视朕为何主耶？"

乾隆越说越气，先时一直没有提到鄂尔泰的名字，这时干脆点名道姓，下令"将办理此案的大学士鄂尔泰等人严行申饬"。并以黄廷桂为无干之人，免除处分。

对鄂尔泰来说，这不啻一次严厉的惩处。他像被人猛击了一掌似的，开始清醒起来。他开始敛迹修身，做起"太平"宰相来。

然而，宦海中从没有平静的港湾。不管鄂尔泰糊涂还不是糊涂，真糊涂还是假糊涂，太平宰相都不是那么容易当的。虽然，他畏于皇帝的天威，甘于淡泊，不再兜揽事权。但是，依附在他周围的党徒却不甘寂寞。乾隆七年（1742年）十二月，仲永檀与他的长子鄂容安串通泄密，陷害异己的事情败露，又累及到鄂尔泰。

仲永檀因在乾隆六年疏劾步军统领鄂善婪脏、御史吴士功泄密两案皆实，加官晋爵，由御史擢至左副都御史，成为三品大臣，和鄂尔泰的关系也更加密切。但仲永檀虽指参张党婪赃、泄密，斥之不遗余力，自己却尤不知修省官箴、官德，大有小人得志忘乎所以之情。乾隆七年二月，他充会试副考官，由贵州赶赴京师，一路仗势欺人，令家人鞭打平民，被河南巡抚雅尔图参劾，处以罚俸。但这小小的惩罚，并没有使仲永檀引以为戒，收敛起骄狂之气。他仍然毫无顾忌地为所欲为，利用在京期间，与鄂尔泰的长子鄂容安往来密切，会商谋陷他人之事。岂知，螳螂捕蝉，黄雀在后。仲永檀的所为很快被人告发。其时，鄂容安以詹事府詹事被命在上书房行走，正为乾隆所倚用。事发后，两人俱被革职拿问，交王大臣会鞫。

在审理的过程中，仲永檀才像泄了气的皮球，与鄂容安一一供出他们相互交通，在参奏别人之前，先行商谋，参奏之后，又相互照会的情实。仲永檀无非是要买鄂尔泰的好才极尽巴结之能事，与鄂容安结成至交。这种无视法网、朝纲，明知故犯的结党营私行为，令乾隆感到发指，他一针见血地指责说："仲永檀受朕深恩，由御史特授副都御史，及依附师门，将密奏密参之事无不豫先商酌，暗结党援，排挤不睦之人，情罪甚属重大。鄂容安在内廷行走，且系大学士之子，理应小心供职，乃向言官商量密奏之事，情罪亦无可逭。"

仲永檀与鄂容安，一个是鄂尔泰的门生，另一个则是其犬子，两人皆与鄂尔泰关系密切。且鄂尔泰不止一次地在乾隆面前奏称仲永檀端正直率，可为大用。因而，乾隆对鄂尔泰的不满，也已形于词色。他指责鄂尔泰既"不能择门生之贤否"，也"不能训子以谨饬"，是其营私党庇之过。

见乾隆动了怒，张党图谋报复，要求刑讯仲永檀和鄂容安，并逮问鄂尔泰。如果此事追究下去，鄂尔泰必将身败名裂，鄂党也会随之崩解，形成张党得势的局面。

"一国之政，悬于为君者明矣。"乾隆明知此事于鄂尔泰"罪名重大"，若察个水落石出，"鄂尔泰承受不起"，故不准诸王大臣再予深究，从宽了结了此案。除仲永檀下狱，病死于狱中外，鄂容安令退出南书房，鄂尔泰交部察议，以示薄惩。

鄂尔泰被乾隆宽释了，但乾隆并没忘记告戒他："朕亦不能为之屡宽也。"言外之意，鄂尔泰如若再有过犯，定会严惩不殆。

只是，鄂尔泰没有等到那一天。自乾隆九年（1745年）入冬以后，他便卧病在床，手脚不能动弹，好像患了中风偏瘫之症。乾隆十年四月就病故了。遗书上达后，乾隆颁旨说："大学士伯鄂尔泰公忠体国，直谅持躬。久任边疆，茂著惠绩。简领机务。思日赞襄。才裕经论，学有根柢。不愧国家之柱石，允为文武之仪型。"算是对他一生的盖棺之论。乾隆还亲至鄂尔泰府第酹酒，辍朝二日，准予配享太庙，入贤良祠，并赐溢"文端"。恩礼俱为隆盛。

## 二

乾隆于四十六年（1781年），借官僚尹嘉铨著有《本朝名臣言行录》兴文字案狱，并阐发了一个非常重要的思想，即本朝无名臣，也无奸臣。他说："名臣之称，必其勋业能安社稷方为无愧，然社稷待名臣而安之，已非国家之福。况历观前代，忠良屈指可数，而奸佞则接踵不绝，可见名臣之不易得矣。朕以为本朝纲纪整肃，无名臣，亦无奸臣。何则？乾纲在上，不致朝廷有明臣奸臣，亦社稷之福耳。"

鄂尔泰与张廷玉，既是雍正朝的名臣，对乾隆又有辅弼拥戴之功。然而其朋党祸首的身份自然为乾隆不容，其藉端打击，不遗余力，当是必然的。

太庙，是封建帝王祭祀列祖列宗的庙宇。而帝王至尊，不仅生前要有文武百官俯首听命，即使死后，也要有佐命功臣陪伴扈从。因而，得以身后配享太庙，便成了大臣们无以伦比的殊荣。

雍正十三年（1735年）八月，弥留之际的皇帝，没有忘记安排他的老臣，临终留下了令鄂尔泰、张廷玉配享太庙的遗诏，这使已经地位煊赫的鄂张二人，更加身价百倍。而嗜爵如命的张廷玉，尤其看重这配享的隆遇，视为光宗耀祖的殊荣。因为，在整个清朝配享太庙的十二名异姓大臣中，他是唯一的汉人。

张廷玉没有立下出生入死的殊勋，也不曾建立惊天动地的功业。他之所以能与那些满族的"英贤"等量齐观，不过是因为他具有超乎常人的好手笔。张廷玉正是凭着自己的好手笔，参预了雍正一朝的最高机密，划策决疑，为雍正皇帝定天下立有大功。因此，雍正帝对张廷玉是倍加称道，视若股肱，赏赐酬庸甚厚。

但是，遭逢也有时运。张廷玉虽为雍正帝所宠，却不为乾隆帝所爱。在乾隆的眼里，"张廷玉在皇考时仅以缮写谕旨为职，此娴于文墨者所优为"。"朕之姑容，不过因其历任有年，如鼎彝古器，陈设座右而已"。鄙视到把张廷玉当作一件只可供人观赏，却毫无用途的摆设，几同所蓄俳优之类。

而且，乾隆对汉人具有极深的成见。张廷玉虽以汉人久居高位，却得不到他的信任。只因乾隆深恶朋党，在对鄂尔泰集团势力多方裁制的同时，为了保持派系之间的力量均衡，收相互牵制之效，不得不庇护张廷玉，但也不时给予裁抑。

乾隆即位之初，张廷玉与鄂尔泰同封伯爵，加号"勤宣"。张廷玉以此为荣，乾隆七年（1742年），请将伯爵由其长子张若霭承袭，乾隆没有答应。为了抑制张氏家族势力过分膨胀，也为了裁抑张廷玉本人，乾隆令伯爵衔只封张廷玉本人，及身而止。

其时，张廷玉年逾花甲，已是接近七十的老人。乾隆准其在紫禁城内骑马，又允其不上早朝。这一方面是出自对老臣的关照，但另一方面，却不无排斥之意，从而逐渐形成了由讷亲独自面承圣旨的局面。

张廷玉身历三朝，久经官场，见惯了宦海的沉浮与倾轧，对于君臣关系所出现的变化，他不会没有感受。只是他一向立身严谨，信奉"万言万当，不如一默"的原则，绝不会为此露出一丝一毫的不满，更不会去追究其中的缘故。据说，张廷玉曾有一句名言，记载在他所作的《澄怀园语》中，即为："予（我）在仕途久，每见升腾罢斥，众必惊相告曰，此中必有缘故。余（我）笑曰：天下事安得有许多缘故？"

缘故当然有，只是张廷玉早已视之为官场常情，司空见惯。而以他的处世哲学，他绝不敢去追究其中的缘故，唯独想在"功德圆满"之后，赶快逃离官场这一是非之地。

乾隆十一年（1746 年），张廷玉的长子内阁学士张若霭病故。这对张廷玉实在是个意外的打击，白头人送黑头人，不能不使他倍觉伤悼，更引起了他的思乡之情。这年他已是七十五岁的老翁了，虽不时上朝奏事，但内廷行走，已是步履蹒跚，需人扶掖。乾隆特命其次子庶吉士张若澄在南书房行走，以便照料。但皇帝的关照，却无法阻止他的归梓之心，致仕的念头越来越强烈。

乾隆十三年（1748 年）正月，张廷玉上疏乞休，以"年近八旬，请得荣归故里"。这本是人之常情，但在专制君主的眼里，却有不肯尽忠之嫌。乾隆认为，人臣事君，只应鞠躬尽瘁，死而后已。他对张廷玉说："卿受两朝厚恩，且奉皇考遗命，将来配享太庙。岂有从祀元臣，归田终老之理？"

乾隆不允所请，而张廷玉极力陈奏，以致"情词恳款，至于泪下"。尽管乾隆反复晓喻不应隐退的道理，张廷玉还是晓晓争辩，不甘罢休。结果是张廷玉被迫留下了，却惹得乾隆皇帝满心的不悦。

这一年恰恰是乾隆最不称心的一年，先是皇后富察氏病逝，乾隆失掉爱妻。继之，又是大臣辱命，金川败绩。乾隆一反常态，大开杀戒，连连惩治大臣，或杀、或革、或降罚流遣，官场上乌云密布，雷声四起，大小官僚又似乎回到了雍正时代，处在人人自危、岌岌惶惶的恐惧中，担忧着明日的命运。

张廷玉没有被卷到这场"灾难"中去，但也没有躲过这场暴风雨给人的震慑力。他三番两次地受到乾隆的点名指责。

然而乾隆皇帝咄咄逼人的申斥却没有制止张廷玉的思乡之情。乾隆自然看出此意，于乾隆十四年（1749年）正月，再颁上谕说："张廷玉生长京邸，子孙绕膝，原不必以林泉为乐。""城内郊外，皆有赐第，可随意安居，从容几杖，颐养天和。"随后赐诗一首：

> 职曰天职位天位，君臣同是任劳人，
> 休哉元老勤宣久，允矣予心体恤频。
> 潞国十朝事堪例，汾阳廿四考非伦。
> 勗兹百尔应知劝，莫羡东门祖道轮。

诗中，一方面告诫张廷玉为臣的天职，在于任劳任怨，决不可倚老邀功，因为皇帝已经"体恤频"矣。另一方面，又在提醒张廷玉"应知劝"。可见，廷上廷下，口头笔上，张廷玉的致仕之请，已不知提过几次了，而乾隆皇帝也不知劝慰过几次了。

无奈，张廷玉的"乡思"，已到了执迷不悟的程度。到了十一月，乾隆见他仍然归心炽切，且老态日增，精采大减，故而动了恻隐之心。觉得"强留转似不情，而去之一字实又不忍出诸口"。因为"座右鼎彝古器，尚欲久陈几席，何况庙堂元老，谊切股肱"。

乾隆派人到张廷玉的府第，将自己的意思告诉了他，让他自行抉择。这其中虽不乏关切和恩许，却带有更多的贬低和试探。因为，在乾隆的谕旨中，张廷玉已毫无掩饰地被比同为"座右鼎彝古器"了，而"去之一字实不忍出诸口"，则又没有明确的准他走。

但张廷玉似乎顾不了许多了，他见乾隆松了口，喜出望外。当即表示："仰蒙体恤垂询，请得暂辞阙廷，于后年江宁迎驾"南巡。乾隆见事已如此，便准他原官致仕，伯爵仍带于本身，声称"俟来春冰泮舟行旋里，朕当另颁恩谕"。并表示他期待着十年以后"朕五十正寿，大学士亦将九十，轻舟北来，扶鸠入觐"的君臣重逢情景。

如果张廷玉就此与乾隆一别，便可以荣归故里，安享晚年了。谁知，他又节外生枝，自取其辱，反落得蓬头垢面的下场。

原来，张廷玉在得遂初衷后，又顾虑起身后能否得到配享的问题了。因为乾隆说过，"岂有从祀元臣，归田终老之理？"君恩似水，何况新君并不得意他这个老臣，张廷玉不能不为此辗转反侧。而恰在这时，他又听说大学士史贻直（鄂尔泰之党）向乾隆进言，说他并无功德，不应配享。张廷玉顿时心急如焚，似火攻心，强烈的虚荣心使他将多年的休养弃置一边，再不是那个持志养气，甘于淡泊，见"泰山崩于前而色不变"的方正君子了。他唯恐身后不得蒙荣，进宫面谒皇帝，请求乾隆不改变雍正的遗命，"免冠呜咽，请一辞以为券"，流露出一付不讲廉耻的乞恩讨赏的奴才相，平日的清高和谨慎完全不见了。

乾隆因配享出自雍正的遗诏，久成定命，并无收回之意。见张廷玉对自己如此防备，如此不信，提出这近似要挟的请求，心中十分不快。但乾隆还是勉从所请，答应了张廷玉，并赋诗一首赐之：

造膝陈情乞一辞，动予矜恻动于悲；
先皇遗诏唯钦此，去国余思或过之。
可例青田原侑庙，漫愁郑国竞摧碑；
吾非尧舜谁皋契，汗简评论且听伊。

这是一首寓意颇深的诗句，它一方面重申了雍正帝的遗命，同意张廷玉配享太庙，并以唐朝开国功臣的身后之荣作比，声称对他的恩典"或过之"。但另一方面，更浸透了皇帝对张廷玉的不满和警告。所谓"漫愁郑国竟摧碑"，是说他可以像唐太宗那样，给魏征（封郑国公）树碑立传，也可同样效法太宗仆碑毁文。而"吾非尧舜谁皋契，汗简评论且听伊"，更是直接了当，说张廷玉的功德不比皋契，实不应配享，将来历史自有评论。

这首诗所流露出来的反感情绪，明白人一看便知。对张廷玉来说，绝不是好兆头。

帝王可以翻手为云，也可以复手为雨，他的喜怒哀乐向来关乎着每个人的命运。张廷玉以三朝元老重臣，久经政治风雨，当尽知为官的临深履薄之道。可是，不知他是真的轻视皇帝，还是一时糊涂，鬼迷了心窍。在得到恩准配享的谕旨后，他只是具折谢恩，并以年老天寒，不亲赴殿廷，让儿子张若澄代往。

乾隆动怒了，张廷玉敢对自己如此不敬，"所行有出于情理之外"，要明颁谕旨申斥。这时，他正当丧妻失子之恸，家庭惨变的悲哀，再加上金川之役失利的烦恼，使他肝火上升，动辄大发雷霆。讷亲、庆复、张广泗、周学健等大臣相继被诛，满朝文武不时遭到谴责，宽大政治已经变成了严苛政治。而张廷玉好像不识时务，偏偏在此时"惹"怒了乾隆。

乾隆已经积郁了很久的不满就像火山爆发一样，既猛且烈。他让军机大臣传旨，令张廷玉明白回奏。

当时，军机大臣承旨的只有傅恒和汪由敦。汪由敦不能不顾及到师生之情份，何况张廷玉在奏请赐券配享的同时，又不避嫌疑地推荐了他这位得意门生继任了大学士之职。汪由敦当即免冠即头为张廷玉求情，请求皇帝不要将此事公布于众，声称"若明发谕旨，张廷玉罪将无可逭"。

但乾隆怒气正盛，对汪由敦的请求毫不理睬。汪由敦无奈，又不忍负师生之谊，便不顾军机处的规矩，将乾隆发怒的消息禀报师门。

龙颜大怒，张廷玉已知此番非同小可。第二天一大早，他便赶到宫廷跪叩请罪。不料，这亡羊补牢之举，非但没有任何用处，反而授人以柄。

乾隆明明知道，张廷玉的"请罪"并非出自真情，而是汪由敦泄露了消息。因而更加恼怒，对张廷玉大加诘责，似在历数他的罪状。而张廷玉的所为也确有为乾隆所不能容忍之处。

第一，配享太庙，乃非常恩典。张廷玉不亲自至宫廷谢恩，是视配享为应得之分。正像乾隆质问的那样，"伊近在京邸，即使衰病不堪，亦应匍匐申谢。乃陈情则能奏请面见，而谢恩竟不赴阙廷，视此莫大之恩，一若伊分所应得，有此理乎？"并点明了张廷玉这样做是认为皇帝配享之言既出，自无反悔之理，而自己以后再无可觊之恩，也无复加之罪了，因而无须顾及君臣之情了。

第二，张廷玉要求兑现雍正的遗言，请乾隆重申配享太庙的恩典，是信不过新君。所以乾隆说他，"张廷玉之罪，固在于不亲至谢恩，而尤在于面请配享。其面请之故，则由于信朕不及，此其所由得罪于天地鬼神也。"

第三，张廷玉归心似箭，引起了乾隆对他的怀疑。乾隆得知，早在讷亲当政时，张廷玉就多次怂恿讷亲代奏归里之请，讷亲深晓乾隆的个性，不敢明言，只是时时借机流露。因而，乾隆认为，张廷玉在尚未龙钟衰老之时，就营营思退，是对新君不予重用的不满，"自揣志不能逞，门生亲戚之素相厚者，不能遂其推荐扶植之私"，从而寻求明哲保身之道，在为官一世，"赀产足瞻身家"的情况下，以"容默保位为得计"。

第四，张廷玉不能亲至朝廷谢恩，却于次日黎明赴阙请罪，"此必军机处泄露消息之故"，而汪由敦以师生之情，先已舍身向皇帝请命，后又不顾朝规泄密露情，更加深了乾隆的成见，从而确信张廷玉举荐汪由敦继任大学士，乃是在朝廷安插私人，在皇帝身边留下耳目。他痛斥说：张廷玉"及去位，而又有得意门生留星替月"，"则身虽去而与在朝无异，此等伎俩可施之朕前乎？试思大学士何官，而可徇私援引乎？更思朕何主，而容大臣等植党树私乎？"

张廷玉对乾隆已犯有不信、不尊，外加欺蒙之罪，而欺君蒙主，植党营私，尤其为乾隆所憎恶，不仅为权力受损，还为龙颜无光。他忿忿地说："我大清朝乾纲坐揽，朕临御至今十有四年，事无大小，何一不出自朕衷独断。即月选一县令未有不详加甄别者，宁有大学士一官而不慎重详审，听其援置私人乎？""为人臣者，其可不知所儆惕乎？"

乾隆于盛怒之下，出言威厉，大有倾覆张廷玉之势。但乾隆的高明之处，就在恰到好处。他见张廷玉已经威风扫地，而所搆之罪又不足以置之重惩，因此，当廷议张廷玉不得配享太庙，并革去大学士职衔和伯爵、留京待罪时，乾隆反倒下令让张廷玉仍以大学士衔休致，明春回乡，身后仍准配享太庙，只是削去了伯爵。而被牵连的汪由敦却被革去协办大学士和尚书衔，令在尚书任上赎罪。

但一波三折，事情并未就此了结。张廷玉在遭到乾隆帝的一顿披头盖脸的训斥后，只觉得老脸丢尽，心灰意冷。在提心吊胆地度过一个严冬之后，便遵照乾隆的"明春回乡之旨，奏请启程"。这时，他恨不得马上离开京城，大有逃命的心境。不料，这又惹恼了乾隆。

因为，乾隆十五年三月，皇帝的长子定安王永璜逝世，而作为永璜老师的张廷玉，在永璜刚过初祭，就急请归田，似乎太无人情。

乾隆本不喜爱永璜，永璜一向不得重用，乾隆十三年（1748 年）孝贤皇后大丧时，永璜又因礼节疏简被乾隆痛斥，声称绝不立永璜为太子。但父子挚情，永璜在遭谴后两年即殁，即使与乾隆的滥施皇威没有直接关系，也不能不引起他的内疚。因而在永璜死后，乾隆一反十三年切责的态度，丧礼仪典甚优，礼部奏请缀朝三日，乾隆命改为五日，而且在初奠时亲临奠酒。

初祭在成服之后，丧服未除，张廷玉便亟亟告归，于是又被乾隆帝抓住了小辫子。他觉得张廷玉实在太不知趣。本来经廷臣议处，张廷玉已是罪不可逭，而他仍然加恩，宽留原职，准其配享。在张廷玉陛辞之日，又赏赍手书御制诗篇、冠服、如意等物，并下令在张廷玉动身南还时，派大臣侍卫送行。而张廷玉却是甫过初祭，即奏请南还。"试思伊曾侍朕讲读，又曾为定安亲王师傅，而乃漠然无情，一至于此，是谓尚有人心者乎？"

张廷玉虽然教过乾隆读书，但那早已成为往事，自视天资超绝的乾隆并不十分看重师门，如今老迈衰着的张廷玉更是令他嫌弃，动辄得咎，最后竟以曾为人师获愆。

或许也是张廷玉的官运到了劫数。

这时，恰好蒙古额驸、超勇亲王策凌病故。策凌能征惯战，为清王朝拓疆开土，守护边陲立有大功，临终时又留下"身故之后，乞附葬公主园寝"的遗言。乾隆听后，大加赞赏，称他"身后尚不忘恋阙，其一生实心为国可知"。令侍卫德山与策凌子成衮扎布护送其遗体进京，赏银万两办理丧事，照宗室亲王典礼进行。随后，又下令让策凌配享太庙，开蒙古亲藩配享太庙之先。

作为乾隆来说，令一个屡立战功的蒙古亲王配享太庙，不足为怪。只是当他如此慷慨地把配享的殊荣赐给一个并不为他平日称道的大臣，且又需打破成规时，他的举动不能不使人产生一种别有用意的感觉，从而联想到他是在对张廷玉死乞百赖邀恩的一种嘲讽和鄙视。因为，乾隆虽然恩准了张廷玉配享太庙，但实在过于勉强。

没过多久，乾隆果然开始借策凌配享一事大作文章。于十五年四月颁布上谕，列举张廷玉不得配享太庙的理由。他毫不掩饰地指出，凡得配享太庙的均为立有汗马之功的佐命元勋，鄂尔泰尚有开辟苗疆经略边陲之功，配享已属过优。张廷玉仅以缮写谕旨为职，为娴于文墨者所为，于经国赞襄毫无建树，配享实在逾分。

乾隆不客气地对张廷玉说："刘基在明，原系从龙之佐，有帷幄之功，而当时配享尚不免有訾议，今张廷玉自问，果较刘基何若乎？"接着，他下令将此旨并清朝配享诸臣名单一同交给张廷玉阅看，让他自加忖量，能否与配享诸臣比肩并列。"应配享，不应配享，自行具折回奏。"

这实在是专制君主的别出心裁的恶作剧，乾隆忽晴忽雨，忽左忽右，将一个八十老臣"玩"于指掌之中，直到他服服贴贴地"告饶"。

张廷玉一心想着配享太庙，俎豆千秋，却遭到了乾隆皇帝三番五次的指责，求荣反辱。直到此时，他才如梦方醒，知道帝王之家的供果并不好吃，如若再行坚持，则不仅自身受辱，还会祸及家门。于是，张廷玉战战兢兢地具折请罪：

> "臣老耆神昏，不自度量，于太庙配享大典，妄行陈奏。皇上详加训斥，如梦方觉，惶惧难安。复蒙示配享诸臣名单，臣捧诵再三，惭惊无地。念臣既无开疆汗马之力，又无经国赞襄之益，年衰识瞀，行舛日滋，伏乞罢臣配享，并治臣罪。"

乾隆终于向张廷玉逼出了"口供"。然后，他便以大学士九卿议奏的名义，修改了雍正皇帝的遗诏，宣布罢免张廷玉的身后配享。

可怜张廷玉三朝侍君，五十年如一日，修炼了一辈子的谨慎，竟因一时的疏忽失检，逆犯了龙颜。结果是倍受羞辱，衣冠扫地，在乾隆十五年以大学士致仕，灰溜溜地返回桐城老家。

但遭逢不际，祸患相寻。刚刚归里的张廷玉，又有祸事跟踪而来。他的儿女亲家朱荃获罪，牵连到他。

张廷玉平日谨守远祸之道，但对朱荃的扶掖却漫无忌惮，其本人植党如此，党羽门徒更是交相引类，无所顾忌。汪由敦曾在试差人员中力保朱荃。梁诗正在朱荃交部审议时，声称"功令森严，无人更敢作弊"，言外之意是朱荃被人诬陷。

这种明目张胆的党庇行径，令乾隆震怒。他本对张廷玉余怒未息，耿耿于怀，这时朱荃一案正好给他抓住把柄。他怒责张廷玉说："公然与（朱荃）为姻亲，是诚何心？而漫无忌惮至于如此。其忘记皇考圣恩为何如？其藐视朕躬为何如？张廷玉若尚在任，朕必将伊革去大学士，交刑部严审治罪。今既经准其回籍，著交两江总督黄廷桂于司道大员内派员前往传旨询问。"随后又将张廷玉罚款一万五千两，追缴从前赐给的御笔、书籍及一切官物，查抄其在京住宅。兴师动众，严追严查，大有穷治张党之势，张党的重要人物梁诗正交部察议，汪由敦降为侍郎，均为包庇朱荃获罪。

经过这场"问罪"，张党完全被击垮。张廷玉以垂老之躯几遭严谴，已是嶷嶷孑立，尽失往日的威势，门生故吏各寻出路，如树倒猢狲散，连吴士功这样的死党也去投奔了史贻直。乾隆打击前朝勋臣，严禁朋党之患的斗争，至此，以皇权的独尊而落下了帷幕。

乾隆二十年（1755 年）三月，张廷玉病逝，乾隆又做出眷念老臣的姿态，宽恕他的过失，令仍配享太庙，声称：张廷玉"要请之愆虽由自取，皇考之命朕何忍违！且张廷玉在皇考时，勤慎赞襄，小心书谕，原属旧臣，宜加优恤，应仍谨遵遗诏，配享太庙，以彰我国酬奖勤劳之盛典"。赐祭葬如例，谥"文和"。张廷玉直到死后，才为自己挽回了一点面子。

# 第三章　平定苗乱

## 一

雍正十三（1735 年）年二月二十五日，古州各苗寨起事。直到八月二十三日世宗大世，尽管有六省三四万官兵征剿，苗乱却一直延续。清军顾此失彼，疲于奔命，黔省大震，西南不宁。

九月初七和初九日，刚举行登极大典的新君弘历，两次降谕严厉斥责"抚定苗疆"钦差大臣张照，并先于八月二十八日谕令其回京，实即解除其钦差之职，不久又责其"扰乱军务，罪过多端"，令严审具奏。这位自命为"以皇考之心为心"的孝子，为什么要罢免皇父委任、信赖的大臣？为什么要如此不留情面痛斥其非并要严惩？张照究竟有何大过？

通观乾隆帝谈论张照的十几次上谕，他主要给张照定了三条罪状。第一条罪是张照奏请抛弃苗疆，力言"新辟苗疆，当因其悖乱而降旨弃绝"。第二罪为张照假传圣旨，说雍正帝曾提出"弃置新疆"，并将此作为"密奉弃置之谕旨"，转告扬威将军哈元生。第三罪系张照到贵州以后，"挟诈怀私，扰乱军务，罪过多端"。

张照确实怀有私心，因而在处理苗变时，领导不力，安排欠妥。他本来就是一个长居京师的文官，不懂军事，从未作过地方官员，对苗疆情况又不了解。他之所以自动申请前往贵州，是因为他与鄂尔泰一向不和，看到苗变之后雍正帝指责鄂尔泰"措置不当"，便想乘机抒恨打击仇敌。既不谙苗情，又不会兵法，还挟有私心，当然不可能肩负起"抚定苗疆"的钦差大臣重任，以致一误再误，数万大军不能奏效，就此而论，乾隆帝说张照"挟诈怀私，扰乱军务"，是合乎实际情况的，没有冤枉他。

征剿无效，朝野讻讻；世宗犹豫、后悔和动摇，加上张照以其蒙帝宠信善悉君意的特派钦差大臣的身份，公开宣扬欲弃苗疆的圣旨，因而形成"前功几尽失，全局几大变"的严重局面，贵州的改土归流眼看着就要完全失败了。

正当苗疆改土归流处于危急之时，雍正十三年八月二十三日世宗胤禛病死，弘历继位，坚持改流，军政形势发生了巨大变化。

乾隆以他对苗疆事务的了解，不赞同废弃新疆的主张。他深知此事关系重大，必须认真对待，妥善处理。他一即位就明确地强调"苗疆用兵，乃目前第一急务"，坚持要将改土归流进行到底。他严厉斥责抚定苗疆大臣张照假传圣旨，反复论证皇父并无弃绝新疆之意，并谕令总理事务王大臣会同刑部将张照严审定罪。这样，一下子就堵住了主张抛掉苗疆之人的口，挽转了反对改流的狂澜，从政治上统一了朝廷对苗疆坚持用兵的思想。

更换统帅，惩办失职官将是乾隆帝采取的另一重要决策。他一即位就将张照撤下来，委任湖广总督张广泗为经略，"统领军务"，自扬威将军哈元生、副将军董芳以下，俱令听张"节制调遣"。他多次降谕，慰抚张广泗，寄以厚望，授与大权，言及苗疆用兵事关重大，旷日持久，尚无头绪，"是以命卿为经略，总统军务，一切惟卿是赖"，并命张兼领贵州巡抚，增拨兵饷一百万两，使张广泗感激涕零，誓尽全力平苗报恩。乾隆帝多次下谕，指责张照扰乱军务，副都御史德希寿随声附合，贵州巡抚元展成抚绥不当，玩忽公事，轻视民命，文武不和，扬威将军、贵州提督哈元生事先不能豫为防范，用兵又观望迟疑，筹谋无术，调度失宜，稽迟军务，副将军、湖广提督董芳仗恃张照之势，与哈元生"有意龃龉"，仅以招抚为事，皆令革职拿解至京，严审定罪。这样一来，事权统一，赏罚严明，对保证平定苗疆起了很大作用。

乾隆帝对剿抚之间的关系，作了明确的规定，禁止滥杀，欲图以"德"济"威"。他于九月二十一日谕总理事务王大臣和办理苗疆事务王大臣，数说官兵不应焚毁被迫胁从的苗寨，屠杀老弱子女，因为"若将胁从之苗寨概行焚毁，并诛其老弱子女，则益坚其抗拒之心，于剿抚机宜，殊为未协"，但若过分宽纵，"使逆苗并不畏威，兼不怀德，则亦非一劳永逸之计"。他于十一月十八日再谕总理事务王大臣和办理苗疆事务王大臣，命赦投诚苗众之罪，让他们传谕经略张广泗，令其明白晓谕："除怙恶不悛者定行剿除，以彰国法，其余若能闻诏投戈，输诚悔过，当悉贳其罪，予以自新，务使边宇安宁，百姓乐业，以副朕乂安海内，一视同仁之意。"这对劝说苗民降顺，略微限制一下官军的滥杀，是会有影响的。

在乾隆帝坚主用兵、改流的正确方针指导下，经略张广泗认真总结了前面八九个月战争的利弊得失和经验教训，认为过去之失利，除了政治上文武不和、剿抚未定等因素外，军事上最大的失策是"合生苗、熟苗为一"，"分战兵、守兵为二"，真正用来征剿之兵太少，六省官兵数万名，绝大多数用于"大路沿途密布"，"而用以攻剿之师，不过一二千人"，以致"东西奔救，顾此失彼。他建议集中兵力，分化生苗熟苗，"直捣巢穴，歼渠魁，溃心腹"、"涣其党羽"、"暂抚熟苗，责令缴凶缴械，以分生苗之势"，而"大兵三路同捣生苗逆巢"，使其彼此不能相救，"则我力专而彼力分，以整击散，一举可灭"，然后再攻"从逆各熟苗"，"以期一劳永逸"。

乾隆帝完全信任张广泗，有所奏请，概予允准，大力支持。张广泗拥有军政大权，号令统一，率领六省官兵，放手进行征剿，先分兵三路，攻上九股、下九股和清江下流各寨，"所向克捷"。乾隆元年（1736年）春，又分兵八路，排剿抗拒苗寨，"罔不焚荡铲削"，随即进攻牛皮大箐。此箐位于苗寨之中，盘互数百里，北至丹江，西为都匀、八寨，东系清江、台拱，"危岩切云，老樾蔽天，雾雨冥冥，泥潦蛇虺所国"，虽附近的苗猺，"亦无能悉其幽邃穷其荒阻者"，所以各处苗寨被攻下以后，苗人纷纷逃据其中，以为官兵万万不能到此，欲图待军退后再出活动。张广泗檄令诸军分扼箐口，重重合围，逐渐近逼，从四月至五月，官兵"犯瘴疠，冒榛莽，靡奥不搜，靡险不剔"，又许苗人自相斩捕除罪，因此，生苗"渠魁"全部被擒被杀，"俘馘万计"，"其饥饿颠陨死岩谷间者，不可计数"。六月，张广泗复乘胜搜剿从乱熟苗，分首、次、胁从三等，直到秋天，先后毁除一千二百余寨，赦免三百八十八寨，斩一万七千余人，俘二万五千余人，获铳炮四万六千余及刀、矛、弓、弩、标甲十四万八千余，尽平苗变，原来黄平等州县逃居邻近省份的汉民，陆续回到旧地，战火纷飞，兵荒马乱，连续折腾了一年多的苗疆，终于平定下来了。

二

用兵苗疆的顺利进展及其迅速平定，是乾隆帝即位以后的一大胜利。这位年方二十五岁刚刚主持朝政的青年君主，竟能在战局不利的形势下，不受一大群庸臣劣将的影响，摈弃他们妥协退让的错误主张，甚至冒着违背皇父止兵弃地圣旨的危险，坚主用兵，坚持改土归流，果断采取得力措施，更换统帅，惩办失职官员，全权委付张广泗率军征剿，终于力挽狂澜，扭转了战局，大获全胜，办好了皇父未能办成的"最要最重事件"。乾隆帝对此当然感到十分高兴，重赏有功官兵，厚赐银米，晋张广泗为贵州总督兼领贵州巡抚，授三等阿达哈哈番世职，并每年赏给养廉银一万五千两。但是，他并未沉醉于庆贺捷音，无所事事，而是在积极着手进行更为艰巨的工作。

早在战争还未结束的时候，乾隆帝就对此次苗变的原因进行了探索，而且得出了结论。他于雍正十三年十一月谕告经略张广泗说：古州之变，是因为苗民"原属化外不入版图之人，一旦制之以礼法，赋之以租税，虽云最薄最少，以示羁縻"，亦必引起反感，以致"偾事"。因此，他在平定苗变后，明智地、果断地在苗疆实行了与其他地区不同的新政策。免除苗赋是其中最重要的一条。乾隆元年七月初九日，弘历颁发了"永除新疆苗赋"的圣旨。他先简要地说明了改流和用兵的原因，指出之所以要将苗疆"收入版图"，是由于苗民"俯首倾心"，切望"输诚归顺"，故允准督臣的请求，实行改流，使苗民能够"沾濡德泽，共享升平之福"，并非贪图其土地人口。当初所定粮额，"本属至轻至微，不过略表其向化输租之意"。不料苗变发生，危害人民，因而发军征剿。接着详细说明下令免除苗赋的缘故，他指出，苗民亦"皆吾赤子"，起事之苗，"身罹刑辟，家口分离"，甚为可怜，而现在的"就抚苗众"，"多属胁从附合"，还有不少从未参与变乱"始终守法之各寨"，这都必须"加意抚恤"。而苗人纳粮，正额虽少，"但征之于官，收之于吏"，繁杂之费，恐"转多于正额"，只有"将正赋悉行豁除"，使苗民与胥吏"终岁无

中华藏书

大清十二帝·最新整理珍藏版

中国书店

交涉之事","则彼此各安本分,虽欲生事滋扰,其衅无由"。因此令总督张广泗出示通行晓谕,"将古州等处新设钱粮,尽行豁免,永不征收"。这样,苗民"既无官府需索之扰,又无输粮,纳税之烦",各自耕田凿井,"俯仰优游","永为天朝良顺之民,以乐其妻孥,长其子孙",他们便不会舍弃安居乐业而生变乱。

另一重要政策是尊重苗民风俗。在上述永除苗赋的谕中乾隆又提到,苗民风俗,与内地百姓大不相同,因此规定,今后生苗中"一切自相争讼之事,俱照苗例完结,不必绳以官法"。至于生苗与汉族兵民及熟苗争执的案件,则属于文官应办者,归文臣办理,应隶武将者,由武官办理,有关官员必须"秉公酌理,毋得生事扰累"。

乾隆帝实行的第三项重要政策屯田,则不像免赋那样一谕定局,而是经过好些反复。乾隆元年十一月二十二日,他在审阅总督张广泗陈奏的苗疆善后事宜时,谕告总理事务王大臣,指出张奏请将"逆苗绝户田产"分给汉民领种的办法大为不妥,因为"苗性反复靡常",现虽慑服,今后难保永安,若将"所有逆产招集汉民耕种",万一苗变再起,汉民将受其害。因此,"逆苗因罪入官之地",可设屯军,令兵丁耕种,这样,无事可尽力务农,万一有警,"就近即可抵御",所收粮谷,"又可少佐兵食",以省内地的转运,且使苗疆驻兵有所增多而又能节省添兵的费用。让王大臣告诉张广泗。

此法遭到一些大臣的反对。经过一番讨论后,乾隆帝不得不停止"屯田、屯军"一事。贵州总督张广泗接旨后,仍坚持要设立屯军,专上奏疏力争,并称"愿以身家相保"。乾隆帝阅过奏折仔细考虑后,同意张的建议,降旨批示说:"卿既熟悉苗情,又屡经筹度,且以身家相保,朕自然听卿料理"。设屯之事得以继续进行。

但是,争论并未结束,乾隆三年(1738年)四月二十九日，两广总督鄂弥达特上长疏，极言兴办屯田的危害。他的主要根据有二：一系苗人全靠"刀耕火种"，无其他营生之业，过去地亩宽余，"始获相生相养"，如将田收归屯丁，则今后地少人多，必"不能仰事俯育"，"必致怨生"。二为屯丁不能自耕，仍需招苗人耕佃，苗民"以世代田产，供他人之倍收"，又为兵丁佃户，"久之视同奴隶"，"既衣食无赖，又兼役使鞭苔"，这样下去，他们"既不乐生，又何畏死"，恐怕不出十五年，"古州之事复见矣"。乾隆帝阅读后，又犹豫不定，降旨批示说："此奏识见甚正，即朕意亦然。"故于去年特颁停设军屯逾旨，但张广泗坚持要办，"伊系封疆大臣，又首尾承办此事，不得不照彼所请，然朕则以为终非长策也"。现观此奏，交军机大臣详议。不久谕令张广泗回奏。

　　尽管圣谕威严，同僚奏章又咄咄逼人，古州之变再生的警告，更易使人胆战心惊，但张广泗仍坚持己见，于乾隆三年七月十五日力排众议，遵旨议奏，详言安设军屯是"实有必应如此办理之势"，并具体辩驳了鄂迩达提出的论据，澄清了疑问。他强调指出，用来安设屯军之田，是"逆苗内之绝户田产"，其人户未绝者，田地仍归己有，并未没收入官开设屯田。屯军必须自耕，"不许倩人佃种"。苗疆未垦之地甚多，即使以后"苗民生齿日繁，亦不至无以资生"。所设屯田，与苗田相邻者，皆已标明界址，防止屯军越界侵占苗地，并拟酌定章程，不许官兵欺凌苗民。乾隆帝看后，终于决定设屯，批示说："既经卿详悉敷陈，知道了"。至于何处安设屯军，何处仍系苗田，绘图进呈，"朕将览焉"。张广泗随即具体规划，奏准增设官兵，安设屯堡，严格稽察屯军，违规者枷责示众，依法严处，严禁典卖屯田，规定屯粮数额，上田一亩纳米一斗，中田八升，下田六斗，每斗加鼠耗三合，屯军按期操练，等等事项，详细具体，切实可行，苗疆安设屯军之事，终于顺利办成。

乾隆帝又于三年十二月十六日下谕，命慎选苗疆守令，责令今后委官，必须选用"廉静朴质之有司"，要他们视苗民如同赤子，"勤加抚恤"，"使之各长其妻孥，安其田里，俯仰优游，一无扰累"，这样，苗民也会安分守法了。

乾隆帝的乾纲独断，用兵平变，免除苗赋，尊重苗俗，安设屯军，以及其他有关安抚苗疆的谕旨，在苗疆产生了强大的影响，尽管偶尔还发生一些小争执和小规模的干戈事件，但从此稳定了贵州苗疆地区，正如魏源在《圣武记》卷7中所说，"自是南夷遂不反"。这对贵州特别是苗疆的发展，起了积极的促进作用。仅以军屯而论，乾隆四年十一月二十九日贵州古州镇总兵韩勋奏称：过去"新疆地方"，小麦、高粱、小米、黄豆、脂（芝）麻、荞麦等种，"素不出产"，自安设屯军以后，"地方文武设法劝种杂粮，今岁俱有收获"。"军、苗田亩，早晚稻丰收"。现正督令屯军于堡内及山上空地，多栽茶、桐、蜡等树。苗疆过去没有市场，"近年兴立场市，各寨苗民、商贩按期交易称便"，"军、苗实属乐业"。韩勋讲述的这些事例，很好地说明了安设屯军的正确性。

# 第四章 整治贪弊

## 一

　　乾隆六年（1741 年）三月，在乾隆朝的政治生活中，是一个值得记述、评论的重要月份。在这一月，发现了四桩贪污案件，当事者皆受到乾隆帝的重重惩罚，两员大臣被勒令自杀，另外两位官员被判处绞刑，监候待决。

　　乾隆六年三月初七日，山西巡抚喀尔吉善弹劾山西布政使萨哈谅的奏疏，送到乾隆皇帝面前。喀尔吉善疏称：山西布政使萨哈谅"收兑钱粮，加平入己，擅作威福，吓诈司书，纵容家人，宣淫部民，婪赃不法，给领饭食银两，恣意克扣，请旨革职"。乾隆帝批示：萨哈谅者革职，其他各项条款，及本内有名人犯，该抚一并严审具奏。

　　第二天，三月初八日，喀尔吉善参劾山西学政喀尔钦之疏又到。喀尔吉善奏称：喀尔钦"贿卖文武生员，赃证昭彰，并买有夫之妇为妾，声名狼藉，廉耻荡然，请旨革职。"乾隆帝批示：喀尔钦著革职，"其败检淫泆等情"，及本内有名人犯，著侍郎杨嗣璟前往会同该抚严审定拟具奏。

　　乾隆帝看过这两份奏章后，十分气愤，于三月初八日下谕痛斥这两员贪官说：

"朕御极以来，信任大臣，体恤群吏，且增加俸禄，厚给养廉，恩施优渥，以为天下臣工，自必感激奋勉，砥砺廉隅，实心尽职，断不致有贪黩败检以干宪典者。不意竟有山西布政使萨哈谅、学政喀尔钦秽迹昭彰，赃私累累，实朕梦想之所不到，是朕以至诚待天下，而若辈敢于狼藉至此，岂竟视朕为无能而可欺之主乎？

我皇考整饬风俗，澄清吏治，十有余年，始得丕变，今不数年间，而即有荡检逾闲之事，既不知感激朕恩，并不知凛遵国法，将使我皇考旋转乾坤之苦衷，由此而废弛，言念及此，朕实为之寒心。昔日俞鸿图贿卖文武生童，我皇考将伊立时正法，自此人知畏惧，而不敢再犯。今喀尔钦贿卖生童之案，即当照俞鸿图之例而行，若稍为宽宥，是不能仰承皇考整饬澄清之意也，朕必不出此也。

萨哈谅、喀尔钦二案，著吏部侍郎杨嗣璟前往会同巡抚喀尔吉善，秉公据实严审定拟。若杨嗣璟有意为之开脱，是伊以己之身家，博二人之感悦，亦断难逃朕之洞察也。且此二案，系朕先有访闻，始行参奏，一省如此，他省可知矣，喀尔吉善著该部严查议处。凡为督抚者，遇该省贪官污吏，不思早发其奸，或题参一二州县以塞责，而于此等大吏，反置之不问，且妄意朕以崇尚宽大，遂尔苟且姑容，以取悦于众，返之子公忠体国之义，甚可愧报，且国法具在，朕岂不能效法皇考乎。可传谕各省大小臣工知之。"

乾隆帝在这道谕旨中，着重讲了四个方面的问题。其一，官员不该贪污。乾隆帝并没有笼统地、抽象地从理论上讲大臣不应贪赃枉法，也许他认为这不能打动臣心说服臣僚。他采取了直截了当的手法，从物质条件上来数落墨吏之谬误，从欺君忘恩的高度来斥责贪官。他所说的对群臣"增加俸禄，厚给养廉，恩施优渥"，并非虚夸之词，而是确有其事。姑且不谈位列从二品的布政使的年薪和乾隆帝即位以来的多次恩赏，单就养廉而言，从雍正帝创立养廉银制度起，到此谕下达之日，清朝官员，尤其是各省大吏，收入确实相当可观。按规定，山西学政一年的"养廉银"为白银四千两，约可购米四千石，如依亩租一石计算，相当于四千亩田的地租收入。山西布政使的养廉银更多，一年为八千两。拥有如此大量的固定收入，布政使、学政全家完全可以过上高级生活，还可以年年买田添产，根本不需勒索民财来养家。这四千两、八千两足够学政、布政使"养廉"了。蒙受皇上如此厚恩，还要贪赃枉法，苛求民财，这些官员真是愧对"圣上"，有负"皇恩"。

其二，贪官应予严厉处罚。不重罪污吏，不仅百姓遭殃，受其盘剥勒索，国赋难以收齐，帑银库谷被其吞没，而且将使国法名存实亡，雍正帝十几年"旋转乾坤"辛苦整顿吏治的成果荡然无存，那时，法纪废弛，贪污盛行，后果不堪设想。乾隆帝专门列举了俞鸿图的案例。俞鸿图是河南学政，雍正十二年三月，以"受贿营私"，为刑部议处斩立决。雍正帝降旨说："俞鸿图著即处斩。学政科场，乃国家与贤育才之要政，关系重大。""今观俞鸿图赃私累万，则各省学政之果否澄清，朕皆不敢深信矣。"督抚与学政同在省会，深知学政的优劣，仅因"督抚有所请托分润"，故代学政隐瞒，嗣后如各省学政有考试不公徇情纳贿之弊，将督抚按溺职例严加处分。乾隆帝谕令依照此例惩治喀尔钦。

其三，积弊需要清理。官官相护，是清朝宦海多年积弊。总督、巡抚、布政使、按察使、学政、知府、知州、知县等官员，平时仗权横行，各显神通，吞没国赋，侵盗库银，榨取民财，淫人妻女，草菅人命，一遇风吹草动，守口如瓶，彼此互相包庇，实在是惊涛骇浪，巨船将翻，封疆大吏就舍卒保帅，抛出一二名知县，应付一下，自己和同僚便逃之夭夭，脱漏于法网之外，照旧腰横玉带，身著蟒袍，头戴乌纱帽，仍然是制台大人、抚台大人、藩台大人、臬台大人、知府大人，甚至奉旨来察的钦差大臣，也往往因受京中宰辅、九卿或亲友嘱托，或为地方官员厚礼所动，或胆小怕事碍于情面，从而避重就轻，大事化小，含糊其辞，不了了之。刚过而立之年的乾隆皇帝弘历，深知此弊，严厉训诫吏部侍郎杨嗣璟不得"有意为之开脱"，不然的话，其身家难保，而且还着重指出，此系帝"先行访闻"，巡抚"始行参奏"，令将巡抚喀尔吉善交部严肃处理，并警告各省总督、巡抚力戒此弊，不然，"国法具在"，必将重惩玩法徇私之人。

第四，当今天子"并非无能而可欺之主"。乾隆帝即位以来，力革昔日皇父雍正帝苛刻过严之弊，主张宽厚行事，以诚待臣，优遇文武官员，不料萨哈谅、喀尔钦竟以帝为"无能而可欺之主"，违法负恩，"秽迹昭彰，计私纍纍"，督抚又以帝"心崇尚宽大"，而苟且姑容，包庇大的贪官污吏，取悦于众，因此他非常生气，予以严厉斥责，表示决心要重惩犯法劣员，革除互为包庇的积弊。

三月初九日，即下谕后的第二天，乾隆帝又对九卿下达长谕，进一步申述了惩贪尚廉之事。他一共讲了六个问题。其一，廉洁为文武百官正身律己的最高美德。乾隆谕旨的第一句话就是："人臣之所最尚者惟廉。"为君之仆、为民父母的文武官员，需要注重许多事情，但为政清廉，廉洁奉公，却是各级官员必须最为尊崇的高尚美德。其二，严惩贪官污吏。乾隆帝说，登基以来，崇尚宽大，体恤臣僚，于常俸之外，特加双俸，连教职微员，亦予恩赐，目的是让各官"日用充裕，庶乎保其操守"，但是，尽管"务崇宽德"是"朕之本性",但"遇有贪官污吏,朕亦断不肯姑容"。萨哈谅、喀尔钦之"贪婪败检",必予处罚,并降谕旨,通饬各省督抚引以为戒。其三,贪官乃衣冠禽兽。谕旨引用古人警句,痛斥贪官污吏说:"贾谊云:上设礼义廉耻以遇其臣,而臣不以节行报其上者,则非人类也。"其四,群臣不应匿过不奏。谕旨责备群臣不劾贪污之事,着重指出,萨哈谅二人的种种劣迹,系帝访闻查出,而九卿中并无一人言及,石麟曾为山西巡抚,廷臣中亦有山西人,"岂竟漫无见闻"?科道等官,"动云风闻言事,所奏率多无关紧要之言,而遇此等事,转未有人告者",不要以为"朕处深宫"而无一见闻。乾隆帝还斥责反对劾治墨吏之人,痛骂"谓喀尔吉善参奏喀尔钦之事为过当者"是"岂复有人心者乎"!其五,偏信满官怀疑汉员。乾隆帝说:"现今满尚书六人,朕可保其无他,而汉尚书中所可信者,不过新用之一二人而已"。其六,勉励九卿持廉尚洁。乾隆帝语重心长地说:"九卿为朕股肱心膂,才具虽有短长,操守何难自勉,若于此不能自持,其他更复何望。自兹以往,务宜各砥廉隅,交相劝勉,以成大法小廉之治,用副朕厚望焉。"

乾隆帝将廉洁作为官员的最高榜样,把洁身自好注重操守作为各官必须具备的条件,提倡廉洁奉公,正身爱民,鄙视赃员严惩贪官,这种看法和做法无疑是正确的,于国有利,于民有益。当然,在封建社会里,是不能实行廉洁政治的,封建专制制度、租赋制度和土地制度,决定了清官廉吏只能是凤毛麟角,绝大多数官员难以保持操守,但是,乾隆帝能如此提倡清廉和不断惩治贪官,毕竟还是应予肯定的。尽管以上谕旨本身还有相当不妥之处,比如,他既过分相信满族官员,认为六部满尚书皆无贪污之事,可以为其担保,又过高估计了自己用人识人的能力,好像汉尚书中只有他新用的人才不是墨吏,这就太脱离实际了。但其实，不仅汉尚书难保无贪婪之事，满尚书也不例外，兵部尚书鄂善马上就要因收受贿银而出丑了。

乾隆帝连续下谕，处理萨哈谅、喀尔钦贪污案件。五月十七日，他下谕说：喀尔钦于山西学政任内贿卖文武生员之事，今俱审实，萨哈谅于布政使任内滥行酷虐贪婪之处，亦已审实。朕对萨哈谅、喀尔钦如此施恩，授为藩司学政，而二人不图报恩，廉洁持身，勤勉效力，乃敢贿卖文武生员，纵容家人营私舞弊，滥行酷虐贪婪，"辜负朕恩，实莫此为甚"，若不将二人"从重治罪，抄没家产，则国法不伸，将来人亦罔知惩戒"，着将二人家产严查入官。第二天，他又派乾清门侍卫巴尔聘往山西将喀尔钦押解来京等候判决。

又过了一天，五月十九日，钦差吏部右侍郎杨嗣璟等人的奏折到京，奏称：奉旨查审萨哈谅"贪婪不法，款迹确凿"，照律计赃拟罪。乾隆帝降旨：萨哈谅前任广东布政使，声名太坏，且趋奉鄂弥达，故朕将其左迁山西按察使，继因山西布政使缺出，一时不得其人，将其补授，以观后效。今杨嗣璟等人的本内谈到，萨哈谅在臬司任内，已有劣迹种种，及升任藩司，婪赃尤多，共计一千六百余两，且实系科派属员，重收尾封，赃私入己，并非公项余银应报不报者可比。当时库吏言称旧例所无，力行禀阻，而萨哈谅斥其胆小，悍然不顾，"则其始终狡诈，蔑法负恩，罪实难道"，着"三法司从重定拟，以昭炯戒"。

刑部等衙门遵旨议奏，请将喀尔钦拟斩立决，将萨哈谅拟斩监候秋后处决，乾隆帝批准此议，喀尔钦解到刑部后，当即正法。

乾隆帝乘此时机，于五月二十八日连下两道命令，狠煞贪风，整顿吏治。他在第一道谕旨中，列举山西官员贪婪不法苛索民财诸弊，责令他们痛改前非。他说：山西地方，自石麟为巡抚以来，因循旧习，吏治废弛，继以萨哈谅、喀尔钦贪纵无忌，而各属浮收滥取之弊，更相习为固然。如征收地丁钱粮，每两例加耗羡一钱三分，今加至一钱七八分不等，更有加至二钱者，若如此征收，民何以堪。至乡村编氓，有以钱纳粮者，每两银折收大制钱一千零三十文，如果按时价合算，"计一两加重二钱有余，是耗外又加耗矣"，"小民有限脂膏，岂能供官吏无厌谿壑"。其他如需索盐店当商陋规，买取货物，任意赊欠，短发价值，或勒定官价，苦累行户，"种种积弊，不一而足"。在晋省官吏中，并非没有洁己自爱之人，然而"积习已久，效尤成风，故贪黩者常多，廉洁者常少"。"民生吏治，关系匪轻"。朕特施宽大之恩，既往不究，自今以后，"著严行禁革，务使痛改前非，洁己恤民，奉公守法"，若不改悔，朕一闻知，即派大员彻底清查，水落石出，"必将大小官员从重治罪，不少宽贷"。

这道谕旨将山西贪风盛行民难承担之情，讲得十分明白。仅就地丁钱粮而言，每两本应只加耗羡银一钱三分，而各级官员却加至一钱八分甚至二钱，每两地丁赋银多收了耗羡银五分至七分。姑按六分银计，此时山西全省地丁赋银约为三百万两，各级官员利用这一方式多向晋民征收了白银十八万两。再加上"耗外之耗"，乡村农民和中小地主以钱纳粮，每两多交二钱余银子，若按全省三分之二的地丁银系乡民所交，则官员又多征银四五十万两。两项相加，晋省官员仅通过地丁钱粮的加耗和"耗外之耗"，每年就榨取民财六七十万两银子，民何能堪！正如乾隆帝所说："小民有限脂膏，岂能供官吏无厌谿壑！"

第二道谕旨是训饬科道官员纠参贪官污吏。乾隆帝说："科道职司言路，为朝廷耳目，凡有关于民生利弊之事，皆当留心访察，据实上闻。即如山西巡抚石麟之废弛，布政使萨哈谅之贪黩，各属浮收重耗，甚为民累，科道等官每将无干琐务陈奏朕前，"而此等紧要大端，并不指实纠参，岂果出于不知耶？抑明知而不言耶？"至本省之人，于本省事务，见闻尤切，知之必悉。结事中卢秉纯，本系山西人，石麟莅任甚久，萨哈谅劣迹多端，"卢秉纯岂得推为不知，而并未一经参奏，何也？"现特颁谕旨，通行申饬科道等官，嗣后当留心访察各省有关民生利弊之事，一有确据，即指实纠参，若知而不奏，必将本省之科道官议处一二人，以示警戒。

在乾隆帝严厉训饬下，山西巡抚喀尔吉善上疏劾奏婪赃不法之知州、知府章廷珪、童绂、车敏来、卢叡、龚振等五人。乾隆帝批示：这五人皆革退，其婪赃不法等情，著喀尔吉善严审具奏。"山西吏治，甚属废驰"，着九卿保举贤员前往，担任知府，直隶州知州。乾隆帝又将不行访察题参萨哈谅之原山西巡抚石麟，给予革职。

乾隆六年三月十四日，即山西巡抚喀尔吉善劾参学政喀尔钦之折到京后的第七天，左都御史刘吴龙上疏弹劾浙江巡抚卢焯贪赃枉法。刘吴龙奏：闻得浙江巡抚卢焯"营私受贿"。卢焯处理嘉兴府桐乡县汪姓分家一案，汪姓送知府杨景震银三万两，又托杨转送卢焯银五万两，"物议沸腾"。当时总督德沛檄委嘉湖道吕守曾查访知府劣迹。卢焯一闻消息，恐事发牵连本人，星夜出本，题参知府杨景震，又参劾湖州府乌程县革职道员费谦流轻信诬奸一案，幕客得银五百两后听送银者嘱托，"颠倒是非"。又运判员缺，嘉兴县知县阎沛年亲送卢焯银二千两，卢即提升其充任。"凡委署州县，俱有馈送，以缺之大小，为数之多寡"。以上各款，既已风闻，不敢隐瞒，请旨密查。乾隆帝读后既恨卢焯之贪，又十分高兴，降旨嘉奖刘吴龙说："此奏，卿其秉公察奏。朕以至诚待臣下，不意大臣中竟尚有如此者，亦朕之诚不能感格众人耳，曷胜愧愤。近日萨哈谅、喀尔钦之事，想卿亦知之矣，此事若虚则可，若实亦惟执法而已矣。朕知卿必不附会此奏，以枉人人罪，亦必不姑息养奸而违道干誉也。卿其勉之。若有实据，一面奏闻，一面具本严参。”

此案与前述萨哈谅、喀尔钦之案相比，有不少独特之处。从赃银数量说，萨哈谅为一千六百余两，而按刘吴龙所劾，卢焯仅收汪姓之银就达五万两，还不包括其他贿银，较之萨哈谅，多数十倍，可是萨哈谅一案，从题参到结案，只用了短短四个月的时间，而卢焯一案，却历时一年零一月有余，中间还时起风波，原因何在？看来可能有两个因素发挥作用。一系萨哈谅一案，是乾隆帝先行访闻巡抚才随后题参的，皇上亲自下达谕旨，揭发此案，定其性质，巡抚、刑部尚书等官怎敢怠慢迟延，怎不依旨而行遵谕审处，结案的时间当然很快。而卢焯一案，却系言官风闻弹劾，是否属实，如何定罪，当然要周密调查，细心审理，而且还很难没有大员为其说情，更增加了定案的难度，非几易其稿，恐不能定。

另一因素则是卢焯本人的才干、政绩及其曾蒙帝之表彰。卢焯是汉军镶黄旗人，人赀捐授直隶武邑知县，县旧有均徭钱，按田派敛以供差费，而一遇有差，仍按田派夫，民有双重负担，卢革除此弊，归公耗于公，又惩办把持公务欺凌小民的大庄头。雍正六年卢解饷入京，蒙世宗召对，即迁江南亳州知州，禁械斗，清监狱，再迁山东东昌知府，筑护城长堤，疏运河，赈恤灾民，政绩显著。雍正九年，卢迁督粮道，移河南南汝道，十年授河南按察使，十一年迁布政使，十二年擢福建巡抚。乾隆元年、二年，由于卢焯奏减福建邵武县永安所、霞浦县福宁卫屯田征米科则，豁除候官诸县额缺田地，减免平和、永安、清流诸县摊余丁银，又教民蚕织，疏濬省会的城河。乾隆三年调浙江巡抚兼盐政，卢焯奏请停仁和、海宁二县草塘岁修银，减嘉兴府所属七县银米十分之二，请禁商人短秤，饬州县捕私盐毋扰民，毋捕肩挑小贩，盐场征课不得用刑追索。卢又减盐价，免米税，广学额，"革官价买物之陋规"，"浙人实受其惠"。卢并请改海宁草塘为石塘，筹备塘河运石。尖山坝为浙省屏障，日久将倾，乾隆四年卢焯奏准筑尖山大坝，"工料悉照民价，兵夫匠役给以饭食，不时犒赏"，很快完工，对护卫浙民免遭水灾起了很大的作用。卢对浙省缙绅予以优遇，"举乡贤名宦，络绎不绝"。由于卢焯之政绩曾蒙二帝嘉奖，世宗赐其以"文澜学海"之匾。乾隆帝亲书尖山坝之碑文，盛赞他的功劳说："尖山坝工，上廑先帝宵旰焦劳，封疆大吏不数月告成，用慰朕心。"可能是由于这些原因，乾隆帝在看到左都御史刘吴龙的弹章三个多月后，才于六年六月十六日下谕说：浙江巡抚卢焯著卸职，所有参奏情节，令总督德沛、副都统旺扎勒逐一查审具奏。过了十三天，六月二十九日闽浙总督德沛参劾卢焯"营私受贿各款迹"的奏折才送到京师，乾隆帝批令德沛、汪扎勒严审定拟具奏。

又过了五天，七月初五日，福州将军署闽浙总督策楞之折到京。策楞奏：原任总督郝玉麟、调任巡抚卢焯，在任期间，"并无政声，簠簋不饬"，乃均于闽省"肖像置牌，附供生祠数处"，郝玉麟还专立生祠书院一所，违犯定例，且恐流传日久，贤否难辨，于朝廷激扬之道两相违背。乾隆帝批示：此奏甚是，有旨谕部。郝玉麟在闽督任内，并未实心办事，与卢焯朋比行私，闽省吏治废张，皆二人之罪。可察其在任内有无私弊或工程钱粮不清之处，若有可参之处，具折奏来。

同一天，他又就生祠一事下谕：外省官员，现任之时，不许建立生祠，有案可察。若去任之后，"实有功德在人"，当地官民建祠"以志去思者"，准予留存，此外一概不准。因为，此等生祠之建，多系出于下属献媚逢迎，及地方绅缙与出入公门包揽词讼之辈，倡议纠合，假公敛费，上以结交官长，下以私饱其囊，而非出于舆论之同懿德之好也。最近访闻外省此风尚未尽革，郝玉麟、卢焯在闽省建立生祠书院，肖像置牌，妄行崇奉。闽省如此，其他各省亦恐相同，著名省督抚秉公察核，以定各类生祠之去留存拆。

八月二十七日，奉旨审理卢焯之案的闽浙总督德沛、副都统旺扎勒的奏折到京，言及"卢焯狡饰支吾，供词闪烁，请革职刑讯"。乾隆帝批准其请。这就使此案的审理发生了重大的变化。在此之前，卢焯虽被左都御史刘吴龙和闽浙总督德沛弹劾，奉旨被审，但仍官居巡抚要职，仍系从二品封疆大臣，而且因其筑尖山坝等事有利于民，绅民爱戴，因此，卢焯可能存有侥倖之心，幻想支吾过去，审案者也碍于其系二品大员，不便严究，故历时二月，一方是"狡饰支吾"，另一方是难压钦犯，审理无法进行。现在，形势大变，皇上谕令革卢焯之职，用刑拷问，这便很明确地表明了乾隆帝对此案的态度和对卢焯的看法，已钦定其为贪官，钦差大臣就可放手行事，卢焯的幻想也就破灭，只好考虑认赃服罪之事了。

闽浙总督德沛、副都统旺扎勒严厉审问卢焯、升任山西布政使的原嘉湖道吕守曾、嘉兴府知府杨景震及其他有关人员，动用大刑，但进展并不快，德沛又对卢焯家有所安抚。乾隆帝甚为不满，屡次降旨申饬德沛、旺扎勒。十一月初，浙江布政使安宁就此上奏说：浙省审理参革巡抚卢焯等人之案，"可以结而不结，不当严而过严，督臣、钦差不能和衷共济"。乾隆于十一月二十九日批示："若此据实陈奏，朕实嘉悦览之。朕早闻其如是，亦已降旨矣。"同一天，他谕告大学士：德沛、旺扎勒承审卢焯婪赃一案，"种种不协之处，已屡降旨训谕矣"。近闻山西布政使吕守曾已经自缢，此固本人畏罪所致，亦由承审官办理不善之故。又闻，初审时，甚为严刻，案外拖连多人，案内要犯监毙数人，"且有严刑叠夹，腿骨已碎，尚未招认者"。既如此严刻，而德沛又将皮棉衣服数十件送与卢焯家，"是又何意"？卢焯一案，为时已久，该地审办情由，朕皆得知，为何德沛并未陈奏？况卢焯等自有应得之罪，早应定案，何以推迟到现在？

第二天，即十一月三十日，德沛、旺扎勒的两份奏折同日送到，言及吕守曾畏罪自尽，会审卢焯之案，"有百姓数百人，喧言求释卢巡抚，推倒副都统衙门鼓亭栅门"。吕星垣记此次越民闹事之情说："越民呼吸罢市，竟篡夺公，异置吴山神庙，供铺糗如墙，求保留者数万人，走督辕击鼓，公呵不散，乃夜逃归颂系所。"袁枚亦书此事说："狱两月不具，浙之氓呼吸罢市，篡公于颂系所，异至吴山神庙中，供铺粮菜，盛者如墙而进，所过处，妇女呼冤蹴足，数万人赴制府军门，击鼓保留。"

乾隆帝对德沛之奏批示：吕守曾的自尽，百姓的闹事，皆"汝等办理不妥所致"，不须"严究为首之人"，以免"又滋一番扰累"，"但刁风亦不可长"，"可速结卢焯之案，令旺扎勒进京"。

乾隆七年四月二十八日，刑部等衙门会题卢焯营私受贿一案。据调任闽浙总督德沛、钦差副都统旺扎勒疏称，经"臣等逐一讯明"，分别按拟，除追回卢焯事后受财，求索借贷等轻罪不议外，应如德沛、旺扎勒所题，"卢焯、杨景震俱依不枉法赃律，拟绞监候秋后处决"。吕守曾亦应拟绞，已缢死，毋庸议，但其身任监司，婪赃逾贯，原系应拟死罪之犯，自不得援身死勿征之条宽免，仍著其嫡属勒追入官。帝从其议。

若按赃银数量而言，卢焯之赃超过萨哈谅、鄂善（详后）数十倍，可卢却仅以绞监候结案，轻于鄂善（被勒令自尽），看来乾隆帝是因其有才和筑尖山坝有功，才对其从轻发落。第二年又以卢焯完赃减其罪，戍军台，乾隆十六年召还，二十年起用，署陕西西安巡抚，二十一年授湖北巡抚，二十二年又因其减值置办人贡方物等过革其职，戍巴里坤，二十六年召还三十二年卢焯去世。

乾隆六年三月十九日，也就是山西布政使萨哈谅被弹劾后的第十二天，乾隆帝下了一道颇为奇特的谕旨，令王大臣查审原九门提督今兵部满尚书鄂善受贿之案。最初他说，据御史仲永檀参奏：原提督鄂善于张鸣钧发掘银两案内，受俞长庚之妻父孟鲁瞻银一万两，孟托范毓馪"与提督说合"，"属其照拂"。侍郎吴家骐亦得俞姓银二千五百两。由于此系"风闻"，"据实密奏，以备访查"。鄂善系朕倚用之大臣，非新用小臣可比，仲永檀"欲联访奏"，不知应委何等之人？若委之禁近小臣，岂大臣不可信而小臣转可信乎？若委之大臣，又岂能保其必无恩怨乎？况命人暗中访查而朕不明言，藏于胸臆间，是先以不诚待大臣。此事甚有关系，若不明晰办理，判其黑白，"则朕何以任用大臣，而大臣又何以身任国家之事耶？"着怡亲王弘晓、和亲王弘昼、大学士鄂尔泰、张廷玉、徐本、尚书讷亲与来保秉公查审，使其事果实，"则鄂善罪不容辞，如系虐捏，则仲永檀自有应得之罪，王大臣必无所偏徇于其间也"。"朕所以广开言路，原欲明目达聪，以除壅蔽，若言官自谓风闻言事，不问虚实，纷纷渎陈，徒乱人意，于国事何益！"是以此案必须彻底清查，不便含糊归结，"亦正人心风俗之大端也"。

此旨之奇在于，他对言官很不满意，颇有怪罪之意。弹劾贪官是科道的主要职责之一，"风闻言事"更是朝廷给与言官的权利，何况就在此旨下达的前十天，皇上还因言官未曾参劾墨吏萨哈谅、喀尔钦而下谕予以指责，可是，为什么今天仲永檀的劾疏，乾隆帝却要抓住其"访查"之辞而大作文章？他一则说鄂善是"朕所倚用之大臣"，非小臣可比，显系暗示鄂善不会做出这种贪赃枉法的勾当，不是贪官。联系到十天前他对满尚书的操守打包票的谕旨，此意更为明显。另外他说不应"访查"，用近身小臣查，不可；用大臣查，也不可，恐其有个人恩怨；暗中访查，亦不行，是以不诚对待大臣，照此讲来，则大臣所做违法之事，是不能查了，是不该查了，只要是大臣，就可为所欲为，他人不敢说半个不字，天下哪有如此不讲道理的逻辑？三则他又怒冲冲地宣布，必将此事明晰办理，否则难以任用大臣，大臣无法身任国家之事，这简直是明显地对言官加以威胁了。四则又指责言官凭杖"风闻言事"，而不问虚实，扰乱人意，于国无益，此话更是谬而又谬了。简而言之，乾隆帝之所以讲了这样一大堆不合情理以势压人的话，不过是告诉群臣，他对仲永檀之劾奏鄂善，是十分不满的，他将对其加以惩处。

按照官场旧习气，臣僚对皇上的脾气、做法是善于体会的，能够剥开外表，从洋洋万言的谕旨中，捕捉到皇上的真正想法。奉旨查审此案的王大臣不会不了解此旨的要害所在和皇上欲图达到的目的，照说他们非常可能会按照帝意去审理此案，加罪言者。岂料，结果却出人意料之外。怡亲王弘晓、和亲王弘昼、大学士鄂尔泰、张廷玉、徐本、吏部尚书讷亲、刑部尚书来保，经过认真查审，弄清了事实真相，证明鄂善确系受贿，并据实上奏。

此举使人异常惊讶，但乾隆帝此时毕竟不愧为英君明主，他并未坚持谬见，一错到底，而是承认事实，知错便改。三月二十五日，即其颁降奇谕后的第六天，他给王大臣下了长达一千余字的上谕，详述此案经过及勒令鄂善自尽的理由。乾隆帝一共讲了四个问题。其一，本意欲罪言官。御史仲永檀参奏鄂善得受俞长庚贿银一案，"朕初以为必无此事，仲永檀身恃言官，而诬陷大臣，此风断不可长"，欲加其罪，但又因事未查明，难治仲之罪，故派王大臣七人秉公查审。其二，鄂善受贿是实。怡亲王弘晓等七位军国重臣屡经研讯，鄂善的家人及交银者俱承认确有此事，鄂善收了俞长庚送纳的贿银。帝又特召和亲王弘昼、大学士鄂尔泰、吏部尚书讷亲、刑部尚书来保同鄂善进见，经过当面讯问。鄂善初犹抵饰。帝谕告其人说："此事家人及过付之人，皆已应承"，"汝若实无此事则可，若有，不妨于朕前实奏"，朕将谕诸大臣从轻审问，将此事归之于家人，以全国家之体。鄂善仔细思考后，"乃直认从家人手中得银一千两是实"。其三，令其自尽，鄂善翻供。鄂善已经自认，"毫无疑窦"，而负恩如此，国法断不可恕。若于此等稍有宽纵，朕将何以临御臣工。乾隆因垂泪谕告鄂善："尔罪按律应绞"，念尔曾为大臣，不忍明正典刑，"然汝亦何颜复立人世乎?"宜自处之。又恐如此处理有过刻之处，命和亲王等四人会同大学士张廷玉、福敏、徐本、尚书海望、侍郎舒赫德等再加详议。王大臣等奏称：鄂善"婪赃负国，法所不容，人心共愤"，蒙恩令其自尽，并不过刻。鄂善得知将被赐死后，突然翻供，妄称系因顾全皇上体面，皇上曾屡次降旨担保满尚书的操守，今已被劾，"恐皇上办理为难，是以一时应承"，实未收纳赃银。其四，斥其欺罔，交部严审。乾隆帝见鄂善改口，十分愤怒，斥其"无耻丧心，至于此极"，原本欲待其诚心悔过，恳切哀求，而免其死，监候待决，今因其欺罔之罪，法当立斩，著将鄂善拿解刑部，命刑部等衙门会同九卿科道严审。

此谕最后虽说交刑部等衙门会同九卿科道再次审理，但全谕含意异常清楚，乾隆帝已将鄂善定了纳贿、欺君的大罪，本应正法，加恩改为立即自尽，之所以要叫刑部、九卿、科道再审，不过是走走过场，欲图显示其公正郑重之意而已，刑部等衙门官员怎能不按帝意断案?

乾隆帝又错了一次，刑部等衙门会同九卿科道审理的结果，竟将鄂善按照"受贿婪赃"之律治罪，把王大臣原拟的绞立决改为绞监候，未论其欺君之罪。乾隆帝甚为不满，于四月十五日下谕痛斥刑部等衙门办事之谬说：此案情节，从前所降谕旨，甚为明晰。鄂善娄赃受贿，自认不讳，因"欲以礼待大臣而全国体"，不忍明正典刑，加恩改为令其自处，乃鄂善竟然翻供，"肆行抵赖"，此乃"欺罔"、"大不敬"之大罪，王大臣将其拟处绞立决，"实属情罪相符"。今九卿科道等官忽改为绞监候，仅以其娄赃轻罪论处，而置欺君、大不敬之重罪不问，实系"错缪已极"，"著大学士传旨严行申饬"，命新住、五十七前往刑部，带鄂善至其家，"令其自尽"。

乾隆帝以上处理萨哈谅、喀尔钦、卢焯、鄂善四人的贪娄之案，虽有不尽完美之处，但其决心惩治贪官，革除官官相护的积弊，力扫只治七品芝麻官不罪二三品大员的恶习，不管是乾隆"所倚用之大臣"掌治戎政的从一品满兵部尚书鄂善，还是由知县升至巡抚曾蒙帝嘉奖的能臣卢焯，一旦知其苛索民财、欺压百姓、收纳贿银，即遣钦差大臣严审治罪，并举此为例，告诫群臣，使贪污之风有所收敛，于民于国，皆有所补益，对乾隆盛世的出现，起了积极的推动作用。

## 二

乾隆二十二年（1757年）四月初五日，乾隆帝下谕，遣派刑部尚书刘统勋，查审云南巡抚郭一裕劾奏云贵总督恒文贪污一案，命其驰驿前往云南，会同贵州巡抚定长秉公严审，有关人员应革职解任者，一面奏闻，一面查办，按拟定律具奏。

过了六天，四月十一日，他又谕军机大臣：关于郭一裕参奏恒文一案，著刘统勋见到定长时，将所奏谕旨，令其阅看，即一同前往云南，不必先行告诉滇省，以免透露风声。恒文之家人赵二，是此案要犯，当密为防范，勿令其闻风远飏。如查明案情后，应即将恒文摘印质审，一面奏闻，一面将总督印务，交定长暂行署理。

乾隆帝虽然派遣刘统勋、定长往滇，但一开始并不相信恒文真有劣迹，故仅命二位大臣"前往查察"，没有革职恒文之总督要职，未明言其有贪赃之罪，并不像乾隆六年处理萨哈谅、喀尔钦那样，先定其性，革其职衔，命臣拟处其罪。他的这种态度，可能出于两个方面的原因。一是他对满官尤其是位列一二品的满大臣，颇有好感，甚为优遇，认为这些满员大臣不会做出负恩之事，操守比较可靠。与此相联的另一因素，是恒文的经历和才干。恒文是满洲正黄旗人，雍正初以诸生授笔帖式，连续四次升迁，任兵科给事中，外授甘肃平庆道，升贵州布政使，不到十年，从一个普通生员一跃而为从二品的大臣，其治政之能和交际之精，显然是不言而喻的。乾隆十二年金攻打川时，恒文献计上奏：兵贵神速，往日在甘肃平庆道任上时，见提督以上各营，或三分之一，或四分之一，"择勇健者，名为援剿兵将"，预备旗帜器械及各种银物。而贵州却无此例，以致今年四月调兵，迟至六月方得起程。请仿照甘肃之例，预为准备，提督驻安顺，设重兵，于府库贮银五千两等候备用。乾隆帝嘉其能治事，调任直隶布政使，十六年升任湖北巡抚。恒文疏请采汉铜，广鼓铸，增筑武昌近城石堤，停止估价变卖省城道仓空厫，以备存贮协济邻省粮米，均为乾隆采纳降旨允行。十八年恒文署湖广总督，授任山西巡抚，二十一年擢云贵总督。二十二年三月，恒文疏劾贵州粮道沈迁娄索属吏，鞫实论斩。这些事情表明，恒文确系深受皇恩，蒙帝赏识，才由一小小生员任至主管两省军政诸事的从一品封疆大臣，这样的臣子能不念主恩而贪婪不法？乾隆帝实难相信。可是，事实终归是事实，随着查审的深入，真相渐明，郭一裕所劾恒文诸款，确有其事，刘统勋、定长据实陈奏。

　　乾隆帝十分恼怒，于二十二年六月初一日下谕：前据郭一裕参奏恒文令属员买金，短发金价，巡阅营伍，沿途纵家人收受属员门礼等情，"朕以恒文历任封疆，受恩最重，当不应至此"，故遣刘统勋会同定长前往查察，今二人奏称，恒文买金一事，及其纵容家人收礼，俱属确实。恒文身为大臣，自应洁己为属表率，乃竟贪污如此，深负帝恩，著将恒文革职拿问，其有关人犯汪筠、罗以均等，著一并革职，严审究拟上奏。

　　第二天，六月初二日，乾隆帝又下一谕：阅恒文供词，内称购金系欲备方物进贡，与郭一裕商议，据郭说："滇省惟金较贵重，我拟制金手铲四个进贡。"因此，令标员明柱向巡抚衙门领取金铲样式，购金制造，以备进贡。前曾屡次降旨，禁止群臣贡献，即使督抚上贡方物，亦不过茗柑食品等物，或遇国家大庆，间有进献书画玩器，以示庆祝，从未有以金器进贡者。乃恒文藉词进贡金银，勒派属员，短价购买，冀图余利，"以致喧传阖省，殊玷官箴"。但郭一裕既以进贡金器怂恿总督，随以购金参奏恒文，"是复何心？"著刘统勋、定长将此情节，逐一秉公研讯。至于恒文的家人，或偶尔需索，尚可诿为耳目不周，乃金银赃物，计值累千，"是其网利营私，稔恶盈贯，何得仅以失察为解？"著一并严审具奏。

　　过了一天，乾隆帝又下谕讲郭一裕劾奏恒文之事。他说：恒文身为大臣，藉口进献，勒派属员，短价取利，罪固难逃。但果如恒文所供，则郭一裕先以金铲样式给恒文看，继乃以购金参劾总督，又明知金铲不可进献，必遭严谴，乃告恒文以今年不进，"竟似恒文全坠其术中者，此乃市井所不为，岂大吏同事一方，而竟出此！"或系郭一裕先曾制铲备贡，后因恒文纷纷购金，阖省喧传，恐彼此俱致败露，遂不复进献，"而转以参劾恒文，为先发计，亦未可知"。郭一裕可否购金制铲，买自何人，未进之金铲何在？著刘统勋等人"务将此中实在情节，悉心详审，即行具奏"。

七月初一日，乾隆帝再次下谕，指责郭一裕奸险取巧，将其解任，来京候旨。他说：读了刘统勋等官审讯郭一裕与恒文商量贡金的奏折。恒文身为总督，乃借贡献为名，纵其慾壑，现据查出赃私累累，应俟各案审明，按律治罪。至于郭一裕，先以贡金铲怂恿恒文，并呈示式样，后见阖省喧传，乃先发制人，"冀立身于不败，迹其所供，行险取巧情状，一一毕露"。"伊本属小器"，前于山东巡抚任内来京陛见时，曾面奏家计本足自给，且久历外任，愿进银一万两为工程之用。"朕听之骇然，深斥责其非"，今观其先购金置铲预备进贡，"其病根深锢，是以随处发露耳"。且其购金亦委派司道办理，"即云照数发价，"而以司道大员，供督抚私役，成何政体！郭一裕深负封疆之寄，著解任来京候旨。布政使纳世通、按察使沈嘉征，遇督抚有此等事情，乃"匿不以闻，惟事迎合上司"，著交部严加议处具奏。随即令革其职。

乾隆帝对郭一裕的这样处理，是颇为不妥的。恒文之罪，不在于其购金制造金手铲以备进贡，贡品奢侈，不过遭帝斥责而已，构不成大罪。恒文之所以被定为有罪，是因其藉买金为辞，勒派属员短价购买，藉此牟利，以及纵容家人收受门礼纳取贿银，是犯下了贪婪之罪，而不是进贡之罪，进贡不能定罪。这一点，乾隆帝不会不知，他亦曾多次因臣僚进献贡品奢侈豪华而拒收其物，降旨训诫，也不过是训诫而已，并未将此定为大罪革职严审。前述谕旨也列举了郭一裕奏进银一万两之事，亦仅仅予以申斥，并未将郭革职惩办。作为封疆大臣，郭一裕是不应该以进献厚礼来博取皇上高兴，但此仅系作风欠妥的问题，应予严斥，可是不宜以此来定其罪。更重要的是，郭一裕只是因参劾恒文之罪，而被恒文供出商制金铲之事，即使此事属实，也不能说郭一裕是"行险取巧"，"先发制人"，有意陷害恒文，最多不过是做法欠妥、欲贡重礼取悦皇上而已，谈不上犯了什么大罪。权衡主从轻重，是郭一裕参劾恒文之后，才查明任至总督大臣的恒文，竟是一个赃私累万的大贪官，应当说郭是立下了一大功，对整顿吏治颇为有益，为民除去了一个大的吸血鬼，为朝廷清理出一个奸臣，应予重重奖赏。可是也不知乾隆帝是出于什么考虑，竟紧紧抓住恒文供称与郭商议制造金手铲一事，大做文章，一再下谕，吹毛求疵，连捐银万两的老账都翻了出来，硬将郭说成为有意陷害总督的奸诈小人，还罢其巡抚之官，责令钦差尚书严查其贪婪苛民之事，好像不将郭一裕定成贪赃枉法的赃官，难解心中之恨。虽然他曾专门辩称此举不是偏满轻汉，因而斥责外人所说"郭一裕以汉人参满洲，是以两败俱伤"之言是"谬误"的，但揆诸上述谕旨，很难使人信服，他的这番辩解，显然是软弱无力的。

也许乾隆帝逐渐意识到此举有些欠妥，因此于下谕罢免郭一裕之职后的第四天，七月初五日，他又下一谕说：前因郭一裕供称制铲购金时是"照数发价"，但此外有无赃私，难以置信，故谕令刘统勋"据实穷究，如应查封，即将伊任所查封"。刘统勋奉旨后，应秉公查办，如郭不能洁身自爱，贪污不法，亦如恒文之负恩，自当将其家财查封，请旨治罪。若无此情，"而因朕已降旨，遂有意苛求，遽将伊任所赀财封禁，则是全不识事理之轻重矣。此事关于政体官常者甚大，必虚公研究，方能情罪允当"。

乾隆帝虽想作些调整，稍微略微减少一点压力，让钦差大臣审案稍稍公正一点，但大臣皆知帝意，哪能拟议公允。刘统勋之折到京。刘奏称：奉旨查审郭一裕一案，"讯明郭一裕诈伪贪鄙款迹，按律拟流"，并请查封郭之家产。照说，刘统勋还算办事较公之臣，他虽接到令郭解任对其严审之旨，拟议意见不能不受谕旨约束，相当苛刻，但在查证问题时还是比较实事求是的，没有严刑逼问诱供逼供，没有硬给郭栽上莫须有的赃银巨万的大罪，并如实上奏。乾隆帝于八月初四日下谕拒绝其议说，郭一裕与恒文，各有应得之罪，而轻重不同。恒文赃私累累，众证确凿，家产自应查封，以惩贪黩。而郭一裕不过交属员代买物件，短发之钱不及百金，更有将原物退还者。即其令属员修造花厅，亦只数百两，较之恒文，情罪亦应有所差别，若一律抄家，"殊不足以服其心"，已传谕定长，将郭赀财照旧给还，不必查封。

二十二年九月十二日，乾隆帝下谕，一一列举恒文、郭一裕之罪，勒令恒文自尽，革郭之职，发往军台效力。他说：根据刘统勋、定长的查审和上奏，恒文令属员买金，短发金价，巡查营伍，纵容家人勒索门礼等款，"俱属确实"，恒文任所赀财多至数万两。恒文并非素封之家，其历任封疆不过二三年，养廉银除用于一岁公用及往来盘费外，"即极为节啬，亦何能若是之多，是其平日居官之篚篑不饬，不待言矣"。昨刘统勋面奏，尚认为恒文之败检，皆由于家人恣横所致，"其意似为恒文卸罪者，此则所见非是"。恒文果以洁清律己，奴仆下人焉敢如此肆行无忌。况且勒索门礼即系家人所为，而购金短价，受属员馈送，"岂亦家人教之耶？"恒文深负朕恩，情罪重大，若"曲为宽宥，其何以饬官方而肃吏治！"他命令侍卫三泰、扎拉丰阿驰驿前往，于解送所至之地，即将此旨宣谕，"赐令自尽"。郭一裕为人，"本属庸鄙"，去年曾面奏愿捐养廉羡余银一万两，到滇后又有购金制铲之举，"惟以声色货利殖产营运为事"，深忝封疆之任，但其在官，尚不致如恒文之狼藉，同系购金，发价并未短扣。郭一裕著革职，从宽发往军台效力，"以为大吏鄙琐者戒"。不久，又以署云贵总督定长请免于处分署玉屏县知县赵沁等十五员，因其系被恒文之家人赵二等勒索银两，并复自首，不必革职罢官，而下谕斥责其非说：上司家人需索属员，例有明禁，该知州、知县等官员，果能不偏不倚，则应一面锁挈需索的家人，一面据实禀闻上司，听其惩治，即或上司袒护家奴，地方官可直揭部科，据情详查，对"如此大有风力之员"，"朕不但加意保全，且将召见而擢用之矣"。乃赵沁等官，始则被恶奴勒索，甘心贿送，及至恒文败露之后，经署督行文饬查，始行报出，焉能藉称自首得免吏议不至去任？赵沁等十五位官员，俱著交部察议。不久吏部奏准，赵沁等十四员降一级留任，其余永昌知府佛德、临安府知府方桂等三十八人亦分被惩罚。

恒文、郭一裕之案，至此总算了结。恒文、郭一裕二人，原本企图贡献珍品取悦于帝，不料弄巧成拙求福得祸。恒文因此而丑迹败露，从一个飞黄腾达的治政能臣、从一品大员，一变而为赃私累累、声名狼藉、违法致死的大贪官，人死家破又财空。郭一裕险被定为污吏，几经周折，最后被皇上定为小人，革职罢官，发往军台效力。

乾隆帝严惩恒文，拒绝刘统勋宽免恒文罪过之议，以及处治馈送总督贿银的赵沁等十五位州县官员，以惩贪风，肃吏治，是十分正确的。只要是贪赃横行，违犯国法，就应加以制裁，哪怕恒文是贵为总督的满人、蒙帝擢升的能臣，也不能逃漏于法网之外，而被按律处死籍没，这是无可非议的。但是，他对郭一裕的发落，却甚为不妥，颇欠公允，这样一来，恐将使汉官缄口不言，不敢弹劾满员大臣，以免两败俱伤，自身遭受横祸，其消极的影响，不宜低估。也许是由于这个原因，或者出于其他的考虑，乾隆帝于二十二年十一月初四日下旨说：郭一裕之派属员买金，虽亦不能算是无罪，但恒文之事，实由郭一裕举发，郭前在部呈请赎未准，恐将来各省督抚有贪婪之事，"同官以事相干涉，惧于己有碍，转不据实入告，将无由发觉，其何以明国宪而儆官邪耶！"郭一裕著加恩准其纳赎。数年以后，乾隆赐予郭一裕三品衔，授河南按察使。这样一来，总算作了一些调整和修改。

## 三

乾隆二十二年十月初五日，乾隆帝连下二道谕旨，命督修山东运河工程的刑部尚书刘统勋前往山西，查审移任山东巡抚的原山西巡抚蒋洲之贪污案件。他在谕中讲道：据山西巡抚塔永宁奏，蒋洲于山西任内，侵用帑银二万余两，升任时，勒派全省属员弥补，并卖寿阳县木植赔补，"此事实出情理之外，为之骇然"，必须彻底清查。查审此案，非刘统勋不可，著刘统勋即传旨，将蒋洲革职拿问，带往山西，并塔永宁劾疏内提到的杨文龙等人，一并严审定拟具奏，其任所字迹赀财，一并查明奏闻。

乾隆帝所讲看过奏疏后"为之骇然"，是有原因的。因为案犯蒋洲并不是一个小小七品芝麻官，而是从二品的封疆大吏山西巡抚移任山东巡抚，又非寒门小户贫寒乡民，而是书香门第宰相之子。蒋洲之父蒋廷锡，是云贵总督蒋陈锡之弟，工诗善画，以举人、进士供奉内廷，事圣祖内直二十余年，任至内阁学士。廷锡更受到世宗的常识和提拔，六年之内，由内阁学士升迁礼部侍郎，晋户部尚书，兼领兵部尚书，拜文华殿大学士，兼领户部，并蒙授一等阿达哈哈番世职，雍正十年病故，谥文肃。廷锡政绩卓著，秉公执正，史称其"明练恪谨，被恩社始终"。蒋洲之兄蒋溥，雍正七年由举人、进士、庶吉士，直南书房，袭世职，十一年授编修，四迁任内阁学士。乾隆五年蒋溥授吏部侍郎后，又历任湖南巡抚、户部尚书、协办大学士兼礼部尚书、掌翰林院事、兼署吏部尚书、大学士、军机大臣、兼领户部，身任要职近三十年，颇有建树，政绩显然。蒋洲就是凭藉父兄之势及皇上对父、兄之恩宠，由一个小小主事很快就累擢至山西布政使。乾隆二十二年又升任山西巡抚，于同年七月移任山东巡抚。一家之中出二相，四十年的高官要职，姑且不说侵吞帑银、科索民财、收受贿银，就是正额薪俸、养廉，皇上恩赐，属员献纳，督抚馈遗，门生敬奉，等等收入，为数也十分可观，这样望族门弟，怎会出现贪官污吏？父、兄皆系科甲出身，任至大学士，自应正身律己齐家，严教子弟，其子、其弟怎能丧失廉耻见利忘义？所以，乾隆帝不禁为蒋洲之贪婪而"为之骇然"！

过了十一天，十月十六日，乾隆帝再谕军机大臣：据塔永宁奏：蒋洲任内，一切舞弊纳贿之事，皆其幕友吴姓及管门家人黄姓、马姓等从中经手，已密咨山东署抚，提犯人解送山西等语。吴姓诸人均系此案要犯，著传谕山东巡抚鹤年即速严拿，委员解晋，交刘统勋归案严审，务该委员严加防范，迅速解送，勿使该犯逃脱，或畏罪自杀。

经过思索，乾隆帝感到问题不只是蒋洲一人，便着手新的审查。第二天，十月十七日，他又谕军机大臣，讲了四个问题。其一，蒋洲藉端诡辩。据刘统勋奏，蒋洲供称：因修理衙门，多用银两，以致亏空，等语。外间亦有如此议论者，此话究未可信，修理布政使司衙门，需费即多，何至用银二万余两！当然藉端捏饰。其二，查审明德。巡抚明德与蒋洲共事较长，两署仅一墙之隔，蒋洲如此侵公亏银狼藉，明德岂毫无所知，何以并未上奏？恐其中必有缘故。即使讳诸于不知，而藩司侵吞帑银如此之多，犹一无闻见，"巡抚所司何事耶？"乾隆传谕刘统勋、塔永宁一并详细查察，明德为何如此庇护？务得实情，据实陈奏。其三，追查拖穆齐图。蒋洲供内，又有拖穆齐图欠银三千两之话，看来拖穆齐图为人亦甚不妥。其在山西，养廉银颇多，为何去任起程时，又须蒋洲为之担承至三千两银？"种种情节，俱当悉心研究，使水落石出，毋得草率完结"。其四，严防蒋洲自戕。刘统勋现正带蒋洲前往山西，途中需要速行，不可久稽时日，更应留心防范，勿令其畏罪自杀。

随着审查蒋洲案件的深入发展，又发现了新问题，这就是山西省贪官污吏太多，吏治十分腐败，必须大力整顿。十月二十六日，刘统勋、塔永宁呈报查讯情形之折到京，二人奏称：平定州知州朱廷扬侵亏帑银二万余两，守备武珽侵亏营银一千余两。乾隆帝于这一天连下四道谕旨。第一道谕旨着重讲彻底厘清贪官污吏。他说：朱廷扬侵银二万余两，武珽亏银一千余两，"由此类推，其恣意侵蚀而未经查出者，更不知凡几，该省吏治尚可问耶！"乃塔永宁奏称，若遽行盘查，恐通属惊慌，必致贻误地方政务。此话不免有畏首畏尾之意。且据刘统勋、塔永宁另折所奏蒋洲案内道府勒派情节，于杨龙文（冀宁道）署内，"查出派单一纸"，太原府知府七赉连名作札，向手下催取，"明目张胆，竟如公檄，视恒文之授意派买，更有甚焉。此致各属中之素有侵亏者，皆无所顾忌，如朱廷扬、周世紫，皆盈千累万，此又与蒋洲之勒派无涉。吏治至此，尚不为之彻底清厘，大加整饬，何以肃官方而清帑项！"此等劣员，被勒索银两者情尚可原，可如滇省被勒之员例子处理。至于杨龙文、七赉、朱廷扬等人，则罪无可逭，"塔永宁何所瞻顾而为此调停之奏耶！"七赉著革职拿问，将他交与刘统勋一并严审究拟。著刘统勋会同塔永宁，"严行查办，不得稍存姑息"。

第二道谕旨宣布将原山西巡抚现任陕西巡抚明德革职处理。他说：据刘统勋等人奏到，晋省州县中，侵亏库银，竟有至盈千累万者，"是该省风气，视库帑为可任意侵用，已非一日"。明德身为巡抚，察吏是其专责，乃一任属员侵帑营私，至于此极，实为深负委任，著即将明德革职拿问，解赴山西，交刘统勋审拟具奏，其任所赀财，立即查处。

他在第三道谕旨中说：山西平定州知州朱廷扬亏帑银二万余两，山西巡抚已行文直隶，查封其家产，但闻知该犯原籍系浙江绍兴人，可传谕杨廷璋（浙江巡抚），速即访察该犯居住地点，将其所有资产严行查封，以补帑银，不得稍有泄漏，以致其家藏匿。

第四道谕旨，是命刘统勋、定长对明德"秉公严讯，不可稍为回护"。其蒋洲案内各犯及现在查出侵亏帑银的官员，"一并令刘统勋等彻底清厘"。所有各犯监禁于晋省，均须留心防范，严行看守，倘有松懈，令其自杀灭口，不得明正典刑，则有关人员罪责难逃。

过了三天，十月二十九日，乾隆帝再谕军机大臣，令速结蒋洲之察。他说：蒋洲勒派属员，弥补亏空，及将寿张县木植卖银补款之案，刘统勋已于杨龙文署中查出勒派银数清单，并于经过各州县中提取了七赍等人连名书札，此事已确有证据，只要审讯蒋洲、杨龙文、七赍三人，即可速为审拟，具奏正法。至于山西通省亏空之事，已降旨命刘统勋会同该抚查办，此乃在蒋洲勒派本案之外，不妨于蒋洲案完结之后，再认真办理。

又过了五天，二十二年十一月初五日，乾隆帝再次下谕，宣布对蒋洲一案的处理意见。他说：蒋洲乃原任大学士蒋廷锡之子，由部属擢用，任至巡抚、布政使，不思洁己奉公，乃恣意侵吞亏空帑银钜万，又复勒派通省属员，以为弥补之计，"其贪黩狼藉，玷辱家门，实出情理之外"。杨龙文身为监司，曲意逢迎上司，侵帑勒派，不法已极，其情罪实无可宽宥。蒋洲、杨龙文俱依拟即行正法，以昭炯戒。七赍作札催取，但以知府迎合司道，较杨龙文罪稍轻，著依拟绞监候，秋后处决。其余应行拟罪议处各官，仍命刘统勋、塔永宁逐一查明，分别定拟具奏。

明德收受蒋洲及各属古玩金银等物，已降旨将其革职拿问，解赴山西，命刘统勋审明定拟。拖穆齐图与蒋洲勾结关通，携取蒋洲古玩，收受银物，"甚属贪汙无耻"，著革职拿解来京治罪。"山西一省，巡抚藩臬朋比为奸，毫无顾忌，吏治之坏，至于此极，朕将何以信人，何以用人！外吏营私贪黩，自皇考整饬以来，久已肃清，乃不意年来如杨灏、恒文等案，屡经发觉，而莫甚于蒋洲此案，若不大加惩创，国法安在！朕为愧愤！"

蒋洲勒派属员之案，至此告一段落。此案本系追查布政使蒋洲勒派属员银两，弥补亏空，不料，案情不断发展，牵扯到巡抚、按察使，涉及监司、知府，并从而查出了晋省不少州县官员侵吞帑银，山西吏治之坏、贪风之盛的真情，暴露于光天化日之下，使乾隆帝惊呼"何以信人！何以用人！"他下定决心痛惩贪官，整顿吏治，斥责塔永宁畏首畏尾欲图草率了结，诛杀蒋洲，革除劣员官职。身为宰相（蒋廷锡）之子现相（蒋溥）之弟荣任二品大员山东巡抚的蒋洲，就这样被作为贪官，绑赴法场，成了刀下鬼，身败名裂，家产荡然。

# 第五章　盛世气象

## 一

　　乾隆执政之后，户部尚书梁诗正提出："今虽府库充盈，皇上宜以节俭为要，勿兴土木之工、黩武之师，庶以持盈保泰。"根据梁诗正的话看来，大清王朝自顺治皇帝入关，就一直保持着上升的势头。特别是乾隆的祖父康熙亲政以后，采取了一系列缓和满汉民族矛盾、发展经济生产的政策，在广大人民的辛勤劳动下，国家各项事业全面发展，耕地面积扩大，财政收入增加，国库充裕，存银经常在数千万两以上。但各种社会矛盾也在滋生，因此他希望乾隆在大好的形势下保持冷静的头脑，要及时发现和解决问题，使国家永保长治久安日益富强。

　　梁诗正的担心并非多余，到乾隆六年（1741 年）全国人口首次突破一亿大关，达到一亿四千万人。作为大清皇帝的乾隆，已经感到不断增长的人口所带来的压力，他曾坦率地表示：

　　　　"朕查上年各省奏报民数，较之康熙年间，
　　　　计增十余倍。承平日久，生齿日繁，盖藏自不能
　　　　如前充裕。且庐舍所占田土，亦不啻倍蓰。生之
　　　　者寡，食之者众，朕甚忧之。"

面对这种逼人的形势，乾隆认为，只有继续开垦土地，实行"尽地利而裕民食"，使各家各户均有余粮，才能实现国家的长治久安。所以他刚刚代替雍正登上宝座才月余时间，就明确宣布"天下之本农为重，各府州县衙，果有勤于耕种，务本力作者，地方官不时加奖，以示鼓励。"有些官员在雍正朝惯于陈奏庆云、甘露、嘉禾、瑞茧、醴泉、麟凤之类的祥瑞，乾隆一律严厉禁止，指出"治天下之道，惟在君臣上下，一德一心，政绩澄清，黎民康阜。"

清朝自顺治入关，历来重视农业，鼓励垦荒，康熙、雍正两朝都采取了许多行之有效的办法。乾隆朝的农业政策，也是鼓励开垦为主，但既汲取前朝的经验教训，又形成自己明显的特色。其中根据大面积土地已开垦殆尽的客观形势，乾隆提出开垦"山头地角"和"永不升科"，可谓独具特识。

乾隆于五年（1740 年）七月发布谕令说：

> "朕思则壤成赋，固有常经，但各省生齿日繁，地不加广，穷民资生无策，亦当筹划变通之计。向闻边省山多田少之区，其山头地角，闲土尚多……皆听其闲弃，殊为可惜。用是特降谕旨：凡边省内地零星地土，可以开垦者，嗣后悉听该地民夷垦种，免其升科，并严禁豪强首告争夺，俾民有鼓舞之心，而野无荒芜之壤。其在何等以上仍令照例升科，何等以下永免升科之处，各省督抚悉心定议具奏。务令民沾实惠，吏鲜阻挠，以副朕子惠元元至意。"

乾隆提出"变通之计"的关键是开垦山头地角，而且"永免升科"，表明乾隆比那些只知向百姓征收赋税的统治者有着天壤之别，他确实把老百姓的生活疾苦放在心中，真心希望能让他们安居乐业，当然更是为了大清帝国万世永存。各省督抚根据乾隆的谕令，纷纷申报本省拟永免升科的实施方案，经户部批准如下：

1. 直隶零星土地数在二亩以下、不成丘段者，听民间垦种，免其升科。

2. 山西瘠薄下地开垦仅止十亩以下，为数奇零不成丘段者，永免升科。

3. 河南上地不足一亩、中地不足五亩及南冈砂碛、下湿低洼之地，均免升科。

4. 江苏山头地角硗薄荒地及沟畔田塍奇零隙地不成丘段者，听民耕植，并给执照，免其升科。

5. 安徽所属凡民间开垦山头地角，奇零不成丘段之水田不及一亩、旱田不及二亩者，概免其升科。

6. 江西所属山头地角开垦地亩数在二亩以下及山巅水涯高低不齐砂石间杂坍涨不一者，免其升科。

7. 福建所属奇零田地不及一亩者，免其升科。

8. 浙江所属临溪傍崖零星不成丘段者，硗瘠荒地，听民开垦，免其升科。

9. 湖北所属山头地角硗瘠之地，止堪种树，高阜之区止种杂粮及旱地不足二亩、水田不足一亩，均免升科。

10. 湖南所属奇零土地可以开垦及溪涧之旁、高滩坂湿零星种植禾稻不及一亩、种植杂粮不及二亩者，均免升科。

11. 陕西、甘肃所属地处边陲，山多田少，凡山头地角欹斜逼窄砂碛居多，听民试种，永免升科。

12. 四川所属山头地角间石杂砂之瘠地，不论顷亩，悉听开垦，均免升科。

13. 广东所属山梁冈陁地势偏斜、砂砾夹杂雨过水消听民试垦者，概免升科。

14. 广西所属中则地水田一亩以下、旱田三亩以下，下则地水田三亩以下、旱田十亩以下者，永免升科。

15. 云南所属砾石硗确不成片段水耕火耨更易无定、瘠薄地土虽成片段不能引水灌溉者，水免升科。

16. 贵州所属凡山头地角奇零土地可以开垦者，悉听民夷垦种，免其升科。

17. 山东所属山头地角以及河滨溪畔地亩，在中则以上不足一亩、下则以下一亩以外者，均免升科。

以上18省的具体规定，反映出他们的共同性是：第一，凡小块零星土地俱免升科；第二，由地俱免升科；第三，瘠薄地俱免升科；第四，沙滩水边地俱免升科；第五，部分原属纳粮地因此也享受免税待遇。这些待开发的土地究竟有多少，因不纳税而缺乏可靠的数字，但中国山地占全国面积五分之四，平原仅占百分之十二，而当时东北大平原尚未全部开发，由此可以了解乾隆这次调整垦荒政策的重大意义。清政府虽然暂时没有增加税收，但广大人民却会因此增加很多粮食产量，使温饱问题在一定程度上得到缓解。

第二个特点是鼓励全国各地开发废弃荒地。

乾隆即位之初，比较便于开垦的地方，大都是成熟田，但也还有一些因客观条件影响而依然闲置的荒地，乾隆采取各种措施，鼓励人民垦荒，以增产粮食。

开垦官山禁地。江西省广信府属上饶、广封县境内有政府封禁区，与福建、浙江等省相交界，福建、广东等省农民人山垦种，被称为"棚民"。因山高林密，政府官兵"惮于深入，民人多有私人禁地居住者。"辅德任江西巡抚时，轻装简从，亲自勘查官山，在江西属77州县中，共查出官山荒地11万6千5百亩，"一有查出，即丈明亩数，编定字号，量其由地多寡，先尽无业贫民，拨给承垦。"

开垦海滩河淤地。东南沿海地区有大片海滩可以垦辟为农田，如浙江海宁县就有1063顷，仁和县也有167顷，当地分为认户（占地户）和垦户（种地户）二种，"各认户勒令纳租，垦户不甘，纷纷呈控。"巡抚周人骥派人进行彻底清查，"悉归垦户报升，认户原系垦户，仍准丈给"，使耕者有其田。乾隆在周人骥的奏报批示："好，办理甚公当也。"直隶省淀泊河滩淤地不少，总督方观承奏请乾隆，把河淤地分给附近贫民认种，每户以 10 亩至 30 亩为准。又规定凡遇挑挖河道之事，即由认种民人出工，享受免交田租待遇，真是一举两得。

开发海岛。福建沿海居民粮食供应紧张，巡抚周学健提出该省闽县、长乐、连江、罗源、霞浦、宁德六县沿海有上竿塘、下竿塘、西洋屿、东狮、白畎、东洛、西洛、大仑山、小仑山、烽火衕、浮鹰山、四石霜山、七星屿、南兰屿等 14 岛，绵延数百里，"其间可耕之地甚多"，建议开发这些海岛，得到批准。海南岛清时称琼州，广东巡抚苏昌奏称，"琼州为海外瘠区，贫民生计艰难，查有可垦荒地二百五十余顷，请照高、雷、廉三例招民开垦。"乾隆立即批示："著照该抚等所请，查明实系土著居民，召令耕种，免其升科，给予执照，永为世业。"当地的农业也迅速发展起来。

乾隆时，从各省督抚报告的垦荒情况来看，绝大部分是山荒海滩之地。十四年（1749 年），浙江巡抚方观承报告，仁和县民张彩等认垦沿海沙地 28 万亩。十六年，湖南巡抚蒋溥奏，龙阳县新垦地 30000 亩。二十八年，奏报省份有：江苏金山县垦田 997 亩；浙江慈谿县开垦山荡涂田 30600 亩，乐清县垦涂田碛田 13100 亩；广东潮州、肇庆、廉州开垦荒地 3700 亩；云南垦田 14800 亩。次年，浙江又报开垦临安等五县滩涂 21915 亩；广东省所属 15 府厅州县共开垦水田 3890 亩，沙坦 3013 亩；云南开垦丽江等 20 余府州县地 19800 亩；河南祥符、内乡开垦荒地 497 亩，山西乡宁县开垦山坡旱地 32 亩；四川屏山县垦山荒 10 万 6 千 6 百亩。

《清实录》中的这些数字，大将 28 万，少仅 32 亩，多注明系"海滩沙地"、"山荡涂田"、"硗田"、"旱荒"、"水坦"。这充分说明，乾隆朝土地开发超过以往历史上任何一个时期，特别内地许多省份确实达到了地无遗利程度。

乾隆对农业生产的重视，还有另一个突出的特点，就是鼓励移民，支持内地省份人民到边疆地区开垦荒地。

二十五年（1760 年），贵州巡抚周人骥上疏请限制各省流民移居四川，即遭到乾隆的断然反对，他明确提出要鼓励流民移居人口少的地区开垦，并把这项措施当作解决人口与土地矛盾的方针大政。他说：

> "国家承平日久，生齿繁庶，小民自量本籍生计艰以自资，不得不就他处营生糊口，此乃情理之常。岂有自舍其乡里田庐而乐为远徙者？地方官本无庸强为限制。若其中遇有生事为匪之人，则在随时严行查禁，不得以一二败类潜踪，遂尔因噎废食。今日户口日增，而各省田土不过如此，不能增益，正宜思所以流通以养无借贫民。即如现在古北口外，内地民人前往耕种者不下数十万户，此孰非去其故土者？然口外种地者衣食渐多饶裕，固难执一而论也。

概括起来，乾隆这番话的基本点是：承认人多地少是流民出现的根本原因，主张对贫民移居外省不要限制，提倡内地民人向边疆地区移居，做为解决民生艰难的出路之一。在乾隆的鼓励与默许之下，出现了大规模的移民垦荒热潮。移民主要流向以下几个地区。

内蒙古地区。

内蒙古与山西、河北为邻，这两省旱灾频繁，灾年饥民常由长城赴内蒙种地谋生。山东、河南两省水旱俱全，饥民也选择去内蒙为生路。蒙古王公因把土地租给汉民开垦，可以增加收入，对汉民持欢迎态度。清政府在内蒙古实行盟旗制度，对蒙古内部事务一般不加干涉，表面上为维护蒙古王公的游牧利益，对北方各省农民开垦蒙地不予鼓励。如乾隆曾说：

"热河及张家口外各处凡有可耕之地，山东
等省民人俱不远数千里襁负相属，以为自求食之
计，何尝官为招集耶？"指的就是这种情况。

以热河（承德）地区为例，原为内蒙古翁牛特旗牧地，康熙中其王公献给清朝皇帝做为围场，康熙择地建避暑山庄，不过为狩猎途中休息地。山庄建成后，康熙曾有"聚民至万家"之诗，说的是康熙年间的发展情况。

六十年后，据乾隆说，由于外来移民的增多，已达几十万家，"俨然一大都会"。乾隆年间，从北京经古北口前往避暑山庄的沿路已经开垦殆尽，乾隆诗称"垦遍山田不见林"。不仅牧地，连山林都被庄稼取代，乾隆诗"所见"序曰：

"三十年以前，凡关外山皆有木可猎，今皆
开垦率遍，不见树木，非木兰猎场禁地，皆不可
行围矣。"东北地区。

笼统地说，从乾隆五年（1740 年）到五十七年（1792年）清政府对东北实行封禁政策，但实际上是封而不禁。如乾隆八年（1743 年），山东、河北大旱，大量饥民被迫离家出走，前往东北和口外谋生。乾隆下令由军机处秘密通知长城各口关卡："如有贫民出口者，门上不必拦阻，即时放出。"但不得将谕旨透露，以维护原来政策不变。第二年春天，乾隆了解到流民仍然很多，又令大学士传旨寄山海关各口及奉天将军，放松盘查，"稍为变通，以救穷黎。"

从乾隆 48 年纂修《盛京通志》所载人口统计数来看，

东北人口仍在大幅度增加。以奉天府所辖辽河以东地区为例，六年（1741年）统计人口数为13万8千余人，四十六年（1781年）人口数为39万多人，40年间增加二倍，不能否认其中有自然增加的人口，但大部分应系移民。

清初在东北修筑柳条边，设边门稽查过往行人，以示限制。据乾隆《柳条边》诗："我来策马循边东，高可逾越疏可通。麋鹿来往外时获，其设还与不设同"。连乾隆自己都承认一层柳条篱笆对外来移民浪潮并没有起多少限制作用。

新疆地区。

二十四年（1759年），清政府统一全部新疆地区。乾隆从巩固国防考虑，在新疆组织绿旗兵和维吾尔农民屯田，以解决驻军粮食供应。同时把移民新疆作为解决内地人多地少，尤其是甘肃民贫问题的有效措施。他说：

> "近来缘边一带如安西、辟展、乌鲁木齐等处地多膏沃，屯政日丰。原议招募内地民人前往耕作，即可以实边储，并令腹地无业贫民得资生养繁息，实为一举两得……此等待食之民，向外多移一人，即少耗内地一日之粟，可使盖藏渐裕，化瘠为腴，其裨益更非浅鲜。"

甘肃省雨水稀少，十年九旱，是清政府的重点赈济省份，整个雍正一朝几乎田赋全免，所以乾隆多次下谕鼓励甘民移新，还由督抚出资护送。他说：甘肃百姓移民新疆未到预期人数，是对新疆饶裕情形未能知之甚悉，遂至意存观望，要陕甘总督明山广为宣传，设法劝导，使民人踊跃前往开垦。

台湾地区。

清政府统一台湾后，设一府三县，归福建省管辖。福建、广东两省，田少人多，又靠近台湾，民人纷纷渡海前往。清政府因台湾岛孤悬海外，控制困难，加上移民在岛内传播秘密宗教，康熙末年曾发生朱一贵起义，对移民台湾严加限制。

乾隆时，对赴台移民仍然限制。乾隆命令广东、福建地方官"严行禁止，仍于各处口岸设法巡逻周密，毋许私行逗遛一人。"但地方官员并不认真执行。三十四年（1769年），据福建巡抚崔应阶报告："台湾流寓内，闽人约数十万，粤人约十余万，而渡台者仍源源不绝"。他们都是贫困无以为生而外逃的流民，台湾岛的大片土地被他们开垦出来。

乾隆的移民垦荒政策，使边疆地区的农业生产发展很快。东北盛京地区（今辽宁省）、内蒙古热河地区、新疆天山北路和台湾，都成为新的粮食生产基地，大量粮食调拨内地省份，缓解了人口与粮食问题的矛盾。

## 二

清朝虽然国土辽阔，但农业生产力水平较低，水旱蝗灾经常发生。为稳定生产和人民生活，清政府每遇灾害发生，都采取蠲免田租，调拨粮食赈济灾民等措施，这就要求清政府必须控制大批粮食储备，及时送给灾民，以帮助他们渡过灾荒，恢复生产，重建家园。所以乾隆把"积谷"视为"养民之要务"，他说：

> "养民之政多端，而莫先于储备，所以使粟米有余，以应缓急之用也。"

储备粮食，首先是各省建立仓储制度。乾隆元年规定，各省秋收买补仓粮，照时价发给，不许短少。次年又补充规定，凡受灾地区仓库因赈济灾民存粮减少，务必于第二年秋收后买补，由国库拨银。若遇水旱粮价较贵，可将国拨银暂存地方待下年使用，"次年仍延续不买，以玩视仓储例参处。"同时还规定各地方官必须妥为经理，严禁派累小民，凡短价低银、抑勒要粮，或斗秤以大易小，以轻易重等弊，坚决剔除，否则严惩不贷，逐步健全仓储制度。

每当秋收之后，由政府动用资金到产粮区大量购买粮食，用以储备。元年，乾隆令江西省买谷10万石，分贮各州县。三年，河南、山东两省粮食大丰收，乾隆命两省督抚趁价格便宜，加速买补充实仓库。四年，直隶提督永常报告：今年口外粮食大丰收，八沟等处农民出现卖粮难问题，请求按市价发官银采买。乾隆马上批准户部发银数万两交给永常负责采买，分贮附近各仓以为地方储备。这年，四川省采买粮食一次就动用"藩库杂税银三万两，地赋银十二万两。"五年，直隶、山东、河南、江南、湖广等地粮食俱获丰收，乾隆下令各地督抚讲求积贮，特别要求粮食不足的福建省大量采买，"凡可以积之于官，藏之于民者，多方经理，以实仓储。"

纳粟捐监，是储备粮食的手段之一。乾隆元年，乾隆因从西北撤兵，军费大量节省，"著将京师及各省现开捐纳事例一概停止"。但保留户部纳粟捐监一条，向户部交银若干两，就可以取得监生的资格，到北京国子监读书，并以"每岁捐监之银，留为各省一时岁歉赈济之用。"然而，各省粮食价格不一，地方有收有欠，拨给各省同等银两，所买谷数相差很大。三年，乾隆停止户部捐银办法，令各省督抚于本省纳粟入监，即捐纳人直接将粮食交到本省仓库，取得凭证后赴京入监读书。每名监生纳粟额数视各省粮价而定，以银108两为准，折成应交谷数。从乾隆三年至八年的五年间，各省共捐纳粮食600万石。采买和捐监相辅相成，构成贮备粮食的又一来源。

奖励社仓，储粮于民。除了国家贮粮之外，乾隆还倡导民间储备粮食，称为社仓或义仓。据说社仓之法为隋朝长孙平创立，经南宋朱熹规划完备，开始普及。清康熙十八年（1679年），户部题准乡村设立社仓，市镇设立义仓，公举本乡之人，出陈易新，春天借贷，秋收偿还，每石取息一斗，岁末将数目呈报户部。乾隆继位后，将灾年仓谷利息取消，各省又相应确立一套奖励制度，以推动社仓发展。如浙江省规定：捐谷十石以上戴大红花，30石以上州县官送匾悬挂，50石以上知府给匾，80、100、200石以上者，分别由巡道、布政使、督抚给匾。300石以上给八品顶戴荣身，若捐至千石，又是现任官员，予以提升。十八年（1753年），据直隶统计，全省共有社仓1005个，分布于144州县卫所之内，共有捐谷28万余石，全国19个省估算，当在数百万之上。

减少粮食浪费，也是增加储备的有效办法，为此，乾隆决定在北方五省禁止酿造烧酒，他认为：

"烧酒之盛行，则莫如河北五省。夫小民日营其生，稍有锱铢，辄以纵饮为快……特以饮少辄醉，其价易仇，人皆乐其便易，故造之者多，而耗米谷也较他酒为甚。"

以一州一邑计算，用于造酒的粮食，每年少者万余石，多者数万石不等。既禁之后，通计河北、河南、山西、陕西、山东五省计算，所存之谷，已千余万石。乾隆坚决表示："朕筹之已熟，北五省烧锅一事，当永行严禁，无可疑者!"从乾隆二年（1737年）五月起，整个北方五省实行了严禁烧酒的政策。

禁酒令宣布后，引起一场争论。

左都御史孙嘉淦上疏反对，认为禁酒虽严但不能积谷，反而对百姓造成骚扰。乾隆实行民主，让部院大臣和北方各省督抚"各抒己见"。

兵部尚书讷亲支持孙嘉淦，主张禁酒无益，应"照旧奉行，并除酒税。"

直隶总督李卫同意严禁政策，提出"于各地方要界及关津隘口巡查，凡有关烧酒及麦曲二样，无论岁之丰欠，概不许出境兴贩。"

其他各省督抚较多主张区别对待。如河南巡抚说：本省酒多自造，请免零星制曲之禁，严禁开酒坊大量制造。甘肃巡抚说："甘肃不产酒，所以不必禁。陕西巡抚说：本地民风纯朴，百姓造酒只是用来祭祀祖先，禁烧酒只好造黄酒代替，浪费更大。山西巡抚则主张弛于丰年，禁于欠岁。

听取各省督抚的意见之后，乾隆将禁酒政策进一步具体化：凡富商巨贾大开烧锅作坊者严行禁止，过去杖一百，今改为杖一百，枷号两个月；失察之地方官，每一案降一级，至三案者降三级，即行调用。

由于"处处积贮，年年采买，民间所出，半入仓庾"，引起了粮食价格上涨。四川商贩云集，米价腾踊；湖广粮食大量调拨江南，本地米贵；直隶八沟地方搬运过多，丰年价涨。乾隆因此于九年（1744 年）下令停止采买一年。十二年，又让各省督抚陈奏粮价上涨缘由，以求对策，各省督抚共同的意见是"粮贵实由户口繁滋，而连年采买过多"所致。以直隶省为例，乾隆二年，全省仅存谷 140 万石，十三年竟达 330 万石，比雍正朝最高额还多出 115 万石。在这种情况下，乾隆将原来规定的全国贮粮数额由 4800 余万石降为 3370 余万石，减少 1430 余万石。据当时直隶等 12 省统计，按照重新规定的粮食储备数，还多出 320 余万石。乾隆七年，江苏、安徽大水，赈灾用粮 240 万石，为有清一代赈灾用粮最高数字。可知修改后的存粮数量还是偏高。但乾隆令从十三年起将浮余存粮陆续减价发卖，粮价高的问题得以缓解。

制定合理的平粜法，对于加强粮食管理，赈济灾民，稳定粮价有重要作用。乾隆千方百计，逐步确立一系列制度。

二年（1737年），乾隆下令取消欠年加息。按照以往惯例，每遇灾害和青黄不接之际，除无偿拨给极困难者外，还出借仓谷，每借出一石，秋天还仓时加息一斗。乾隆主张区别对待，宣布欠收之年，贫民借领者秋后还仓，一律免加利息，并晓谕地方官，"将此永著为例"。

七年（1742年），增加了平粜减价法。饥年开仓粜粮，经常有不法奸商趁机大批抢购，然后转手倒卖高价，大发不义之财。为杜绝奸商贱买贵卖，许多地方仅比市价略低出粜，虽然限制了不法商贩，但平民百姓仍然饱受米贵之苦。乾隆要求地方官一定要大幅度降低粮价，他说：只要认真办理，饥民和奸商不难区分，饥民购粮，多用零星碎银，因家中等米下锅，宁肯昼夜等候；奸商相反，购买量大，用大碇整银，甚至雇佣帮手长途贩运。对于此等奸商，"惟在州县官严行查拿，倘或疏漏隐匿，该督抚即严参从重治罪。"

是年又有平粜不计成例之法。湖南巡抚许容向乾隆报告说：湖南青黄不接时，粮价倍涨，供应困难，但本省仓库存粮已卖出十分之三，请求停止出卖仓谷。乾隆回答说，许容根本没有体会国家设立常平仓的本义，"国家储备仓粮，专为接济百姓而设。民间米谷充裕，即三七之数亦可不需，如粟少价昂，安得以存七粜三目为额数"，此后凡"遇地方米少价贵之时，当多粜以济民食，毋得拘泥成例。"

在乾隆的具体指示下，平粜制度逐步完善，为粮价稳定，保证民食起了很大作用。乾隆十三年统计，直隶等12省常平仓谷共借出275万余石，平粜265万余石，即一年之中共向市场投放五百多万石平价粮食。

由于乾隆注重粮食问题，既鼓励生产，又倡导节俭，政府控制大量储备粮，建立完善的平粜制度，尽管人口持续增长，却避免了大规模饥馑的发生，稳定了人民生活，为社会经济进一步繁荣提供了物质保障。

## 三

在生产力极端低下的封建中国，几乎年年都有水旱之灾发生。乾隆时期，陕西、甘肃、云南、贵州经常有旱灾；广东、湖北、河南常发大水；浙江、江苏受海潮威胁；河北、山东、安徽和苏北地区则水旱交替。各地方连年告灾，人民生命财产损失惨重，而赈济灾民花销巨大，又给清政府带来沉重的财政负担。对此，乾隆深有感触地说：

"朕于四方水旱之灾，蠲赈动以千万计。顾图之于既灾之后，不如筹之於未灾之前。"

兴修水利是减除水旱之灾的根本出路，在一家一户为基本生产单位，小农经济占统治地位的封建中国，兴修水利是国家的基本职能之一。历史上有作为的统治者，都比较注意兴修水利，乾隆更是如此。他一生中关注水利事业之勤，兴修水利工程之多，动用人力物力之巨，都是前所未有的。

乾隆六次南巡，并不能排除游山玩水的动机，但沿途凡有重要水利设施，莫不亲临工地，指示机宜，与大臣共同探求根治之法，尤其对"治河、导淮、济运"即黄河、淮河、运河综合治理工程，倾注了巨大的心血。

清朝水灾最频繁最集中发生在洪泽湖附近地区。自宋朝起，黄河决口改道，经常流徙不定，后逐渐经淮河下游入海。黄河自身携带的大量泥沙堵塞淮河下游，使淮水滞积成洪泽湖，并改道南去，辗转入长江。淮水出洪泽湖后与黄河、大运河交汇于今江苏省淮阴市杨村地区。淮河流经湖北、河南、安徽、江苏四省，洪泽湖以上支流有 72 条，每至夏季，入淮之水咸集洪泽湖中，下游不畅则上游雍塞，湖水泛滥四出，甚至冲毁黄河与运河大堤。"由是治河、导淮、济运三策，群萃于淮安、清口一隅，施工之勤，糜帑之巨，人民田庐之频岁受灾，未有甚于此者。"康熙朝水利专家靳辅等沿用明朝潘季驯创立"束水攻沙之法"，利用出洪泽湖的淮水冲刷黄河河淤，取得一时效果。但问题是淮水强可冲河淤，过大又会冲垮运河大堤，淮水弱运河因之水少，黄河又有倒灌之害。

至乾隆即位，黄河河淤仍很严重，未能解决。元年（1736年），河南永城县黄河决口，下游安徽、江苏因此被淹。河南巡抚富德在指挥堵住决口之后，请求动工疏浚上游河道，乾隆批评富德"止议挑浚上源，而无疏通下流之策"，因下游不畅才是上游决口原因，要求富德会同新任江南河道总督高斌共同协商，"速行办理，水害永除。"由此揭开了乾隆初年的黄、淮、运综合治理工程。

最先施工的是黄河毛城铺引河工程。

乾隆元年，新任江南河道总督高斌为解决河南永城、江苏萧县一带黄河水患，提出兴修毛城铺引河工程。原来康熙年间河道总督靳辅曾在黄河南岸砀山县毛城铺地方修建一座减水坝，又凿洪沟、巴河二河，每当黄河水涨，开闸放水，以减水势。但年代久远，到乾隆时河道早已淤塞。高斌因毛城铺以下河身淤阻，提出量加挑浚，黄河利用此分洪设施后，分洪之水经洪沟、巴河两河，辗转入洪泽湖，可以助清刷黄，这项工程可谓一举两得。

然而，挑挖河道，难免占用部分农田，淮、扬一带地方豪绅纷纷反对，他们鼓动在北京做御史的夏之芳上疏阻挠，说什么"毛城铺引河一开，则高堰危，淮、扬运道民生可虑。"乾隆被蒙在鼓里，不明真相，屡次批评高斌，叫他不要固执己见，结果迟迟不能开工。

二年（1737年）三月，高斌为此事来到北京，将工程详情当面陈述给乾隆。乾隆召集王、大臣，加上持反对意见的夏之芳，以便最后决策。高斌首先发言，指出毛城铺减下之水：

"纡回曲折六百余里，经徐、萧、睢、宿、灵、虹诸州县，有杨疃等五湖为之停蓄。入湖时即已澄清、无挟沙入湖之患，亦无湖不能容之虑。"

高斌的话证明根本不存在什么妨碍运道民生问题。夏之芳本来是受淮扬地主豪绅指使，本人又没有亲临现场，因此在辩论中闪烁其词，毫无定见。这时，御史钟衡、甄之璜站起来支持夏之芳，说：

"毛城铺开河，淮扬百万之众，忧虑惶恐。"还胡诌什么致使直隶雨泽愆期等无稽之谈，企图阻止工程动工。

事情至此，乾隆才识破了夏之芳等人的真实用心。他一针见血地指出：钟衡、甄之璜既不懂水利工程，又非淮、扬本籍之人，"明系受人指使，为先入之言，挟党营私"，况且直隶缺雨，与千里之外的淮、扬地方有何关系？对此等卑鄙小人，乾隆当然不会留情，下令将钟衡与甄之璜革职，夏之芳交部察议。高斌的建议被采纳之后，仅用一年时间，就完成了引河工程。

由于淮水弱不敌黄，致使黄水入运，大量泥沙沉入河底，淮安至扬州段运河，自清口（指洪泽湖水入运河处）至瓜洲三百里，泥沙淤塞。所以毛城铺引河开工之后，高斌还提出大挑淮、扬运河，开新运口、堵塞旧运口，以避黄河倒灌的设想，得到批准实施。

乾隆二年冬，清政府发动淮、扬地方民夫数十万，挑挖运河，雇佣人工夫役多系灾民。因疏浚河道，不得行船，为保证物资供应，使工程顺利进展，乾隆特命淮关税务、内务府员外郎唐英"将淮安大关并沿河口岸经过之客贩食米豆麦杂粮，以及烧炭苇柴等物，悉免稽查，不必纳税"。以此办法鼓励商人乐于赴工地贩卖物资。为使广大民夫吃饭有着，运来大批粮食，以低于市价出售，后来乾隆又"格外施恩"，命令每升价银七文减为五文，每石以价银六钱出售，并把扬州仓存 12 万石全部运往治河工地。在这种情况下，民夫加紧施工，仅两个多月挑挖完成。

在挑挖淮、扬运河时，高斌为解决黄河水倒灌问题，将运口向上游移 70 余丈，以增强洪泽湖水敌黄能力。三年冬，高斌向乾隆报告说"十月初十以后，黄水渐次平退，洪湖清水畅流入运。运河新淤浮沙，一见清水，随流洗刷，现在清水较常年此时大五尺有余，蓄长充裕，洗刷浮淤，甚为得力，可无浅涩之虞。"乾隆听后，"深慰朕怀"，十分高兴。

与之相配套的是疏通淮河入江水道工程。淮河 72 条支流汇集洪泽湖，为保护下游里下河地区，清代在洪泽湖东面筑成高堰石堤，十分坚固。然黄淮盛涨时，为保护洪泽湖大坝，不得不开坝放水。六年（1741 年），高斌提出疏通淮河入江水道以减水势，"开浚石羊沟旧河直达于江，筑滚坝四十丈，并开通芒稻闸下三董家油房、白塔河之孔家涵三处河流，增建滚坝，使淮水畅流无阻。"是年六月伏汛之时，总河高斌、副总河完颜伟报告："洪泽湖水势平缓、黄河安流顺轨，南北两岸工程巩固。"黄、淮、运综合治理初见成效。

二十一年（1756 年），黄河再次决口，山东、河南、安徽三省被淹。次年恰好乾隆南巡，他目睹灾区人民饱受水患之苦，在诗中写道：

"菜色嗟愁视，蓝缕鲜完衣，踉跄或无屝，灾泽果遍及。"

乾隆返回北京，就把治理三省积水的任务交给以善治水出名的吏部侍郎裘曰修。裘曰修提出：

"治水当先审其受病之由，再论治病之法。就一县一府而言，病有其处，合一省而言则不然。就一省言，病有其处，合数省而言又不然。若仅于一处受病处治之，而下流之去路未清，则为患滋甚"。对此，乾隆表示完全赞成。

于是，裘曰修先至安徽，与巡抚高晋调查宿、灵璧、虹三州县频年被水情况；后赴河南，与巡抚胡宝瑔堪查虞城、夏邑、商丘、永城四县积水原因；最后到山东，与巡抚鹤年共同策划应当疏浚的河道这样经过实地考查，掌握第一手资料后，他才提出周密切实的治理方案。经裘曰修所治黄、淮、沘、伊、洛、沁、汜等河计 93 条，无不疏排浚瀹，贯穿原委，俱有成效。乾隆在《中州治河碑》文中赞扬裘曰修治河"不爱帑，不劳民"，"上源下游、以次就治。"

为了彻底根治黄河，乾隆曾派侍卫阿弥达"探河源以穷水患"。阿弥达足迹至巴颜喀喇山东麓之阿尔坦河，认定该河的卡日曲为黄河源头。乾隆还多次派大学士鄂尔泰、讷亲到全国各重要水利现场调查水道原委，命户部侍郎赵殿最勘查卫河和山东段运河，命钦天监正明图勘查拒马河，命都统新柱和四川总督会勘金沙江，命直隶总督孙嘉淦筹划水利，命讷亲查看江浙海塘。他本人也多次亲临永定河、黄河、运河、洪泽湖高堰大坝和浙江海塘现场，掌握详细情况。在乾隆的组织和推动下，全国各地掀起了兴修水利高潮。这里只列举影响较大的水利工程述之如下：

1. 金沙江工程

金沙江指云南到四川段长江，江水湍急，险滩密布，自古不通舟楫。云南铜产量乾隆初达每年八、九百万斤，全凭陆路运输。二年（1737 年），鄂尔泰首倡开凿金沙江水路，乾隆因铜运困难，表示赞成，"期于一劳永逸，降旨交办，令勿畏难中阻"还批准大量经费，用重金招募工匠。施工中所遇艰难，超出人们的想象，凡遇最险之滩，采用筑坝逼水法，将滩石用火焚烧后，用铁锤凿碎，然后撤坝为航路。自乾隆八年起，在两岸绝壁上开凿纤路，工

中華藏書

第六卷 雄才大略，诗人皇帝

中国书房

一三六九

中国书房

匠们在悬崖峭壁的石头缝中插木搭架，然后用藤条缠在腰上，把自己悬在空中铲凿，稍有不慎，就会粉身碎骨。两岸共凿出纤路一万多丈，不知有多少人因此丧生。

在云贵总督张允随的主持下，十年（1745 年），云南至四川 1300 余里航路凿通，耗银达十余万两。张允随奏报：

> "现在川省商船赴金沙江贸易者约三百多号，即雇募此项船只，装运京铜，除经过上游之滥田坝、小溜筒及下游之沙河、象鼻、大汉漕等滩，分半盘剥，余皆原载直行，毫无阻滞。"

乾隆批示："所奏俱悉，亦赖卿担任实心，而且条理井然，故得成功也。"万古江流至此被人征服。金沙江通航后，水路运铜可节省费用十分之三，四川粮米和食盐等物资溯流而上，极大地密切了两地的经济交流。

2. 浙江海塘工程

浙江沿海地区，钱塘江顺流而下，海潮逆江而上，淹没大片农田。唐、宋以来沿海农民为抵御海潮，筑有土塘。康熙时海宁一带土塘常被海潮冲溃，雍正时改土塘为石塘，但监修官员偷工减料，工程窳败。雍正十三年（1735 年）九月，杭州副都统隆升报告，海塘绵亘数百里，除大学士朱轼所修五百丈至今稳固外，"其他坍卸之处水落石出，始见以前石料狭薄碎小，桩木违式，通塘比比皆然。"

乾隆以"浙江海塘工程，为杭、嘉、湖、苏、松、常、镇七郡生民之保障"，特命大学士嵇曾筠专门负责修筑海塘。嵇曾筠请于仁和、海宁等处建鱼鳞大石塘 6000 余丈，从海宁浦儿兜至尖山头建鱼鳞大石塘 5900 余丈，得到批准。其修筑方法是："密签长桩，平铺巨石，以米汁灰浆钮以铁钉铁锅"，工程质量极其坚固。嵇曾筠去世后浙江巡抚卢焯、常安督修，八年，海宁县鱼鳞石塘告成。自雍正八年动工，是年告竣，历时十几年，共用银230万两。

### 3. 江苏水利工程

元年（1736年），江苏北部发水，淮阳被淹，乾隆下令修浚宿迁、桃源、清河、安东及高邮、宝应各水道。两江总督那苏图和江苏署理巡抚许容遵旨前往淮阳地方调查后回奏："沿河一带边土较高，兴、泰、宝、盐等处地方低洼，形如釜底，必须测量地势随宜办理，如蒙简差在京熟谙水利工程大员，相度董率方为有济。"

三年，乾隆根据他们的请求，派大理寺卿汪漋总办江苏水利工程。次年，因江苏水利工程重大，又增派通政使德尔敏前往。汪漋等人在淮扬里下河（今苏北地区）地区九州县调查发现：该处界江濒淮临海，既有鱼盐之利而又频遭水患，主要水害是开放高邮三坝及海水倒灌两问题。为此他们提出，高邮三坝之设系因上游洪泽湖天然二坝泄洪，自雍正朝洪泽湖东筑成高堰大石坝后，清政府已决定天然坝坚闭不开，"请将高邮三坝及昭关坝、子婴坝平撤，以期永除水患，更添闸三座以溉田亩，上源无聚涨之水，下游自无泛滥之虞。"对于海水倒灌，汪漋提出在天妃口重新建闸、将范公堤内之闸移建于串场河之外口，"其余有墙石底石损坏者，有闸板朽腐者，俱应修葺，以时启闭，则碱水之患亦除矣。"除了堵住外来之水，还要疏导本地之水，汪漋提出挖挑南流入长江和东流入海各河，上述河道："皆灌溉所资，盐船经行之路，今俱淤垫浅阻。"

乾隆对上述请求全部批准实施，在挑挖这些河道时，又把挖出的淤土在各河两岸数丈之外堆成圩岸，"岁旱则引以灌田，水大则听其堵闭"，使苏北地区的水利事业大为改观。历时三年，始完成全部工程。

### 4. 陶庄引河工程

黄河流至淮安，与洪泽湖所出淮水相会于清口，黄浊淮清。明潘季驯创"束水攻沙"之法，利用洪泽湖清水冲刷黄河泥沙，成为治河大臣不变之法。然而"清不常弱，黄水常胜"，致黄河倒灌，泥沙淤积洪泽湖底，使洪泽湖泄洪容积减少，康熙南巡时就下令在陶庄处开挖引河，引黄河远离清口，以解决黄水倒灌问题。康熙三十九年（1700 年）、四十年、五十一年、五十三年，雍正八年（1730 年）先后五次开挖，"屡挑屡淤"，没有成功。

乾隆即位后，鄂尔泰又提此议，乾隆也赞成此法，并说："南巡四次，未至其地，用是耿耿于怀"，很关注此事。四十一年（1776 年），萨载任江苏巡抚，迎接乾隆东巡时，重提开陶庄引河。乾隆即任命萨载为江南河道总督，主持兴筑工程。萨载与两江总督高晋亲赴陶庄，测量地形高下，河道曲直宽窄，将施工计划报告乾隆。经多次讨论，该工程于是年九月十六日开工，次年二月竣工。萨载当春汛来时，开放新河，黄河水沿引河直抵周家庄，会合淮水东流入海，"去清口较昔远五里，于是水免倒灌之患。"乾隆因陶庄引河经营前后 70 年，萨载卒成其功，特命按康熙朝河臣齐苏载例，予萨载骑都尉世职，以资奖拔。

兴修水利，是需要大量投入才有成效，对此，乾隆明确表示：

"凡系水利及有关于民食者，皆当及时兴修，不时疏浚，总期有备无患，要须因地制宜，事可谋成，断不应惜费。"

他是说到做到，投入巨额资金：乾隆十八年，拨银 200 万两，修筑运河大坝；四十四年，堵塞黄河仪封决口，拨银 560 万两；四十七年，堵塞兰阳决口，用银创 945 万两最高纪录。此外，修筑浙江海塘拨银 600 万两，修荆江大堤拨银 200 万两。这些水利工程，对保护农田和人民生命财产，起到了有效作用。

# 四

清朝的采矿业到乾隆时呈日新月异之势，以铜矿为主干的包括煤、铁、金、银、铅、锡、硫磺、水银、朱砂等各式矿种的生产，都以 10 倍 20 倍的数量翻番上升，从业人员大量增加，矿场规模不断扩大，矿业在当时国民经济中占据了日益重要的地位，一百年的增长率大大超过了此前的两千年。这些进步与乾隆帝实行开明的矿业政策有密切关系。

乾隆的父亲雍正是坚决反对开矿的。他说："开矿虽获矿砂之利，然寒不堪衣，饥不堪食，而聚集数十万不耕之人于荒山穷谷之中，其害不独有误农业而已也。纵云穷黎餬口资藉，终非养民之上策。"

所以雍正执政 13 年中，除铜矿因铸钱需要允许开采外，反对在全国开采其他矿业。他反对开矿的理由不外是三条，一是开矿不能解决穿衣吃饭问题；二是矿徒聚集生事；三是破坏地脉。这些思想是几千年来传统思想对采矿业的一贯认识。

乾隆总的思想虽然不能摆脱传统的束缚，但他是一个注重实际的人，面对人口的迅猛增长和经济发展的需要，他采取比较开明的鼓励开采政策。二年（1737 年），他发表上谕："凡产铜山场，实有裨鼓铸，准报开采。"五年，河南、山东等地督抚奏请开采煤矿，对无关城池龙脉及古昔帝王圣贤陵墓，并无碍通衢处所，均获批准，悉听民间自行开采，以供炊爨，照例完税。八年，张廷玉奏请凡各省有可开采之山场，除金、银矿封禁不准开采外，其余俱听百姓于地方官给照开采。他在奏折中反复说明"矿厂为天地自然之利，固应开采以资民用"，并提出"招商刨挖，酌定章程"。这更反映了当时发展采矿业的新形势。

大臣们主张禁采银矿，受到乾隆的批评。二年，贵州提督王无党奏请封闭银、锡矿，得到的谕旨是"银、锡亦九币之一，岂可即行禁采乎？此奏虽是，而未通权。"四年，两广总督马尔泰奏请封禁英德县银矿，乾隆不赞成，谕曰：所奏俱悉，惟在实力行之。银系天地间自然之利，可以便民，何必封禁乎？"九年，新任两广总督那苏图奏报到粤日期，乾隆反复向他谕示："两粤开采一事，颇为目下急务。盖不开采，铜斤何如得裕，而办理少有不妥，诸弊丛生，有利十而害百者，不可不加之意也。"

乾隆不同于雍正的封禁矿山，他主张开采，但要求妥善办理，做到兴利除弊。川陕总督尹继善奏报清理乐山县老洞沟矿厂，每年可得铜 60 至 70 万斤，乾隆夸奖他所办"甚为妥协"，说开矿有利地方经济发展，"广资接济，地方穷民亦得藉以佣工觅食，于民生大有裨益。若谓川省向有啯噜子为地方之患，恐开采铜厂或致滋事，不知此等匪徒，即不开厂，任其流荡失业，尤易为匪，惟在经理有方，善为弹压，不致生事滋扰。"

由于乾隆的提倡，部院大臣和地方督抚也都认识到采矿业对于改善人民生活的重要作用，积极发展矿业。五年（1740 年），大学士兼礼部尚书赵国麟奏请开采煤矿，就以北方各省薪柴缺乏，"苟或旱潦不齐，秣秸少收，其价即与五谷并贵，是民间既限于食，又艰于爨"，以用煤来代替柴薪。两广总督鄂弥达说："粤东山多田少，小民生计艰难，若就近召募工作，滨海无数生民均资养活，是粤东铜矿不特有裨鼓铸，抑且利益民生。"湖南镇篁镇（今湖南省凤凰县南）总兵谭行义则更进一步提出："如金、银、铜、锡等矿，皆天地自然之利，理应开采，以广民生养活之资"。并说他于雍正八年任惠州副将时，奉命封禁当地 50 余处矿场之后，"穷民每有无业可执之苦，是锡厂之禁，于民生实有不便。"十四年，闽浙总督喀尔吉善、署理浙江巡抚永贵请求开放浙东铁禁："窃以国家承平日久，民间生齿愈繁，温处二郡在浙省尤为土瘠民贫，生计不免减少，既有此自然之利，苟其料理得宜，于地方民生殊非小补"。他们都把开矿当作解决民食的重要手段。

采矿业的发展首推铜铅矿。铜、铅与铸钱密切相关。自康熙中叶以来，铸钱用铜主要采自云南，由官给工本。雍正初，每年出铜八九十万斤，不数年达到二三百万斤。乾隆初，每年产铜已达六七百万或八九百万斤，后来最多时每年达一千二三百万斤。户部宝泉局和工部宝源局及江苏、江西、浙江、福建、陕西、湖北、广东、广西、贵州九省，每年所需 900 余万斤，完全由此供应。矿场分布在十余个地区，有大有小，大者矿工六七万人，次亦上万人，而且呈现进一步发展的趋势。

清朝自雍正年间决定以铜、铅混合铸钱，用铅量随之增加。乾隆初，改铸青钱，减贵州白铅 50 万斤，运黑铅，后来与湖南轮流筹办，时有增减。十年（1745 年），贵州所产白铅达到 1400 余万斤，是白铅产量的极旺时期。二十七年以后定白铅岁额 424 万斤，第二年增 15 万。

其次是煤的开采发展也相当可观。乾隆初年，长江以南地区开采较多。但北方如首都京西煤矿早已开采，乾隆时不但官窑继续存在，还兴起了众多的民窑。虽然发展缓慢，限制极多，却也较前有所进步，有些贫民常以采煤炭柴薪为生计。乾隆六年，山西巡抚喀尔吉善一次就奏请将归化城等处煤窑 80 余座尽行开采。山东人多地少，柴米价格昂贵，巡抚朱定元也疏报，请求开采煤炭接济。

乾隆时期，由于开矿给经济发展带来了巨大的获利，于是有些大官僚投资采矿业并进一步刺激了采矿业的发展。尤其是采煤，开采成本低、获利大、竞争也很激烈。如河南安阳县有程涵芬所开煤窑一座，因影响全县水源被封闭后，有薛宣、王彝、尚四等人企图重新开采，四处钻营活动，受贿赂的人中有履亲王门上太监李启宗，诚亲王嬷嬷之子赵七，"并议定谢银一千五百两，俱未果。又有江苏举人候选知县陆碧，称系前抚臣尹会一亲戚，可以请托，议定谢银三千两。尹会一升任赴京，始各散去。"太监李启宗还通过监生李锦，请托李锦的妹夫、大学士赵国麟之子。经过这一系列的背后活动，朝廷中遂出现"大学士赵国麟请弛煤禁之奏"。川陕总督鄂弥达在广东任内，曾有"纵仆占煤山"一事，后被查出革职。

# 五

乾隆执政期间，他治理下的大清帝国经济繁荣国家富强的最重要标志就是普免天下钱粮。

历史上因发生水旱之灾而蠲免田赋，历朝皆有，一般都是按地区，那里有灾那里免。而乾隆在位 60 年间曾四次普免全国各省份应交的钱粮，三次免收江浙等七省应交的漕粮。像乾隆这样多次大规模地在全国范围内免交田租钱赋，在中国历史上是任何一个封建皇帝无法做到的。

十年（1745 年），首次宣布普免全国钱粮。乾隆在上谕中说：清朝立国，以百姓家给人足，物阜民丰做为治国的目标。他自从当上皇帝之后，对爱惜民力，关心百姓，轻徭薄赋诸事，"不敢稍有暇逸"。现在国家安定和平，既少奢侈浪费，也无兵役消耗钱财，清政府每年所收租赋钱粮，主要用作八旗官兵、政府官员俸饷，与北宋军费相比，不足十分之二。政府组织地方兴修水利，一律动用国库银两，每有水旱之灾发生，赈济往往超过标准，而国库存银仍很充足。因此，他主张藏富于民：

"朕思海宇乂安，民气和乐，持盈保泰，莫
先于足民。况天下之财，止有此数，不聚于上即
散于下。"

本着这种思想，他下令"将丙寅年直省应征钱粮通行蠲免"。乾隆在普免钱粮的上谕中还说，此举是按照皇祖康熙和皇考雍正的意愿而行，皇祖在位 61 年，蠲租赐复之诏，史不绝书，曾于康熙五十年（1711 年）普免全国钱粮一次；皇考勤求民瘼，经常颁布减赋宽征之令，甘肃一省，全免正赋十余年。与前两朝相比，乾隆执政仅十年，就开始普免全国钱粮，意味着他对国家的治理更加成功，清朝比以前更为富庶。

普免钱粮采取轮流免除的方式。当时清政府每年征收地丁钱粮总数合银 2824 万余两，各直省分做三年轮免一周。具体作法是：十一年（1746 年），直隶、奉天、江苏、西安、甘肃、福建、四川、湖南、云南、贵州省全免钱粮银 1042 万余两；十二年，免浙江、安徽、河南、广东、广西五省钱粮银 862 万余两；十三年，山东、湖北、江西、山西四省共免银 919 万余两。轮免可以使国家每年照常征收大部分钱粮，保证各方面费用需要。

首次普免中发生两个小插曲，意义重大。

其一是乾隆下谕之后，御史赫泰出来反对，说国家经费有常，不应当无事全免，若想加恩百姓，"请将缓征带征之逋赋通行蠲免"。乾隆没有接受赫泰的建议，理由是拖欠钱粮情况不一，有确系水旱灾害无力交纳，还有故意拖欠者，"若一体加恩，则良顽更无区别。"

另一个插曲是宣布普免令后，福建上杭县罗日光、罗日照兄弟聚众抗租，提出"田租四六均分"，要求分享普免恩惠。乾隆对此事的处理意见是："田户之于业主，其减与不减，应听业主酌量"，把决定权交给拥有土地权的地主，主张地方官可以晓谕地主适当减租，对抗租不交的佃户绝不留情。

这两个小插曲告诉人们，乾隆的普免钱粮是离不开阶级性的，他所标榜的"藏富于民"，首先是地主阶级，从普免中得到好处最多的是拥有大量土地的地主。

三十五年（1770年），乾隆60大寿，其母钮祜禄氏80大寿，再次宣布普免全国钱粮。乾隆在上谕中说：

"普天忭祝，庆洽频年，尤从来史册所未有，是更宜沛非常之恩，以协天心而彰国庆。"以后，逢重大庆典即有普免恩诏惯例。

这次普免还解决了佃户要求一体免租的争端。乾隆明确表示："有田业户应纳条银者即已广被恩膏，则食力佃农自应亦令其分沾渥泽。"要求各省督抚遇轮免之年，"遍行劝谕各业户等，照应免粮银十分之四，令佃户准值减租，使得一体仰邀庆惠。"从此，普免才确实成为对全体农民有切身利益的德政，"佃四业六"成为普免中农民与地主共同遵守的原则，无地佃户也享受到好处。

四十二年（1777年）正月，皇太后钮祜禄氏以86岁高龄辞世，乾隆宣布第三次普免全国钱粮。据乾隆说，本来打算于皇太后90大寿时举行普免恩典，由于老太后已去世，"此后无可推广慈仁之处，现在部库帑项又积至七千余万"，故提前实行，使全国亿万人民"共被慈恩，永申哀慕"，即永远怀念皇太后的大恩大德。

五十五年（1790年），乾隆80大寿，第四次下令普免全国钱粮。其上谕说："今岁届朕八旬寿辰，仰荷天祖贻庥，率土称庆，以至梯航重译，祝嘏来庭，从古史牒，实所罕见。是宜广宣湛闿，敷锡兆民，用叶崇禧以答嘉贶，著将乾隆五十五年各省应征钱粮通行蠲免。"

如果以乾隆十年全国普免钱粮银2824万余两计算，四次普免钱粮总额为一亿二千万两银之多，真是一个破天荒的历史记录。

普免漕粮始于乾隆三十一年（1766年）。清政府每年向江南各省及山东、河南共七省征调大批粮食经水路运往北京，供应城中八旗兵和政府官员，总计330万石，称为漕粮。漕粮关系京城人心稳定，仅康熙三十年（1691年）普免一次。乾隆执政三十年后，仿效皇祖普免漕粮，他在上谕中表示：

> "疆宇式辟，北庭、西域二万余里咸隶版图，外有耕屯之获，内无馈饷之劳。且连岁年谷顺成，庶物丰殖，（北）京、通（州）仓贮尽有余粟。"

总的来看，政府存粮过多。乾隆宣布照康熙年间之例，从乾隆三十一年开始，"按年分省通行蠲免一次"。经大学士九卿议定具体执行办法是：三十一年，免山东、河南二省；三十二年免江苏省；三十三年免江西省；三十四年免浙江省；三十五年免安徽省；三十六年免湖南省；三十七年免湖北省。用七年时间，将各省漕粮轮免完毕。

四十三年（1778年），江浙等省官员奏请乾隆南巡，以庆祝他的70岁生日。乾隆表示自己的母亲刚刚去世，没有心情出游，地方百姓为他祝寿恭请南巡，"望恩幸泽"，他理解这种心情，宣布将于四十五年（1780年）举行恩科乡试，并于该年始，"复行普免天下漕粮一次，俾藏富于民，共享盈宁之福。"

五十九年（1794年），乾隆因明年传位给皇15子颙琰，又下令将"六十年各省应征漕粮，再加恩普免一次。"三次普免天下漕粮总数近一千万石。

乾隆一朝，国库存银经常在六七千万两左右。两金川战役持续时间久，花费军饷浩繁，四川总督文绶奏请暂时开捐以裕军需，被乾隆断然拒绝。他说：

> "方今国家当全盛之时，左藏所储，日以充积。乾隆初年，户部银库止三千三百万两，而今已多至七千八百万两。"

他还说："乾隆二十年（1755年）以前，内务府存银经常不敷使用，"奏拨部帑数十万协用者有之"。二十年以后，内务府年年剩余大批银两，甚至恐使用不完，不得不将余银调拨户部银库贮存。准部平定之后也节省了大量经费，戍边军队大量裁减，"除抵补新疆经费外，每年节省银九十余万两。"所以他对清政府的财政情况十分满意地说："府藏充盈，实从来所罕有也。"

经济力量的强大为战争的胜利提供了物质保证。乾隆初年的大金川之役，清政府耗银 2000 万两，而以和谈允降收场，就是因为打了两年仗，国库仅存银 2700 万两，不得不中止战争。三十六年（1771 年）至四十一年（1776 年），清军再次平定两金川，用银达 7000 万两，完全靠经济力量支持到获胜，不是国库充裕，恐怕仍要重复初战老路。清政府在取胜之后，"部库尚有六千余万"。其他如平定准噶尔、回部之役，用银 3300 余万两；缅甸之役，900 余万两；廓尔喀之役，1052 万两。乾隆所取得的战争胜利在某种程度上是凭着金钱的力量获取的，已有学者对此专门进行了研究，所举之事实证明，其耗费人力物力非常惊人。

库里有钱，仓里有粮，成为乾隆为民造福兴利的物质基础。江西巡抚舒辂对乾隆的赈济政策提出异议，列举江西情况说，一遇水灾，地方官立即携银前往抚恤，致使百姓习以为常，"望恩幸泽，无有厌时"，建议加以限制。乾隆对舒辂建议非常反感，他说，舒辂身为地方大吏，本当体察民情，热心赈济，"岂得因愚民望泽无厌，豫存裁抑之见！"即使浪费钱谷，对国家损失甚微，"而灾黎之所全实多，岂得谓之无益！为督抚者苟如此居心，必致贫民失所，殊非朕委任司牧之意。舒辂著严行申饬，并将此通行各督抚知之。"

乾隆的藏富于民，真正得到实惠的是清朝的地主阶级，他们的富庶程度大大超过了前代。北京城里米商祝氏，自明代起家，富逾王侯。祝氏家中房屋有上千间，

"园亭瑰丽，人游十日，未竟其居。"怀柔县郝氏，膏腴万顷，喜施济贫乏，人呼为"郝善人"。乾隆曾经在郝家驻跸，"进奉上方水陆珍错至百余品，其他王公近侍以及舆佁奴隶，皆供食馔，一日三餐，费至十余万。"地主阶级过着豪华无比的寄生生活。

乾隆经常住在避暑山庄，处理政务。有一次他对内大臣博尔奔察说：

    "此地气候极清淑，大胜京胜，洵无愧避暑

    山庄也。"

"陛下就宫内言之耳。若外间城市狭隘，房屋低小，人民皆蜗处其中。兼之户灶冲接，炎热实甚。故民间有谣曰：'皇帝之庄真避暑，百姓仍是热河也。'"博尔奔察如是回答。

这段对话大致道出了所谓"盛世"下统治阶级与人民群众间的强烈反差。

# 第六章　平定准噶尔部

## 一

　　乾隆五年（1740年）清朝与准噶尔部息兵和好的局面，在维持十余年后，终因准部内乱而受到破坏。

　　乾隆十年（1745年）九月，准部葛尔丹策零去世，遗三子一女。长子喇嘛达尔扎、次子策妄多尔济那木扎勒、幼子策妄达什、女乌兰巴雅尔。在选择继承人的惯例上，准噶尔部是有嫡立嫡，无嫡立庶长，与汉族传统颇为一致。葛尔丹策零长子喇嘛达尔扎，序虽为先，然非嫡出，汗位就落入年仅12岁的同父异母弟策妄多尔济那木扎勒之手。策妄多尔济那木扎勒贪玩成性，整日里屠狗取乐，恣睢狂惑，贤愚不辨，忠奸不分，把王室搞得乌烟瘴气。他的姐姐乌兰巴雅尔略加规劝，反遭幽禁。曾支持他立位的大宰桑纳庆、活拖洛、博活尔岱也先后受迫害，许多宰桑及部分王室成员失望之余，开始考虑谋求新的汗位人选。以乌兰巴雅尔的丈夫赛音伯勒克为首的准部上层集团经过周密策划，于乾隆十五年（1750年）春除掉不得人心的策妄多尔济那木扎勒，立其庶兄喇嘛达尔扎为汗，企图稳定准部动荡的局势。

　　喇嘛达尔扎成为准部最高统治者，部分准噶尔贵族对他寄予厚望。但是，即位不久，他就原形毕露，而且手段比他弟弟更加凶狠暴戾。

乾隆十六年九月，达瓦齐率众投清受阻，不得不避居哈萨克，由于喇嘛达尔扎的苦苦追索，哈萨克阿布赉汗不敢久留他们，他们只好悄悄回到过去的旧游牧地。面临生死存亡的挑战，达瓦齐显得丧沮消沉，"计无所出，日夜涕泣而已"。他的盟友阿睦尔撒纳鼓励达瓦齐振作起来，"与其束手待擒，何若铤而走险，兵法所谓往呢其吭者也"。达瓦齐采纳阿睦尔撒纳的冒险计划，果然成功。他们仅以1500多名士卒偷袭伊犁，使整个局势发生了戏剧性的变化。

乾隆十九年（1754年）六月，达瓦齐带精兵3万直奔额尔齐斯，又命骁将玛木特带乌梁海兵8000东西两面夹攻。阿睦尔撒纳虽有所准备，却未料来势如此凶猛，只得率部向内地迁移，沿途且战且退。七月抵喀尔喀蒙古境内，在获得清政府同意之后，于八月进入卡伦，其属下兵丁、妇女人众计约25000余名。乾隆先后命贝子扎拉丰阿、散秩大臣萨喇尔、员外郎唐喀禄、侍郎玉保等前往赏赐及办理安插事宜。

十九年八月，清政府将原来的派兵计划作了修定，喀尔喀兵由6000改为2500，以新降阿睦尔撒纳、讷默库等所率2300名厄鲁特兵替补。另外，绿营兵丁原定1万名裁至6000，宣大两镇炮手1000名减去。同年十一月，闽浙总督喀尔吉善主动请命，酌派精悍灵巧的福建藤牌兵随征，结果也被拒绝。

阿睦尔撒纳的前锋进展顺利，几乎没有遇到有力的抵抗。第一批降人是达瓦齐手下的大宰桑阿巴噶斯、乌斯木济、哈丹等人，乾隆特别吩咐要另行办理安插事宜。四月九日，额米尔河集赛宰桑齐巴汗迎清军于途次，十七日，噶克布集赛宰桑达什车凌率2000户望风归顺。二十一日，阿睦尔撒纳听说达瓦齐驻兵察布齐雅勒地方，遂轻骑突进，二十八日，抵达尼楚滚，正好与西路前锋萨喇尔互为犄角。

西路军虽比北路晚十三天起程，但沿途行进速度却不慢。萨喇尔于三月七日抵准部边界扎哈沁游牧地，木齐巴哈曼集率所属 300 户迎降。九日，宰桑敦多克以 1200 余户来归，十日，阿尔噶斯旧宰桑德济特之弟普尔普及子衮布带 60 余户叩迎。十二日，准部最有势力的大台吉之一噶勒藏多尔济投降清军，乾隆不胜欣慰，封他为绰罗斯汗。十三日，布鲁特之得木齐巴拉、诺海奇齐等 30 余台吉，辉特台吉托博勒登族弟巴朗、噶勒杂特得木齐博勒坤、车凌们绰克俱相继款附。十四日，巴尔玛得木齐伯克勒特、收楞额库鲁克等率旧宰桑噶齐拜之子图尔塔默特属户归顺。二十九日，萨喇尔途次罗克伦，新降噶勒藏多尔济请求随营效力。四月五日，招抚吐鲁番回民 1000 户。二十七日，尾随达瓦齐踪迹，驻登努勒台地方，与阿睦尔撒纳军营相隔仅 20 余里。清军自进入达瓦齐辖地，两路直插准部腹地，如入无人之境，几乎天天都可不战而胜，其建功之易亦是乾隆始料未及的。

达瓦齐没有预料到清军会提前采取行动。及清军进入准部，其部下不战而降更让他惊慌失措，乱了阵脚。为了摆脱西、北两路锋线的压力，不得不移师伊犁西北格登山地区。四月三十日，阿睦尔撒纳、萨喇尔齐头并进，"沿途厄鲁特、回子等，牵羊携酒，迎叩马前"。五月五日，渡过伊犁河，逼迫达瓦齐退守格登山。达瓦齐此时虽拥众万余，然军械不整，马力疲乏，人心离散，仅凭地势险要作困兽斗。十四日夜，阿睦尔撒纳派翼领喀喇巴图鲁阿玉锡、厄鲁特章京巴图济尔噶勒、新降宰桑察哈什等带兵 20 余名往探敌营。阿玉锡出敌不意，左冲右突，达瓦齐惊魂未定，以为清军发起总攻，率 2000 余人遁去，其余辎重及人员皆为阿睦尔撒纳所获。格登山的胜利，证明了乾隆用人无误，指挥精当，所以他自己也为此得意万分，事后欣然赋诗：

> 敉宁西极用偏军，天马人归敬受欣；

> 每至夜分遥檄问，所希日继喜相闻；

> 有征已是无交战，率附常称不变芸。

达瓦齐逃出格登山，翻越奎鲁克岭，南走回疆，身边仅剩百余骑。六月八日，以乌什城阿奇木伯克霍集斯素与之善而来投奔，结果误入罗网。十四日，班第派人提解达瓦齐，二十五日，遣哈达哈押送他入京。是年十月十七日献俘京师。论功行赏，傅恒以襄赞之力，加封一等公，班第封一等诚勇公，萨喇尔封一等超勇公，阿睦尔撒纳晋双亲王食双俸。达瓦齐因对清廷并无恶意，免死加恩封亲王，入旗籍，赐第京师，得善终，充分展示乾隆怀柔远人的用心。随后，乾隆御制平定准噶尔告成太学碑，以永昭后世，这是第一次平定准噶尔之役。

<h2 style="text-align:center">二</h2>

达瓦齐俯首听命，准部地区出现权力真空，将来它将走向何处？乾隆的梦想与阿睦尔撒纳的算盘出现了分歧。

乾隆鉴于准部强盛，曾抗衡清朝数世，故平准之后，欲"众建而分其力"，重建厄鲁特四部的统治秩序。当达瓦齐手下大宰桑噶勒藏多尔济来降时，即被封为绰罗斯汗，另外又以策凌为杜尔伯特汗，阿睦尔撒纳为辉特汗，班珠尔为和硕特汗。乾隆作如是安排显然不能满足阿睦尔撒纳的胃口。他志在统辖准部全境，以为在征达瓦齐战役中屡立战功，清朝会"以己为珲（浑）台吉，总管四卫拉特"。他对班第说："但我四卫拉特，与喀尔喀不同，若无总统领，恐众心不齐，不能外御诸敌，又生变乱。"他还放纵手下大搞舆论宣传，四处宣称说乾隆必封阿睦尔撒纳为总汗，又仿效葛尔丹策零时期行文俱以专用小红铃记，弃清廷颁给的副将军印信，不用乾隆所赏黄带孔雀翎，私自占有达瓦齐拥有的马驼牛羊，擅杀投诚台吉宰桑，逼迫不听他指使的宰桑远离伊犁。二十年（1755 年）五月，乾隆降谕，待擒获达瓦齐，阿睦尔撒纳赴热河觐见，再行加恩。得到班第、萨喇尔进呈的关于阿睦尔撒纳不法行为的密折后，遂以阿睦尔撒纳负恩狂悖、叛逆昭彰，决定先发制人。六月，乾隆催促阿睦尔撒纳驰赴热河，同时密令班第，如果阿睦尔撒纳不肯动身，就以会同防范哈萨克为由，诏萨喇尔、鄂容安设计将他一举擒获，就地正法。班第以兵力单薄，不敢贸然下手。乾隆又密令阿桂等带兵赶往塔尔巴哈台地方将阿睦尔撒纳的妻子及亲信拿送解京。

六月二十九日，阿睦尔撒纳在扎萨克亲王额琳沁多尔济陪同下，动身入京觐见。尽管他本人并不知道乾隆的意图，却早在心里有所准备。六月中旬，被派往监视阿睦尔撒纳的额驸色布腾巴尔（勒）珠尔奉诏先回皇宫，阿睦尔撒纳与额驸言语相通，甚是投机，故私下以总统厄鲁特四部之意乞其代奏，并约定若得皇上允许，便于七月下旬往见。其实，阿睦尔撒纳对入觐并无兴趣，他关心的是，托付色布腾巴尔珠尔的事情能否被批准。因有约在先，所以在与额琳沁多尔济同行时，格外小心，沿途迁延慢进。八月，阿睦尔撒纳到乌隆古，仍未得到额驸消息。这时他已预料到将要发生的事情。乌隆古邻近阿睦尔撒纳旧游牧地区。于是他便留下乾隆所给定边左副将军印，不辞而别。

阿睦尔撒纳叛走，准噶尔部再次发生骚动，许多不甘失败的宰桑及其旧人闻风附和，攻击进入准部地区的清军。八月二十三日，伊犁宰桑克什木、都噶尔、巴苏泰率兵攻掠伊犁，班第、鄂容安等不敌，于次日带守军朝崆吉斯方向退却，二十九日，被围于乌兰库图勒。班第、鄂容安战败自杀，副将军萨喇尔虽突出重围，旋即被乌鲁特宰桑锡克锡尔格擒送阿睦尔撒纳处。是时定西将军永常拥兵5000驻穆堡，听说伊犁不守，本可派兵接应北路幸存官兵，但他恐遭阿睦尔撒纳暗算，疑惧不前，从而造成严重后果。乾隆降旨究其失职怕事之罪，拿押来京，病死于途中。刘统勋以协理总督转运军储驻巴里坤，因轻信谣言，退守哈密，贻误了救人的最佳时机，乾隆念其一介书生，军旅之事非他所长，不加究责。

犛牛骑进阳关矣，只恨难为叩角歌。

准部得而复失，清军西、北两路损兵折将，使得乾隆不得不重新部署人事安排，任命额驸策楞为定西将军，富德、玉保、达瓦党阿为参赞大臣，又命兆惠驻巴里坤办事。二十一年（公元1756年）正月，玉保挂任先锋，追寻阿睦尔撒纳的踪迹，沿途进展颇为顺利。一日，清军抵特克勒河，距阿睦尔撒纳营地不远，玉保正待下令追击，侍卫福昭突然来报，说台吉塔尔布、固尔班和卓、伯什阿噶什、巴图尔乌巴什等已将阿擒获。这本是一个未经证实的传闻，玉保却信以为真，驰报策楞。策楞亦因立功心切，不审虚实，飞章京师告捷。事实上，这是阿睦尔撒纳玩弄的一个花招，借此迷惑清军，赢得脱身时间，率残部越库陇癸岭，逃往哈萨克。二月十三日，乾隆在前往孔林前得到这一消息，十分激动，立刻改行程，去泰陵感谢祖先的"默垂庥佑"，并降谕封策楞为一等公，玉保为三等男。二十六日乾隆又获策楞奏折说，前报擒阿逆，"事属子虚"。乾隆怒气冲冲，降旨将玉保、策楞革职，解京治罪。是年五月，乾隆任命达瓦党阿接替策楞定西将军之职，富德副之，巴里坤办事大臣兆惠以定边右副将军衔协助军务。

达瓦党阿奉命出西路，哈达哈出北路。阿睦尔撒纳与西路清军相遇，败北后逃入哈萨克人的帐营。这时他故伎重演，遣哈萨克人前往达瓦党阿军营，诡称阿睦尔撒纳"即欲擒献，但需汗至，乞暂缓师待"，结果又一次金蝉脱壳。与此同时，北路出击的哈达哈遇阿布赍汗哈萨克兵千余，也无心追剿，听其逸去，两路清军遂无功而返。

二十一年九月，定边右副将军兆惠曾奉乾隆之命进驻伊犁。及阿睦尔撒纳复叛，伊犁势单力薄，乾隆唯恐兆惠有失，密令他火速退回巴里坤，同时调拨察哈尔、吉林兵各1000，索伦兵2000，阿拉善兵500，前往巴里坤待命应援。十一月二十五日，兆惠从济尔哈朗东行，经鄂垒、库图齐、达勒奇等地，于次年正月五日抵乌鲁木齐，遭噶尔藏多尔济、扎那噶布尔、尼玛、哈萨克锡喇等叛乱宰桑联合攻击。二十二日，疲惫不堪的官兵在特讷格结营自保，等待援军。三十日，自巴里坤间道接应兆惠的侍卫图伦楚及时赶来解围。二月二十三日，清军返抵巴里坤。

兆惠未回之前，乾隆就已经调兵遣将在巴里坤集合，做好了反攻的准备。成衮扎布因熟悉蒙古事务，授定边将军，其弟车布登扎布才情干练，暂署定边左副将军印务。舒赫德、富德、鄂实为参赞大臣，色布腾巴尔珠尔、阿里衮、明瑞、额勒登额、侍卫什布图铠、巴图鲁奇彻布等着在领队大臣行走。三月，将军成衮扎布出北路，右副将军兆惠出西路。

遵照乾隆指示，清军已为决一死战作好准备。但在进军途中，情况却发生了变化。原来准部地区这时发生了两件大事：一是叛乱的台吉噶尔藏多尔济被他侄子扎那噶尔布袭杀，而宰桑尼玛接着又密谋擒杀扎那噶尔布；另一是厄鲁特各地痘疫流行，染疾者甚众，幸存的四处逃亡，叛军不战自溃。兆惠进入厄鲁特地区的首要任务，就是打探阿睦尔撒纳的行踪。五月一日，他派奇彻布、达礼善、努三、爱阿隆、图伦楚等带兵去额布克特地方侦察，终于从游牧人口中得知阿睦尔撒纳已潜逃巴雅尔。六月，哈萨克阿布赍汗请降，遣使纳贡，且誓言帮助擒获阿逆。这样，阿睦尔撒纳唯一能安身匿命的处所就只有偷越边境逃往俄罗斯。

清军在境内搜捕不到阿睦尔撒纳的踪迹，兆惠等也估计到他可能已进入俄罗斯，于六月中旬，遣顺德讷前往俄罗斯铿格尔图喇，会见俄方官员。俄方一口否认阿睦尔撒纳曾到来。二十七日，驻扎在阿尔察图的阿布赍汗派人告称，本月十九日阿睦尔撒纳来投，阿布赍"告以明早相见，因先散其马匹牲只"。阿睦尔撒纳知情况有变，同数人步行遁去。兆惠等据此更加确信阿睦尔撒纳藏身俄境。俄方为搪塞清政府，谎称阿睦尔撒纳已淹死额尔齐河。顺德讷一行便沿河打捞十几日，不见尸体，揭穿其谎言。八月十五日，顺德讷往见西伯利亚总督玛玉尔，提醒俄方必须遵守双方约定，引渡逃犯。俄方再次否认，但兆惠、富德已从俘虏的口供中证实阿睦尔撒纳在俄罗斯。

沙皇俄国庇护叛匪，希望利用以阿睦尔撒纳来染指中国西北，进而达到分裂中国的目的。但是，乾隆二十二年（1757 年）九月，阿睦尔撒纳这位民族的罪人因患痘疫暴死他乡，结束可耻一生。沙俄当然不愿为一具尸体而与清朝闹翻。十一月一日，西伯利亚总督将阿睦尔撒纳的尸体运到恰克图。次年正月，俄罗斯毕尔噶底尔差图勒玛齐、毕什拉等到中俄边界请清朝派人验看尸体。经乾隆派人前往验看，断定阿睦尔撒纳确死无疑。乾隆遂放心地说："俄罗斯将阿睦尔撒纳之尸解送与否，均可不必深论。"至此准噶尔部叛乱被平定。

中华藏书

大清十二帝·最新整理珍藏版

中国书店

一三九〇

中国书店

# 第七章　两征安南

## 一

　　乾隆五十三年（1788 年）六月十七日，广西巡抚孙永清呈报安南大乱的奏折，送到了皇上面前。孙永清奏：据太平府知府陆有仁等禀报，安南国被阮姓攻破黎城，嗣孙黎维祁出奔。安南官员阮辉宿、黎炯保护王母、王子等避兵于博山社，被阮兵追杀，逃至河边求救入隘。经巡隘官员向其盘问，遥望隔河有一百余人，似系前来追赶，因见我方有兵，不敢过河，随即退去。守隘官弁将阮辉宿等男妇老幼六十二人收受入隘，拨与房屋，令其居住。孙永清"现以巡阅关隘"，前往龙州，查询实在情形，另行具奏。

　　孙永清所奏，系指安南阮、郑二姓争权，国主黎维祁避乱潜逃。明初以来，黎维祁的祖先世为安南国王，定期入贡明帝。嘉靖中，权臣莫登庸逐主自立，旧王黎平走保清华。以后，其孙黎维潭依靠旧臣郑、阮二家，破莫复国，封郑、阮二姓之长为左、右辅政，后右辅政郑检乘机排挤阮璜出顺化，号广南王，而自兼左辅政，掌握国家大权，国王仅有虚名。这样一来，阮、郑二姓世为冤仇，争斗不已。顺治十六年（1659 年），清军至云南，安南国王遗玉川伯邓福绥、朝阳伯阮光华赍启，赴信郡王前抒诚纳款。顺治十七年国王黎维祺奉表贡方物，清帝嘉其恭顺，赐文绮白金，并于十八年赐敕嘉奖其为识时俊杰，"特先遣使来归"。康熙五年安南国王黎维禧缴送故明永历帝赐与的敕、印，康熙帝遣使册封维禧为安南国王，赐镀金驼钮银印。此后，安南三年一贡，通商互市，关系十分密切。

乾隆中，辅政郑检杀害安南国世子，据金印，谋篡位为王，嫉妒广南王强盛，诱其臣阮岳、阮惠合攻广南王，灭于富春，阮惠自为泰德王，郑检自为郑靖王。乾隆五十一年（1786年），郑检去世，阮惠乘机发兵，攻破国都东京黎城，击杀郑检之子郑宗，阮氏执掌军政大权。五十二年老国王去世，嗣孙维祁继位。阮惠尽取象载其珍宝归，郑检之臣贡整欲图扶黎拒阮，以王的名义率兵夺回象五十只。阮惠遣大将阮任领兵数万攻克黎城，贡整战死，维祁出亡，匿于民村。阮任据东京，"四守险要，亦有自王志"。五十三年夏，阮惠复发兵，诛阮任于东京，请维祁复位，维祁知其心叵测，不敢出。阮惠以民心不附，尽毁王宫，挟子女玉帛回富春，留兵三千守东京。

高平府督阮辉宿护维祁之母、妻宗族二百余口，由高平登舟，远遁至博念溪河，乃广西太平府龙州之边。阮辉宿冒死涉水登北岸，其不及渡河之人，尽被阮氏追兵杀害。

乾隆五十三年六月十七日，乾隆帝对广西巡抚孙永清所奏安南内乱之事，下达谕旨，讲了五个问题。其一，此事应予询明妥办。上年两广总督孙士毅曾奏，安南国"土豪构乱，国印遗失"，业谕查明后补给，今其国嗣孙之母、妻眷属，又被兵追杀，"求救内投"，应该查明办理。其二，委派大臣。孙永清从未经历征战之事，难胜此任。两广总督孙士毅曾随赴军营，此次驻扎潮州，料理发兵赴闽攻打台湾林爽文之事，调度妥协，令其即赴广西龙州，办理安南国求救内投之事。其三，查明原委，酌情处理。安南若原为阮姓所有，被黎姓占夺，则现今阮姓是恢复旧业，也可从而安抚。如其国本非阮姓所有，黎氏传国日久，"且臣服天朝，最为恭顺"，今被强臣篡夺，其旧臣带嗣孙眷属前来求救，"若竟置之不理，殊非字小存亡之道"。设若阮姓只攻占黎城等一二处，其余皆为黎姓所有，尚可恢复，如阮姓占据全部安南，或将黎姓子孙尽行杀害，则又当另为设法访查。著军机大臣与孙士毅查清上述诸事，提出对策。其四，安插逃人。安南来投的男妇老幼人等，"系避难来投"，且有国王嗣孙之母、妻，"俱应妥为安插，并优给廪膳，勿使失所"。其五，寻找王孙、遗臣。国王嗣孙黎维祁现在何处？其臣僚仍忠于故主者有谁？如有欲思灭阮存黎之遗臣，"可以资其力量，相机设法办理者"，需查明上报。

过了两天，六月十九日，乾隆帝又谕军机大臣，除重申查明安南现在情形外，着重指出，如阮姓占据全安南尽杀黎氏子孙，则王孙黎维祁将无国可归。"安南臣服本朝，最为恭顺，兹被强臣篡夺，款关吁投，若其置之不理，殊非字小存亡之道，自当厚集兵力，声罪致讨矣，届期朕自有定夺"。著传谕孙士毅详细确询，筹画对策，据实具奏。

又过了七天，六月二十六日，孙士毅的奏折到京，言及阮辉宿说：阮氏只占据了东京黎城和牧马、谅山等处，黎城西方、北方州县，"俱不肯降贼"，"阮岳一味犷悍，并无法令，嗣孙若能乘隙而动"，阮岳"即可一举成擒"。乾隆帝就此谕军机大臣：阮辉宿之奏，情词激昂，能知大义，可见该国境土既未尽归阮岳，"人心又戴旧足恃，尚可徐图恢复，办理尚易"。著传谕孙士毅，即令阮辉宿等回国告诉黎维祁：安南臣服天朝，最为恭顺，今其被阮攻逐，"究系不能振作所致"。现安南国土，未被阮氏占者尚多，臣民亦拥戴黎氏，黎维祁当趁此招集义兵，力图恢复。"目下天朝已派调大兵"，在广西预备，若阮岳仍前"负固不服"，甚至杀害嗣孙，各镇官将亦甘心从逆，则"天朝即当派员统率大兵，四路会剿，将阮岳及党羽人等全数擒诛，明正其罪"。同时，他又传谕提督三德统兵驻扎边关，令总督孙士毅调兵数千，"以壮声势"。

阮岳、阮惠弟兄遣官叩关进贡，两广总督孙士毅闻报，亲至镇南关，对其使"大声呵斥。并谕以天朝已调大兵，分路进讨，令该夷官归谕阮岳迅速悔罪自新，迎还故主"。乾隆帝知悉此事，于七月二十四日下谕嘉奖孙士毅说："阮岳逐主乱常，差人进贡，断无即准其纳款之理。"孙士毅所办甚妥，著赏上用蟒袍料一件，以示优奖。

从六月十七日得悉安南大乱，直到八月二十六日，这七十天里，乾隆帝虽多次下谕强调要"兴灭继绝"，"字小存亡"，帮助安南王孙逐阮复国，但仅只是谕令王孙黎维祁及安南臣民起兵逐阮，清政府以总督名义发布斥阮檄文，扬言要派大军出征，可是并未决定要出关作战，数千官兵均在边界屯驻。到了八月二十七日，乾隆帝对安南的方针，有了重大的变化。

根据孙士毅的陆续奏报，乾隆帝于八月二十七日下谕说：黎维祁亲赴山南，招集义兵，竟为阮军所逼，仅带跟随数人，入山藏匿，"看来竟是一无能为之人，难望其振作恢复"。阮岳、阮惠弟兄，见到孙士毅檄文，"畏惧遁逃"。阮惠的心腹潘启德，一接檄文，"即知去逆效顺"，遵孙之令，纠约七州人马及厂民，速即前进，"自无难直达黎城"。阮岳等系见檄文宣布天朝"调备大兵"，"声罪致讨"，而震惊远遁，若知清兵仅系"虚张声势，必益无畏惧"，将会故智复萌，"竟图篡夺"。因此，孙士毅奏请"先期调兵预备之处，自当如此办理"。但如用兵进讨，孙士毅系两广总督，关系甚重，"断不可亲领前往"。看来

"阮岳等亦无须多兵剿办"，著令广西提督许世亨及总兵一、二员，带兵数千名前进，孙士毅再预备数千，在关隘驻扎，"声言续发"，谅阮岳、阮惠不敢负隅顽抗。

乾隆帝这次决定要正式出兵了，因为黎维祁无能，而阮岳、阮惠一闻檄文即逃，可见出兵易于成功。就这样，他下了出兵之谕。

孙士毅继续奏报黎王旧臣起兵和阮惠属下官将反正投诚的消息，以及处理办法。牧马土司闭阮律擒献伪官阮远犹。数万厂民接到孙士毅札谕及闻皇上恩准发给口粮，"俱踊跃欢欣，情愿前驱杀贼"，孙士毅委派曾在厂上工作年久"为群情所服"之幕友林际清统领攻敌。潘启德统率七州人马，不断向前进军。阮氏兄弟遣攻谅山之将陈名炳，看到沿途檄文，"心生悔惧，情愿归顺嗣孙"，恢复故主之国。乾隆帝十分高兴，先后下达三谕，嘉奖有功人员，赏给林际清知县职衔，论述用兵方法。他着重指出，潘启德等官将和厂民，"皆因闻天朝声罪致讨，是以群起响应。"伪官朱廷理供称阮惠离开黎城后，仍"意存观望"，留兵七八千分守黎城及各处要隘，一待清兵进攻，即退守富春。因此，内地官兵若不及时前进，则阮惠将"妄思窥伺"，安南各镇官将将畏阮氏报复而观望，厂民、潘启德等亦会犹豫动摇。著孙士毅派许世亨等领兵三千出关前进，孙仍留驻，或于关外作"进剿之势"。

两广总督孙士毅虽连续申请统兵出征为帝所止，但并未就此罢休。很可能是因为看到进展顺利，安南旧王即将复国，欲图建树奇功殊勋，所以孙又一次奏请出关杀敌。孙士毅想出了一条新的理由，奏称：各关隘官兵，与其驻扎本境，暗为黎氏糜费钱粮，并需内地兵丁护送国王嗣孙黎维祁的家属出境，"不如建竖旗鼓，出关进讨，捣穴擒渠"。乾隆帝终于为其言所动，于十月初三日下谕说：安南各厂起兵，随嗣孙之三弟黎维祗来到谅山，会同潘启德进剿，保胜、都龙二处土目集兵聚粮，协同杀敌。黎维祁已出山，但其潜匿一年，豪无展布，现虽纠集义民，欲图恢复，"其成败尚未可知"。孙士毅所言建旗出关，"所见甚正"。孙士毅既胸有成竹，力肩钜任，自请出关进剿，"则此事竟交与该督一手承办，庶呼应更灵，藏功自速"。不久，他批准孙之建议令其统兵一万出关，作为正兵；又命云贵总督富纲派兵八千，交云南提督乌大经统领，作为偏师，由云南蒙自出发，进攻安南之宣光、兴化等处。

清军向安南泰德王阮惠进攻的"兴灭继绝"之战，就这样开始了。

两广总督孙士毅奏准征讨安南阮惠弟兄后，立即调兵遣将，筹办粮饷。原调广西兵四千，现添一千，并调广东兵五千。乾隆五十三年十月二十八日，孙士毅与广西提督许世亨统兵一万出镇南关，以八千直捣安南东京黎城，以二千驻谅山为声援。云南提督乌大经领滇兵八千，取道开化厅之马白关，逾咒河，入交趾界一千余里至宣化镇，为广兵声援。

乾隆帝以"兵行饷运"，安南节年荒歉，难以采买，谕令设台安站，从内地转运粮食。云南、广西两路共设台站七十余所，保证了军粮的供应。乾隆帝以富良江地居险要，阮惠必严加防守，"令官兵难以径渡"，而该江江面辽阔，敌军不能处处设防，因此谕令孙士毅一面督兵佯攻，一面遣许世亨领兵从上游或下游，乘其不备，"设法迅渡"，使敌军为官员从天而降所惊，其沿江敌军营屯"自必纷纷溃散，此史册所载偷渡之计，行之有效者"。

孙士毅、许世亨出关后，迅速抵达谅山，继续往前，总兵尚维屏、副将庆成领广西兵，总兵张朝龙、李化龙率广东兵，各士兵义勇随行，号称数十万，浩浩荡荡，杀向黎城，各隘阮惠所派守兵纷纷后撤，惟扼三江之险以拒。第一条江为寿昌江。十一月十三日，尚维屏、庆成领兵一千余名，五更时刻抵寿昌江，阮兵退保南岸。清兵进攻，因浮桥断，乘筏前行，时值大雾，阮兵自相格杀，清兵遂尽渡河，杀敌甚多。十五日抵达阮军依恃之第二条江市球江。江面宽阔，南岸依山，高于北岸，阮军据险列炮，守备坚固，清兵无法结筏横渡。诸将商议，以江势缭曲，敌军看不到远处，因此，阳运竹木制造浮桥，排列大炮多门，隔江轰打，佯装必渡此江，而潜派兵二千，由总兵张朝龙统领，于上游二十里水流缓慢处，用竹筏及农家小舟，于子夜半偷渡。十七日早晨，清军主力乘筏渡江，抵达岸边，与阮军交锋，正当紧张厮杀之时，上游之兵已绕出敌军背后，居高临下，呐喊冲击，声震山谷，前后夹攻。阮军出于意料之外，不知清军从何而来，阵乱，"瓦解溃北"，死伤数千。

第三条江是富良江，在都城门外。阮军尽伐沿江竹木，收敛各舟于南岸。清军于十九日黎明抵富良江，遥望其阵不整，知守军无固志，乃觅远处小舟，载兵百余名，夜至江心，夺其战舰一，遂载兵二百余人，许世亨亲率，先渡过江，又夺小舟三十余只，轮番渡兵二千余人，分头攻敌。阮军"昏夜不辨多寡，大溃"。清军获敌舟十余艘及总兵、侯、伯将官数十人。二十日早晨，大军皆渡，守军已撤，黎氏宗族及城民出迎，孙士毅、许世亨人黎城，宣慰后出。黎城环以土垒，仅数尺高，上植丛竹，内有砖城二，为国王所居，宫室业已荡尽。黎维祁由潜匿之民村出来，当日晚上二更时刻赶赴军营。

孙士毅遵奉帝谕，于十一月二十二日传旨，册封黎维祁为安南国王。其册文说：

> "朕维抚驭中外，绥靖遐迹，义莫大于治乱持危，道莫隆于兴灭继绝。其有夙共朝命，久列世封，遭家国之多艰，属臣民之不靖，则必去其蟊贼，拯厥颠济……以肃屏藩之制。尔安南国嗣

孙黎维祁，化沐炎陬，序承家嗣，当尔祖奄逝之日，正阮逆构乱之时，肇衅萧墙，失守符印，子身播越，阖室迁移，弃彼故都，依于上国。溯百五十年之职贡，能不念其祖宗，披十六道之舆图，原非利其土地，且柔远人所以大无外，讨乱贼所以儆不虔，是用辑尔室家，克完居处，励尔臣庶，共复仇仇，特敕大吏以灌征，爰董王师而迅剿。先声所詟，巨慝奚逃，内难斯宁，群情更附，释其琐尾流离之困，加以生死肉骨之恩，旧服式循，新纶允贲。兹封尔为安南国王，锡之新印，王其慎修纲纪，祇奉威灵，戢和民人，保守疆土，勿怠荒而废事，勿怀安以败名，庶荷天朝再造之仁，益迓国祚重延之福。钦哉，毋替朕命。"

孙士毅将获捷情形陆续奏报，乾隆帝非常高兴。当他于十二月初六日看到孙呈巧渡市球江的奏折时，连下两谕，赏给孙士毅玉如意一柄、御用汉玉扳指一个、荷包三对，赐许世亨御用玉扳指一个、荷包三个，赏张朝龙、李化龙、尚维继屏荷包各一对，其他有功将弁，分别赏戴花翎赐巴图鲁名号。乾隆帝盛赞孙士毅"调度有方"，"办理悉合机宜"，许诺其如能生擒阮惠，将照阿桂平金川捕获索诺木、福康安剿台湾拿获林爽文之例，特沛殊恩，晋封公爵，赏给红宝石顶、四团龙褂、黄带紫辔，"以昭宠异"。

过了三天，十二月初九日，孙士毅呈报十一月二十日大败阮兵攻克东京黎城之奏折到京。乾隆帝甚喜，立即下谕封赏孙士毅说："览奏嘉悦之至。"阮惠等人逐主乱常，窃据黎都，一经大兵声讨，望风奔窜，"俾黎氏国祚重延，并不利其寸土，于字小存亡之道，仁至义尽，实史册所仅见"。孙士毅力肩重任，调度有方，不及一月，"即已迅奏肤功，克副委仁"，著加恩晋封一等谋勇公，赏戴红宝石帽顶，"以示优眷"，俟擒获阮惠时，再续降恩旨，"格外优异"。封许世亨为一等子，其余有功官将，交部从优议叙。

正当乾隆皇帝欢庆大捷筹画善后事宜之时，乾隆五十四年正月二十五日，孙士毅呈报清军大败、黎城失守的奏折，送到了北京，顿使朝野大惊。原来，阮惠系主动后撤，兵力并未遭到多大损失，而是待机再进。清军统帅孙士毅误认为阮军惨败，清军势如破竹，所向无敌，轻取黎城，就想功上加功，建树奇勋。

孙士毅本系文官，对军务并不精通。他从进士，授内阁中书，充军机章京，迁侍读，相继任大理寺少卿、广西布政使、云南巡抚、广西巡抚、广东巡抚，直至两广总督。在近三十年的宦海生涯中，他与军务有联系的只有两次，一次是乾隆三十四年大学士傅恒统军攻缅时，他以侍读之衔随军，"典章奏"，为时不到一年；另一次是五十二年协办大学士、将军福康安剿台湾林爽文，孙驻潮州，遣兵助剿，备办粮草器械。严格的说，孙并未真正统率过各路官兵大举征伐，没有指挥大军克敌制胜的经验，也缺乏军事指挥的才干。他既不知彼，在判断安南国情上犯了两大错误：一是低估了阮惠的力量，误认为其狼狈奔窜不堪一击；二是不明真情，不了解黎氏政权已腐朽不堪，无力自拔，没有办法和力量恢复故国。他又不知己，对自己的军事才干和绿营兵的战斗力，皆作了错误的估计，本来是不谙用兵的文官，却要想当智勇双全轻取强敌的卓越统帅，明明是临阵易溃的弱卒劣弁，却当作为奋勇冲杀的猛将精兵，由此而产生了侥幸心理，孙士毅竟想攻克全安南，活捉阮惠，建立特大功勋。

在这个问题上，年近八旬的乾隆皇帝，比这位总督可就高明得多了。早在五十三年十一月二十四日，即第一次获悉兵渡寿昌江之前八天，他便下谕给孙士毅，规定了此次进军的要求，令其取黎城后即回军。他说：孙士毅带兵前往，能生擒阮惠等人，固为上策。否则，收复黎城，俾黎维祁复其境土，亦为中策。如果取城复国之后，阮惠远遁，难以生擒，孙士毅即据实奏明，带兵回粤。十二月十四日，他又下一谕，令孙如尚未擒获阮惠，立即撤兵回广西。

过了五天，十二月十九日，孙士毅进据黎城后，奏请远征广南，活捉阮惠。乾隆帝拒绝其请，谕军机大臣，详言应予撤兵的理由。他说：

"朕前此即虑攻复黎城后，阮惠等畏罪远飏，不值以天朝兵力，久驻炎荒，为属国搜缉逋逃，耽延时日，屡经降旨谕知孙士毅，临期酌情办理。孙士毅拜发此折时，自尚未接奉前旨，今据该督奏，黎城距广南贼巢尚有二千余里，而黎维祁又属无能，于造船雇夫之事，坚复不能赶办。……安南地方，向多瘴疠，倘内地官兵不服水土，致生疾病，尤为不值。……若此时必欲穷追深入，而贼巢险远，万一稍有阻滞，一时不能迅速擒渠，转致欲罢不能。办理大事之人，必须通盘筹画，计出万全，不可知进而不知退。孙士毅当遵前旨……撤兵回粤。"

紧接着，乾隆帝于五十三年十二月二十日、二十二日、二十三日、二十七日、二十八日、五十四年正月初四、十二日、十六日、十九日，连下九道谕旨，强调谕令孙士毅立即撤兵返粤。这些谕旨讲了必须撤军的四条理由。其一，大功已成。恢复东京，册封黎维祁为安南国王，"兴灭继绝"的出兵目的已经达到，"于字小存亡之体，已为尽善尽美"。其二，安南"地方僻小，又多瘴疠"，官兵役夫"易染疾病"。其三，粮饷转运艰难。从广西边界至黎城，为供一万兵士之粮，已用役夫十五六万人，从云南出口至黎城，有四十站，用夫十余万。自黎城至广南，二千余里，须安设台站五十三所，又需役夫十余万人。黎维祁不能调拨役夫，广西、云南力已不支，需广东、贵州派夫接济。不能因"属国逋逃未获，将天朝钱粮兵马，徒滋劳费，久驻炎荒"。进剿广南一事，"现在非不能办，揆之天时地利人事，实有不值"。其四，天厌黎氏。"黎氏近年以来，搆乱多故"，黎维祁懦怯无能，优柔废弛，左右亦无可恃之人。安南虽小，然立国已久，"未必不关气运，今其国运如此，看来天心已有厌弃黎氏之象"。此时即使能将阮惠等人擒获，而黎维祁不能振作自强，安知三五年以后，不又有如阮惠之人者复出，"岂有屡烦天朝兵力为之戡定之理！"即使不令黎维祁主持国事，而其子弟内亦未必有胜于黎维祁之人。"朕从来办理庶务，无不顺天而行，今天厌黎氏，而朕欲扶之，非所以仰体天心抚驭属国之道，朕不为也。"

乾隆帝的这些主张和见解，是相当正确颇为高明的。他不仅考虑到水土不合、千里转输等客观条件的恶劣，不做知进不知退之事，大功告成，趁早凯旋，以免将来陷入险境，欲退不能，欲罢不休；而且，他已预见黎氏集团腐朽无能，江山难保，国将再乱，清政府不需要也不应该坚决支持黎维祁到底，一再出兵，浪费巨量人力物力，做这种"揆之天时地利人事实有不值"之蠢事。

如果孙士毅严格执行乾隆帝的撤兵之旨，安南的形势必然会有所好转，至少清军不会惨败。然而这位两广总督孙士毅被二十天来的意外大捷弄糊涂了头脑，抑制不住再建特勋、垂名史册、荣获更大恩宠的念头，竟然违抗帝旨，迟迟不撤，一心要生擒或诱获阮惠弟兄。当他坐待阮惠降顺美梦正酣之时，阮惠之军突然冲进了黎城。

原来，阮惠在广南富春养精蓄锐，等待时机。当他得知"孙士毅贪俘阮为功，师不即班，又轻敌，不设备，散遣士兵义勇，悬军黎城"之情后，于五十三年岁暮"倾巢出袭"，并遣使伪称系来投降。孙士毅信以为真，毫不防备。五十四年正月初一日，"军中置酒张乐"，正在兴高采烈昏昏然之时，夜间突然有人来报"阮兵大至"，孙士毅"始仓皇御敌"。然而阮兵数万，猛烈进攻，又用象载大炮冲阵，清兵"众寡不敌，黑夜自相蹂躏"。孙士毅匆忙撤走，渡过富良江后，即砍断浮桥，以防阮兵追袭。可是提督许世亨、总兵张朝龙等官兵夫役一万余人，尚滞留南岸，因桥断无法渡江，皆被阮兵砍杀或溺于江中，无一幸免。孙士毅拼命逃窜，退回镇南关，"尽焚弃关外粮、械、火药数十万，士马还者不及一半"。黎维祁携其母先逃。云南官兵因有黎臣黄文通导引，始得全师返滇。一场大规模的征讨安南之战，就这样以总督孙士毅贪功轻敌、迁延不撤，遭受惨败而结束。

## 二

乾隆五十四年正月二十五日，两广总督孙士毅呈报兵败的奏折送到了皇宫。孙奏称：正月初二日，黎维祁来告，其派往防守黎城以南之黎兵被阮军赶逐，"声言欲报仇泄恨"。孙即派兵前往迎战，"讵黎维祁闻阮惠亲至，心胆俱裂，手抱幼孩，随同伊母逃过富良江，众情慌乱，国民纷纷逃窜"。孙与提督许士亨统兵对抗，但阮军众多，"将大兵四面密围"，孙"夺围而出"，"带兵徐徐由浮桥撤至北岸"，总兵李化龙行至桥心，"失足落水"，提督许世亨、总兵张朝龙、尚维屏、参将杨兴龙、王宣、英林及游击明柱等未及过桥，现无信息，自系身殁，入关兵丁已有三千数百名。请求皇上将已革职治罪，"以为调度乖方者戒"。

中
华
藏
书

大
清
十
二
帝
·
最
新
整
理
珍
藏
版

中
国
书
店

孙士毅显然隐瞒了自己贪生怕死匆匆溃逃的真实情形。他本来是慌不择路弃众而逃，哪里是"夺围而出"，带兵徐徐过浮桥！总兵李化龙身经攻缅、平金川、剿台湾等多次大战，屡立军功，由都司升至总兵，并非三岁小孩，怎能行至桥心失足落水，分明是被逃兵败将挤压推倒落江而亡。许世亨等之所以"未及过桥"，原因不难查明，这就是他们无桥可过，因为浮桥被惟知保全自己生命的总督大人下令砍断了。孙士毅不愧是进士出身善写奏折之军机章京，把自己贪功违旨、轻敌丧师、畏死溃逃的特大罪状缩小、修饰为调度乖方的过失，其言可耻，其心应诛。

乾隆帝于正月二十五日读过孙士毅的奏折后，立即下谕给军机大臣，讲了五个问题。其一，失利之因。孙士毅若遵撤兵之旨，官兵早已进关，就不会有此波折。此乃孙贪图功勋，"希冀阮惠等悔罪投出，以臻全美"。其二，善全国体。孙士毅为"军营总统之人"，万万不可稍为冒险，许士亨系提督大员，亦关紧要，"总以完师撤回，善全国体为要"，孙与许士亨二人务宜加意慎重，率领官兵，妥速进关。其三，加强边防。阮惠等谅不敢竟至我朝边界，但关隘一带，亦须安顿兵力，孙永清已调兵一千余名，合原有防兵共三千名，如若不敷，即于附近各营抽调。其四，宽慰总督。一向行军之际，不能一往顺利，新疆西师之役，大小金川之战，亦皆小有挫失，旋即成功。此次孙士毅带兵出关，成功太易，故有此波折，所请革职治罪之处，毋庸置议。此事乃出自意外，非孙冒昧之罪。其五，征阮与否，尚未决策。此次阮惠等人胆敢"前来截扰"，致有此波折，"安知非阮惠自取夷灭"。待孙士毅带领大兵安全回关，"将来办与不办，操纵在我，自可徐为酌定"。

过了一天，正月二十六日，乾隆帝再下一谕，其基调与上谕在两个方面有了重大的改变。一为言孙之过，削其封爵。阮惠兴兵逐主，天朝理应字小存亡，故遣孙士毅就近筹办。孙陆续奏述安南臣民愿效前驱情形，自请统兵出关，以其"所见甚正"，降旨允行。孙出关后屡奏捷讯，不及一月，收复黎城，册封黎维祁。因其办理此事，"为天朝字小存亡，体统所关，厥功甚巨"，"且汉大臣中有此全才，能为国家带兵宣力者"，自应特施殊恩，故晋封孙为公爵，赏给红宝石帽顶，并谕孙"作速撤兵"。孙士毅若遵照谕旨，迅即撤回，则早已安全进关，乃其耽延一月有余，致阮军"乘间复发"。盖由孙士毅希冀阮惠投降，或被旁人缚送，"意存贪功"，"因有此意外之变，朕与孙士毅均不能辞咎"。而且，阮惠过去既然撤至富春，复率众前至黎城，决非旦夕所能纠集，孙何不留心侦察，预为布置，待敌兵已至，始行迎堵，"桥座又复中断，致损官兵"，"究系孙士毅成功后，不无自满之心，稍存大意，有此挫折"。孙士毅前封公爵及所赏红宝石帽顶，"俱著撤回"，来京另行委用，两广总督著令福康安担任。

其二，欲征阮惠。阮惠以安南土酋，"逐主乱常"，经大兵征讨，败逃之后，尚敢纠众潜扰，伤害官兵，"实属罪大恶极"。现交春令，该处系瘴疠之区，未便即行深入问罪。著沿边各督抚将各营兵弁及时操演，务使饷足兵精，听候调遣，"以备声罪致讨"。

就在正月二十六日这一天，继上谕之后，乾隆帝又连下四谕，除重述孙之功过、爵之赏革，以及调补两广文武大员以外，在其第四道谕旨中，他又取消了进攻阮惠的指示。他说：

"阮惠不过安南一土目，方今国家全盛，若厚集兵力，四路会剿，亦无难直捣巢穴。但该国向多瘴疠，与缅甸相同，得其地不足守，得其民不足臣，何必以中国兵马钱粮，糜费于炎荒无用之地，是进剿阮惠一事，此时非不能办，揆之天时地利人事，俱不值办。……福康安抵镇南关后，若阮惠等闻风畏惧，到关服罪乞降，福康安当大加呵斥，不可遽行允准，使其诚心畏罪输服，吁请再三，方可相机办理，以完此局。"

乾隆帝在随后的一些谕旨中，不断强调上谕不征阮惠的基本方针。当他得悉福康安赶往粤西时，又下谕给军机大臣，详述不应再次出兵安南的理由，并指示对策，让其传谕福康安执行。乾隆帝指出：

"安南蕞尔一隅，原无难立就荡平，为扫穴擒渠之举。但朕思准噶尔，回城及两金川，俱逼近边陲，关系紧要，且地非卑湿，满洲索伦劲旅，可以展其所长，是以不惜劳费，先后底定，归入版图。安南则向多瘴疠，水土恶劣，与缅甸相同，又何必以天朝兵马钱粮，徒糜费于炎荒之地。况即集兵会剿，竟收其境土，又须添兵防戍，而安南民情反复，前代群县其地者，不久仍生变故，历有前车之鉴，又安能保一二十年后不复滋生事端。朕再四思维，实不值大办，已有旨谕福康安矣。"

从这些谕旨看来，乾隆帝全面分析了安南形势，总结了历史经验教训，冷静思考，克服了有时感情冲动办事任性的毛病，从大局出发，才作出了这样正确的决策。乾隆帝一向自诩为英君明主，文治武功兼有，尤其是在平定准、回之后，武功赫赫，更滋长了好胜骄傲的脾气。虽然攻缅之战军事失利，但其巧妙的外交策略及缅甸局势的变化；缅王积极求贡议和，又使他收到一些成效，而且，二征金川之胜和剿平台湾林爽文，被他后来赞之为"十全武功"的七大武功，皆已告成。在这样的形势下，清军大败于黎城，提督、总兵阵亡，官兵损失近半，可算是"天朝"的一大耻辱，号称威严无比、慑服四夷的"天朝大皇帝"弘历，怎能吃下这粒苦丸，自认失败，有损龙颜？因此，他在正月二十五日及二十六日的第一道谕旨中，指责阮惠逐主乱常，袭扰官兵，"实属罪大恶极"，要发兵声罪征讨。但是，乾隆帝毕竟已经执政五十三年，见多识广，经验丰富，他又特爱反思，总结用兵得失，所以，稍一冷静，便细思全局，回顾以往。安南水土恶劣，与缅甸相同，千里远征，难操胜算；天厌黎氏，其运已尽，去掉一个阮惠，又会有第二第三个阮惠；耗费巨大，不值一办；"民情反复"，不能久辖其地，前车可鉴，等等因素，使他终于明白，不能再次出兵，因此决定停征待和。乾隆帝的这一决策，符合中越人民的根本利益，对促进今后中越友好关系的发展和加强越南人民反对西方资本主义列强的斗争，都起了积极的作用。

乾隆帝作出不再出兵攻打阮惠的决定时，其心情谅必不太平静。一则堂堂天朝大兵，竟然败于一位"安南土目"手下，提督、总兵大员阵亡，总督狼狈逃窜，不能说不是一大耻辱，有损国威，有损龙颜。再则有仇不报，有耻不雪，龟缩关内，听任阮惠进据黎城，南面称尊，阮家士兵耀武扬威于关门之下，这可以说是更大的耻辱，威严无比主宰四海的天朝大皇帝弘历，竟成了忍气吞声、畏敌惧战、不敢言武的"懦弱之君"，更是令人气愤难平，此事怎样向列祖列宗交代？怎能让史臣将此耻辱载入史册？可见，乾隆帝之不再征阮，确系来之不易，他可能经过了十分痛苦的反复思考，最后权衡利弊轻重，从大局出发，才克服了死要面子的毛病，果断地作出了这一明智的正确的决定。

本来乾隆帝已作了应付最坏形势的思想准备，责令沿边将弁把守关隘，防阮入侵，并不想出关击敌，听凭阮氏兄弟称雄关外，但是，看来乾隆帝还是有福之人，皇天又一次特沛殊恩，给与了他变败为胜雪耻洗辱的大好机会，阮惠主动遣使来叩关降顺求贡了。

　　早在两广总督孙士毅刚刚出关时，阮惠就送回被风吹至安南的清朝把总许昌义，托其呈禀，"诡称黎维谨系已故国王黎维禟之子，以次当立，黎维祁不知下落，请接伊母眷回国，求天朝罢兵。遭到乾隆帝的拒绝，谕孙士毅予以严厉斥责。

　　乾隆五十四（1789年）年正月初三日阮惠统军打败清兵进据黎城后，又差人赍表叩关，"情愿投诚纳贡"，孙士毅以其不先将俘官兵送回，退还表文，不予理睬。二月初九日，阮惠又遣武辉璞二位官员，赴镇南关，赍表求贡。

　　阮惠这样忙于与清议和求贡请封，是有其深刻的历史背景的。三百年来，安南国王向为黎姓，虽实权不大，总系一国之主，又先后受明、清帝君册封，而且长期是辅政郑棵祖先独专国政，广南王阮氏只割据一方，未能主管全安南。阮惠又系广南王之臣僚，乾隆中期始灭其主，代为广南王，史称为新阮，以原广南王阮氏为旧阮。不到二十年，一个昔日旧阮王之土目阮惠，一跃而为统治全安南之王，很难得到臣民的拥戴。东京黎王的遗臣，辅政郑氏的遗臣遗兵，旧阮王之宗族、故臣，皆未彻底归顺新主，国内人心惶惶，难以安宁。阮惠于乾隆五十一年一进黎城，消灭辅政郑宗一家，五十三年再进黎城，诛其将阮任，均因知悉"民心不附"，而不敢久留，迅速退回富春。兼之，此时他又与暹逻交战，恐其乘后进击。在这样内外交困的形势下，取得清朝的谅解和承认，受其册封，名正言顺地成为安南国王，对提高阮惠的威望，迫使、诱使安南官民臣服于己，具有极大的作用。因此，阮惠不断遣使求贡，竭力谋求大皇帝宽恕其过，允其纳贡通商，册封其为安南国王。

　　阮惠此举，正合乾隆帝之意。当他因兵败又不能再战而感到十分为难之时，新阮政府的求贡，给他搭好了一条体面下台的阶梯，给他提供了转败为胜、变失利为成功的大好机会，所以也积极采取行动。双方皆有和好的愿望，故谈判十分顺利。

开始阶段，乾隆帝还碍于面子，不便立即允贡，有所挑剔，随后就十分主动愿意许封了。早在乾隆五十四年正月二十六日刚悉孙士毅兵败之时，乾隆帝即谕告新任两广总督福康安，要其在阮惠来关"服罪乞降"时，大加呵斥，不要立即允降，"使其诚心畏罪输服，吁请再三"，"方可相机办理"。第二日，他又降谕军机大臣：若阮惠"自知伤损官兵，获罪甚大，惧天朝大举进剿"，因而差人至关，"悔罪乞降"，福康安、孙士毅宜"示以严厉"，"若差人再四吁恳，情词恭顺"，俟奏到时，再相机而行。他这样做，显然是出于两种考虑，一是虑其有诈，查其是否真心乞贡；二是维护"天朝尊严"，不能在兵败之后立即许和停兵，太伤面子，所以故弄玄虚，但已使大门略为敞开，为议和允贡提供了一些条件。

当孙士毅奏正月下旬阮惠差人求降，以其未放出官兵，掷还表文时，乾隆帝提出了允其上表的两个条件。他于二月二十五日谕军机大臣：阮惠如果"必欲乞降"，须将被俘官兵先行送出，并将杀害提督、总兵之人缚献，方可收受其表上奏。著福康安遵旨办理，待阮惠差人复来恳求时，"如察其情词实在恳切恭敬，可以允准"。福康安当向其宣谕：阮惠胆敢纠众，抗拒官兵，戕害提督、总兵大员，其罪甚大。今尔等既已悔罪吁求，本部堂亦不能不据实代奏。

过了四天，二月二十九日孙士毅的奏折又到，言及二月初九日阮惠又遣官员武辉璞二员，赍表呈进，左江道汤雄折阅表文，"情词尚为恭顺"，惟以官兵尚未完全送出，故仍予指驳。乾隆帝读后谕军机大臣：

"此次阮惠纠众，潜出滋扰，致官兵损失，

并伤及提镇大员，是竟得罪天朝，在所难赦。方今国家全盛，帑藏充盈，原不难统兵进剿。现在带兵大员，谙练军务、久历戎行者，亦尚有人。帑项现存贮六千余万，即费至三千万，亦断不稍有靳惜。且朕办理庶务，惟日孜孜，亦非老而畏事。惟念安南地方，水土恶劣，向多瘴疠，实不欲以天朝兵马钱粮，徒糜费于炎荒无用之地，揆之事理，实不值复行大办。但阮惠得罪天朝，此时虽遣夷目，两次赍表至关，究难遽允所请。"

乾隆帝此谕讲的情况，基本上都是事实。清政府此时，国库确实充盈，帑银六千余万两，足够打两次平准征回的大战。大帅阿桂、福康安，大将海兰察、明亮等等，皆曾身经百战，军功卓著，屡克强敌。因此，真正要进行一次大的战争，是有相当雄厚的物质基础的，人力、兵力、财力、物力以及将帅，皆不成问题。然而，乾隆帝有鉴于征缅之失利及安南的天时地利与历史条件，皆不宜再次出兵，故果断决策停征。然而，阮惠损伤官兵，"得罪天朝"，当然不能因其两次遣使求贡，就立允其请，还得再等一等。

乾隆五十四年三月初七日，因阮惠差人送回被俘官兵，他谕军机大臣：阮惠不敢肆行戕害官兵，收在黎城养赡，现已遵令送出，"尚知畏惧天威"。著福康安檄谕阮惠，晓以平金川、剿台湾之军威，令其将戕害提督、总兵之人"缚献正法"。

过了两天，三月初九日，以孙士毅送到阮惠之表文，"措词恭顺，尚知畏惧悔罪"，"三次乞降"，送回官兵，且声称"已将戕害提镇之人，查出正法"，谕福康安令其向阮惠索要杀提督之人，因其言不足信。一待缚献，即予代为转奏朝廷。随即又谕福康安在檄谕阮惠时，"须于严正之中，开以一线之路"，如表文"情词恳切，立言恭顺"，即为其陈奏天子。

福康安接到帝谕之后，经过调查思考，向帝奏称：黎维祁"系一童騃昏竖，不足怜惜，其国中亦并无爱戴故主者"。"阮惠既欲号召国人，自必仰藉天朝声势，其畏惧震慑，似非虚假"。但其曾抗拒天兵，此时未便即允其降，"当于拒绝之中，予以转旋之路"。福康安之奏，既充分理解了皇上不再出兵之旨，又符合安南国情，指出阮兴黎亡之必然结局，主张允贡许和，但需有所拒绝，又予转旋，以保持天朝尊严。乾隆帝于三月二十四日读到此折后，下谕给军机大臣，赞扬福康安所奏"大端已得，只可如此办理"。

阮惠从历次奏请之中，谅必也揣摩透了天朝大皇帝的性格和脾气，故尽量"恭顺"和"恳切"。他采取了一个重大的行动，派遣亲侄阮光显赍表抵关"乞降"求贡，并吁恳进京入觐。表文大意是："言（己家）守广南已九世，与安南敌国，非君臣，且蛮觸自争，非抗中国。请来年亲觐京师，并愿立庙国中，祀死绥将士。"善于理解帝旨力主许贡的协办大学士、两广总督、一等嘉勇公福康安，立即上奏朝廷。乾隆帝抓住这一时机，决定许贡允降了。他于五月初三日看到福康安之奏后，谕军机大臣：阮惠遣伊亲侄求降进表，"其情词迫切，实属出于至诚，已另降敕谕，令福康安宣示，看来此事即可完结"。

乾隆帝于五月初三日写成颁与阮惠之敕，引录了奏表中的重要内容，宣布了帝对阮惠（表文称阮光平）求贡之事的处理意见，现摘录如下：

> "敕谕安南阮光平知悉。据协办大学士、两广总督、公福康安等奏，尔遣亲侄阮光显，敬赍表贡，抵关乞降等语，将原表呈览。朕阅尔表内称：尔先有广南之地，非与黎氏有上下之分。上年曾遣人叩关，备陈与黎氏拘衅缘由，边臣驳

书，不即递达。嗣官兵出关征剿，直抵黎城，尔于今年正月前至黎城，欲向黎维祁询问吁请大兵之故，不料官兵一见尔众，奋勇杀戮，尔手下人等猝难束手就缚，又值江桥拆断，官兵致有损伤，不胜惶惧，已屡次遣人叩关请罪，并送回未出官兵，其戕害提镇之人，业目睹正法。本应躬诣阙廷，陈情请罪，因国内初罹兵革，人情惶惑，尚未安集，谨遣亲侄阮光显随表入觐。并据阮光显禀称，尔俟国事稍定，尚乞亲身到京瞻觐，等语。……（黎氏臣事天朝，被尔所灭，故发兵，字小存亡，并以天厌黎氏，令孙士毅撤兵）尔以安南头目，敢于抗拒官兵，戕害提镇大员，获罪甚重，是以将福康安调任两广总督，原令调集各路大兵，整军问罪。但念尔屡次遣人叩阙请罪，是尔尚知畏惧天朝，朕怜汝诚心悔罪，已往之事，不复深究矣。但非亲身诣阙，请罪乞恩，仅遣尔侄阮光显随表入觐，遽思仰邀封号，天朝无此体制。尔既未列藩服，所有贡物亦未便收纳，著仍发交领回。如尔必欲输诚纳款，乾隆五十五年八月，届朕八旬万寿，维时距今又越年余，尔国内亦当安集，尔即可禀知督臣，亲自赴京吁恳，以遂瞻云就日之私。再于安南地方代为许世亨等建立祠宇，春秋虔祭，庶可稍赎前愆。届时朕鉴尔畏感悃忱，自必格外加恩，或即封以王爵，世世子孙，可以长守安南。彼时再呈进贡物，亦即可赏收，仍当加之厚赐，以示优眷。……兹特赐尔珍珠手串一挂，尔当祗承恩命，计程于明年六七月内至京，亲诣阙廷恩请，以冀永承渥眷，勉之，钦哉。特谕。

这是一道绝妙之谕，确有略加评论的必要。绝妙之一，此敕所引录阮光平的表文，逻辑严密，简明扼要，用词考究，表述清楚，初读起来，其恭顺恳切之情，溢于表文，阮光平真像是一位忠于天朝、清白无辜、遭谤蒙冤的恭顺外藩。但若联系历史实际，综合分析，便不难看出，表文所叙诸事，有真有假，目的在于求帝许贡。阮光平所言，屡次遣人即关请罪，送回未出官兵，此系确有其事。所谓已将杀害提督许世亨等将领之人正法一说，恐只是说说而已，有谁远去三千里外的富春观看、调查正法与否之事？至于阮为广南之主，与黎氏无君臣之分，正月兴兵是专问黎维祁，不是进攻清军，更与前引黎城之战事实不符，不过是诡辩之词。可见就表文列引之事而言，是假多于真。当然，这道表文有一点，也就是此表的主题，应当说是真实的，即阮光平竭力请求清帝谅解，允其朝贡，授其封号。为此，他专遣亲侄奉表入觐，并乞"亲自到京瞻觐"。这一招棋，十分有效，对打破双方关系的僵局，产生了重要的作用。

此敕之中，更为绝妙的是乾隆帝对阮光平所讲之话，大致可归纳为四点：其一，言阮之非。一为黎氏臣事天朝已久，阮光平从未修贡。这就是说，阮惠显系黎维祁之臣，否定了阮氏所云与黎无"上下之分"的辩解。二为阮氏"拘乱称兵"，嗣孙吁请救援，故清军出关攻取黎城。这样讲，实际上是驳斥了表文对阮军攻黎一事的粉饰之词。三为阮兵伤害清军将士，"戕害提镇大员"，"获罪甚重"。其二，宥阮之过。因阮罪重，故调福康安任两广总督，集聚兵马，整军问罪，但念阮"诚心悔罪"，故停兵不动，不究往事。敕谕此言显与事实出入很大，乾隆帝早在弄清阮光平真心求贡之前，就已决定不伐广南了。敕谕之如是撰写，不过是故作恣态摆摆天朝架子而已。其三，诱阮入朝。因阮光平求降进表，"出于至诚"，可以不计其过，但仅遣亲侄奉表，便思邀求封号，无此体制。若要请封，阮惠必须亲自赴京，恭祝万寿，吁恳特恩，并建阵亡将士祠宇，这样，就可封其为安南国王，子孙世袭，否则，既不赐封，又不收受贡物。其四，自食其言。为了达到让阮惠亲贡受封了结全局的目的，敕谕不仅明确宣布不追旧事，将予赐封。全文语气十分温和，而且在两大问题上上下其手，故意轻言其非。一是虽然讲到清军出关援黎之事，但含混其词，并未点明此是征讨阮之作乱，稀里糊涂支吾过去。二是在叙述黎城之战时，竟完全照引表文之话，声称是阮惠欲向黎维祁"询问吁请大兵之故"，官兵先动手，"奋勇相战"，阮兵才"畏死抵拒"，致伤官兵。这样一来，过去乾隆帝多次指责阮惠谋篡作乱和攻打"天兵"的两大罪状，都被他自己否定和取消了。

乾隆五十四年五月初三日，也就是乾隆帝下达敕谕阮光平决意许贡的这一天，他又下了一谕，让阮光显进关，至热河山庄朝觐，并让其转谕阮惠以皇上的恩惠。其谕说：此次阮惠又遣其亲侄阮光显"赍表乞降，情词较前倍加恭顺，自属出于畏威至诚"，现已降敕与阮惠，福康安即令阮光显遣人赍敕，交阮惠阅看后，再令阮光显进京，于七月二十日以后，行抵热河。那时，蒙古各部王公台吉俱来朝觐，"俾阮光显得睹车书一统万国享王之盛"，与诸王公台吉"同邀筵宴之荣，自属更善"。并向阮光显告知：黎维祁丢失大皇帝重颁印信，本应重治其罪，念其累代恭顺，故仅予安插内地，不会令其复回黎城主持国事。阮惠如于明年万寿前亲来瞻觐，"大皇帝必格外加恩，或即予以王爵，子孙世守安南"。

过了十六天，五月十九日，当他知悉阮光显告知阮惠上述情形后，"该国臣民共生欢幸"，阮惠又遣使"赍送谢仪，词令礼文，较前倍加恭谨。看其感激畏服，竟属出于至诚"，阮惠明年必然进京瞻觐。他即下谕说：明年如果阮惠亲自来京，"即当特降恩纶，加封王爵，优予赏赐"。

著福康安再行"剀切檄谕阮惠",明年恭遇大皇帝八旬万寿,果能自行诣阙抒诚,"大皇帝必当格外加恩,予以王爵,渥受宠锡,尔之子孙,亦可世守安南,永备藩服"。"如此明切谕知,自不致更生疑虑","阮惠自必坚心欣戴,踊跃来朝。"

闰五月十六日,两广总督福康安、广西巡抚孙永清的重要奏折,送到京师。二人奏称:已将赐与阮惠的敕谕和珍珠手串,赍至镇南关,于五月二十五日召阮光显进关授与。阮光显拜阅敕书后,"叩头不止。称小邦番目亲属,今日捧诵纶音,敬感圣德天威,俯鉴我叔光平殷恳畏悚微枕,宥其前罪,复许投诚,格外宠以玺书,颁以珍物,万分荣耀"。今即奉大皇帝恩旨准令进京,即不敢再行出关,当令随员恭捧敕书恩赏,并赍敕谕,送往黎城,并亲自写信寄告阮惠,"谆嘱速修谢表,并恳请于明年入京瞻觐"。"察其神色,实属喜出望外"。阮光显的诚恳心情和精采言辞,以及福康安的妥善安排与从中促进,使乾隆帝加快了允贡的步伐。他在读过奏折后,谕告军机大臣:"此事福康安办理妥协,殊属可嘉,览奏深为欣悦。"

六月二十二日,在双方改善关系上是一个十分重要的日子。这一天,乾隆皇帝撤消了原来要阮惠进京朝觐后才授封纳贡的前提条件,改为下谕立即册封。次日,福康安、孙永清之折到京,二人奏称:六月初五日,阮惠遣人恭赍谢表与贡物到镇南关,现将表文二道,呈请御览,贡物是否赏收,仰候训示办理。表文"情词肫切,出于至诚",且称已先为阵亡提镇大臣筑坛奠祭,现于国内择吉立庙,请颁发提镇官衔谥号,以便祭祀。乾隆帝看过表文,谕军机大臣:"朕览阮惠呈进表文,极为恭谨,自系出于感激至诚,而于瞻觐祝厘之处,尤属肫恳殷切。该国镇抚民人,全仗天朝封爵,况造邦伊始,诸事未定,尤赖正名定分,明示宠荣,以为绥辑久远之计"。现明降谕旨,

将阮惠封为安南国王，并另降敕谕，先为详晰晓示。所有
封爵敕印，候阮光显入觐返国时，即令其赍回。所进贡
物，收纳送京，另加恩赏。因阮惠进表谢恩，"特制诗章，
御笔亲书以赐"。著将敕谕及御诗，发交福康安，令派满
洲能干道府一员，赍送安南，面交阮惠祗领。

其敕说：

"敕谕安南阮光平知悉。据协办大学士、两
广总督、公福康安奏，为尔具表谢恩，展陈觐
悃。朕披阅表内词义肫恳，并请于明年进京入觐
祝厘，具见恭谨，所有赍到贡物，已谕令赏收，
以遂尔芹曝之献。安南以黎维祁庸愦无能，天厌
其德，国祚告终。尔现已悔罪投诚，遣亲侄阮光
显奉表瞻觐，祈求恳切，不啻再三。朕顺天而
行，有废有兴，悉归大公至正，本拟俟明岁亲行
叩觐时，赏给王爵，兹阅尔表内所称，造邦伊
始，必须仰赖天朝宠荣，锡之封号，方足以资驾
驭，自属实情。用是特降恩纶，封尔为安南国
王，俾资镇抚，并亲书御制诗章，赐为尔国世
宝。……"

乾隆帝册封阮惠为安南国王的册文，是这样写的：

"朕惟王化遐覃，伐罪因而舍服，候封恪守，
事大所以畏天。鉴诚悃于荒陬，贳其既往，沛恩
膏于属国，嘉与维新，贲兹宠命之颁，勖以训行
之率。维安南地居炎徼，开十三道之封疆，而黎
氏臣事天朝，修百余年之职贡，每趋王会，旧附
方舆。自遭难以流离，遂式微而控愬，方谓兴师
复国，字小堪与图存，何期弃印委城，积弱仍归
失守，殆天心厌其薄德，致世祚讫于终沦。尔阮
光平起自西山，界斯南服，向匪君臣之分，寖成
婚媾之仇。衅起交讧，情殊负固，抗颜行于仓

狰，虽无心而难掩前愆，悔罪疚以湔除，愿革面
而自深痛艾。表笺吁切，使先犹子以抒忱，琛献
憬来，躬与明年之祝嘏，自非仰邀封爵，荣藉龙
光，曷由下苍臣氓，妥兹鸠集。凡此陈词以实，
胥征效顺弥虔，况王者无分民，讵在版章其土
宇，而生人有司牧，是宜辑宁尔邦家，爰布宠
绥，俾凭镇抚，今封尔为安南国王，锡之新印。
于戏，有兴有废，天子唯顺天而行，无贰无虞，
国人咸举国以听，王其懋将丹款，肃矢永竞，固
圉以长其子孙。……钦哉，毋替朕命。"

乾隆帝赐与阮惠的诗如下：

> "三番耆武匪佳兵，昨岁安南重有征。
>
> 无奈复黎黎厌德，爰教封阮阮输诚。
>
> 守封疆勿滋他族，传子孙恒奉大清。
>
> 幸沐天恩钦久道，不遑日监凛持盈。"

既赐敕谕，又册封为王，还赠御制诗书，双方敌对关
系完全结束，代之而来的是友好往来，紧密联系。五十四
年七月中，阮光显奉表到达热河。二十四日乾隆帝在避暑
山庄的卷阿胜境，召见阮光显，赐宴，令其随同蒙古王公
文武大臣入座观戏，赏给阮惠玉观音、玉如意及金丝段、
朝珠等物，赏阮光显磁罗汉，玉如意、金丝缎、银盒等
物，对其副使及随行人员，亦分别赏与如意、缎、盒、银
两。乾隆帝又于当日下谕说：从此以后敕谕该国及守土各
官，以及安南行文，俱改称阮惠为安南国王，不再以国长
相称。待八月初十日大宴时，仍行厚加赏赍。明年阮光平
亲来祝寿时，其入座位次，令在宗室亲王和旧外藩亲王之
下郡王以上，"其赏赉更当格外优渥"。

同日，乾隆帝颁行《御制再书安南始末事记》，叙述
弃黎封阮的原因和意义，其文为：

> "……盖黎维祁之庸昏，孙士毅之失算，以

致阮惠复据安南，向固言之详矣。然使孙士毅即早遵旨班师，而阮惠亦必复来，是不过无伤我官军之事耳，但甫经兴灭继绝之藩国，视其仍灭绝而弗救可乎？则是师犹无了期也。兹黎民实因天厌其德而自丧其国，而阮惠以获罪王朝，震悚悔过求降，并请诣阙乞封，斯则不劳师而宁众，与封黎氏无异。……夫予临御五十四载，经大事屡矣，每以危而复安，视若失而乃得，即予自问，亦不知何以臻此，所谓非人力也，天也。天之眷予者独厚，不忍言报，惟恐弗胜，即此纳降安南一事，恐后人未识轻重久长之至意，故复叙而书之。"

乾隆帝此文，字句不多，但含意颇深，其中两点尤为特别突出。一是对清军败于黎城的原因，有了更为深刻的认识。迄今以前，他都将此归咎于孙士毅不遵谕旨未及早撤军回关，似乎孙若早日班师回朝就万事大吉，黎维祁复主安南，兴灭继绝之壮举将永载史册。现在他不这样看了，他清楚地了解到黎维祁昏庸，黎氏气数已尽，安南已经到了应该改朝换代的时候了。他在此文中实际上已经明确暗示，本来就不该出兵安南，不该帮助黎氏复国，这才是决定清军失利的根本因素。正如文中所说，即使孙士毅提前回到关内，也不过是暂时避免了一次失败，问题并未解决，还得再次派兵，还将再遭惨败，"师犹无了期也"。

另一更为重要是乾隆帝由此而举一反三，认真思考，检讨自己施政得失。阮惠之积极求贡，"恭顺恳切"，因而封王许贡，使万难了结之事得以解决，使他摆脱了进退维谷的困境，从失败转为成功，即文中所言"斯则不劳师而宁众，与封黎氏无异"。但这一胜利，这一特功，来之偶然，非清军威所致。如若阮惠不来求贡，堂堂天朝大皇帝，竟然败于"安南土目"之手，而且紧闭城门，掩旗息鼓，不敢再战，不敢言战，这是何等的奇耻大辱，纵有唾面自干的才干，也难掩其丑。可是，皇天特别厚待乾隆帝，每每使他危而复安，失而复得，居然出现了他意想不到的极好机会，阮惠恳切求贡，因而转危为安，愁眉舒展。乾隆帝由此想起了许多往事，回忆起不少危局。一征金川，经略讷亲、总督张广泗兵败遭斩，战事难以延续，他强忍羞惭，认输罢兵，连下十数道谕旨催督大学士傅恒班师，皇天保佑，莎罗奔率众乞降，傅恒得以"功成"回朝。征准部，达瓦齐刚降，阿睦尔撒纳即叛，定北将军班第被围自尽，攻回部，定边将军兆惠被困黑水营，打缅甸，将军明瑞败死小猛育，经略傅恒困驻老官屯，等等狂风暴雨，皆随之而去，或是敌方主动"悔罪求贡"（如缅王），或是遇逢佳机，转败为胜（平准定回），正如文中所说"每以危而复安，视若失而乃得"，"天之眷予者独厚"。乾隆帝虽言蒙天厚宠，但亦深知难以仅仅依凭于天（即碰运气）而轻举妄动，故特书此文，告诫子孙要慎之又慎，三思而行，惟恐"后人未识轻重久长之至计"。乾隆帝的这种态度是正确的，真能如此治政，是会避免许多不必要的损失，少做不少蠢事。

正是由于乾隆帝认为阮惠的恳切乞降求贡，解决了安南之难题，即他在另一谕中所说："仰赖上苍眷佑，不烦兵力，而该藩悔罪抒诚，恪恭奉命，较之劳师动众，其成功难易，奚啻霄壤，此人所未敢遽信者，而竟得如此善全"，确当"庆幸也"。因此，他对阮惠入朝特别重视，格外优待，这表现在以下五个方面：

其一，厚待其侄阮光显。阮光显屡赴镇南关，首次代叔入觐，"情词恳切"，应对有节，交际有方，取得了福康安的信任，解除了乾隆帝的怀疑，对促进朝贡、封王、通商、关系正常化，起了重大的作用。因此乾隆帝不仅在承德避暑山庄多次召见阮光显，屡屡赐宴，厚赏礼物，并令

中华藏书

大清十二帝·最新整理珍藏版

中国书房

其入贡经过的沿途督抚，好好款待，故各督抚对阮光显皆"赏赉加优"，甚至"赏给未免过优"。他还特谕军机大臣，令阮光显从承德朝觐后即回北京，所有颁给阮惠的敕印，交礼部赍捧回京，择定吉日，著留京的王大臣颁发，命阮光显在太和门内丹陛下行礼祗领，大学士、一等诚谋英勇公阿桂捧印，大学士嵇璜捧敕，派赞礼郎照例赞礼，俾其"得瞻仰阙廷，并睹礼仪整肃"。这都是其他外藩贡使难以享有的厚遇。

其二，允其所请，沛施特恩。从五十四年六月二十二日乾隆帝降谕册封阮惠为王以后，直到五十五年八月阮惠至避暑山庄祝帝八十万寿，这一年多的时间里，阮氏有所奏请，基本上皆蒙帝批准。比如，阮惠以安南地处僻区，"恳颁正朔"，并以"物力衰耗"为由，"恳恩将水口关准令商贩出入，则全境生灵俱获利用"。乾隆帝下谕说：其王"抒诚效悃，已就藩封，其境内黎元，皆吾赤子，自应准其开关贸易，早一日即民受一日之利"，著该督抚将水口等关，即令照常贸易，并颁发时宪书　赐与安南。阮光显回到广西时，向两广总督福康安说："爱内地蟒袍华美，为生平所未见"，在京购买数件，于汉口又复购买，现国王"复呈寄式样，请织交龙蟒袍，以为朝谦之服"。福康安立予应允，赶行办制发行，并奏报朝廷。乾隆帝误以为阮惠"心慕华风"，欲到热河朝觐时，更换清朝衣冠，"以表其恭敬之意"，十分高兴，谕告福康安；阮若真有此意，必格外加恩，锡以章服，不但按亲王品级，给予红宝石帽顶、四团龙褂，而且要照皇子服色，赏给金黄蟒袍，"以示优异"。但安南国俗，"向沿汉制，衣服及蓄发，断不可改"，令福康安询问明白，阮惠是欲改服清制，还是想买汉制衣冠，再行决定。不久，福康安寄上阮所呈请的蟒袍式样，"系汉制圆领"，此事始休。阮惠因曾与暹逻交战，恐暹逻使臣告状，寄信与贡使阮宏匡，令其"据实陈奏"，以免皇上听信暹使之言，又以王母年登八十，气体颇衰，需要上等人参以供食用，让贡使采买。为此，乾隆帝赐阮惠敕说：外藩均为属国，"朕从来抚驭中外，一视同仁，属国陪臣断不敢以国中私事，上渎听闻"，帝亦不垂问各国私事。以此释其疑虑，并念国王"忠孝双全，深可嘉尚"，特赐人参一斤，以资王母补益。

其三，两封世子。阮惠于入觐前夕，呈上谢恩表文。福康安将表差人送到北京，并奏阮惠带领亲子阮光垂等一同瞻觐。乾隆帝为此特颁敕谕与阮惠，封其子为世子。敕谕说："朕览王表，情词真挚，爱戴肫诚，披阅之余，深堪嘉尚。"国王亲率王子，远逾万里，诣阙祝寿，王子年甫垂髫，"情殷瞻就"，特降旨封王子阮光垂为世子，俟入觐时，颁发敕书，赏给冠服，兹先赐王子御用大荷包一对、小荷包二对、香器四匣，"用示优宠"。阮惠奉敕后，立即上表谢恩，并言光垂乃系次子，长子阮光缵留镇安南，乾隆帝又下谕旨，改封阮光缵为世子，赞其"粹质温醇，英姿瑰特"，谕其在家思孝，在国思忠。一国两封世子，尚为罕见，可算是帝对阮惠之优遇。

其四，安插旧王黎维祁。阮惠曾希望清帝遣放黎维祁回安南，怕其留在内地，遥遣官将，私返安南煽动臣民叛乱。乾隆帝因黎系穷迫来归，且其祖先臣服清朝一百余年，甚为恭顺，不能驱其返乡，遭阮残杀，拒绝了这一要求。但是，他充分考虑阮氏的愿望，采取一系列措施，彻底杜绝了黎氏再起的可能性。他先将黎维祁及其眷属臣民安插在广西，令其剃发易服，并让阮光显观看其情，以示决不放其归国复主安南。不久，又令福康安将其及属下人等全送北京，归入汉军旗下，编一佐领。继因其安插在广西各府者有三百七十六名，"人数未免太多"，超过一佐领的人数，改为仅让其支属亲戚和官员，约八十户左右，送到北京，编一佐领，其余之人，散遣于江南、浙江、四川等省，分隶督抚标下，"令其入伍食粮，藉资约束，以徐归民"，授黎维祁为三品职衔的佐领。以其臣黎炯等四人坚不剃发易服，并欲出关恢复故国，劝说无效后，解京监禁。这对巩固阮惠的统治，铲除遗患，起了重大作用。

其五，从优款待入觐之王。乾隆帝为示优待安南王，特下两谕，要在阮惠入觐时行抱见礼和赐与金黄鞓带。上谕说：阮惠躬诣阙廷，祝寿瞻觐，"实属出于至诚"，俟其到京时，"欲令行抱见礼，以昭优异"。著福康安向其告知，"此系逾格施恩"，"实为希有宠荣"。阮惠所用衣服冠带，已命如式制造，候其来京时赏给，但该王在国内所系之带，是红鞓，现加赏金黄鞓带，"以昭优异"。需告阮惠："天朝体制，惟宗藩始得系用此带"，今国王蒙此殊恩，"比于亲藩"，实为难得的宠荣。

乾隆帝命大学士、一等诚谋英勇公阿桂等专门议定各省总督、巡抚接见安南国王之礼仪，"以宾主之礼相待"。其仪为：宾（指安南国王阮惠）至总督、巡抚衙门的辕门，从官启辞，执事官转启，宾乘舆至大堂，督抚延宾于大堂上。宾西面，主人东面，宾行一跪三叩礼，主人答拜等等，既隆重，又详细。

阮惠入觐后，由"天朝军国重臣"协办大学士、两广总督、一等嘉勇公福康安亲自陪同，远行数千里，沿途设宴款待，十分丰盛，甚至"逾格优待"。有的督抚，仰见皇上宠遇阮王，又有福康安陪同，希冀获帝欢心，更大肆铺张，"欲将道路桥梁，途间屋宇，俱为修茸粉饰，甚至路旁枯木，皆行伐去"。直隶总督梁肯堂更刊刻传单，规定饭食规格，一日需银四千两。热河道府力不能支，面禀军机大臣："接到沿途传单，供应阮光平等尖宿，一日约用银四千两。"阮到热河后，一切供支，是否照沿途传单办给。军机大臣碍于皇上和福康安，不敢直言其非，向帝奏称："阮藩到此瞻觐，已奉旨令膳房供给饭食，务须丰盛"。若沿途已格外加丰，此处似不便从简，又难再有加增，请帝降旨定夺。乾隆帝看到款待太为浪费，太破格了，予以谴责。他谕军机大臣：阮惠入觐，福康安已给与米面肉等，陆路供应，不过肉菜，何需日用四千两。且每日尖宿供应即需四千两，"则其余宴赍舟车夫马等费，更无所底止矣"。每年帝宴赍蒙古王公大臣及各国使臣，"所用宴桌，每次皆需一百（桌）上下，用银亦不过在一千两内"。此必不晓事之督抚张大其事，任听属员怂恿，"踵事增华"，而"地方官亦借此浮冒侵渔"。每日用银四千两，往返将近二百日，当用银八十余万两。著查明系何省督抚开创此例。随后查清，系直督梁肯堂所办，帝降谕指责其"过事糜费"，但亦不了了之，未予处罚。

乾隆五十五年七月十一日，乾隆帝在承德避暑山庄卷阿胜境召见安南国王阮惠及其得力助手大臣吴文楚，以及哈萨克汗之弟卓勒齐等，赐其入宴，同扈从王、贝勒、贝子、公、大臣、蒙古王公、回部王公、缅甸及南掌国使臣等就席，阮坐于亲王下、郡王上，帝予赐食，并赐阮王以御制诗和冠带等物。其诗为：

"赢藩入祝值时巡，初见浑如旧识亲。

伊古未闻来象国，胜朝往事鄙金人。

九经柔远祇重译，嘉会于今勉体仁。

武偃文修顺天道，大清祚永万千春。"

阮惠蒙受特恩，十分高兴，于十一月二十九日回至镇南关，请守臣代呈谢恩表文。乾隆帝知悉，又御书寿字，赐阮惠，"以为新春吉庆"，并加赏金线葫芦大荷包一对、小荷包四对，内分贮金钱二个、金八宝一分，另赐白玉鹅一件、汉玉象一件、珐琅金盘一件、海棠盒一对、奶皮一匣、奶饼一匣，"用示眷注垂念之意"。其实，阮惠并未亲自入贡，而是派弟代替冒充，因为他既怕国中有变，又怕清帝拘留。

第二年，五十六年，阮惠以击败黎维祁之弟黎维祉及万象国之兵来献捷。五十七年九月二十九日阮惠于义安去世，乾隆帝知道以后，特赐御制诔诗，派广西按察使成林赍赴义安，于其茔前焚化，又赏大哈达一个、银三千两，"俾作好事"，封世子阮光缵为安南国王。其御制赐诔安南国王阮惠之诗为：

"外邦例以遣陪臣，展觐从无至己身。

纳款最嘉来玉关，怀疑堪笑代金人。

秋中尚忆衣冠肃，膝下诚如父子亲。

七字不能罄哀述，怜其忠悃出衷真。"

乾隆帝因阮惠去世后阮光缵年幼，很担心其国的政局变化，恐怕新王难以应付危局，下谕给军机大臣说："阮光平仰仗天朝威命，抚有安南。"但究系新造之邦，人心未能十分镇定。况与兄弟不睦，阮岳尚在广南，未免心怀窥伺。即其亲信大臣吴文楚，虽系阮光平帮同起事之人，亦未必忠诚可靠。阮光缵年幼，国中一切事务，必归吴文楚管理，"恐伊因主少国疑，中藏叵测，或致有迫胁专擅之事"。著成林到义安祭奠时，不动声色，暗加访察，如吴文楚能始终如一，为幼主尽心管理国事，"朕当优加奖励"，若其居心行事，多有不驯，成林即据实速奏，"候朕酌办"。他又派福康安由四川赴往广西，以资弹压。他谕军机大臣：阮惠与其弟兄不睦，该国陪臣吴文楚久掌国事，亦恐非安分之徒，设有变乱，难以处理，需派大臣驻扎粤西数月，"而该国人情震慑，究不如福康安之声威素重"，必得福康安去广西多驻数月，"方足以资弹压"。著即传谕福康安星赴粤西，"妥为经理"，并赏给御用葫芦大荷包一对、小荷包四对，"用昭优眷"。

福康安赶赴广西，调兵备边。不久，使臣广西按察使成林回，告称其国安定无事，乃停止，福康安移任四川总督。

其实，阮惠家族亦即史称"新阮"之忧，不在国内，不在阮氏弟兄不睦及吴文楚专权，而是旧阮的东山再起。乾隆五十一年，阮惠、阮岳弟兄发兵攻灭其主广南王时，其妻黎氏有孕，逃居农耐（今西贡）。黎氏生子阮富映，潜匿民间，长大后，逃往暹罗。暹罗王与阮惠有仇，故以妹嫁与阮福映，助以兵，攻克农耐，据地称雄，势力迅速强大。嘉庆四年（1799年），阮福映发兵攻克富春，七年八月取昇隆城，阮光缵败走被擒。此时，乾隆帝已去世三年多，无法保护新阮了。

尽管新阮二世而灭，但乾隆帝决策不再出兵安南，迅速实现允贡、封王、通商，中国与安南之间关系正常化，彼此频繁往来，互易有无，交流文化，对两国的经济发展和边境安宁，都起了重大作用。乾隆帝为此作出了很大的努力，取得了很大的成就，其功其勋是不会被抹煞的。

# 第八章　土尔扈特部归来

　　土尔扈特本为厄鲁特蒙古四部之一。早在十七世纪二十年代末，它从中国的天山以北迁移到了里海之滨伏尔加下游地区游牧。过了将近一个半世纪，即乾隆朝平定准噶尔以后的十多年，他们忽然又跋涉万里，从伏尔加河回到中国，成为当时轰动中国和全世界的一大事件。

　　远离故土的土尔扈特人，在沙俄经常的侵略威胁之下，不能不怀念自己的家乡和留在家乡的亲人。土尔扈特部迁到伏尔加河下游以后，就几次想重返祖国，由于路程遥远，旅途艰难而未能付诸行动。

　　土尔扈特西迁伏尔加河下游后，也一直和清朝中央政府保持密切联系。早在顺治时期，土尔扈特就多次遣使入贡。顺治十二年（1655年），和鄂尔勒克的长子书库尔岱青遣使锡喇布鄂尔巴向清朝"奉表贡"。两年后，土尔扈特的罗卜藏诺颜（书库尔岱青之弟）及其子多尔济，遣使沙克锡布特向清政府"贡驼马二百余，复携马千，乞市归化城"，清政府同意其请求，进行了马匹贸易。康熙时期，和土尔扈特部的联系也很频繁，康熙三十六年（1697年），清政府平定葛尔丹叛乱后，土尔扈特汗阿玉奇派诺颜和硕齐等随策妄阿拉布坦使者，一起"入贡庆捷"。康熙四十三年（1704年）阿玉奇嫂携其子阿喇布珠尔"入藏礼佛，策妄阿拉布坦阑之，不得归"。阿喇布珠尔不能返回伏尔加河，遂遣使至北京，向清廷陈诉，并求内属。清廷封阿喇布珠尔为固山贝子，令其居于嘉峪关外。由于策妄阿拉布坦的阻梗，一度使土尔扈特与祖国往来通道堵塞。但土尔扈特仍千方百计，另觅途径，和清政府保持着联系。康熙五十一年（1712年）阿玉奇汗的使者萨木坦等"假道俄罗斯，达京师，表贡方物"。萨木坦等历尽旅途的艰辛，取道西伯利亚、库伦，经两年之久才到达北京。康熙为了表示对远离祖国、寄居异乡的土尔扈特部的关怀，并希望联络阿玉奇、牵制策妄阿拉布坦，特派内阁侍读图理琛等组成使团，前往伏尔加河下游，探望土尔扈特部，这就是历史上著名的"图理琛出使"。使团于康熙五十一年（1712年）五月出发，经色楞格斯克、叶尼塞斯克、托博尔斯克、喀山，于五十三年春到达伏尔加河下游阿玉奇汗的驻地。土尔扈特人听到祖国使节到来的消息，欣喜若狂，立即召集部落，修治毡帐，沿途陈设筵宴，十分隆重地接待了使节。图理琛等转达了康熙帝的问候，阿玉奇汗明显表示了对祖国的依恋之情。他说："满洲、蒙古，大率相类，想起初必系同源。"指出土尔扈特的"衣服帽式，略与中国同。其俄罗斯、乃衣服语言不同之国，难以相比"，而且"公开声称厌恶俄国"。阿玉奇汗向图理琛等详细询问了祖国的政治、经济情况，对使团非常热情，"留旬余，筵宴不绝"，表现了土尔扈特人民和首领对祖国深厚的感情。使团于康熙五十四年夏回到北京。乾隆二十一年（1756年），土尔扈特汗敦罗布喇什（阿玉奇之孙、渥巴锡之父）遣使吹札布，绕道俄罗斯，经过三年的艰苦旅程，回到国内，与清政府联系。乾隆帝在避暑山庄万树园接待了吹札布，吹札布代表敦罗布喇什向皇帝呈献贡品、方物、弓箭袋，并请求去西藏谒达赖喇嘛，乾隆允其所请，并高兴地赋诗以志：

　　"乌孙别种限罗义，假道崎岖岁月赊。

天阙不辞钦献照，雪山何碍许熬茶。

覆帱谁可殊圆盖，中外由来本一家。

彼以诚输以诚惠，无心蜀望更勤遐。"

　　翌年，吹札布从西藏返回北京，又受到乾隆皇帝的召见。吹札布陈述了土尔扈特人民在沙俄压榨下的痛苦，他说：土尔扈特对俄国只是"附之，非降之也。非大皇帝有命，安肯为人臣仆"。吹札布对乾隆的陈诉，说明了土尔扈特虽远离祖国，却始终承认自己是多民族祖国的一个成员，承认和清朝保持着臣属关系。

　　清雍正二年（1724年）阿玉奇汗病逝，其儿孙们觊觎汗位，发生了一场斗争。沙俄政府插手其中，要安排自己信任的人担任土尔扈特的领袖。政府给阿斯特拉罕长官的训令中说："力求避免领主们（指土尔扈特贵族们）完全按自己意愿选择汗。"并授意以阿玉奇的外甥道尔济·纳札洛夫为汗，却遭到土尔扈特贵族们的强烈抵制。沙俄政府无奈，只得让步，承认了阿玉奇汗生前指定的汗位继承人车楞敦鲁布（阿玉奇之幼子）。沙俄政府虽然没有成功在土尔扈特内部安置自己的代理人，但却取得了认可土尔扈特汗位的权力。

　　车楞敦鲁布死后，敦罗布喇什（阿玉奇之长子沙克都尔札布的第五子）继承汗位。沙俄政府又进一步要求把敦罗布喇什的儿子作为人质，送往俄国，还要敦罗布喇什保证："（对俄国政府）忠诚效劳，不同外国及异族交往，不派使团。如有使团见他，则报请（沙皇）宫廷决断"。敦罗布喇什只得将第二子萨赖送去做人质，长期被拘禁在阿斯特拉罕。敦罗布喇什不堪失子之痛，几次写信给俄国女皇，要求放回他的儿子。他得到的答复是："政府决定要卡尔梅克汗的儿子做人质，这是无可改变的。"后来，萨赖惨死于阿斯特拉罕拘所。俄国政府的严密控制与高压手段，把土尔扈特人心中仇恨的火焰点燃了。

乾隆二十六年（1761年），敦罗布喇什去世，其19岁的幼子渥巴锡继汗位。俄国利用汗位交替的时期，施加压力，以求达到完全控制土尔扈特部的目的。首先是通过改组"札尔固"（部落会议）以限制汗的权力。"札尔固"本是土尔扈特汗之下的机构，由汗所信任的8名首领组成，"实际上是汗手下的辅助大臣和助手"。根据1640年《蒙古卫拉特法典》的规定："札尔固的一切决定只有经过汗的批准方能在法律上生效。"但沙俄政府在渥巴锡继汗位的次年，颁布了新的札尔固条例，规定札尔固成员不得由汗任命，它的"组成必须经过俄国政府批准"，汗不能随意改变札尔固的决议。这企图通过改变札尔固的组成和职权，来捆住渥巴锡汗的手脚。

俄国政府还企图扶植已经东正教化了的土尔扈特贵族敦多克夫家族，以代替渥巴锡来统治土尔扈特人。"让敦多克夫重建土尔扈特部政权"从而使土尔扈特"成为（俄国）一个新的行政区域"。敦多克夫家族是阿玉奇第四个儿子衮札布之子敦罗卜旺布（即敦多克奥木巴）的后裔，敦罗卜旺布的后妻贾恩和她所生的儿子道迪比和阿沙莱，长期住在彼得堡，接受了东正教的洗礼，改成俄国姓敦多克夫。俄国政府的这些措施，不仅激怒了渥巴锡，也损伤了土尔扈特人的民族自尊心与宗教感情。

俄国政府还向土尔扈特人的居住地大量移民，鼓励成千上万的顿河哥萨克举家迁徙到伏尔加河下游，挑起土尔扈特和哥萨克移民之间的争端。沙俄的移民政策，给土尔扈特的经济与社会带来严重后果，"使卡尔梅克游牧区的土地逐渐缩小。这一政策打击了那些拥有成千上万马群、牧群和人口众多的兀鲁斯的大封建主的经济利益"，同时"也加剧了卡尔梅克居民生活条件的恶化"。

沙俄政府和瑞典、土尔其频繁地进行战争，向土尔扈特部无休止地强行征兵，造成土尔扈特民族的巨大灾难。

中華藏書

第六卷 雄才大略，诗人皇帝

中国书店

一四二七

乾隆三十年（1765 年）后，沙俄政府"屡征土尔扈特与邻国战"，"拣土尔扈特人众当其前锋"，土尔扈特人为俄国作战而伤亡惨重，"损伤土尔扈特人众数万，归来者十之一二"，因而造成了"人人忧惧"和整个部落的动荡不安。上述沙俄政府对土尔扈特的控制和迫害，必然激起其人民的强烈反抗，同时也更坚定了他们重返祖国的决心。

乾隆三十五年秋（1770 年），渥巴锡汗和士兵们从对土耳其作战的战场回来，和他的亲信们积极酝酿返回祖国的计划。

渥巴锡汗原想在伏尔加河结冰以后，江合河两岸的土尔扈特人一齐行动。不料，"是岁冬温，河水不冻，渥巴锡不能待河北入户"。气候温暖，河水不冻，对岸的一万多户土尔扈特人无法渡河，而起义的风声已泄露，俄国人已怀疑戒备，必不能久待下去。渥巴锡遂于乾隆三十五年十一月十九日（1771 年 1 月 4 日）召开大会。他满怀激情地向战士们说：沙皇已下令要把他的儿子送到彼得堡去作人质，并且还要征发一万名土尔扈特人去参加俄国军队，他号召大家，起来反抗，脱离俄国。策伯克多尔济也在会上慷慨陈词，揭露沙俄政府的种种罪行，像奴隶一样使唤土尔扈特人。会上，群情激愤，伟大的起义开始了。土尔扈特人拿起武器，携带妻儿老小，17 万人浩浩荡荡地走上重返祖国的征途。临行前，抛下了带不走的锅灶、家具、什物，烧掉了木质的宫殿与房屋，辽阔的草原上升起了熊熊烈火，标志着土尔扈特族与俄国决裂、东走不复返的坚定决心。起义队伍兵分三路，舍楞和巴木巴尔率领精锐部队作先锋，攻打挡住前途的哥萨克，为后续队伍冲杀开一条血路，妇孺老弱，或骑牛马、或坐车辆、或徒步从行，走在中间，两侧各有武装骑士作护卫，渥巴锡和策伯克多尔济率领两万名战士殿后，阻挡追来的俄军。起义队伍在 8 天之内通过了伏尔加河和乌拉尔河之间的草原，把尾追的俄军远远抛在后面，而先锋部队，摧毁了库拉金纳等要塞，保护大队安全渡过了乌拉尔河，迅速地踏上了大雪覆盖的哈萨克草原。

土尔扈特东徙的壮举传到彼得堡，宫廷内惊惶失措，一片吵闹埋怨声。俄国女皇痛责"她的大臣们竟漫不经心到让整个部落在她信任的奴仆的鼻尖下举行暴动，逃出了神圣的俄罗斯国境，从而使罗曼诺夫家族和头戴彼得大帝皇冠的守护神鹰蒙受了永不磨灭的耻辱"。赶忙调集大批军队，有的跟踪尾追，有的抄前堵截，要把不驯服的土尔扈特人消灭在中亚细亚的茫茫荒漠之中。

土尔扈特部进入哈萨克草原之后，困难接踵而来，前有险阻，后有追兵，长途跋涉，粮食、水草极为缺乏，他们开始徙移的时候已是隆冬气候，风急雪深，饥寒交迫，疾病流行，人口锐减。而俄军以及俄国政府唆使哈萨克人、巴什基尔人不时发动袭击，更给在艰难行军中的土尔扈特人造成巨大的伤亡。然而，土尔扈特蒙古不愧为英雄的民族，他们团结一心，勇敢顽强，打退敌人的进攻，克服路途的险阻。当队伍来到奥琴峡谷，山口通路已被哥萨克占领，在部队进退不得，安全处于千钧一发之际，渥巴锡凭着自己的勇敢机智组织了 5 队骆驼兵，从正面猛攻哥萨克。策伯克多尔济则率领一支精锐的小分队，从山间峡谷，悄悄迂回到哥萨克的背后，出其不意，突出袭击，前后夹攻，大获胜利，歼灭了哥萨克，打通了东进的道路。渥巴锡等还能在很不利的处境下，灵活运用政治和军事手段，变被动为主动，使部队遇难呈祥、化险为夷。当土尔扈特部走到姆莫塔湖时，陷入了哈萨克小帐努尔阿里汗和中帐阿布赍汗 5 万联军的包围中，前进的道路已被堵塞，部队饥疲不堪，难于战胜。渥巴锡等冷静地分析了形势，派出使者和哈萨克谈判，并送还在押的 1000 名俄国和哈萨克俘虏，从而争取了三天时间得以休息。渥巴锡等利用这一时机，积极部署、休整队伍，调动兵力。于第3天深夜，他亲率主力，奇袭哈萨克军，成功地冲出包围，向着祖国，继续前进。

乾隆三十六年五月二十六日（1771年7月8日）策伯克多尔济率领的前锋部队在伊犁河流域的察林河畔与前来迎接的清军相遇。六月六日，清军总管伊昌阿、硕通会见了刚刚到达的渥巴锡、舍楞以及土尔扈特的主力部队。土尔扈特部历经艰难险阻终于完成了反抗沙俄，重归故土的历史壮举。他们这次返回祖国的大迁徙是从乾隆三十五年十一月到翌年六月完成的，前后将近八个月，行程一万数千里，长途行军，忍饥耐寒，历经战斗，付出了重大牺牲。

清廷接待土尔扈特礼遇优厚，场面隆重。特命舒赫德接任伊犁将军，专门筹划安插优恤事宜，又派额驸色布腾巴勒珠尔专程赴伊犁，迎接渥巴锡等来热河觐见。当时，土尔扈特人奔波万余里，颠沛流离，牲畜尽失，衣物全无，饥寒交迫，生活极为困苦。据舒赫德奏："土尔扈特穷困，或衣服破烂，或靴鞋俱无，其幼孩有无一丝寸缕者"，乾隆帝对之极为关心，努力为他们筹谋衣食。当土尔扈特到达后不久，他即令购皮衣二、三万件发往，又恐一时不能购齐运往，令清查仓库内贮存的旧衣，迅速发给，以资穿戴。土尔扈特回到祖国三个月内，清廷为临时解决其生活，即购运马牛羊近27万头、官茶2万余封、米麦4.1万余石，此外羊裘5.1万余裘，布6.1万余匹，棉5.9万余斤，氈帐400余具及帑银20万两，使贫困的土尔扈特人的生活得到妥善的安排，使他们深深感到了祖国对他们的爱护和关心。

乾隆三十六年六月二十五日，渥巴锡一行在额驸色布腾巴勒珠尔的陪同下，从伊犁启行，赴热河觐见。九月上旬抵达木兰围场，时乾隆皇帝正在围猎，渥巴锡等即于九月初八日在木兰围场之伊绵峪觐见皇帝，乾隆在行幄中接见他们，"以蒙古语垂询渥巴畅"。并赐宴赏物，命他们围猎观射。乾隆帝因不战而能使土尔扈特人众归附，十分高兴，写了如下的诗篇：

"通使曾经丙子年，兹徕统部不期望。

名编典属非招致，礼肄鸿胪合惠宣。

类已全归众蒙古，峪征嘉兆信伊绵。

无心蜀望犹初志，天与钦承益巩虔。"

九月十七日，乾隆帝回銮避暑山庄，即颁谕封渥巴锡为卓哩克图汗，策伯克多尔济为布延图亲王，舍楞为弼哩克图郡王，巴木巴尔为毕锡呼勒图郡王，其他领袖封贝勒、贝子、公、台吉。皇帝又接连在澹泊敬诚殿、四知书屋、卷阿胜境召见了渥巴锡，并举行盛大典礼，赐宴万树园及溥仁寺，命设灯宴、观火戏。其时，正值热河普陀宗乘庙（即小布达拉宫）落成，命渥布巴锡等观礼，并御制《土尔扈特全部归顺记》、《优恤土尔扈特部众记》二文，勒石刻碑，存放在普陀宗乘庙内。至于赏赐银两物品，尤为优厚。当时，乾隆帝曾写了许多有关土尔扈特部的文章和诗句，如《万树园灯词》：

"西陲平定已多年，宴赉频施毕后先。

孰意新归额济勒，山庄重看设灯筵。"

"程经万里不辞遥，嘉与优恩咏蓼萧。

自是劳株志远部，非关寻乐借元宵。"

"通使昔曾阿玉奇，今来明背俄罗斯。

纳降彼已先孤约，以此折之信得辞。"

"舍楞逃去复回归，悔过斯应谢昔非。

智爽光明有如是，缚鸡笼内岂为威。"

"夕峰渐隐夕阳晖，万树须臾万烛辉。

望后漫嫌无月色，上元景物岂其非。"

"讵止随围按岁轮，频繁来集仰流鳞。

新来那不心生美，明有伊犁旧识人。"

"缠头环耳各随宜，何必衣冠尽改之。

独幸文身南掌使，也随班末仰威仪。"

　　从这组诗篇，可以窥见当年历史上那场惊心动魄的斗争以及乾隆帝的战略考虑、民族政策和在避暑山庄接待土尔扈特领袖们的盛况。此后清廷将土尔扈特部安置各处，分地放牧。他们在各自的土地上，生活孳息，直到今天，已有 200 多年。

# 第九章　秋狝谒祖

## 一

乾隆皇帝弘历喜爱巡幸行围，在执政六十三年里，他东谒盛京祖陵，考古吉林，承德避暑，木兰秋狝，南下江浙，西幸五台，光临豫省，阅视天津，孔府朝圣，泰山登高，先后多达一百余次，时人及后世对此颇有非议，现对秋狝、谒陵作些评述。

乾隆六年（1741 年）七月二十六日，乾隆帝于北京西郊圆明园，奉皇太后起銮，开始了第一次木兰秋狝之行。出发之前一个多月内，他连下数谕，对秋狝之事做了具体安排。六月初四降旨：此次行围，著履亲王允祹、和亲王弘昼、大学士鄂尔泰、张廷玉在京总理诸事。七月十八日，他谕告大学士等："朕因讲武，行围口外。"其办理一切政务，与在宫中无异。在京部旗诸臣，理应更加勤勉，精勤奉职，倘或稍有懈怠，不但迟误公事，"且重负朕宵旰图治之本怀。可传谕文武诸臣共知之"。

七月二十七日，即出发后的第二天，他下达减所过州县额赋之谕说："朕初次行围，所有经过州县，前经屡降谕旨，不令丝毫扰累，但安营除道，未免有资民力，朕心轸念，著将该地方本年应征额赋，酌量蠲免，统计十之分

中国书店

三，以昭朕体恤词阁之至意。"以后秋狝，大体上皆依此制。

乾隆六年以后，除七年、九年、十一年、十三年、十五年、十九年等一些年份以外，直到去世之日止，他一共去了五十余次避暑山庄。一般是七月去九月回，也有一些时候是五月、六月或八月去。乾隆三十五年前，去必行围，就是在他已过花甲之年时候，他还要率领满洲八旗官兵猎捕兽禽。后来由于年过古稀，行围之举才日渐减少，改为主要驻于避暑山庄。他去世的前半年，即嘉庆三年夏秋，虽已八十七岁，他仍然离开京师，去到山庄。

在这几十次木兰秋狝和住承德避暑山庄的时间里，乾隆帝的确是紧紧抓住以猎讲武和怀柔蒙古这两件大事，做了大量工作，取得很大成效。他不仅指挥、鞭策满洲官兵奋勇驰逐，擒捕猛兽，而且亲自骑马奔驰，拉弓放箭。曾作过军机章京的大史家赵翼对乾隆帝之讲武十分称颂，赞其"最善射"，"每夏日引见武官毕，即在宫门外较射，秋出塞，亦如之。射以三番为率，番必三矢，每发轧中圆的，九矢率中六七"。

乾隆帝不仅以身作则，勉励、督促满洲官兵，而且还对诸皇子严加管教，训练他们讲武习劳，"每岁木兰行围，多值严寒风雪，阿哥等俱随从行围"。皇子、皇孙中都掌握了善射的本领。有一次，在邻近木兰的张三营行宫，他命随行的皇子皇孙射箭，观其优劣。"皇子、皇孙依次射。皇次孙绵恩方八岁，亦以小弓箭一发中的，再发再中"。乾隆帝非常高兴，谕令再中一矢，就赏黄马褂。绵恩再射，又中一矢，遂得赐衣。

在历次木兰行围中，乾隆帝经常对参加行围的满洲王公大臣兵丁，就其技艺和从猎的表现，予以训戒或嘉奖。乾隆六年八月二十八日即第一次秋狝时，他下谕说：此次巡幸木兰，所有随围，的兵丁，"首推东三省暨察哈尔之巴尔呼等，汉仗好，马上熟练，手技便捷，行围整齐。至他省及京兵，汉仗弓马膂力骨格，尚属去得，当差亦甚勤奋，但于行围耐劳等处，较之稍逊，皆因平素好贪安逸之所致，士气日见委靡矣。我满洲兵丁，从来到处超群，同是丈夫，岂可行走落后。……夫兵丁精强，习学马上技艺，俱在平素操练，即如各省弁兵，每年操演围猎，京城兵丁，亦教习步围，兵丁等既有官拴马匹，如果专心，各加勤习，何致不成？著交各该管大臣官员等，务须悉心训练兵丁以马步骑射围猎之法，兵丁等亦应各加奋勉，留心习学马上技艺，耐受劳苦，及养马调降之调膘"。

乾隆帝通过上述种种措施，对加强满洲官兵的训练，提高军队的战斗力，克服八旗人员偷安积习，起到了比较显著的作用。

在怀柔蒙古方面，他收到了更大的成效。就在乾隆六年初举秋狝之时，漠南蒙古科尔沁等部王公，或亲至行营恭迎圣驾，或派专使前来请安，未被指派随围的王公呈请随围，已被派遣随围的王公踊跃参加。乾隆帝十分高兴，于八月二十日对蒙古扎萨克诸王、贝勒、贝子、公、台吉等下达专谕，予以嘉奖说：

"尔蒙古等自太祖、太宗时归仁向化，每逢军旅田猎等事，均与满兵一体效力，是以我皇祖、皇考眷爱尔等，无异满洲，教养兼施，百有余年。朕此次巡幸口外，入哨行围，操练满洲、蒙古兵丁，所有未经派围前来请安之王、台吉等，俱奏请随围，意甚诚切。其随围之蒙古兵丁，行列整齐，号令严明，均知奋勉。秋狝之典，多年未举，今初行围，尚能与皇祖巡幸时无异，皆尔扎萨克等平素管教有方之所致也。尔扎萨克等，果能如此操练所属，俾致精强，何敌不克，朕甚嘉焉。至尔蒙古等，均系游牧生理，惟

赖滋息牲畜，尔等理宜轻减赋役，令得休息，滋
养牲畜，俾各勤生业，严禁盗贼，谕以伦常，以
期永远仰承国恩。"

乾隆帝继承皇祖玄烨藉秋狝怀柔蒙古之法，收效很
大。《檐曝杂记》卷一《蒙古诈马戏》，对此作了很好地概
括和表述。其文说："上每岁秋狝，非特使旗兵肄武习劳，
实以驾驭诸蒙古，使之畏威怀德，弭首帖伏而不敢生心
也。"皇上幸热河，近边诸蒙古王公例来迎谒。秋八月万
寿节，行宫演大戏十日，蒙古王公皆入宴，兼赐蟒缎等
物。行围兵一千三百名，皆蒙古人，每通行围之时，即趋
役供事。蒙古王公侍帝左右，"听指挥惟谨"。行围十余次
后，蒙古王公必选择一日进宴，"上亲临之"。这一天，设
大蒙古包作正殿，旁列四蒙古包，以款待随驾的王公大
臣。蒙古王公"奏乐多弦索，极可听，又陈布库、诈马诸
戏"。布库不如皇上御前之人，而诈马乃其长技。诈马之
法为：驱未曾羁勒过的生驹千百群，令善于骑马之人手持
长竿，竿头有绳作圈络，突然冲入驹队中，驹方惊慌，持
竿之人已将绳系在驹之头上，跳到驹背之上，驹不愿受鞭
策，猛烈跳跃，欲把骑者摔下，骑驹之人以两足紧紧夹住
驹背，始终不下马，一会儿，此驹便帖服于主人了。"此
皆蒙古戏，以供睿赏者也"。"岁岁如此，不特上下情相
浃，且驯而习之于驱策之中，意至深远也。又喀尔喀四大
部，地最远，每岁则以一部来入觐。上虽岁岁出塞，而其
部须四年一觐。……此又驭喀尔喀之长计也"。

乾隆帝在反驳御史丛洞谏阻秋狝之谕中，曾讲到行围
不会贻误政事。此话确系非假。总观乾隆帝秋狝之时，皆
同在京之日一样处理军国要务，就是在驰捕兽禽之日，也
照样批处奏章。"其行围所有奏章，皆候上还营后，披览
发出，毫无遗滞。"

# 二

　　乾隆帝弘历在位期间，曾四次到盛京恭谒祖陵。前两次皆奉皇太后前去。第一次是乾隆八年，他于七月初八日奉母后离京，自畅春园出发，十五日至承德避暑山庄，停驻三日，十九日离山庄，九月二十四日入盛京，十月二十五日返回北京皇宫，历时三个半月。第二次是乾隆十九年，他奉太后于五月初六日离京，十二日至避暑山庄，七月初五日从山庄出发，八月初七日到吉林城，九月十一日进盛京，十一月十一日返回京师。这次时间最长，前后共四个半月。第三次是乾隆四十三年，因太后于上一年去世，乾隆帝率八旗官兵于七月二十日起行，未经热河，八月二十四至盛京，九月二十六日回宫。此次因未到热河，时间最短，来去仅两个半月。最后一次是乾隆四十八年，年过古稀的乾隆皇帝于五月二十四日从京城动身，二十九日至承德避暑山庄，八月十六日离山庄，九月十七日到盛京，十月十七日回到宫内，历时将近四个月。

　　乾隆帝弘历四次恭谒盛京祖陵，除了巡视沿途地区情形外，主要作了三个方面的工作，一为巩固龙兴之地做了大量工作。盛京是清帝的发祥地。奉天（今辽宁省）、吉林、黑龙江三省地域辽阔，资源丰富，拥有极其重要的战略地位。就国与国之间的关系来说，辽、吉、黑三省之东、北，与正在积极扩大疆域的俄国接界，是大清国防止北方、东方外来侵略的前沿阵地。就国内各族之间的关系而论，乾隆八年第一次盛京谒陵时，曾大败清军于和通泊的漠西蒙古准噶尔部，势力仍然相当强大，随时都可能南下，袭掠已为清帝外藩扎萨克的漠北喀尔喀四部，并进掠漠南科尔沁等部，构成对直隶、京师的严重威胁。清政府要防御准军的入掠，或对准部进行攻击，奉天是十分重要的军事要地。

正是由于东三省在政治、军事上的重要地位，康熙帝曾三至盛京恭谒祖陵。自命为皇祖之贤孙的乾隆皇帝弘历，当然也知道此举之重要性、必要性，故在乾隆六年初举秋狝之后的第二年，就第一次到盛京谒陵，抓紧进行安顿龙兴之地的各种工作。乾隆八年八月二十九日，他正在鹿群最多的巴彦行围之时，便亲题盛京各衙门的匾额，奉天将军衙门之匾额为"屏翰邠丰"，盛京户部为"宗邦会要"，礼部是"典要明禋"，兵部系"陪京枢要"，刑部是"弼教留都"，工部为"饬材山海"。

乾隆帝恭谒祖陵时作的另一项重要工作，是训诫宗室"恪守旧章"，不失"满洲旧俗"。每次前往盛京，他都要率领皇子、皇孙、叔伯弟兄等宗室一同前往，让他们目睹旧迹，知悉祖宗创业之艰难，以振奋精神，勤于职守，共保大清王朝，当然，他自己也从中受到教育，更增勤政安国之念。他在乾隆八年八月阅读留京总理事务履亲王允祹等的请安折后，降旨回复说："自入盛京，历观旧迹，溯我朝之肇兴，忆祖宗之开创。……每敬思之下，钦畏之念弥增"。他于《御制盛京赋》之序中着重讲道："盖以祖宗之心为心，则必思开创之维艰，知守成之不易，兢兢业业，畏天爱人。"

因此，他在乾隆八年第一次拜谒盛京时，所制定的谒陵仪式特别隆重，以后即照此实行。其制如下：皇帝御素服，至正门外降舆，礼部堂官导引，由正门之左门进。如谒永陵，则入启运门之左门，经启运殿东旁行，以地狭窄，将拜褥设于阶下，行三跪九叩礼。若谒福陵、昭陵，则入隆恩门之左门，经隆恩殿东旁行，诣祭坛处，行三跪九叩礼，兴，诣东旁立，俟设奠几毕，进入谒陵。系永陵，则四跪，祭酒十二爵，是福陵、昭陵，各祭酒三爵，每一祭酒，行一叩礼。礼毕，仍诣东旁立，西向举哀。王以下、三品以上官员，于殿之两旁，按翼向上排立，均随行礼举哀毕，礼部堂官导引皇上由原进之门出，乘舆还行宫。皇太后、皇后谒陵，亦有专门的仪注。

乾隆帝还仿照皇祖玄烨之制，亲临开国元勋克勤郡王岳讬、武勋王扬古利、宏毅公额亦都，直义公费英东等人之墓赐奠。

除了通过这些活动以教育宗室王公子弟以外，乾隆帝还常就盛京谒陵时王公的表现，而对他们加以训诫和勉责。

隆乾帝四谒盛京祖陵的重要目的，是作好漠南、漠北扎萨克蒙古的工作。谒陵途中，要经过蒙古地区，或离蒙区不远，有关部落蒙古王、公、台吉要在辖区内或专程恭候圣驾，不少王、公、台吉要求随围效力，乾隆帝则对他们从厚赏赐格外优遇。

乾隆帝的四次盛京谒陵，虽然用了不少银米，但对优恤蒙古，巩固盛京，教育训诫宗室，仍然起了一定的积极作用，应当说这一活动的意义重大，利大于弊。

# 第十章　文化政策

## 一

文字狱，是清朝文化政策的集中体现。所谓文字狱，顾名思义，就是因文字的缘故所构成的罪案。它是专制制度下没有政治民主和言论自由的产物。在中国封建社会，以文字罪人的现象古已有之，但数量之多，规模之大，持续时间之长，则非清朝莫属。也许正是因为这一缘故，"文字狱"一词就出现在清代。

乾隆初政的十余年间，是各项政策措施最为宽缓的时期，表现在思想文化领域，就是文字狱的几近绝迹。

乾隆为了争取人们对新政权的支持，在他初政的十余年间，采取各种措施，集中力量纠正雍正时期过于严猛峻急的弊政。就在乾隆刚刚辅政之初，御史曹一士就针对雍正中期以后文字狱蔓延的趋势，给新皇帝上了一个著名的"请查比附妖言之狱并禁挟仇诬告之事"的奏折。他在奏折中直言不讳地说：

"比年以来，小人不识两朝所以诛殛大憝之故，往往挟睚眦之怨，借影响之词，攻讦诗文，指摘字句，有司见事风生，多方穷鞫，或致波累师生，株连亲故，破家亡命，甚可悯也。臣愚以井田封建，不过迂儒之常谈，不可以为生今反古；述怀咏史，不过词人之习态，不可以为援古刺今。即有序跋偶遗纪年，亦或草茅一时失检，非必果怀悖逆，敢于明布篇章。使以此类悉皆比附妖言，罪当不赦，将使天下告讦不休，士子以文为戒，殊非国家义以正法、仁以包蒙之意。"

为此，曹一士请求："嗣后凡有举首文字者，苟无的确踪迹，以所告之罪依律反坐，以为挟仇诬告者戒。庶文字之累可蠲，告讦之风可息。"

此时的乾隆，正准备刷新前朝弊政，树立新皇帝仁慈宽厚的形象，曹一士的奏疏，自然引起了他的共鸣。确实，文字狱泛滥的祸害，告讦风气的恶劣影响，乾隆早有所闻，如果再不及时刹住，将会造成更多"波累师生，株连亲故，破家亡命"的人间惨剧，而一旦出现"天下告讦不休，士子以文为戒"的局面，也将会对自己的统治带来极为不利的影响。因此，乾隆对曹一士的奏疏十分重视，谕令刑部核拟具奏。刑部议复的结果，认为："应如所奏。至承审各官有率行比附成狱者，以故入人罪律论。"乾隆立即降旨："从之。"于是，乾隆元年（1736 年），《大清律例》中增加了一条引人注目的新例：

"有举首诗文、书札悖逆者，除显有逆迹，仍照律拟罪外，若只是字句失检，涉于疑似，并无确实悖逆形迹者，将举首之人即以所诬之罪，依律反坐，至死罪者，分别已决未决，照例办理。承审官不行详察，辄波累株连者，该督抚科道察出题参，将承审官照故入人罪律交部议处。"

这就是说，凡告发他人著述文字"悖逆"，除非确有"逆迹"，仍照律定罪；如果仅仅是字句失于检点，并无"确实悖逆形迹"，即将告发者以所诬告的罪状，依律反坐；如果负责审核的官员不仔细查核，致使他人无辜受到株连，以故入人罪律论处。这条新例十分厉害，刹住了雍正中期以后蔓延起来的文祸。

但是，乾隆初政这种宽松缓合的政治局面并未能维持多久。乾隆十六年（1751年），以伪造孙嘉淦奏稿案为标志，乾隆皇帝的统治方针由宽转严，加强了对思想文化领域的控制，各种名目的文字狱骤然增多，一直持续到乾隆三十四年（1769年），形成了乾隆中期文字狱的第一个高峰。

在乾隆十六年至三十四年文字狱的第一个高峰期间，见于记载的文字狱多达五十余起。其中，最能反映专制帝王个性与特征的文字狱，当推乾隆二十年（1755年）胡中藻"《坚磨生诗抄》案"最具代表性。

胡中藻"《坚磨生诗抄》案"是乾隆蓄意策划，一手炮制出来的一起文字大案。胡中藻，号坚磨生，江西新建人，乾隆元年（1736年）进士，官内阁学士，兼侍郎衔，提督广西、湖南学政。他是鄂尔泰的得意门生，自诩为鄂尔泰第一弟子，平日喜好吟诗作文，卖弄风雅，常以唐代的大文学家韩愈自比，自视甚高。其诗作《坚磨生诗抄》好用怪僻之语，标榜险远新奇。作为一名出身科甲，名列卿贰的朝廷官员，胡中藻一意依附鄂尔泰，颇有攀龙附凤之嫌，吟诗作文崇尚险怪，不无舞文弄墨之癖，但也不过如此而已。谁也没有料到，他竟然会因此而招致杀身之祸！

在乾隆初政的时候，尚未及培植出自己的亲信班子，而不得不倚用鄂尔泰、张廷玉这些先朝重臣，而此时却已经能在两派势力之间操纵自如了。并且，还时不时瞅准机会，狠狠惩治一下其中的一派。

乾隆五年（1740年）四月，皇帝首先严厉告诫大小臣工，不要在鄂尔泰、张廷玉二者之间妄行揣摩，逢迎奔走，否则，"将视朕为何如主耶？"这实际上已经亮出了惩治朋党的信号。不久，乾隆果然抓住了鄂党一派的把柄。

当时，一个叫仲永檀的御史，素以敢言著称，颇得乾隆信任，一再加以拔擢。不料，此公属鄂党一派，不仅专挑张廷玉及其党羽的毛病，而且每次奏劾之前，都要与鄂尔泰的儿子鄂容安密议，事后还互通消息。乾隆七年（1742年），此事终于败露。乾隆大为震惊，他怒斥仲永檀"依附师门，暗结党援"，实属罪不能逭，严令法司定拟具奏。未等奏上，仲永檀已惊惧交加，病死狱中。乾隆余怒未消，借此机会，训斥鄂尔泰既"不能择门生之贤否"，又"不能训伊子以谨饬"，致使二人寅缘为奸。他警告鄂尔泰，"嗣后当洗心涤虑，痛改前愆"，否则，"朕从前能用汝，今日能宽汝，将来独不能重治汝之罪乎?"其后，乾隆虽曲予保全，仅令鄂容安退出南书房，鄂尔泰交部议处，但鄂尔泰所受惊吓着实不轻，自此而后，时时处处无不小心谨慎，直至乾隆十年（1745年）年因病去世，总算得以保全始终。

至于以张廷玉为首的汉人势力，乾隆本来就对他们没什么好感，只是由于张廷玉立身谨饬，勤敏慎密，不太容易抓到什么辫子，故而一直隐忍未发。尽管如此，乾隆对张廷玉及其党羽仍不时加以裁抑，特别是在鄂尔泰去世之后，乾隆更是处心积虑要找张廷玉的岔子。这样的机会，终于让乾隆逮住了。

乾隆十四年（1749年），张廷玉因衰老乞休，请求皇帝准许他回安徽桐城老家养老。乾隆见张廷玉确实年老体衰，便摆出一副眷顾老臣的姿态，准许他以原官休致。但张廷玉想到自己曾蒙先帝（雍正）遗诏，准其身后"配享太庙"，可当今皇上连提都没提，究竟能否保住这份殊荣，着实放心不下。于是，张廷玉不顾天气寒冷，拖着衰老之躯，专门请见皇上，甚而"免冠呜咽"，哭着请求皇帝不要改变先帝的成命。乾隆心里十分反感，但还是应允了。第二天，内阁便颁发了准许张廷玉原官休致，并准其身后配享太庙的谕旨。此时，张廷玉一直悬着的心总算落了下来，觉得没什么问题，又见天气严寒，就没有亲自去谢恩，而打发儿子代往。就是这么一点儿疏忽，立刻就被乾隆抓住了。次日，乾隆即令军机大臣拟旨，严厉责问张廷玉为何不亲至阙廷谢恩。可是，尚未等谕旨发下，第三日黎明，就见张廷玉步履蹒跚，匆忙赶到内廷叩谢请罪。乾隆得知是张廷玉的门生，昨日承受谕旨的军机大臣汪由敦泄露了消息，更是大发雷霆，他痛责张廷玉：既然今日能来谢恩，昨日为何不能来？到底是想要归老呢，还是想要承受配享太庙的旷世之恩？张廷玉曾举荐汪由敦，而汪由敦则向张廷玉通风报信，朝廷大臣如此以师生分门户，结党援，难道能够姑息容忍吗？乾隆早就存心要找张廷玉的岔子，这下终于抓住了把柄，岂肯轻易放过。他下令削去张廷玉伯爵衔，仅以大学士休致，至于身后配享太庙之事，姑且保留先帝遗命。

但是，乾隆对张廷玉仍然耿耿于怀。到第二年春天，张廷玉动身回乡之前，恰逢另一个配享太庙的功臣，蒙古额驸、超勇亲王策凌死，乾隆立即借题发挥，说是凡够资格配享太庙者，不是开国功臣，便是征战名将，跟他们比起来，张廷玉有何功劳，是否够格，让张廷玉自己明白回复。在这种情况下，张廷玉只好上奏说："臣既无开疆汗马之功，复无经国赞襄之益"，年老体衰，识见昏眊，请求皇帝"罢臣配享，并治臣罪"。乾隆要的就是由张廷玉自己说出这番话来，于是，很快以大学士九卿议奏的名义，修改了雍正遗诏，罢张廷玉配享。就这样，张廷玉身为三朝老臣，一辈子谨言慎行，到头来还是栽在了乾隆皇帝手里，于乾隆十五年春天灰溜溜地回到了桐城老家。

不料，事情还没有结束。鄂尔泰、张廷玉两人虽然一死一去，但在乾隆看来，他们的影响还在，何况，十余年来内外臣工由此而形成的朋分角立、党同伐异之势，仍然根深蒂固，牢不可破。只有采取非常手段，才能使朝野震怖，内外肃清，根绝朋党之患。于是，乾隆在继续惩治已经归乡的张廷玉的同时，亲自策划了一起矛头指向鄂党势力，目的却在儆戒大小臣工的阴谋，这就是发生在乾隆二十年的胡中藻"《坚磨生诗抄》案"。

乾隆二十年年初，乾隆多次面谕群臣，警告他们不要徇情曲庇，重蹈门户朋党恶习，否则，将申国法而警奸顽。造过舆论，亮出信号以后，乾隆就开始动手了。二月间，乾隆连发数道上谕。第一道，谕令乾清宫侍卫哈清阿和理藩院侍郎富森前往江西新建逮捕胡中藻。第二道，密令广西巡抚卫哲治严查胡中藻任广西学政时所出试题及与人倡和诗文，密封后专差驰送北京。第三道，谕令协办陕甘总督刘统勋查抄甘肃巡抚鄂昌住所，将他与胡中藻往来应酬的诗文书信及其他有关碍的文字封固解京。第四道，谕令军机大臣严讯为《坚磨生诗抄》作序、刊刻的侍郎张泰开。待到一切安排妥当，万无一失之后，乾隆认为，把胡中藻揪出来示众的时候到了。

三月十三日，乾隆把大学士、九卿、翰林、詹事、科道等朝廷官员召集起来，公布了胡中藻的罪状。

首先，胡中藻以"坚磨生"自号，诗集以"坚磨生"为题，"是诚何心？"

胡诗中"一世无日月"，"又降一世夏秋冬"，显系恶意攻击"本朝"。

"一把心肠论浊清"，此句"加'浊'字于国号之上，是何肺腑？"

"斯文欲被蛮"，这是诬蔑满人。

"老佛如今无病病，朝门闻说不开开"，这是攻击乾隆不临朝。乾隆辩驳说："朕每日听政，召见臣工，何乃有朝门不开之语？"

"那是偏灾今降雨，况如平日佛燃灯"，本是颂扬蠲免善政，乾隆硬说："朕一闻灾歉，立加赈恤，何乃谓如佛灯之难觐耶！"

"并花已觉单无蒂"，本是比喻帝后的恩爱，乾隆却认为该句暗指孝贤皇后干政，他说："朕亦何尝令有干与朝政，骄纵外家之事？"

胡中藻所出试题有"乾三爻不象龙说"一题，乾隆认为："乾隆乃朕年号，'龙'与'隆'同音，其诋毁之意可见。"

诸如此类的罪证，乾隆一口气列举了数十条，大多属于上述望文生义，吹毛求疵一类，很难说得上有什么真正的"悖逆"、"低讪"、"怨望"之处。只有一条确实让乾隆抓住了把柄，那就是"记出西林第一门"一句。鄂尔泰姓西林觉罗，胡中藻自诩为其第一弟子，乾隆据此斥责胡中藻"攀援门户，恬不知耻"。实际上，这才是胡中藻得罪的真实的原因。可是，这条小小的罪状，与乾隆罗织的那些"低讪"大清朝及乾隆帝本人的"悖逆"大罪比起来，实在是太微不足道了。由此看来，乾隆正是借语言文字之名，行打击朋党之实，并且正在制造一起骇人听闻的文字狱。

这样一来，胡中藻自然罪该万死，死有余辜了。乾隆二十年四月十一日，胡中藻被斩首示众。

但是，案件并没有到此结束。与胡中藻同案治罪的还有鄂尔泰的侄子——甘肃巡抚鄂昌。

因胡中藻一案被株连的还有鄂尔泰、史贻直等人。鄂尔泰虽然早已去世，但因他过去对胡中藻独加青睐，且纵容其侄鄂昌与胡中藻相互标榜唱和，以致酿成今日"恶逆"。乾隆说：如果鄂尔泰此时尚在，"必将伊革职，重治其罪，为大臣植党者戒"！今既以身故，姑从宽只撤出贤良祠，不准入祀。

大学士史贻直则是继鄂尔泰之后鄂派的首要人物。胡中藻诗案发生后，鄂昌被治罪，史贻直也因此被勒令回籍，闭门思过。

除此而外，为胡中藻刊刻诗稿的张泰开，查办胡案不力的江西按察使范廷楷，与胡中藻往来密切的江西石城县令李蕴芳、署永宁县试用知县申发祥，胡中藻的弟弟胡中藩、族侄胡论觉等人，也都程度不同的受到牵连。

经过胡中藻诗案后，乾隆有效地剪除了朋党势力，牢牢把握了大权，内外臣工无不俯首屏息，唯命是从，从此再也不敢呼朋引类，门户纷争，乾隆的专制统治，也由此而得到了空前的加强。

乾隆时期的文字狱，给当时的士风、学风，乃至整个中国社会造成了极为恶劣的影响。中国传统的士大夫，无论做人居官，都十分崇尚气节、操守，他们推重"杀身成仁"、"舍生取义"这样的格言，强调"先天下之忧而忧，后天下之乐而乐"的社会责任感。因此，敢于犯颜极谏，为民请命者，历来受到人们的推崇。但是，到了乾隆时期，在专制皇权的淫威之下，中国读书人身上传统的优秀品格已经磨蚀殆尽，矫矫志节被玷污，铮铮风骨不复具，剩下的只是"趋跄谄胁，顾盼而皆然；免冠叩首，应声而即是"的政治奴才，没有廉耻，不讲节操，风气日趋腐败。而更多的学人士子，为了全身远祸，干脆一头扎进故纸堆中，沉溺于文字、音韵、训诂、校勘、考证的研究，脱离实际，逃避现实。当时人曾不无感叹地指出："今人之文，一涉笔惟恐触碍于天下国家"，其原因就在于"人情望风觇景，畏避太甚，见鳝而以为蛇，遇鼠而以为虎，消刚正之气，长柔媚之风"。直到十九世纪四十年代，文字狱的噩梦已经过去了半个世纪，一位大思想家兼诗人还写下了这样的警句：

避席畏闻文字狱，著书都为稻粱谋。

文字狱给中国社会造成的创深痛巨，于此也可见一斑了。

二

乾隆皇帝虽一度在文化上实行高压政策，但其深知学术、文化的重要，亲自主持、推动编纂了许多大型书籍，其中尤以闻名中外的《四库全书》巨型丛书，尤为珍贵。

《四库全书》是我国历史上最大的一部丛书，它将古代的重要典籍全文抄录，按经史子集四部四十四类编排，共收图书三千四百六十一种，多达七万九千三百零九卷，计三万六千册。此书从乾隆三十八年（1773年）正式开设四库馆起，到四十七年（1782年）正月，历时九年余，才编纂完毕，后又检查书籍内容，校错补漏和缮写复本，直到乾隆五十八年（1793年）才算最后结束，整整用了二十年的时间。

乾隆帝对《四库全书》的编纂，做了很多有价值的事情，起了很大的作用，是此书的总主持人。此书是他亲自倡议并谕令编纂的。乾隆三十七年正月初四日，他专门下达了"命中外搜辑古今群书"之谕：

"朕稽古右文，聿资治理，几余典学，日有孜孜，因思策府缥缃，载籍极博，其钜者羽翼经训，垂范方来，固足称千秋法鉴，即在识小之徒，专门撰述，细及名物象数，兼综条贯，各自成家，亦莫不有所发明，可为游艺养心之一助，是以御极之初，即诏中外搜访遗书，并命儒臣校勘十三经、二十一史，遍布黉宫，嘉惠后学，复开馆纂修纲目三编、通鉴辑览及三通诸书，凡艺林承学之士，所当户诵家弦者，既已荟萃略备。第念读书固在得其要领，而多识前言往行以蓄其德，惟搜罗益广，则研讨愈精，如康熙年间所修图书集成全部，兼收并录，极方策之大观，引用诸编，率属因类取裁，势不能悉载全文，使阅者沿流溯源，一一征其来处。今内府藏书插架，不为不富，然古（往）今来著作之手，无虑数全文，使阅者沿流溯源，一一征其来处"。

《图书集成》为康熙帝玄烨命尚书蒋廷锡等编成，分六汇编三十二典，共收书六千一百零九部，编成一万卷。这样多达万卷的大型丛书，尚不能满足乾隆帝的要求，可见欲编之书是何等的规格。

乾隆帝一定下编书的目标后，便极力促其实现。他主要做了以下四个方面的工作。其一，征集群书。他先后下达了数十道谕旨，督促各省总督、巡抚、学政想方设法收集典籍，有功者奖，延宕者斥。

除此之外，乾隆帝还多次下令鼓励藏书家进献典籍。他闻听扬州商人马姓家内"藏书颇富"，便传谕两淮盐政李质颖，"令其就近妥协访问借钞"，商人马裕因"心存畏惧"，开始只呈报有书一百九十五种。乾隆帝得知此情后，谕军机大臣："马裕家夙称善于收藏，何所存仅止于此"，必系地方官办理欠妥，"其家未免心存畏惧，又惮将善本远借"，故所开书目"不精不备"。著该盐政"善为询觅"，"务祈多多益善"。后来马裕感激帝恩，呈报并进献书五六百种，不少藏书家遵奉帝旨，踊跃献书，"愿以家藏旧书，上充秘府"。乾隆帝十分高兴，予以嘉奖。

经过乾隆帝的多方督促、鞭策和嘉奖，在全国收集了大量珍贵典籍，加上内府所珍藏，仅提供四库馆供编修之用需缮写之书，就多达一万余种十六万八千册，确系"卷秩浩繁"，数量巨大。这为编纂巨型丛书《四库全书》，奠定了雄厚的基础。

其二，委任编书人员。乾隆帝精心挑选，组成了一个精干的高水平的编纂《全书》的班子。乾隆三十八年初开四库馆时，他委任兼管礼部、兵部的大学士、军机大臣刘统勋为总裁，设纂修三十员及提调等职。应刘统勋之请，请用纪昀为纂修，提调陆锡为总办；之后又增派郎中姚鼐、主事程晋、任大椿、学政汪如藻为纂修，进士余集、邵晋涵、周永年、举人戴震、杨昌霖担任分校；特派皇八子永璇、十一子永瑆及侍郎周煌等校书。这些总纂、纂修、分校，多系海内名流学者，尤其是纪昀、戴震等人更系学识渊博的大儒，他们专在四库馆中潜心选纂，对这部巨型丛书的较快完成起了极为重要的作用。

其三，确定编纂方针、体例。乾隆帝多次下达旨令，讲述编书的方针、体例及应该注意的问题。三十八年五月初一日，他降谕说："朕几余懋学，典册时披，念当文治修明之会，而古今载籍，未能搜罗大备，其何以裨艺林而光策府，爰命四方大吏加意采访，汇上于朝。"又命词臣编校翰林署旧藏明代永乐大典，"芟芜取腴，每多世不经见之本，而外省奏进书目，名山秘籍，亦颇囊括无遗，合之大内所储，朝绅所献，计不下万余种，自昔图书之富，于斯为盛。特诏词臣详为勘核，厘其应刊应钞应存者，系以提要，缉成总目，依经史子集，部分类聚，命为四库全书，简皇子大臣为总裁以董之，间取各书翻阅，有可发挥者，亲为评咏，题识简端。"

其四，对编修能臣给予优遇，对无能鼠辈给予惩斥。乾隆帝对编修《四库全书》的文臣，颇为厚待，尤其对学识高超及勤于任事之人更是格外优遇。像编修纪昀，被大学士刘统勋举为总纂后，从《永乐大典》中搜辑散逸，尽读各省进献之书，编写《四库总目提要》，初擢侍读，再迁翰林院侍读学士，在文渊阁直阁事，进兵部侍郎，《四库全书》修成后，更历任左都御史、礼部尚书、兵部尚书等要职。

　　正是由于乾隆帝倾注了大量心血，做了许多细致的工作，才使《四库全书》这一巨著得以编成，对中国文化的发展起了重要的作用。

# 第十一章　农民起义

## 一

　　乾隆三十九年（1774 年）秋，清水教组织在山东西北部发动了王伦起义。清水教是八卦教的一个支派，"声言饮水一瓯，可四十九日不食，因名其教为清水"。乾隆中期，社会的各种矛盾日益尖锐，在山东、直隶（约今河北省）、河南等地秘密流传的白莲教得以迅速地传播开来。王伦，山东寿张（今阳谷东南）党家店人，精拳棒，会气功，善医术。初充县役，后被斥革。乾隆十六年从张既成入清水教，即以行医和教授拳棒为掩护，往来于寿张、堂邑（今聊城西北）、阳谷等地，广收徒众，发展组织。王伦济危扶困，为人治病不受酬报，在群众中威信很高，"各处乡落愚民多有为其煽惑者"，甚至"县役营兵，纷纷归教。随着组织的不断发展，在王伦周围形成了一批骨干力量，如贫苦农民王经隆、孟灿、和尚焚伟、"盐枭"国太、女艺人乌三娘、皂役李旺等。

　　乾隆三十九年，山东寿张一带年景歉收，"地方官妄行额外加征"，激起农民的不满。王伦认为时机成熟，决定乘机举行武装起义。不料清水教的活动为官府觉察，寿张知县沈齐义差人搜捕教徒。王伦决定先发制人，派孟灿到堂邑县张四孤庄通知王经隆："二十八日有风雨，是时正好动手"。八月二十八日，王伦在党家店率数百人起义，当天夜里，在已经入教的县衙胥役接应下，占领了寿张县城，杀知县沈齐义。王经隆也在堂邑县张四孤庄聚众五六百人起义响应，然后率众至寿张与王伦会合。

王伦等在寿张一面置办旗帜、盔甲、弓箭枪炮等军用物资，一面编组队伍，设立元帅、将军、军师、参谋、宣行、总兵、校尉等官职。九月初二日晚，起义军弃寿张，占阳谷，寻北进堂邑。他们击败来剿的清军，杀游击赵福，败兖州镇总兵惟一于张秋镇。堂邑"胥役皆党羽，故陷之倍易"。九月初四日傍晚，起义军攻破堂邑县城。

起义军连破寿张、阳谷、堂邑三城，皆弃而不守。每到一地，即打开监狱，将关押的犯人释放，向群众声明，"止杀官劫库，不杀百姓"，并把"当铺衣物米粮等项随处分给"起义军战士和贫苦百姓。起义军纪律严明，"不杀掠，一切食物均易之以价"。有一起义军成员"食人梨而少与值，立斩之而倍以偿"。起义军的言行深受群众拥护，民众纷纷参军参战，数日之间，起义军队伍发展到2000余人。

王伦欲由临清北攻直隶，遂于攻陷堂邑的当日弃城北上，进至距临清仅40里的柳林。为围剿起义军，山东巡抚徐绩、河道总督姚立德、总兵惟一率清军三路堵截，但起义军于九月初六日一举打破敌之围堵，进逼临清城下。

对王伦起义，乾隆帝一开始认为不过是一群乌合之众，自不难扑灭。但事态的发展却使他震惊。他本来已命大学士舒赫德往江南筹办黄河老坝口堤工，第二天就急令其带钦差大臣关防，驰赴山东督师；又命额驸拉旺多尔济、左都御史阿思哈率京城八旗健锐营、火器营兵1000人，并调集沧州、德州等地驻防八旗兵和天津绿营兵，前往镇压；命直隶、河南两省派兵堵截。

临清城位于大运河东岸，"缩毂南北水陆咽喉"，战略地位十分重要。州城分新旧二城，旧城又称外城，为土城，位于西南，是居民区；新城又称内城，为砖城，是行政中心。署知州秦震钧和副将叶信认为，"土城颓坏不可守，内城完固，宜并力保守"，故在起义军到来之前，即撤除运河东岸河防，放弃旧城撤入新城，闭城固守。起义军到达运河西岸时，因清军没有设防，得以从容结筏渡河，一举占领临清旧城。九月初七日夜，即开始进攻临清新城。

新城内仅有数百名清军，但城池坚固。起义军有2000余人，然而武器装备十分简陋，"所执器械，半皆镰刀、菜刀等物，尚无火器、马匹"。起义军攻城时，或放火焚烧城门，或挖掘地道，或架云梯强攻。城上清军射下密集的枪弹和箭头，起义军勇敢顽强，没有护身的甲胄，"人顶秫秸一束"，冒死前进。起义军英勇作战的情形，在清政府高级官员的奏报中亦有所反映。大学士舒赫德说：他们"临阵并不畏惧枪炮，连次交锋，俱执短刀，纵跃直冲"。山东巡抚徐绩说："亲见其领头人阵之人，两手持刀，故矬其腿，疾走如飞，宛如猕猴。其余愍不畏死，不避枪炮。"尽管如此，起义军终因武器太差，难以破城。

九月十二日，兖州镇总兵惟一、德州城守尉格图肯率清军千余人来援，驻屯州城东北。起义军预设埋伏，而以小股赴北门外挑战诱敌，待敌进入伏击地域时，伏兵突起，将敌冲为两截。清军争相逃命，"无一人迎敌者"，惟一逃往东昌（今聊城），格图肯逃往夏津。此后，清军更加怯战，"每战距贼半里许即放枪，不中，再入药。贼故习俯趋，争死斗哄而前。再放，再从贼背上过，又不中。马、步兵皆惊曰：'贼果有神术，不畏枪！'则相率溃走，走且数十里不止"。山东巡抚徐绩率清军进剿时，"适遇大风，官兵望见贼影，即将枪炮放尽，及至贼人蜂至，无法抵御"。

九月十二日战后，王伦将大营从运河西岸迁至临清旧城，指挥起义军继续进攻新城，但仍久攻不下，时清回空漕船被阻于临清北水关，起义军便聚集漕船搭桥，欲渡河西进。二十一日，起义军从船桥渡河后，受到驻守西岸的直隶清军的阻击，只得退回旧城。

当起义军在临清旧城与清军相持时，大量清军援军正向临清扑来：舒赫德率健锐营、火器营兵从德州经恩县、夏津前进；徐绩率山东清军从东昌前进；直隶总督周元理率直隶清军从景州（今河北景县）经故城、油坊前进。九月二十三日，三路清军四五千人到达临清，周元理部直隶清军在运河西岸堵截，舒赫德、徐绩所部清军分两路向起义军进攻。起义军出 1500 人分两路在东门、北门外迎战。因众寡不敌，武器简陋，作战失利，被迫退回旧城。清军将起义军严密包围，并派兵进入旧城搜捕。旧城民房鳞次栉比，小巷纵横相错，处处可通。起义军依托房屋，与清军展开巷战。舒赫德下令放火焚烧民房，起义军奋勇抵抗。据舒赫德等人奏称，"贼人上屋放枪，并飞掷瓦片，又手执红旗招呼匪党，并不言语。我兵随用枪仰击，四面围绕，自辰至亥，房俱焚毁倒塌，并无一人窜出"，"且有妇女执刀迎敌"。战斗持续了数日，大量起义军壮烈牺牲。为了搜捕起义军领袖王伦，清军数千人分路"挨屋逐户严查，下极地窖、水沟，无不遍加寻觅"。清军曾一度将王伦捉住，"正在捆缚间，两厢突出十数贼，一拥至前，音济图猝不及备，身受刀伤，贼竟将王伦夺去"。二十九日，清军探得王伦在原河南巡抚汪灏宅院的一座小楼内，即将小楼团团围住，"喝令下楼"，王伦"总置不理，自上抛掷砖瓦"。后来形势危急，王经隆劝王伦投降，王伦坚决表示："我宁可烧死楼上，断不肯投降！"随即举火自焚，"火势炎烈时，王伦衣服胡须已经焦灼"，"仍坐东北角上",壮烈牺牲。

二

乾隆四十六年（1781 年）爆发的甘肃苏四十三领导的撒拉族起义和乾隆四十九年爆发的田五等领导的回民起义，都开始于伊斯兰教新旧教派斗争。

伊斯兰教在中国的传播可以追溯到公元 7 世纪中叶。按照伊斯兰教教规，穆斯林的个人资财达到了一定数量时，每年应按一定的比例交给清真寺，这种所谓"奉主命而定"的宗教赋税，称为"天课"，又称"济贫税"。事实上，这些"天课"绝大部分成了清真寺教长、阿訇的财富。随着社会生产的发展和穆斯林个人财富的增加，教长和阿訇们占有的"天课"越来越多，他们不仅依靠"天课"过上舒适的生活，而且可以利用"天课"购置土地，租佃给无地或缺地的农民耕种，收取地租，进行剥削。于是，教民交纳的"天课"转化成教长的土地和地租收入，教长转化为封建地主；教长与教民之间的关系，则由原来单纯的宗教等级差别，逐渐转化为在宗教等级差别外衣掩盖下的地主与农民的阶级对立。

与此同时，原来由教民推选的教长，变为世袭的宗教领袖，"门宦"制度也就应运而生了。门宦制度是我国西北地区伊斯兰教特有的宗教制度，约产生于清初。所谓"门宦"，相传由中国古籍中的"门阀"、"宦门"两词的第一个字合并而成，用以表明其权势和地位。门宦制度是在一定的社会经济基础上发展起来的教主兼地主的世袭制度，是在宗教外衣掩盖下的封建土地占有和剥削制度。

乾隆时期，备受封建剥削的农民不断进行反抗，"对于完全由宗教培育起来的群众感情说来，要掀起巨大的风暴，就必须让群众的切身利益披上宗教的外衣出现"。在我国西北信仰伊斯兰教的地区，农民的反抗斗争，正是在宗教的外衣下，以教派斗争的形式进行的，而当时甘肃省（今甘肃、宁夏二省区及青海省东部）伊斯兰教的教派斗争，则主要是新教与老教之间的斗争。

老教为门宦虎非耶，创始人是河州（今甘肃临夏、和政、东乡三县之间）人马来迟。新教为门宦哲合林耶，创始人为安定（今甘肃定西）人马明心。马明心早年曾随叔父赴麦加朝觐，并长期留居国外学习，乾隆二十六年（1761年）回国，到甘肃循化（今属青海）传教。马明心是一个勇敢的宗教改革者，他有感于老教的种种弊端，有针对性地创立了新教。"新教之异，念经时则摇头，念毕则耍拳舞手，其死而葬之也，以足踏坟，视其升天入地之别，大略不过如此"。这些都是宗教仪式上的差异，如果仅止于此，当然算不上什么改革。重要的是，马明心把握了当时社会的主要矛盾和农民的要求，大胆地向门宦制度提出了挑战。"马明心自西域回，慨然欲革除门宦制度，意谓道者公也，岂为一家所私有？教规者随时变通也，不宜胶柱鼓瑟"。针对老教门宦传子的世袭制，马明心提出了传贤的主张。针对老教"多收布施，敛钱惑众"的弊端，他新纂的《卯路提经》比老教的《冥沙经》更为简化，念一次经的费用比老教大为减少，而且在新教内部提倡富有者"散家财"，使"入其教者，皆有周济"。新教在一定程度上反映了农民群众反对封建剥削制度的愿望和要求，减轻了农民的宗教负担，因而受到当地撒拉族和回族人民的欢迎。乾隆五十四年（1789年），乾隆帝说："近闻旧教念经须用羊只布匹，所费较多，而新教念经仅取忏钱五十六文，是以穷民愿归新教者较众。"据记载，当地1000多户撒拉族中有800多户改奉新教，从而出现了马明心之新教"反盛于马来迟之教（老教）"的局面。

新教的迅速发展，引起了老教门宦地主的恐惧和不安，不断压制和打击新教。乾隆二十七年（1762 年），新教创始人马明心被逐出循化，三十四年（1769 年），马明心的学生贺麻路乎又被发配到乌鲁木齐为奴，马明心的另一学生苏四十三遂成为新教首领，继续领导群众与老教斗争。由于统治阶级对新老教采取挑拨、分化的政策，使教派斗争愈演愈烈，并多次发生械斗。

乾隆四十五年（1780 年）九月，在清水工打速古庄发生的教争中，新教一人被打伤，数日后死去。循化同知洪彬仅判罚老教半个命价。新教不服，苏四十三和另一新教首领韩二个令尸亲不具领，以示抗议，并于十二月十六日召集草滩坝八工新教开会，令"备器械，将尽杀老教，灭土司"。四十六年正月十二日（1781 年 2 月 24 日），苏四十三、韩二个率新教徒千余人攻人清水工河东庄，杀死哈尔户长（即总头人）韩三十八等人。苏四十三戴"大红顶"，自称"回王"，韩二个以下皆蓝白顶，立旗号。苏四十三等率众向老教进攻，而"老教亦集众相拒"。

陕甘总督勒尔谨闻讯，即派兰州知府杨士玑，河州协副将新柱带兵前往镇压。三月十八日，新柱到达循化境，对佯装成老教出迎的苏四十三等人说："新教若不遵法，我当为汝老教作主，尽洗之。"这话使新教群众认清了统治阶级镇压新教的反动政策，加速了新教从教派斗争向反清起义转化的进程。苏四十三等决定立即举行反清起义，当天夜里即率众千余包围新柱的公馆，杀死新柱，次日晨围攻起台堡，中午时攻破，杀知府杨士玑、守备徐登彦、外委陈伏得等，正式举起了武装反抗清王朝统治的旗帜。

三月二十日，苏四十三、韩二个率起义军从起台堡东进，直指河州，"原想杀马来迟子孙，还要灭旧教的人"。三月二十一日攻占河州，缴获了对起义军极其宝贵的七八十驮火药铅子。不幸的是，韩二个在攻城战斗中中炮牺牲。

统治阶级对撒拉族人民起义极为惊恐。乾隆帝闻讯，即派大学士阿桂为钦差大臣，派户部尚书和珅等率兵驰赴甘肃，会同甘肃地方当局进行镇压。与此同时，他又多次谕令利用撒拉族新教、老教两派的矛盾，实行拉一派打一派的策略："应明切晓谕旧教之人，赦其互相争杀之罪，作为前驱，令其杀贼自效。如此以贼攻贼，伊等本系宿仇，自必踊跃争先，既壮声势，又省兵力，而贼势益分，剿灭自易"；"新旧教既自相仇杀，必非合伙。或赦一剿一，以分其力"；"此案办理关键，现在总以帮扶旧教、灭除新教为词，明白晓谕，以安旧回众之心"。甘肃总督勒尔谨一面用计捕获马明心，关押在省城兰州狱中，一面调兵镇压起义。循化厅同知洪彬等调当地撒拉族老教和番寨士兵防守循化城，勒尔谨飞调甘肃固原、凉州（今武威）、甘州（今张掖）、西宁（今属青海）、肃州（今酒泉）等镇清军 2000 名，并亲率 500 名督标兵前往镇压。但当他行抵狄道（今甘肃临洮）时，起义军已攻占河州。

苏四十三等得起义军被困于华林山一带，兵员无法补充，经过明心，匆忙地作战仅剩千余人，为迎击清军的进攻，遂放弃龙尾二十四日到达力守华林山。他们于山前立大卡一座，以土坯碎家川等处回内安孔穴，卡边挖掘深沟一道，大卡前设小卡四十六日进抵到初九日，清军倾巢出动，分四路向华林山猛扑。起义日中午，放枪抵御，或从高处放枪抛石，打败了清军的多次攻击。

阿桂从失败中认识到，起义军人数虽少，但"以逸待劳，居高临下，若力攻仍无把握"，于是变强攻为计取。闰五月十五日，清军佯为撤兵，而以一部兵力潜至华林山东南山沟内埋伏，又以一部兵力在龙尾山南埋伏策应，阿桂等指挥满汉官兵在龙尾山梁向起义军阵地开炮轰击，随后向华林山发起进攻，并令老教士兵搦战诱敌。中午，清军佯为败退，撤回山梁潜伏。起义军见清军撤退下山，不

中華藏書

大清十二帝·最新整理珍藏版

中国书店

一四六〇

中国书店

知是计，便只留少数人守卡，大部回营休息。清军伏兵乘机突出疾驰，直扑大卡。起义军猝不及防，又力寡难敌，大卡终被清军抢占。夜间，起义军几次争夺大卡均未得手，次日黎明，清军又乘起义军困惫疲乏之时，抢占两个山包，并将起义军大营本布尔庙烧毁。

清军乘胜向起义军进逼，在新占地段前沿安设木城营卡，空缺处则挖掘深壕，使包围圈大为缩小，并切断了起义军去黄河取水之路。为了彻底断绝起义军水源，清军还派人从水磨沟上游泄水断流，并将华林寺后及雷坛二处的水井填塞。起义军陷入严重缺水的境地，营内数百头牲畜干渴而死。闰五月二十九日，起义军已断水数日，清军趁机发动进攻。500余名起义军在极其困难的情况下，坚持战斗。他们"虽不能如前剽悍，尚于沟内卡上放枪抵御"，"拼命支持，不肯溃散"。正是凭着这种顽强的精神，起义军又一次打退了敌人的进攻。六月初一日以后，天不时下雨，稍微缓解了缺水的困难。

阿桂见断水一法不能解决问题，又令清军挖掘壕沟，直通至起义军阵地前，并沿阵地建一层木栅，距起义军壕沟不过三至五丈。木栅内构筑炮台数座，上架新铸的仿四川劈山炮和从凉州调来的"食子六十两重神炮"，不断向起义军阵地轰击。清军还于第二层木栅外刨挖"人"字形沟三处，与起义军壕沟相距不过数尺，沟上均立木卡，使起义军的处境更加困难。

六月十五日，清军大举进攻。当日清晨，天气浓阴，清军乘机将土袋和柴捆抛入起义军壕沟，随即跳入填浅的壕内，攀附而上，起义军忍着干渴，与敌短兵相接，展开肉搏。阵地失而复得，得而复失，反复争夺。但终因力量悬殊，阵地被清军突破。下午，清军攻入起义军营垒，投掷火箭火弹，起义军帐房及贮存在土窖内的粮食、弹药尽被烧毁。面对数十倍于己的敌人，起义军英勇异常。阿桂等在奏折中说，起义军"虽负伤甚重，苟延残喘，俱尽力抗拒，不肯束手就缚。有中箭五六支尚持石奋击者。于官兵焚烧贼营时，犹复舍死前来抢夺粮食雨水，实属剽狡强悍"。战斗中，苏四十三及其他几位领导人壮烈牺牲，起义军只得退回华林寺坚守。

起义军原在华林寺周围筑有土墙，南面挖有壕沟一道。清军逼近华林寺立栅，并架炮向寺内轰击。六月十六日，起义军突围不成，遂在沟边建木卡10余处固守。在随后的战斗中，起义军"虽多死伤，不肯溃散"。七月初五日，清军又一次发起进攻，华林寺殿屋均被击塌，起义军退人尚存的一角及围墙内，放枪掷石，尽力抵御。第二天，清军继续进攻，起义军与敌人短兵相接，白刃搏斗，最后除67人被俘外，全部壮烈牺牲。

至此，撒拉族人民的反清起义，在经过4个半月的英勇战斗之后，最后以失败而终。

苏四十三起义失败后，清廷又下令搜捕参加或支持过起义的新教教徒及其家属。据《循化志》记载："其未赴省及逃亡并其家属，自三月至八月，为循化兵捕杀一百余名，生获男妇幼孩六百余名。逆党皆正法，妇女遣伊犁给兵丁为奴，男孩遣云南监毙及逃匿深山冻饿死者不在内。凡撒拉十二工，惟查汗大寺、孟达、夕厂三工无新教，其九工新教凡九百七十六户，皆剿尽无余。"同时，严行禁止新教。阿桂于乾隆四十六年八月向清廷奏称："现已严饬各属，将新教礼拜寺概行拆毁，如查有私行传习，阳奉阴违者，照邪教律从重办理。"为了加强对宗教的控制，规定"回民不得复称总掌教、阿洪、阿衡、师父名目，择老成人充乡约，稽查约束。循化掌教改为总练，阿洪改为乡约。新教礼拜寺全毁，旧教嗣后亦不得增建。不许留外来回民学经教经及住居。每年乡约头人具无新教及前项情节甘结一次"。对撒拉族人民更加以种种限制，"嗣后撒拉尔回人不准复充循化厅、河州衙役及营伍兵丁，亦不准其任意至内地行走，其有往各州县村镇贸易者，由循化同知给与照票，定以限期，事毕即令回巢，将票缴销，不许在各处逗留"。为了镇压人民的反抗，清廷增加在陕甘的驻军共 12940 名，将陕西提督由西安移驻固原，固原总兵移驻河州，改河州协为镇，循化营添设参将一员。

统治阶级以为，实行残酷的镇压和严密的控制，就可以消除人民的反抗。但是，与其愿望相反，它却激起了人民的强烈不满和新的反抗。乾隆四十九年四月，在甘肃东部又爆发了田五、张文庆等人领导的回民起义。

田五，又名富，甘肃盐茶厅（今宁夏海原）人，回族，与张文庆、李可魁等人都是马明心的徒弟。苏四十三领导的撒拉族起义失败以后，田五等人愤于统治阶级对新教回民的残酷镇压，欲为马明心等人报仇，遂积极联络新教群众，在通渭石峰堡、静宁底店山、伏羌（今甘谷）鹿鹿山、隆德潘陇山等处险要秘密修筑堡寨，储备粮草，制备旗帜兵器，等待时机，举行反清起义。乾隆四十九年一、二月间，田五与李可魁、张文庆、哈得成等新教首领约定，于当年五月初五日分率各地新教徒同时起义。不料事机泄露，田五遂于四月十五日在盐茶厅小山地方率众提前起义，首先攻克离盐茶厅 30 里的西安州营土堡，待武器补充完备后，即弃堡向西北转移，进入山区，队伍很快发展到数百人。当月十九日，攻靖远县城不克，即于二十一日撤退。陕甘总督李侍尧、甘肃提督刚塔急调各地清军进行围剿。二十三日、二十四日两天，起义军与清军多次交仗，因作战失利，多有伤亡，田五也不幸腹部中枪，为避免被清军俘虏，他在马营水自杀身亡。李可魁率起义军余部八九十人与清军周旋，先后在官川、马家堡、马营等地活动，新教群众不断参加，队伍发展到 1000 余人。起义军利用夜暗，巧妙地摆脱围堵的清军，"翻山而遁"，与

通渭县张文庆和大通县（治今青海大通县西北白塔城）马
四娃领导的石峰堡起义军会合，五月十一日攻克通渭城。
西安副都统明善率八旗兵、绿营兵 1200 人，由静宁州往
石峰堡进剿。起义军按照"将官兵诱至石峰堡内，里外夹
攻"的预定方略，诱敌深入，设伏以待。五月十二日，击
毙明善，全歼来犯之敌。随后，起义军先后进攻伏羌、静
宁、秦安等地，均未能攻克，乃分据静宁州之底店和通渭
之石峰堡等要地，与清军对峙。

回民起义之后，乾隆帝原以为"此案系内地回民，非
撒拉尔可比，尚易扑灭"。不料甘肃当局进剿不力，陕甘
总督李侍尧"逗留靖远，借审讯余党为名，不亲赴督剿"；
甘肃提督刚塔等清军将领，也不敢与起义军交锋，仅以尾
追，应付了事，以至于处处处于被动的地位。为改变这种
情况，乾隆帝先是命尚书福康安带钦差大臣关防前往甘
肃，继于五月二十日命阿桂为将军，福康安、海兰察等为
参赞大臣，数日之后又将李侍尧、刚塔革职拿问，以福康
安为陕甘总督，哈当阿为甘肃提督，并调集阿拉善蒙古
兵、四川金川番兵、健锐营火器营京兵、宁夏八旗兵、陕
甘绿营兵、撒拉老教士兵等共万余人赴援。

六月上旬，福康安到达隆德。他根据乾隆帝的谕令，
采取先进攻起义军的外围据点，然后集中兵力围攻石峰堡
的方针，令西安将军傅玉率所部清军赴石峰堡附近石沟庄
扎营，以牵制石峰堡起义军，主力则由隆德、静宁分两路
向底店山进攻。为对付清军的进攻，起义军在底店山扎立
大营，在相距 10 余里的潘陇山扎营 3 处，在周围山梁又
设小营 10 余处。十一日，两路清军同时向起义军发起进
攻，起义军英勇抗击，"从山梁压下，势甚凶猛"。但是，
起义军毕竟兵员无多，武器简陋，难以抵挡清军的攻势，
而马文熹的投敌更加剧了形势的恶化。马文熹本是武举，
参加起义军之前，就暗中与清隆德县当局勾结，这时见形

势危急，便公开率众向清军投降，调转枪头，充当清军的帮凶。起义军被迫放弃底店山，撤往石峰堡坚守。

石峰堡在通渭以北 60 里，本系一无人居住的旧堡，田五、张文庆所以选择这里作为根据地，主要是因为该处地势险要，易守难攻。石峰堡因山得名，石峰"本在万山之中，而石峰堡又高踞峰顶，四面有山围绕"，三面为悬崖峭壁，只有东南地势稍平。乾隆四十八年五月，田五、张文庆为准备起义，将旧堡修葺加固，山顶修土墙 1 道，高 7.5 尺，厚 4.5 尺，南北长 63 丈，东西宽 15.2 丈，堡外挖壕 3 道。六月十五日，福康安率清军进逼石峰堡。他认为，从正面进攻，徒增伤亡，故"此时要著，必先扼要放卡，断其水道，并周围刨挖沟壕，使贼无路窜逸，方能制其死命"。据此方针，清军在石峰堡周围山梁安营 20 余处，派兵驻守，各营盘之间设立卡座，刨挖沟壕，将起义军包围起来。二十三日，阿桂抵达军营，他察看了石峰堡周围的形势之后，指示清军阵地前移，缩小包围圈。二十五日，清军抢占了石峰堡西北和东南两处靠近河流的山脚，切断了起义军的水源。在逼近起义军阵地之处建立 20 余个卡座，挖掘深宽各一丈的壕沟一道。三十日，清军分两路从东南和西北山脚发起进攻。起义军虽然已断水数日，但仍在壕内放枪投石，拼死抵御，最终打退了敌人的进攻。

三十日战后，阿桂等又令清军将壕沟加宽加深，各营卡均加派士兵严守，并用大炮向起义军不断地轰击。起义军困守堡内，水源断绝，干渴难忍，夜间曾派数十人出堡取水，但均被清军发现，无功而返。张文庆鉴于堡内难于继续坚守，决定进行突围。七月初四日，妇女小孩 1500余人陆续投出，次日子时，张文庆、杨四娃等与起义军战士一起突围。由于叛徒告密，清军预有准备，起义军冲到壕边时，遭到清军枪箭雨点般的射击，伤亡惨重，偶有

"佚围而出夺路奔逃者，官兵四面截杀，贼投崖堕阱无算"。至寅时，已有 1000 余起义军牺牲，张文庆亦受箭伤。突围不成，起义军只得退回堡内。黎明时，福康安、海兰察挥军冲入堡内，搜捕起义军将士，张文庆、杨四娃以下 700 余人被俘，后全部被害。田五、张文庆领导的回民起义失败了。

清统治阶级对起义的残酷镇压，给回族人民造成极大的灾难，杀害了大约万余名起义将士，4500 余名子女被赏给满洲官员兵丁为奴，许多村庄成为废墟。

# 三

康熙二十二年（1683 年），清政府统一台湾，随即在台湾建府置县，设官驻兵，以加强管辖。康熙二十四年，清政府又取消海禁，招民垦种。台湾原本地广人稀，土地肥沃，气候宜于农作物生长，因此广东、福建沿海等地贫苦农民纷纷渡海前往谋生。他们将大陆人民先进的生产工具和农业、手工业技术带到台湾，与番族（高山族）同胞共同开发台湾，促进了台湾经济的发展。

随着经济的不断发展，统治阶级对台湾人民的封建压迫和剥削愈益加重。台湾赋税较内地为重，如田赋、丁赋都比内地高出一倍。此外，还有"船税"、"陆饷"、"水饷"、"房税契"等名目繁多的"杂税"。广大农民在交纳各种租赋杂税之后，竟无余粒。而吏治的败坏，使台湾人民的生活更加困难。台湾隶属福建，清政府规定，台湾地方文武官员，任期满后即转升内地，不使久任。尽管台湾孤悬海外，但官吏们垂涎那里的财富，争相前往任职。乾隆帝说："督抚遇有台湾道府厅县缺出，又以该处地土丰饶，不问属员能胜任与否，每用其私人，率请调补，俾得侵渔肥橐。所调各员，不以涉险为虞，转以调美缺为喜，到任后利其津益，贪黩无厌，而于地方案件，惟知将就完结，希图了事。"这些贪官污吏"以宦为贾，舞弄文墨，剥民肌膏，三年报罢，满载而归"。台湾总兵柴大纪就是一个被台湾人民称为"残官"的贪官。他利用巡查营务、管理海口船只等一切机会，肆意搜刮钱财，甚至"私令守兵渡回内地贸易，每月勒交银钱"。据其家属供认，他在"台湾任内，前后所得共有五六万金"，仅仅掌管营伍兵丁的武职，贪索所得尚少，不过是文官所得十之一二而已，文官贪污之巨可想而知。正是这种封建压迫和剥削，激起了人民的反抗，终于在乾隆末期爆发了林爽文领导的台湾人民起义。

林爽文起义是一次由天地会组织发动的反清武装起义。

天地会是清代民间的秘密结社，又称三合会、三点会，会内通称"洪门"。天地会由何人创立于何时，多年来一直众说纷纭，至今尚无定论。辛亥革命时期的革命党人提出，天地会是明末遗民为"反清复明"于清初创立的。陶成章说："始创者为郑成功，继述而修整之者，则陈近南也。"随着对天地会研究的不断深入，清代档案和官书中的天地会资料越来越引起人们的重视。乾隆五十四年（1789 年），闽浙总督伍拉纳、福建巡抚徐嗣曾在查阅了有关天地会的大量案卷，并对天地会重要成员行义、陈彪等"反复细勘，熬刑究诘"后，奏称："天地会节经查明起于提喜，该犯俗名郑开，僧名提喜，又名涂喜，又名洪二和尚"，"提喜于乾隆二十六年倡立天地会名色，编造悖逆诗句"。伍拉纳、徐嗣曾的报告成为乾隆中期说的主要立论依据。尽管目前学术界对天地会创立的时间意见不一，乾隆中期说未被人们普遍接受，但天地会在乾隆中期迅速传播并引起清朝统治阶级的重视，却是不争的事实。

乾隆朝前半期，社会经济取得了长足的发展，在广东、福建、江西等省，商业经济的发展尤为迅速。与此同时，阶级矛盾也逐渐激化，当时生活在社会下层的劳苦大众，被迫离乡背井，到商业贸易比较发达的水陆交通线上以肩挑负贩谋生。他们生活贫苦且极不稳定，经不起天灾人祸的打击，加之身处异乡，孤立无援，因此迫切要求组织起来，以争取生存的权利。正是在这样的背景下，天地会为下层社会的劳动者所接受，其主要成员是小商贩、以挑夫纤夫为主的运输工人、手工业者、无业游民以及贫苦甚至破产的农民等。天地会初起时，并没有明确的政治目的和口号，其动员和组织群众的主要思想武器是"自卫和互助"。天地会重要成员严烟说："要人这会的缘故，原为有婚姻丧葬事情，可以资助钱财；与人打架，可以相帮出力；若遇抢劫，一闻同教暗号，便不相犯；将来传教与人，又可得人酬谢，所以愿入会者甚多。"后来，由于清政府的镇压，天地会的首领才提出了"反清复明"的政治口号。

天地会最初在广东、福建一带活动，后来发展到江西、广西、湖南等地，并在东南亚地区的华侨中流传。天地会在台湾的传播，始于福建人严烟。严烟是福建平和县人，以卖布为生。乾隆四十七年，由广东人陈彪发展入会。次年，严烟渡海至台湾，在彰化开设布店，秘密传授天地会。彰化县林爽文、刘升、陈泮、王芬，诸罗县杨光勋、黄钟、张烈，淡水厅王作、林小文等人，相继入会，在很短的时间内，天地会会员"众至万人"。

林爽文，福建漳州平和县人，因家贫于乾隆三十八年（1773年）随父林劝渡海至台湾，迁居彰化县大里杙庄（今台中县大里乡），以耕田赶车为业。乾隆四十九年三月，经严烟传授，在溪底阿密里庄加入天地会。他积极发展会员，很快就成为彰化地区天地会的重要首领之一。

清政府对民间的秘密会社一直采取严禁的政策。乾隆五十一年秋，台湾诸罗县（今嘉义）天地会首领杨光勋等被人告发，台湾总兵柴大纪、台湾道永福和台湾府知府孙景燧等率兵驰往诸罗镇压，扑杀数十人。因张烈等人避入大里杙，彰化县知县俞峻督率副将赫生额、游击耿世文领兵数百名前往镇压，十一月二十日在距大里杙五六里的大墩扎营。俞峻胁迫大里杙群众"擒献"林爽文等人，扬言"如不交出林爽文，就要烧庄搜剿"。清军"先焚数小村怵之，被焚者实无辜也"。统治阶级烧杀抢掠的暴行，激起群众的愤怒，林爽文等决定举行武装起义。

十一月二十七日（1787年1月16日）夜，林爽文率天地会会众1000余人前往大墩偷袭，一举攻破清军营盘，杀死俞峻、赫生额、耿世文等，全歼敌人。首战告捷，奠定了武装起义的基础。

在取得大墩偷袭战的胜利之后，林爽文等率起义军向彰化县城进军，沿途不断有贫苦农民参加，到彰化县城时，起义军队伍已增加到三四千人。县城无墙垣，插竹为墙，起义军砍开竹墙，于十一月二十九日攻入城内，杀知府孙景燧、都司王宗武、同知长庚等。

攻占彰化之后，林爽文开始进行政权建设。起义之初，大盟主为刘升。由于林爽文为人豪爽，有义气，在群众中有很高的威望，不久被推为大盟主。林爽文定年号为"天运"，第二年改为"顺天"，以原彰化县署为盟主府。在顺天政权之下，有两个系统：一个是地方行政组织，设节度使、知县、同知、总爷等官职；一个是军事组织，设元帅、副元帅、左都督、右都督、军师、大将军、将军、总督、监军、提督、先锋等官职。另外还设有管理法律和维持社会治安的机构和人员。

林爽文领导的顺天政权，采取保护人民群众、严厉打击贪官污吏的政策。林爽文在以"顺天盟主"、"顺天大盟主"名义发布的告示中明确指出："今据台湾皆贪官污吏，扰害生灵，本帅不忍不诛，以救吾民"；"本盟主因贪官污吏剥民脂膏，爰是顺天行道，共举义旗，剿除贪污，拯救万民"；"本盟主因文武贪污，剥民膏脂，爰举义旗，共灭剿除，以快民心"。起义军处死人民所痛恨的贪官污吏，没收其财物，除用以解决起义军粮饷之外，都分给贫困人民。起义军处处顾忌人民群众的利益，因而受到群众的欢迎，他们纷纷加入到起义队伍中来。林爽文注重农业生产，他以"安民心"、"保农业"为己任，一再号召"军归伍，民安业"，"务宜安分耕农"。因此，起义军控制地区的农业生产有了一定的发展，粮食充裕，物价低廉，与清军控制区形成鲜明的对照。台湾同知杨廷理在票报中说："北路本系产米之区，……刻下鹿港米价腾贵，每石三千。而贼巢大里杙、水沙连诸处，窝积甚多，每石仅需八百。"林爽文注意改善军民关系，声明"本帅严谕军伍，不许丝毫妄取"。遇有军民纠纷，秉公处理，"如吾军不是，失一赔二，焚茅赔瓦，仍究明强暴。若吾民不该，亦照法究处。本帅至公无私，尔等不必怀疑，致伤和睦"。当时台湾民众之间矛盾较深，参加林爽文起义的主要是福建籍漳州人，广东和福建泉州籍移民则因与漳州人有隙，很少参加起义，而成为统治阶级的"义民"。林爽文注意团结、争取他们，在布告中指出，"其从前虽有被胁为'义民'，今既知悔归顺，无论闽粤民番，皆属百姓，更当加恤"。林爽文起义军制定了严格的军纪，规定"所有分别查封粟石以应军需，不许众兄弟滥搬星散"。所有这一切，对于起义的发展壮大，都起了积极的作用。

攻占彰化之后，林爽文决定乘胜进攻，除留数百人驻守彰化和大里杙外，分兵数路，向外发展，于十二月上旬克淡水，占诸罗，斗六门（今云林）、南投诸地亦为起义军控制。与此同时，林爽文派人前往南路凤山（今高雄），与台湾南部天地会首领庄大田联络。庄大田起而响应，他

"出资造军器，树大旗……数日之间，众至数千"，于十二月十三日一举攻占凤山。十二月下旬，北路林爽文部起义军和南路庄大田部起义军会师，分四路围攻府城。

台湾府城（今台南市）是清政府在台湾的统治中心。当时，台湾府属四县一厅，彰化、诸罗、凤山三县已被起义军占领，府县同城的台湾城是清军控制的惟一的大城镇。台湾总兵柴大纪率领清兵并联合以黄奠邦为首的所谓"义民"武装，在城内坚守，起义军进攻受挫。

林爽文起义之后，福建总督常青即飞章告变，调集清军水陆万余人赴援。乾隆五十二年正月初三日夜，福建水师提督黄仕简率领清兵 2300 余人在鹿耳门登陆，次日至台湾府城。海坛镇总兵郝壮猷亦率兵 1700 余人于同日到达。初六日，福建陆路提督任承恩率兵 2000 余名在鹿港（又称鹿仔港）登陆。林爽文见清军兵力骤增，形势不利，遂于初七日撤围北走，庄大田亦率众退屯大岗山。

黄仕简抵台之后，即指挥清军向南北两路起义军发动进攻。总兵柴大纪在黄奠邦、陈宗器等地主武装的配合下，攻占了彰化、诸罗。而向南路进攻的总兵郝壮猷部南行 20 里，即遭到起义军的顽强抵抗，"顿兵几五十日"。二月二十日，庄大田部起义军主动撤出凤山，而以一部潜伏在城内。郝壮猷率军进入凤山后，对起义军的活动竟毫无察觉。三月初八日，起义军里应外合，复占凤山，歼清军大半，杀游击郑嵩。郝壮猷狼狈逃回府城，后被斩首。

任承恩率兵抵达鹿港之后，慑于起义军的强大，亦以"兵单难于远捕"为辞，"株守鹿港"，仅令游击穆腾额、守备潘国材率兵 500 人攻南投，游击海亮率兵 300 人攻嵌顶，守备常万雄率兵 300 人攻北投，以应付塞责。这几股清军在起义军的阻截打击下，均难以前进，无所作为。

黄仕简、任承恩率万余清兵抵台，增强了驻台清军的兵力。但是，清军纪律败坏，所到之处，奸淫烧杀，无所不为，这更加激起当地民众的不满和反抗纷纷加入到起义军中来，清统治者说，"遍地皆从贼"，"迨官兵自邻省调至闽，又守风过海，凡两三月，官军仅增万，而贼已增十万"。

乾隆帝对黄仕简、任承恩到台后的无所作为非常不满，下令将黄、任二人"革职拿问"，而令李侍尧接任闽浙总督，驻扎厦门，命常青为将军，带兵往台湾接办军务，以"习台湾事"的江南提督蓝元枚和福州将军恒瑞为参赞。李侍尧请调广东兵 4000 人、浙江兵 3000 人、满兵 1000 人前往台湾。但是，常青并不能挽救驻台清军的颓势，"甫交绥，常青战栗，手不能举鞭，于军中大呼曰：'贼砍老子头矣！'即策马遁，诸将因之即退，……青入城，即令闭关，又请兵一万"。主帅如此怯战，他手下的军队便不可能有更强的战斗力。

乾隆五十二年三月，南北路起义军又联合攻府城。南路庄大田部号称 10 万大军，直逼府城，林爽文亦派二三千起义军前往支援。月底，正当起义军胜利在望的关键时刻，负责攻打府城南门的庄锡舍率 2000 人投敌，使起义军战斗意志大受影响，"登时哄乱"，庄大田只得收兵退回南潭。林勇、谢桧、许尚等闻庄大田退兵，亦相继撤退。

围攻府城失败之后，林爽文便集中全力围攻诸罗。诸罗是台湾南北孔道，战略地位十分重要。对起义军来说，它是后方根据地的屏障。起义军首领董喜说："我往攻郡城，柴大纪必蹑我之后，且或乘虚捣我巢穴。巢穴一失，大事去矣。今用兵当自诸罗始。"对清军来说，诸罗亦是府城的北部屏障，"诸罗失，则府城亦危。……一朝弃去，克复为难"。因此，诸罗成为起义军与清军争夺的焦点。乾隆五十二年六月，林爽文亲督大军攻诸罗，自六月中旬起，"连日夕不止"。起义军切断了诸罗与府城两地清军的联系，"禁粒米不得入城"，清军以地瓜、野菜等充食，

"已饥疲不能支"。为阻断清军援兵，起义军在通往诸罗的路径上皆遍插竹签，并放水灌田，将田埂削窄，使敌难于运动。常青令恒瑞、普吉保带兵往援，因道路梗阻，二人均观望不进：恒瑞借口"贼多兵少"，驻兵盐水港迁延观望；普吉保自鹿港赴援，"以贼势盛不敢进"。副将贵林、蔡攀龙奉命率兵1600余名往援，不断遭起义军伏击，伤亡大半，被迫退回，只有600余名清兵进入被起义军严密包围的诸罗。"诸罗之围益密，入者不能再出，大纪告急之文，用小字书寸纸，募人间道夜行，始得达府"。此时，常青驻守的府城，也被起义军围困。清军分守诸罗、府城两地，声势不能相联，起义军处于主动和优势地位。但是，由于本身的弱点，也由于敌人的顽抗，起义军终未能攻克诸罗。

乾隆五十二年八月，乾隆帝将常青免职，派陕甘总督福康安赴台督办，侍卫内大臣海兰察为参赞。十一月，福康安、海兰察等率湖南、广西、贵州、四川等省清军万余人抵台。福康安采取声东击西的策略，声言进攻起义军的根据地大里杙，实际上仅以舒亮率领的一支小部队进攻大里杙，而以主力解诸罗之围。林爽文率起义军迎战，与清军首先在内卷仔顶交战，战斗失利，被迫退却。海兰察等率清军乘胜前进，接连攻占焚陣头、沟仔等地，直逼林爽文起义军的重要据点牛稠山。起义军虽负山阻溪坚守，仍接连败北，被迫撤围。达半年之久的围攻诸罗之战，终于以起义军的失败而结束。

清军解诸罗之围后，又先后攻陷彰化、斗六门等地。林爽文被迫率起义军退守大里杙。大里杙是起义军的根据地和最后的据点，东倚大山，南绕溪河，砌筑土城，密排大炮，内设竹栅两重，城外沟渠堤岸重叠，林爽文率起义军恃险坚守，并派其弟林勇去庄大田部求援。

庄大田竟对林勇说："我在这边滋扰，可以牵制官兵，你哥哥那里未必官兵就能得手，可以放心，你既来了，就帮同我把守地方。"庄大田置大里杙安危于不顾，不发救兵，林爽文部起义军只得孤军奋战。十一月二十四日，福康安率清军进抵大里杙以南5里的平台庄，随即向大里杙大举进攻。起义军奋起还击，与敌人展开殊死搏斗。"官兵至，贼犹数万出拒，退而复集者数次。既夕，我兵伏沟间，贼万炬来索战，我兵在暗中，贼不能见，而我兵视贼，则历历可数，发枪箭无不中。贼自知失计，遽灭火，复击鼓来攻，我兵又从鼓声处击之，杀死无数。黎明，遂克其城。"

大里杙弃守，林爽文率起义军残部2000余人退至集集埔。集集埔"前临大溪，溪之上就高岸垒石为陡墙，长数里，其所预营扼险处也"。十二月初五日，清军追至集集埔，由于寡不敌众，起义军又伤亡千余人，有生力量损失殆尽。林爽文仅率数十人逃入高山族居住的内山。福康安派"义民"进山，配合清军搜捕起义军。乾隆五十三年正月初四日，林爽文在淡水中港老衡崎被俘，同年三月初十日在北京菜市口英勇就义。

林爽文部北路起义军失败之后，福康安指挥清军转旆南向，镇压庄大田部起义军。庄大田率部抗击，因力量悬殊，连连失利。清军先后攻占湾里溪、大穆降、九社口、本县庄、大武垅、大埔、十八重溪等地，并乘胜攻占凤山，庄大田率部退守台湾最南端的琅峤。福康安遣侍卫乌什哈达率水师由海上绕道阻截；海兰察、鄂辉由山路进攻。起义军腹背受敌，"冲突不得出，阵杀者数千，溺海者数千，擒而戮者亦千余"，庄大田亦于二月初五日被俘。

## 四

乾隆六十年（1795年）初，湖南、贵州两省接壤地区爆发了苗民起义，这是清前期苗民反清武装起义规模最大、持续时间最长的一次。

清朝自雍正年间对西南地区实行"改土归流"以后，税捐、徭役益重，一些来到苗族地区的汉族地主、官吏、商人大肆掠夺土地和进行高利盘剥。其中一些地区如湖南永绥厅（今花垣），最初"环城外寸地皆苗"，乾隆年间已"尽占为民地"，致使苗民"田产罄尽"。苗民向地主、高利贷者借谷一石，一年之内竟要偿还三至五石。如此沉重的高利盘剥，更加速了苗民的破产和不满，促使他们拿起武器反抗民族压迫和清王朝的统治。

这次苗民起义发生在贵州的松桃厅（今松桃苗族自治县）和湖南的凤凰厅、乾州（今吉首西南）、永绥厅四地。起义前，各地首领在当地进行了较长时间的宣传鼓动和组织准备。他们提出的"逐客民，复故地"的口号一时响遍苗疆，起义前的风暴愈演愈烈。

乾隆六十年正月初四日，松桃苗民石柳邓、永绥苗民石三保、凤凰苗民吴陇登和吴天半、乾州吴八月等人秘密集会，约定二月初六日四地同时举行起义。不料，石柳邓在松桃操练兵马、制造火药的行动被汉族地主告密，地方官吏紧急进行搜捕，迫使石柳邓率众于正月中旬提前起义。起义者围攻松桃厅正大营（今贵州铜仁东北），树起了反清大旗。紧接着，湖南苗民石三保在永绥厅黄瓜寨起兵响应。永绥副将伊萨纳、镇筸镇总兵明安图急忙率兵围剿。与此同时，吴天半、吴陇登、吴八月等也按计划举行反清起义。起义军给前来围剿的清军以迎头痛击，击毙明安图等人，进围永绥，攻克乾州，并将贵州镇远总兵珠隆阿围困于正大营城内。一时间，"苗疆大震"。

二月，乾隆帝获悉湘黔边境苗民起义消息，立即命云贵总督福康安、湖广总督福宁等率兵前往镇压，并派侍卫额勒登保、德楞泰等参赞军务，又令四川总督和琳率兵于四川秀山一带拦阻，以防苗民起义军和川楚陕三省农民起义军联合。

三月，福康安会同福宁、和琳调集湘、黔、川、滇四省清军3万多名，分三路全力围剿石柳邓部起义军。起义军依靠苗民的支持和善于在峭壁悬崖中攀援险阻的特点，灵活运用"官有万兵，我有万山；其来我去，其去我来"的流动战术，飘忽不定地打击清军，使其死伤遍野。不过，石柳邓由于不能改变腹背受敌的局面，最后被迫将主力转移至湖南西部，与石三保会师。这样，清军就先后解除了正大营、松桃和永绥之围，并乘胜进攻黄瓜寨。

面对清军咄咄逼人的攻势，石柳邓和石三保紧密合作，相互支持，进行了激烈的外围阻击战。清军丢盔弃甲，死伤遍地。福宁率兵6000余人偷袭乾州时，遭起义军伏击，全军覆没，他本人仅以身免。苗民乘胜再围永绥，昼夜急攻两月有余。清廷急命四川提督穆克登阿率部往援，至当年八月方解永绥之围。

八月，各路起义军首领在乾州平陇建立统一的领导机构，推举吴八月为苗王，石柳邓、石三保为将军，军势复振。吴八月指挥起义军采取避实就虚，节节阻击的策略打击敌人，迫使清军统兵大员"束手不得展尺寸"，频频以"暴雨山潦涨阻"为辞，欺骗朝廷。

九月下旬，起义军中有勇有谋的吴天半在同清军作战时被俘投降，乾隆帝将其改名为吴半生，"以示釜底游鱼，克期生擒之意"。

招降分化瓦解，是封建统治阶级对付农民起义的惯用伎俩。早在当年五月，福康安就提出"设法离间，用计解散"的策略，经过一段观察了解后，他认为吴陇登是最合适的招安对象。因为吴陇登出身苗民上层，擅长投机取

中华藏书

大清十二帝·最新整理珍藏版

中国书店

巧，起义前手上就沾有苗民的鲜血。在清军的节节进攻面前他早已吓破了胆，思想动摇。在清廷官秩花翎的诱惑下，吴陇登暗中向清军"乞降，许杀贼自效，阴为官军乡导"。十月，吴陇登出其不意地将吴八月缚送福康安军营。接着，在吴陇登的煽动下，起义军中的一些不坚定的头目相继降清，一些村寨的苗族上层人士也纷纷乞降。这不仅使起义军人心涣散，战斗力严重削弱，而且将起义的大好形势葬送，使起义从此转入低潮。

嘉庆元年（1796 年）三月，石柳邓辅立吴八月的儿子吴廷义为吴王。五月，福康安病死。这时，张正谟、姚之富等人先后在湖北起义，揭开了川、楚、陕三省农民大起义的序幕。清军被迫分兵应付，人心涣散，厌战情绪笼罩军营，清廷也有媾和罢兵之议。可惜不久石三保因叛徒出卖而被捕牺牲，石柳邓孤掌难鸣，立脚不住，被迫撤离了乾州，集中到平陇。

六月，继福康安任清军统帅的和琳督军攻占了乾州。之后，和琳一方面派额勒登保进攻平陇，另一方面为减轻因川楚陕农民起义而造成的压力，制定了"善后六条"章程，主要内容是"民地归民，苗地归苗，尽罢旧设营汛，分授降苗官弁羁縻之"。这就进一步割断了苗民和起义军的联系，动摇和瓦解了起义军的军心，从此起义军处于更加艰难的境况之中。

八月，和琳病死，额勒登保继任清军统帅。九月，额勒登保会同前来增援的将军明亮，分四路大举进攻平陇。在石柳邓率领下起义军进行了艰苦卓绝的保卫战。经过 3 个月的激战，虽屡创清军，击毙贵州提督花连布，但起义军本身也损失颇重。十二月，石柳邓在战斗中受伤牺牲，吴廷义被俘，平陇落入清军之手。至此，大规模的苗民反清起义被血腥镇压下去了。清军除留 2 万余人驻防苗地外，大部分调往川楚陕地区，以镇压那里的农民起义。

事后，清政府非但不认真执行"善后六条"，而且对苗民进行野蛮的烧杀抢掠，引起苗民的极大不满和反抗。这时，凤凰厅同知傅鼐鉴于"兵罢难再动，且方民弱苗强"，提出了"屯田养勇，设卡防苗"的政策，获得了清廷的允准。该政策的主旨是，以招募乡勇和设置碉堡封锁苗民，从而对其分而治之。具体做法是："日招流亡，附郭栖之，团其丁壮，而碉其要害，十余碉则堡之"；"近其防闲，遥其声势，边墙以限疆界，哨台以守望，炮台以堵敌，堡以聚家室，碉卡以守，以战，以遏出，以截归；边墙豆山涧，哨台中边墙，炮台横其冲，碉堡相其宜"。

清军在苗疆修建的碉堡竣工之后，虽然起了一定的作用，但不可能从根本上解决问题，小规模的苗民反抗斗争依然层出不穷。嘉庆四年（1799年），镇篁苗民千余人在吴陈受的领导下，向当地驻军发起进攻，击毙清军守备、千总等多名将领以及大量兵丁，清廷为之震惊。嘉庆六年，贵州石岘（今松桃南）14寨苗民联合湖南苗民反清。云贵总督琅玕檄调傅鼐前往会剿。经过3天激战，终将这次起义镇压下去。嘉庆十一年，永绥厅苗民石宗四率数千人起义，围攻永绥厅城，后被清军击败，牺牲2000余人，石宗四也被俘获。至此，湘黔苗民起义全被平息。

湘黔苗民起义，既是苗族下层群众反抗封建统治的斗争，也是反对民族压迫的斗争。起义过程中，他们采取流动作战和避实就虚的战术，在一定程度上打击了清军，但由于活动余地相对较小，又缺乏全国反清起义形势的有力配合，所以最终还是失败了。而清朝方面，一开始就把起义压缩在苗民聚居区内，不使其与川楚陕农民起义军相联合，加之采用腹背夹击、行反间计以瓦解起义军内部、割断起义军和苗民群众的联系等手段，终于将这次起义镇压下去。

湘黔苗民起义虽然失败了，但是苗民的鲜血并没有白流。他们在湖南、贵州坚持反清斗争长达 12 年之久，杀死和击毙清朝文武官员达 200 多名，毙伤大量清军，从而沉重地打击了清朝统治。同时，这次起义牵制了大量清军的兵力，使清廷无法抽调更多的军队去镇压川楚陕农民起义，因而对后者是一个有力的支援。

白莲教起义虽暴发于嘉庆元年（1796 年），却是乾隆时期阶级矛盾长期积累的结果。

清代人魏源说："白莲教者，奸民假治病持斋为名，伪造经咒，惑众敛财，而安徽刘松为之首。"其实白莲教自元明以来早已存在。元末韩山童、刘福通曾利用白莲教发动反元起义。白莲教作为民间流传很久的秘密宗教组织，在乾隆时期随着封建压迫的沉重又活动起来。

五十九年（1794 年），湖北巡抚福宁报告乾隆说，从搜查出来的"邪经（白莲教教义）"来看，"系起自明正德四年。且乾隆二十二年、三十三年，河南、贵州所办邪教，已有牛祖八牛名目。"牛祖八牛中的"牛八"二字，合即是一个朱字，说明白莲数是以"反清复明"为宗旨的。乾隆中期清政府在河南、贵州所发现的白莲教，到后期已遍布安徽、湖北等省。福宁在湖北审讯白莲教徒宋之清时发现宋之清的师傅是安徽太和县人刘之协，刘之协的师傅又是刘松，白莲教人数众多，蔓延数省，乾隆下令"将讯出入教之人一并查拿"，各地方官开始大肆搜捕白莲教教徒，白莲教首领刘松、宋之清、齐林等被杀害。

清政府在搜捕白莲教徒的过程中，"州县官吏奉行不善，逐户搜缉，胥役乘虐。而武昌府同知常丹葵奉檄荆州宜昌，株连罗织数千人，富破家贫陷死无算。"后来清政府俘虏了起义军领袖王三槐，在审问造反缘由时，王三槐毫无惧色地回答："官逼民反"，是完全真实的。连嘉庆听后也不得不承认由于和珅等大小贪官剥削人民，起义才如火如荼地出现。

嘉庆元年（1796 年）正月，湖北荆州地区聂杰人、张正谟首先揭竿而起。三月，襄阳地区姚之富、齐王氏等率白莲教会众响应，四川达州、东乡和安康等地的白莲教群众也都开始行动起来，迅速形成了遍及川、楚、陕三省的反清大起义。

嘉庆帝调湖广总督毕沅、西安将军恒瑞、陕甘总督宜绵、四川总督福宁等分别率军镇压起义，调遣八旗兵和各省绿旗兵参战，集中优势兵力企图将起义军就地消灭。起义军针锋相对，采取流动作战办法。湖北起义军在齐王氏、姚之富等人率领下，"飘忽无常，往反数千里"，到达四川东乡与四川起义军会合。起义军经过整顿，编制了黄、青、蓝、白号，设置了掌柜、元帅、先锋、总兵、千总等职，增强了作战能力。起义军所到之处，"有屋舍以栖止，有衣食火药以接济"，"有骡马刍草"以供使用，有群众"为之向导负运"，因此在起义初期取得了很大胜利。三年（1798 年），齐王氏率军北进，直逼西安，后又折向东南，在郧阳县被清军包围齐王氏、姚之富跳崖牺牲。

嘉庆四年（1799 年），乾隆去世。嘉庆亲政后，首先诛杀贪官和珅，然后下"罪己诏"来麻痹人民。他说：听王三槐讲到"官逼民反"时，"闻之恻然"，"皆为和珅一人，而无穷之苦累，百姓当之"，把罪责全推到和珅头上。他还采取招抚办法，希望起义军"翕然来归"。清政府在剿抚两并举的同时，又充分利用乡勇团练，采取坚壁清野的方针，进行野蛮的镇压。

嘉庆六年（1801 年），起义军领袖徐天德牺牲后，起义军分成千人以下的小股进行战斗。直到九年（1804 年）彻底失败。

　　清政府用兵九年，耗银近二亿两，虽然扑灭了白莲教起义的熊熊烈火，但乾隆留下的大清王朝已是千疮百孔，逐步走向了衰落。

# 第十二章  由盛及衰

## 一

乾隆四十年代以后，由于专制统治的极端加强，骄傲的情绪在乾隆皇帝的脑子里得到空前滋长。他一生，在位时间长，政治活动多，涉及面广，取得了比较大的成就。所有这些，在进入乾隆后期，几乎都成了他自我陶醉的资本。在夸耀自己的这些成就时，他特别喜欢将自己和历代帝王进行比较。开始时是比疆域、比人口、比蠲赈，比政治安定，比统治巩固；70岁以后，这种比较达到了极为庸俗的地步。除文治武功之外，包括年龄、儿孙和在位时间在内的一切项目都成了他进行比较的内容。如在乾隆四十五年他70寿辰时，他即亲制《古稀说》，历数秦汉以下历代帝王"寿登古稀者才得六人"，其中之汉武帝、梁武帝、唐明皇、宋高宗等四君皆不值一提，下余两个创业之君元世祖和明太祖，虽然武功甚盛，但其"礼乐政刑，有未遑焉"。而他本人在位期间，"前代所以亡国者，曰强藩、曰外患、曰权臣、曰外戚、曰奸臣、曰佞幸，今皆无一仿佛者"。乾隆五十年，正值乾隆即位50年大庆，于是，他又和历代帝王比起了在位年代。当年元旦，他挥毫作诗："七旬登寿凡六帝，五十纪年惟一人。汉武却非所景仰，宋家高孝更非伦。"乾隆五十五年和六十年，他80寿辰和在位周甲，更是年龄、儿孙和在位年代无所不比。如其五十五年所作之诗篇中称："八旬开衮春秋永，五代同堂今古稀。""古稀六帝三登八，所鄙宋梁所慕元，惟至元称一代杰，逊乾隆看五世孙。"乾隆六十年时又有诗称："三代问谁几周甲，藐躬惕已益增寅。"这样比来比去，在他看来，历代帝王中没有一个能比得上自己。就是在这样的比较之中，他的心理得到了极大的满足，本已发涨的脑袋更是越来越大，直把他昏昏然、飘飘然地捧上九霄云外。

除此非常严重的浮夸之外，乾隆前期即已非常严重的挥霍行为更是一发不可收拾。如乾隆四十九年，他喜得玄孙，当即命令各省督抚详查治下五世同堂者，以致各地官员置行政事务于不顾，陆续查得194家上奏。为此，他亲制诗篇、御书匾额、赏赐缎匹银两，勒令建坊，不一而足。此番举动之后，意犹未足，他认为自己"逮事皇祖、皇考，复得元孙，亲见七代，实为古今罕有"。乾隆五十七年，他又花样翻新，再命各省督抚访得臣民中身见七代者七人，优办赏赍。与此同时，他还借各种礼庆之际大肆挥霍。乾隆五十年代，他的孙子多人陆续成婚。为此，他连年赏赐不绝。其中，赏赐最多的一次是他的幼女和孝公主下嫁和珅之子丰绅殷德。据史载："妆奁之侈，十倍于前驸马福隆安时。自过婚翌日，辇送器玩于主第者，概论其值，殆过数百万金。二十七日，皇女于归，特赐帑银三十万。"在此同时，乾隆皇帝本人历次寿辰的庆祝活动越过越排场，其中，糜费特甚的是乾隆四十五年、五十五年举办的乾隆皇帝七旬、八旬两届万寿庆典和乾隆五十年、嘉庆元年举办的两次规模盛大的千叟宴。

乾隆帝皇诞辰是八月十三，恰值秋狝季节，依据惯例，一般都在避暑山庄举行庆祝活动。因而，乾隆四十五年以前，每逢乾隆皇帝诞辰，避暑山庄皆连日筵宴，热闹异常。而且，连同北京至承德 300 多里间的道边树木上也披红挂彩，装饰一新。乾隆四十五年，乾隆皇帝七十寿辰时庆典规模更为隆重盛大。为了投他之所好，前期一年，以皇六子永瑢和军机大臣和珅为首的一班子臣便已在进贡器物和进贡数字上绞尽脑汁，大作文章。凡是贡品，皆"取九九之义"，截至乾隆四十四年四月，单是其中之无量寿佛，便已达 17963 尊，计银 287480 两。至四十五年七月，各省督抚进献万寿贡品进入了高潮。据当时的朝鲜使臣记载，贡车多达 3 万辆，此外，人担、驼负、轿驾者更是多不胜数。在内外上下的一片颂扬声中，乾隆皇帝也觉得飘飘然。就在他陶醉于自己即位以来的统治成就的时候，大量的帑藏银两、缎匹一下子经由他手赏赐给了前来祝嘏的臣下和外藩使臣。

七旬万寿庆典使得乾隆皇帝大为开怀。为了满足自己的侈大心理，乾隆五十二年八月，刚过七十七岁寿辰，乾隆皇帝即正式颁布谕旨，命令臣下照历次皇太后万寿庆典之例筹办自己的八旬万寿庆典。乾隆五十三年三月，又专门成立了筹办八旬庆典的领导机构，由军机大臣阿桂、和珅共同参加。为了筹集庆典资金，和珅等人欺上压下，除向商众大事勒索之外，还令全国大小官员各捐廉俸。与此同时，各种庆典准备活动也先后着手进行。首先是动工将紫禁城、圆明园所有建筑和京城至西山一带全部道路一律重加修整。在这些工程正在紧张施工的时期，北京至承德之间的路面点缀工程也开始着手进行。而后不久，各省督抚又循例遣人进京，对分派地段进行布置。为了将庆典办得隆重盛大，乾隆皇帝除下令开恩科乡、会试之外，还于五十五年正月颁布诏旨，再行普免全国钱粮。当年七月，万寿庆典首先在热河避暑山庄拉开帷幕，哲布尊丹巴呼图克图等宗教领袖，西藏、回部、蒙古、金川、台湾等少数民族贵族头人，朝鲜、安南、缅甸、琉球、哈萨克、南掌等国使臣一齐向乾隆皇帝叩祝万寿无疆。而后，连日赐宴、观剧，赏赉不绝。八月上旬，乾隆皇帝进京，把庆典活动推向了高潮。八月十二日，在乐队所奏的万寿衢歌乐声之中，乾隆皇帝在子孙曾玄和文武千官的簇拥下自圆明园起驾进城。一路之上，"夹道左右，彩棚绵亘，饰以金碧锦绣"，较之历次皇太后万寿庆典的布置更为壮丽。当日，大宴重华宫。子孙曾玄百数十人彩衣作舞，奉觞上寿。次日，万寿节。乾隆亲御太和殿，接受宗室、满汉文武大臣、边远土司和外藩使臣的朝贺。这时，乾隆皇帝历数汉唐以来，帝王寿登八旬者只有梁武帝、宋高宗、元世祖三人，不是偏安之君，就是未见五代，只有自己统治全国，固若金汤，曾玄绕膝，五世同堂。看着这些，乾隆皇帝感到无限的满足与快活。

在这些浮夸、挥霍行为达到顶点之际，乾隆还发明了一套歪理论来为自己辩论。他多次宣称，天地生财止有此数，不散于下，则聚于上。按照他的这个逻辑，他的这些挥霍行为不但无害，而且有益于穷民。就在这套歪理论的指导下，几十年中广大劳动人民用汗水积攒起来的巨额财富，经由他手而付之东流，直到国库空虚、民穷财尽，乾隆皇帝的任情挥霍给国家和人民都带来了巨大的灾难。

## 二

随着乾隆皇帝浮夸症的恶性膨胀，他的拒谏饰非的毛病也愈益严重。本来，从乾隆三十年代始，清朝政治即已偏离了康、雍年代向上发展的轨道，至乾隆五十年代，更因乾隆皇帝年迈、怠于政务而愈益废弛，整个社会危机四伏，险象丛生。再加上和珅的装点粉饰，下有各级官员报喜不报忧，乾隆皇帝对腐败现象更是视而不见。对此，窦光甸、尹壮图等个别官员实在看不下去，大着胆子说了两句老实话，谁料乾隆皇帝竟黑白不分，是非不辨，大为恼火，窦、尹两人也差点儿为此丢掉了前程。

乾隆晚期，各级官员贪污国帑，出现了严重的财政亏空。而乾隆则说："朕不忍穷究，聊开一宽容之路。"让各州县官自行弥补完事。

由于乾隆的纵容及和珅的包庇，当时官场聚敛成风。四十年（1775 年）以后，因贪赃被公开判罪的除两广总督李侍尧、陕甘总督勒尔谨、浙江巡抚王亶望、闽浙总督陈辉祖、山东巡抚国泰之外，督抚一级的贪官还有直隶总督杨景素、安徽巡抚闵鹗元、浙江巡抚福崧、江西巡抚郝硕、闽浙总督伍拉纳、福建巡抚浦霖、闽浙总督富勒浑、雅德等人，贪官之多，令人侧目。乾隆对数额巨大的不得不绳之以法，以平民愤，多数仅以罢官了事。

由于惩贪禁而不止，和珅在乾隆的同意下，制定了"自请认罪银"条例，只要上交若干万银两，就可以免于处分。贪官污吏们更加肆无忌惮了。

三

正当乾隆自鸣得意，陶醉于大清帝国的升平盛世、物阜民丰的时候，广大人民群众的生活情况已经开始急剧恶化。

首先是黄河频繁决口，泛滥成灾，使两岸人民的生活处于水深火热之中。屡次治河未见成效，这和乾隆晚年轻视治河及用人不当有直接关系，归根到底是由乾隆晚年自我陶醉于已有成就、忽视民生的原因造成的。早年的乾隆为治河屡兴大工，收到显著成效；但迄四十年（1775 年）后，黄河下游地区水患未能根治不说，上游地区水患也呈上升趋势。

进入乾隆四十年代以后，人口与土地的矛盾更加突出。一些地主阶级知识分子已经开始意识到这个问题，并且探索解决的途径。

耕地是农业生产最基本的条件。在自给自足的封建小农经济中，如果不能维持必要的人均耕地面积，不仅无法维持简单的再生产，劳动者的生存都难以保证。乾隆后期著名学者洪亮吉说："岁计一岁一人之食，约得四亩。"就是说按照当时生产水平，人均耕地达到平均四亩，方能维持生活。三十一年（1766 年），全国土地面积为七亿四千一百多万亩，人口为二亿八百多万人，人均耕地只有三亩多。这个数字不是非常可靠，但是反映了按照洪亮吉"岁得四亩"的标准来看，已经明显不够。

乾隆执政前期，尚肯正视人口增长与土地不足的现实，采取开垦山荒河淤，移民边疆，减免零星土地租税等措施，使这个问题有所缓和，还促进了边疆地区的农业发展。但晚年他说：

"欲使家给人足，比户丰盈，其势断有所不能。若如经生迂腐之见，拘执古制，均其田亩，限其服制。必致贫者未富，而富者先贫，扰累纷纷，适以酿乱。"

在他的这种态度指引下，土地兼并趋势日益上升。

乾隆后期，由于土地不足反而刺激了地主占有土地的强烈欲望。俗有"百年土地转三家"之谚，"今则不然，农民日惰，而田地日荒，十年之间，已易数主"。地价也大幅度上涨，顺治年间，江南地区每亩上等土地价格为二、三两银子，至乾隆中期已达十余两。粮食价格，乾隆初每升米十余文，五十年（1785 年）后，每升达到三十文左右。和珅本人占有土地 8000 顷以上，他的家人刘全和马某也占有 600 余顷。

封建剥削不断加重。随着商品经济的发展，各地有漕粮省份都拒收本色，改征折色，即由征米变为征银。贪婪的地方官任意浮收，有一石加至数斗者，若遇军需，滥征加派尤为严重。五十七年（1792年），乾隆在出巡途中，遇到湖南凤凰厅生员刘大鸿等人告状，称湖南地方官借采买兵粮为名，"每田一亩，连加耗实需出谷九斗三升"，地方官给价时，"每谷一斗，仅发官价五分，贫民逃避不前，辄票差花户锁押"。半年之后，步军统领衙门又向乾隆报告：陕西蒲城县监生马廷琏来京呈控该县匿灾不报，"又藉军需为名，雇觅骡头，科派铺户银钱，及藉修文庙，累及间阎"。吏治败坏，加重了人民的苦难。

自然灾害频繁发生。乾隆后期，由于吏治败坏，尽管每当发生灾害，乾隆也宣布调拨物资前往赈济，但经手办赈的地方官吏却于赈济册内多加人口，及领银散赈，又减户拨给从中侵蚀银两，使赈灾徒有虚名。

五十年（1785年）春夏之交，江苏、河南、山东及安徽大旱，农民种不上地，吃不上饭，"灾氓嗷嗷待哺"。山西介休、汾州、霍州、平阳、绛州、浦州久旱无雨，"百姓多刨挖野菜，采取榆钱充食"。

广大群众不甘心忍受欺压，纷纷以各种不同形式起来反抗。如浙江乌青地方赁田之佃户，"小涉旱涝，动辄连圩结甲，私议纳数。或演剧以齐众心，或立券以为信约。侦有溢额者，黠者遂群噪其家"。佃户有组织的力量，迫使地主不敢滥增租额。

四十四年（1779年）春天，直隶井径县民发生聚众抗官的斗争。井径知县周尚亲采买粮食"抑勒米价"，粮价每石九钱三分，竟只发六钱，"余银入己"，还以修庙、修桥为名"派钱累民"。村民在李望春、梁绿野等领导下赴正定府告状，而直隶总督周元理却袒护贪官，致使事态扩大。乾隆唯恐这种群众性的风潮在北方蔓延，一面急令地方官相机劝抚，一面急派额驸福康安前赴正定弹压，并将引起众怒的直隶总督周元理革职，才勉强把这场斗争平息下去。

乾隆后期各种潜伏的危机险象环生，昔日的"康乾盛世"已日趋渐远，大清帝国已走上了不可遏止的下坡路。

# 第十三章 乾隆之死

## 一

乾隆皇帝二十五岁登基，处处以皇祖康熙为榜样，把康熙圣训视为理刑处政的金科玉律，甚至一言一行都效仿他的祖父。

乾隆还多次表示，若蒙苍天保佑，能执政六十年，就立即将皇位传给儿子，不敢超越皇祖执政六十年的年限。

乾隆六十年（1795年）九月初三这一天，高宗在勤政殿召见皇子皇孙及王公大臣，宣布立皇十五子嘉亲王永琰为皇太子，以明年为嘉庆元年。他还命令将"永"字改为"颙"字，取吉祥宏大之意，希望他的继承人发扬康乾盛世的光辉，普照天下万民。

丙辰（1796年）年元旦，经过几个月的充分准备，授受大典如期举行。嘉庆陪同太上皇先到奉先殿堂子行礼，随后遣官祭告太庙，再后即举行正式仪式。只见乾隆在太和殿，亲自将金光闪闪的皇帝玉宝交给嘉庆皇帝，嘉庆帝双膝跪地，头微垂，用双手接过父亲手中的玉玺，群臣高呼"万岁"，太上皇受贺结束后回宫，嘉庆帝正式即位，接着又是群臣祝贺。嘉庆帝又将太上皇颁写的传位诏书颁行天下，并对有功人员予以封赏。整个仪式完成。这一年，乾隆已八十六岁高龄，嘉庆帝已进入成年，三十七岁。

乾隆当了太上皇后，按年龄及以往朝代的规制来说，就应颐养天年，不再处理政事了，更何况新皇帝已不是个孩子，完全有能力处理国家大事。但乾隆人老心不老，他在退位前及退位后多次说自己身体很健康，仍能处理大事。

乾隆六十年（1795 年），高宗在传位诏书中对后事做了种种安排后，紧接着又宣布："朕仰承上天保佑，身体健康，一日不至倦勤，一天也不敢怠倦。归政后，凡遇有军国大事，及用人行政等大端，岂能置之不问，仍须朕躬亲指教。至于嗣皇帝，只能朝夕聆听训谕，将来知道有所秉承，不致出现差错，这难道不是国家的大福？"他认为颙琰政治经验不足，还有待学习。但颙琰也不是无事可作，乾隆觉得自己年近九旬，对于登降跪拜等礼节，已经做得不很好了，因而须将"郊、坛、宗、社诸祭祀"的行礼事交给颙琰来做，也算"人尽其材"。乾隆还命令部院衙门及各省题奏章疏，甚至连引见文武官员等寻常事也要"嗣皇帝一同披阅"，以便效法乾隆的所作所为。

乾隆不服老，实际上是对权力充满欲望，不愿放手。因而直到他死也没有离开养心殿。

早在乾隆三十七年（1772 年），高宗就在宫中外东路兴修宁寿宫，作为归政之后当太上皇时的休养之所。但乾隆退政后，并未真的归政休养，而是改归政为训政，这就为他继续留住养心殿找到了理由。按清代礼制，皇帝退位之后，应该迁出养心殿，移居宁寿宫，而让新皇帝移居养心殿，即使训政也应如此。但乾隆不愿离开养心殿，让嘉庆居住在毓庆宫，他提出两点理由：一是"寝兴六十养心惯"，就是说，即位之后居养心殿已六十年了，最为安全吉祥。一切照旧，应当继续居住养心殿，诸事便利。二是"己便兼亦欲人便"，也就是说，养心殿在乾清门西边、遵义门之内，向来召见王公大臣、六部九卿及引见官员等，便由乾清门进，趋走甚近，若在宁寿宫则相距较远，不便利。乾隆还一再声明，自己年近九旬，若将来幸越期颐或稍觉倦勤，即当迁居宁寿宫。但他并没有这样办，最后仍死在养心殿寝宫。

## 二

从嘉庆三年（1798年）开始，太上皇显得很疲倦，史书上记载他"心体焦劳，因勤政导致积劳成疾"，有时身体好一些，又"训政不倦，召见臣工如往常一样"。到了嘉庆四年（1799年），在太上皇身边的臣仆都知道：太上皇要龙驭上宾，升天了。正月初一，新年第一天总还算平安。第二天早晨，乾隆还盼望着前方送来胜利的捷报，并写下了生平最后一首诗：

> 三年师旅开，实数不应猜。
>
> 邪教轻由误，官军剿复该。
>
> 领兵数观望，残赤不胜裁。
>
> 执讯速获丑，都同逆首来。

当天晚上，弘历病危，紧急召见嘉庆。看着年近九旬的老父亲就要离开他手创的"乾隆盛世"，离开大清帝国，虽已成年的嘉庆帝仍泪流不止。弘历示意儿子靠近些。嘉庆跪着向前挪了几步。太上皇已经不能说话，但他神志仍然很清醒。他拉着儿子的手，多次把头和目光移向西南。嘉庆明白父亲的心思，哭着说："父皇请放心，儿臣一定尽早平定西南'叛匪'，父皇等着捷报吧！"乾隆听了儿子这番话后，安详地点了点头，闭上了双眼，永远地离开了他依依不舍的人间。

根据乾隆帝临终面谕"万年以后，当以称'宗'为是"，嘉庆帝为太上皇上庙号，称为"高宗"。

乾隆病逝的同一天，他的遗诏在全国发布，对自己的一生作了如下评价：

"朕自从即位以来，一天比一天谨慎。当承继祖父开创平和局面时，不敢有更高的奢望。我觉得帝王的德性，只在敬崇上天，效法祖宗，勤于政事，体爱民众这四个方面，而这四方面，知道并不难，难的是做起来难。几十年来恭恭敬敬，虔虔诚诚，每次郊坛祭祀，都亲自拜往，不因为年龄日高而稍有安逸之念。中间四次到盛京（沈阳）拜谒祖宗陵寝，回首创业的艰难，更加体味到守成的不易。万机事理，都躬亲披揽，宵旰沥胆，忘记疲劳，引见臣僚，批答奏章，一天也没有间断过。各省雨水丰歉，时刻不忘。共六次南巡江浙，考察河工海塘，关怀民疾，如保赤子。五次普免天下钱粮，三次普免南方漕粮，二次免除积欠，遇到水旱等灾，又免又赈济，总计不下亿万万，只希望百姓富足，国家安定。仰赖上天祖宗保佑，海宇升平，疆域扩充，平定伊犁、回部、大小金川，缅甸来朝，安南臣服，以及底定廓尔喀，舟船车马所到之处，无不举手称臣。凡这些战争，都是不得已而用兵……"

乾隆遗诏，如果就乾隆五十年以前的国内局势而论，还比较恰当。乾隆初期中期，的确国强民富，达到"全盛之势"，但到了乾隆晚年，形势已大有变化。遗诏有符合实际的一面，也有讳过扬功之处，没有客观全面地评价他的一生功过。

嘉庆四年（1799 年）九月，创造清代史的"全盛之势"的乾隆帝，葬于河北遵化马兰峪裕陵。

就这样，曾经辉煌无比的乾隆王朝，在乾隆去世的丧钟中结束了，一个新的时代即将开始。

# 附　录

## 政治生涯

### 政治成就

#### 力惩贪贿

乾隆帝即位后首先缓和雍正朝造成的政治紧张气氛。乾隆二年，他就释放了雍正末因贻误军机而判死罪的岳钟琪、傅尔丹，赐予允禟、允禵公爵。乾隆四十三年（1778）还为多尔衮昭雪，复其王爵。这些措施缓和了统治阶级内部的矛盾，化消极因素为积极因素，对稳定王朝的局势是有意义的。

然而把雍正年间因贪赃被革职的官吏一齐复职，对贪污案不予追究，放松对官吏的考绩，结果吏治又坏，贪风再起。乾隆觉察后，从乾隆三年起他开始严肃处理侵贪案件，将性质严重、核实无误的贪污犯即行正法。乾隆六年（1741），处死了纳贿银千两的兵部尚书兼九门提督鄂善。从乾隆二十年开始到四十年代，还处死了 10 余名职位很高的巨贪，如云贵总督恒文、云南布政使钱度、山东巡抚国泰、陕甘总督勒尔谨、浙江巡抚王亶望都被赐死、正法。慧哲皇贵妃的亲兄高恒担任内务府总管，侵贪两淮提引，慧哲皇贵妃亲侄高朴担任兵部右侍郎，滥索金宝、盗卖官玉，乾隆帝也都未予以宽待。

#### 重视吏治

乾隆初中期，十分重视吏治，首先他重视官吏的选拔。他强调官吏应该年富力强。五十五岁以上的官吏要详细甄别，六十五岁以上的官员要带领引见，能否继任他要亲自定夺。他将不称职的官吏分成 8 类：年老、有疾、浮躁、才力不及、疲软无力、不谨、贪、酷，并给予不同的处理。在乾隆一朝，因考绩不合格受到降级或处分的官吏达6万多人。第二，禁止官吏向皇帝进献。在初中期他禁止各省大员向皇帝进献方物、土产。第三，注重考绩。为了整顿吏治，乾隆帝严格运用"京察"、"大计"考核官吏。过去那些不用考核的藩臬（布政史与按察司），乾隆帝也要考绩。他要求京官以密折报告属吏是否贤良。第四，注意解决官员及其家属的生活费问题，给京官加薪，给外官发放养廉银，使官员安心职守。第五，处置贪官。这是指初中期的情形。

乾隆帝善于驾驭群臣。乾隆初年，朝廷中以鄂尔泰与张廷玉为代表的满汉两派斗争十分激烈，互相拆台。乾隆帝不是打一派拉一派，而是对他们都进行严厉警告，并采取抑制手段，不让一派打压另一派，始终让他们保持平衡，避免了大分裂。

**经济成就**

重视农业

乾隆帝和其祖父康熙、父亲雍正一样，重视发展农业生产。他要求北方向南方学习耕种技术。以前贵州遍地桑树，但不养蚕纺织，他便责成贵州地方官向外省招募养蚕纺织能手传授技术。他令地方官注意植树造林，保持水土。

他鼓励开荒，扩大种植面积。雍正二年，全国可耕面积683万余顷，乾隆三十一年扩大到741万余顷。乌鲁木齐地广人稀，他资助甘肃贫民前去垦种。

他关心水利建设。下令完成的水利工程，较大的有：河南南阳至商丘黄河河堤新筑170余里，清口及江南运河疏浚，江南淮阳运河挑浚，清河千里堤岸培筑。此外，在他关心下，修筑了江苏宝山至金山242里长的块石篓塘和浙江金山至杭县500里海塘。这些水利工程起到了防洪、保护农业生产的作用。

体恤商业

乾隆帝重视发展商业并给予宽松政策。他也采取了一些恤商政策。规定商人到歉收的地方销售粮食，可以免关榷米税，允许百姓贩运少量食盐。金融机构（经营汇兑和存款、信贷的票号）在乾隆朝也开始出现。

由于生产的发展，国家财政收入从乾隆二十八年开始逐年提高。原来每年财政收入是三四千万两，二十八年就达到 47063610 两，四十二年达到最高点 81824044 两。后来减少一些，但也达到 6、7 千万两。

乾隆帝重视社会的稳定，关心受灾百姓，执政期间五次普免天下钱粮，三免八省漕粮，减轻了农民的负担，据统计乾隆帝执政时期蠲免了正额赋银 2 亿两，加上历年"灾蠲"等约 1 亿多两，共计 3 亿两以上。

## 军事成就

乾隆帝武功赫赫，在平定边疆地区叛乱方面做出了巨大成绩，巩固了多民族国家的统一。

平贵州苗疆之乱

乾隆帝即位初年，他任命张广泗替换张照采取安抚为主、征讨为辅的手段迅速镇压了古州、台洪苗疆之乱。之后他免除苗赋、尊重苗俗、实行屯田、慎选苗疆守令，减少了苗民的抵触情绪。这些因地制宜的措施，使得贵州苗族地区基本上安定下来。

出征金川

乾隆十二年（1747）大金川土司莎罗奔公开叛乱，乾隆三次派兵进攻大金川，损兵折将，用了两年时间仍未将其完全打败，为此还杀了四川总督张广泗和大学士纳亲。后改用岳钟琪，分两路进攻大金川，莎罗奔溃败乞降，乾隆立刻从金川之役抽身。

安定西藏

乾隆十五年（1750），藏王珠尔墨特阴谋叛乱，被驻藏大臣傅清和拉布敦设计杀死，他的余党攻击杀害驻藏大臣。班第达受达赖委托代理藏务，班第达抓捕逆党，平息了叛乱。乾隆命策楞率八千兵入藏，第二年制订《西藏善后章程》，废除了藏王制度，确立了达赖喇嘛为政教合一的代表，和驻藏大臣共治西藏的体制。

统一新疆

乾隆十年（1745），准噶尔部首领葛尔丹策零病逝，准噶尔内部为争夺汗权内讧，其领袖和牧民络绎不绝地归附清朝，辉特部台吉阿睦尔撒纳和准噶尔部强臣达瓦奇联手在内讧中崛起，后与其争权失败，归附清朝。达瓦奇昏庸无能、不得人心。乾隆帝果断抓住时机，于二十年（1755）二月出兵，于五月进占伊犁。达瓦齐逃往南疆乌什，为乌什阿奇木伯克霍集斯擒获送交清军。当时北疆厄鲁特蒙古有四大部族，平准后，清廷采取"众建而分其力"的政策，封阿睦尔撒纳等人分别为四部汗，释放被准部扣为人质的南疆伊斯兰教领袖大、小和卓木。

阿睦尔撒纳图谋当四部总汗未遂，于当年八月又发动反清叛乱。乾隆帝又派兵镇压，阿睦尔撒纳多次使诡计逃脱追捕，在北疆煽动叛乱。至乾隆二十二年，由于内讧加之北疆地区痘疫流行，叛军不战自溃。阿睦尔撒纳逃往哈萨克，后又逃入沙俄，染天花病死。沙俄将其尸体交给清朝。乾隆帝认为准噶尔人反复无常、不可信任，平准过程中他命令对准噶尔人进行屠杀。在战争、瘟疫、屠杀多重打击下，除了早先归附清朝和逃亡他国的部众，再有妇女儿童被掳掠充赏外，准噶尔作为一个部族在新疆销声匿迹了。

被清军解救的小和卓木也参加了阿睦尔撒纳的叛乱，兵败后投奔大和卓木和清朝对抗，二十三至二十四年，清军在南疆人民的支持下，打败了叛军，大、小和卓逃奔巴达克山（今阿富汗东部）。清军派人与当地部族交涉，巴达克山部族首领执杀大、小和卓，把尸首送交清朝。清王朝统一了西北地区，天山南北从此完全归入清朝版图。

乾隆二十七年（1762）乾隆帝在新疆设伊犁将军，实行军府制，修筑城堡，驻扎军队；设置卡伦，巡查边界；移民实边，进行屯垦。巩固和完善了清朝对新疆地区的管辖。在南疆实行因俗而治，保留伯克制，但改由清廷任命。并设参赞大臣（驻叶尔羌）等官，分驻各城，加强统辖。制订《回部善后事宜》，对南疆管理体制做出改革。达瓦齐在乾隆三十九年获赦，免死加恩封为亲王，入旗籍，赐地京师，充分显示了乾隆皇帝怀柔远人的用心。

土尔扈特部回归

明末，厄鲁特蒙古四部之一的土尔扈特部离开他们世居的塔尔巴哈台（今塔城）西迁至俄国伏尔加河下游。乾隆三十五年（1770），首领渥巴锡汗率领他们16.9万人踏上回国路程。他们越过千山万水，克服重重险阻，于翌年六月到达伊犁，到达时只有6.6万人。乾隆帝十分重视土尔扈特部的回归，他不惧沙俄开战的威胁，令当时驻乌什任都统衔参赞的舒赫德前往伊犁协助伊犁将军安置他们。土尔扈特部的回归是乾隆朝民族团结的壮丽篇章，是康乾盛世的一大盛事。

两征金川

乾隆中期，大金川土司再次叛乱，不断侵掠邻近土司。从乾隆三十一年起，乾隆三次派兵，花费7000万两白银才最终平定大小金川。此后清朝在这一地区废除土司制，改置州县。巩固和发展了西南地区自雍正以来"改土归流"的成果，加强了边疆和内地的经济文化交流。

反击廓尔喀入侵西藏

乾隆五十三年（1788）与五十七年，乾隆帝两次派兵反击廓尔喀入侵西藏，第一次清军作战不利，地方政府接受屈辱条件而议和，向中央谎报战功，不久廓尔喀兵再次入侵。第二次反击廓尔喀，乾隆帝决心坚定，福康安指挥果断，清军翻越喜马拉雅山连续作战，大败廓军，保卫了祖国领土。于乾隆五十八年正月制订《钦定藏内善后章程》，规定驻藏大臣与达赖喇嘛地位平等，并制定"金瓶掣签"制度来认定达赖、班禅的转世灵童，加强了清朝中央政府对西藏的管辖。

对边疆的经营是乾隆帝最大的功绩。清朝的疆域经过康熙、雍正、乾隆三朝的努力而最后形成：东北到外兴安岭、库页岛、鄂霍次克海，西北到巴尔喀什湖、葱岭，北到恰克图（贝尔加湖以南，色愣格河以北），南到南沙群岛，奠定了中国今天的版图。

## 文化成就

乾隆帝汉文水平很高，能诗善画，精于骑射。清朝皇帝中对文化事业的重视和功绩当以他为最。

### 笼络汉族知识分子

乾隆效法康熙帝，积极笼络汉族知识分子。乾隆元年就模仿康熙举行了一次博学鸿词科考试。南巡时利用机会接见汉族知识分子。乾隆巡幸 12 次，途中召试士子，试以一诗一赋，一论或一策。进入高等的，授予进士、举人，马上任为中书；是生员，就赏给举人，准予会试。

### 编纂书籍

在乾隆统治期间，各种官修书籍达 100 余种，完成了顺治朝开始编撰的《明史》和康熙下令开始编写的《大清一统志》，他又令臣下编成《续文献通考》、《皇朝文献通考》、《大清会典》。除了这些历史、制度方面的著作外，其他类别的著作，著名的有文字音韵《清文鉴》、文学《唐宋诗醇》、乾隆大阅图地理《大清一统志》、农家《授时统考》、医学《医宗金鉴》、天文历法《历象考成后编》等重要文献。

图书编撰方面最大的成就是乾隆帝亲自倡导并编成了

大型文献丛书《四库全书》，共收录古籍三千五百零三种、七万九千三百三十七卷、装订成三万六千余册，保存了大量古典文献，是中国古代最大的一部官修书，也是中国古代最大的一部丛书。然而，乾隆毁书多，则是他的一大罪过。

由于乾隆帝对文化事业的热心，汉学从乾隆朝愈益兴盛，至嘉庆朝，形成了著名的"乾嘉学派"。

修建园林

在建筑艺术方面，乾隆在北京及京畿地区保护、扩修、兴建的皇家宫殿园林，如皇宫的宁寿宫及其花园、天坛祈年殿、清漪园（颐和园）、圆明园三园、香山静宜园、玉泉山静明园、避暑山庄暨外八庙和木兰围场等，其中清漪园改瓮山为万寿山，上建大报恩延寿寺（排云殿），又建佛香阁。这些皇家园林，无不体现着清代园林文化的辉煌，是园林艺术史上的一串串璀璨的明珠。除圆明园被英法联军焚毁外，多成为世界文化遗产。

此外，乾隆时期中国的民间艺术有很大发展。乾隆帝八十大寿时，徽班进京，中国的国粹京剧开始形成。

**盛世危机**

乾隆帝在位60年，创造了巨大的功绩，也埋下了深深的隐患。从清王朝自身发展来看，主要存在如下几个问题：

人口压力

中国古代是农业社会，人口就是生产力。为了增加人口，康熙时期宣布"盛世滋生人丁，永不加赋"、雍正时期颁布了"摊丁入亩"的政策。另外，康乾时期社会稳定，精耕细作被推广，玉米、马铃薯等高产作物引进等等原因都使中国人口激增，乾隆五年清查人口时，全国人口1.4亿，到了乾隆二十七年，已经超过2亿，乾隆五十五年突破3亿大关。然而耕地数目的增长却远远赶不上人口的增长，乾隆末年人均耕地占有量只有3.5亩，而当时的警戒线是4亩，因而经济上取得的成就就被众多的人口抵消，人民生活在饥饿贫穷之中。英使马戛尔尼来华期间，发现北京街头乞丐很多，许多百姓甚至蓬头垢面，衣衫褴褛；他们当垃圾扔掉的食物被抢着吃。乾隆朝后期起各地爆发的一系列农民起义也与此有很大的关系。

吏治败坏

乾隆后期好大喜功，生活奢侈，对吏治也没有初中期抓得紧了。乾隆在位后期重用大贪官和珅二十余年，致使这二十年间政治腐败、贪污成风。吏治的腐败又给人口压力、土地兼并等社会矛盾火上浇油，从乾隆三十九年（1774）山东王伦起义起，各地农民起义频繁：乾隆四十六年甘肃、青海发生苏四十三、田五起义；乾隆五十一年，台湾林爽文起义；乾隆六十年贵州、湖南发生苗民起义；乾隆刚一退位，嘉庆元年，就爆发了持续九年的白莲教起义。这一连串的起义致使清朝迅速走向衰落。

八旗生计

八旗制度创立于清初时期，能适应战事情况而变，是清朝的根本制度。清军入关后，随着统治的确立，八旗子弟被国家供养起来，"以清语骑射为本务"，不工、不农、不商。当兵者按一定标准发放钱粮，然而兵额有限，钱粮标准是祖宗定下的，不能调整。随着八旗人口剧增，每家人越来越多，而钱粮不变，加上物价上涨，生活奢侈，旗人的生计愈发艰难。康熙末年出现了八旗生计问题，到乾隆时就很严重了。为此，康熙、雍正、乾隆三帝也采取了一些措施，如增加兵额，添加"养育兵"；政府拨款给八旗子弟还债；资助部分在北京的八旗子弟迁居东北开荒等，然而效果都不理想，增加兵额远远赶不上增长的人口，加重了国家财政负担又不能增强战斗力；政府拨款给八旗子弟还债还助长了八旗子弟"等靠要"的心态；养尊

中華藏書

第六卷 雄才大略，诗人皇帝

中国书店

一五〇一

中国书店

处优惯了的八旗子弟也不愿意到东北开荒。这个问题困扰了此后历代清帝，直到清朝灭亡。

从中国和世界关系来看，主要的问题是：

闭关锁国

乾隆以后，清廷开始实行全面的闭关锁国政策，一开始是四口通商，到后来只开放广州一口对外通商，且由十三行垄断其进出贸易，对出口货物的种类也多有限制。清廷的闭关锁国政策阻碍了中国与西方世界的接触，使中国丧失了与世界同步发展的最佳时期，为后来中国百年积弱落后埋下伏笔，而乾隆帝对此负有主要责任。当时西洋的科技发展蓬勃，渐渐地超越了以奥斯曼帝国为首的伊斯兰世界和以清朝为首的东方世界。

与西方国家差距越来越大

在西方世界发生一系列划时代巨变的时候，中国不仅闭关锁国，而且自己的发展也陷于停滞状态。"八股取士"、"文字狱"禁锢了人们的思想，"重农抑商"压制了资本主义萌芽的发展。在西方工业革命进行得如火如荼的时候，清朝统治者却视科技发明为"奇技淫巧"，既不鼓励科技发明，也不学习西方先进科技，使中国的科技水平越来越落后。在西方国家相继发生资产阶级革命的情况下，清朝统治者还在不断加强皇权，致使东西方之间的差距越来越大。

世界发生了划时代性的巨变，清政府却仍固步自封，妄自尊大。虽然康雍乾时期在一些方面也取得了一些成就，但终究落后于西方国家日新月异的发展，中国和西方实力的此消彼长终于在几十年后的鸦片战争中得到体现，中国从此进入苦难的半封建半殖民地社会。

## 生活逸事

### 六下江南

乾隆帝生活中最受百姓津津乐道的事就是六下江南

了，乾隆下江南是校仿其皇祖父康熙，目的之一是为了探访民情，古代信息不发达，皇帝要想了解民情，就得多到民间走走。其二是为了加强中央政权与江南地主士绅的联系。江南是明朝起家之地，当地居民对明朝最拥护，清军入关后反抗最激烈，而江南经济发达，国家财赋又大半来源于此，所以康熙，乾隆都利用下江南为加强与江南地主士绅的联系，以巩固统治。其三是为了河工，康熙时期主要是治理黄河；乾隆下江南除了视察黄河大坝，还视察浙江海塘等水力工程。乾隆自己说："南巡之事，莫大于河工"。

然而，和康熙相比，乾隆下江南游乐的目的大大增加。康熙帝六次南巡轻车简从"所有巡狩行宫，不施彩绘，每处所费，不过一二万金。较之河工岁费三百余万，尚不及百分之一。"而乾隆帝则是前呼后拥，大批后妃、王公亲贵、文武官员相随。沿途修行宫，搭彩棚，舳舻相接，旌旗蔽空。为搬运帐篷、衣物、器具，动用马六千四，骡马车四百辆，骆驼八百只，征调夫役近万人。不仅沿途地方官要进献山珍海味，还要从全国各地运来许多食品，连饮水都是从北京、济南、镇江等地远道运去的著名泉水。

**宠信和珅**

和珅原名善保，字致斋，钮祜禄氏，满洲正红旗人。生于乾隆十五年（1750年），比乾隆帝小近四十岁。

和珅是乾隆帝从一个三等轻车都尉一手提拔起来的，确有不少长处——相貌出众、语言才华超群，通汉、满、藏、蒙古语。和珅被重用初期，确实做过几件好事，比如查办云贵总督李侍尧受贿案，在乾隆心中留下了清正廉洁的印象。皇帝交代的事他都能办得井井有条，于是和珅平步青云、恩宠无比。

和珅在乾隆面前从不摆国家大臣的架子，乾隆帝一咳嗽，他就能立即捧上痰盂或者帮他捶背。公事余暇和珅还给乾隆讲笑话，或一起作诗。和珅和乾隆皇帝的诗都不高明，两个人互相切磋研究，觉得棋逢对手，是个知音。

乾隆晚年十分孤独：他中宫空虚不设皇后；嫔妃的地位低，在等级森严的皇家轻易见不到皇帝，况且乾隆皇帝六十五岁以后也基本上不见这些嫔妃了；皇子公主少数还活着且大多住在宫外；乾隆帝早年提拔的大臣或死或退休，新提拔的官员跟他年龄相差悬殊，话不投机，都躲着乾隆帝。多亏和珅上下沟通，既能让国家机器保持运转，又使乾隆皇帝不至于寂寞。而且和珅还能帮皇帝办成很多别人办不成的事，能帮皇帝背黑锅，能为老年乾隆的奢侈挥霍提供财源，所以乾隆帝离不开和珅。

于是从乾隆晚年以来，和珅逐渐成了一人之下万人之上的权臣，他可以对乾隆皇帝产生如此大的影响，被人们私下称作"二皇帝"。他揽权受贿，对依附自己的人百般庇护。和珅十分贪婪，他不仅大肆受贿，还公开索贿。地方督抚为了息事宁人，每当给皇帝进贡都着给他带一份。久而久之，和珅就积累起了巨额的家产。

### 英使访华

乾隆五十七年（1792），英国以补祝乾隆皇帝八十大寿的名义派出以马戛尔尼和副使斯当东为首800多人的使团访问中国，次年到达中国。

乾隆皇帝接到两广总督关于英使来华"进贡"的奏报十分高兴，他命人专门负责接待英国使团。英国使团到了北京，在圆明园休息几天后前往承德避暑山庄，参加乾隆皇帝八十三岁寿辰的庆典。

清政府拟定了一套接待方案，包括朝见、赏赐、宴请、看戏、游览等活动。双方都兴致勃勃等待正式会见的时候，却在礼仪问题上发生了严重的分歧。按清朝规定，外国使臣朝见中国皇帝必须行三跪九叩礼。而马戛尔尼认为这样有损大英帝国的尊严，主张行单膝下跪的英式礼节。乾隆帝得知后非常生气。经过磋商双方达成妥协：八月初六万树园欢迎宴会上行英式礼节；八月十三日，正式举行乾隆万寿典礼时行三跪九叩礼。

英使带来的礼品共 19 宗、590 余件，都是当时英国先进科技的代表作，有座钟，天球仪，地球仪，望远镜，还有能够测报气象的仪器，手枪、步枪、榴弹炮等。乾隆帝看过礼单震惊之余，指示负责接待的官员"可于无意之中向彼闲谈，尔国所贡之物天朝原亦有之。"清朝本着"薄来厚往"的原则，分别赏赐英王及使臣、随员一行丝绸绒、瓷器、玉器及各类工艺品三千多件。

英使团参加完庆典返京后，马戛尔尼递送的表文由在京的传教士翻译了出来，原来是英国要求派人常驻北京。乾隆帝以谕旨的形式断然拒绝了这个要求，交马戛尔尼带回。这时乾隆帝已隐隐感到英使来华另有企图，便催令他们赶快起程回国。

马戛尔尼离开英国时，英国国王让他把一封信转交乾隆。马戛尔尼多次想通过和珅向乾隆帝转达信中的意思，都被和珅转移了话题。于是马戛尔尼就按信的内容直接给乾隆帝写了一封信，提出如下请求：开放珠山（今舟山）、宁波、天津等口岸通商；允许英国商人仿俄罗斯，在北京设一个货栈买卖货物；取消澳门和广州之间的转口税，或照 1782 年的税率减免；禁止向英国商人在海关关税之外另行勒索；在珠山附近划一个没有城寨的小岛供英国商人居住、囤货；在广州附近划出一块地方允许英商居住，并自由往返澳门；允许英国人在华自由传教等等。

不难看出，英国在要求双方贸易的同时，也掩藏着殖民扩张的野心。对此乾隆帝断然拒绝，乾隆在给英王的敕书中逐条加以批驳。九月初三，乾隆帝任命侍郎松筠为钦差，专门护送英国使团一行起程离京。并传令沿途地方提高警惕，以防英国人滋事。

马戛尔尼访华失败了，但通过这次访问马戛尔尼看出了中国这个"纸老虎"的真面目。乾隆帝完全拒绝英国的要求，使中国失去了一次与世界接轨的机会。1840年鸦片战争爆发，1842年，清政府被迫与英国签订了丧权辱国的《南京条约》。乾隆时期英国使团想得到而没有得到东西，英国军队用坚船利炮都得到了。